新编21世纪经济学系列教材

劳动经济学

第三版

主　编　沈琴琴
副主编　潘泰萍

Labor
Economics

中国人民大学出版社
·北京·

内容简介

本书凝聚作者多年的研究心得，广泛吸收劳动经济学科最新的前沿学术研究成果，对劳动经济的基本理论以及劳动经济理论在中国的应用作了较为详尽的讲解。全书共11章，包括导论、劳动力市场概论、劳动力供给、劳动力需求、人力资本投资、劳动就业与失业、劳动力流动、劳动力市场歧视、工资与收入分配、劳动关系、工会与劳动力市场。

本书着力体现理论与实践的紧密结合，采用了新颖独特的体例结构，大部分章都设立了本章要点、导入案例、小思考、应用实例、实例分析、即学即用、知识要点提醒、本章小结、关键术语、习题、案例分析等。多样化的设计使抽象的理论深入浅出、直观易懂，能更好地帮助学生学以致用。

本书适合经济学、管理学等专业的本科生和研究生使用。

作者简介

沈琴琴　女，中国劳动关系学院原副院长、教授，经济学博士。

国家社会科学基金学科评审组专家、德国波恩大学劳动未来研究所特聘研究员，曾任教育部高等学校公共管理类学科专业教学指导委员会委员、中国劳动学会劳动科学教育分会副会长、全国工会学研究会副会长、中国劳动学会劳动关系专业委员会副会长。

主要研究方向：劳动经济学，人力资源管理。

个人专著有《德国劳动力市场》《劳动力市场与职业选择》《劳动经济》，在《中国劳动》《改革》《德国研究》《欧洲》等刊物发表学术论文90余篇。曾在德国慕尼黑大学、德国马普外国与国际社会保障法研究所、德国波恩大学劳动未来研究所做访问学者和高级研究学者。曾在德国慕尼黑大学和日本女子大学讲学。

潘泰萍，女，中国劳动关系学院工会学院、工会干部培训学院副院长、教授，经济学博士。

主要研究方向：劳动经济学、劳动关系和人力资源管理。

个人专著有《劳动力市场运行与劳动关系》《新世纪中国劳动关系调整模式的转型研究》，主编教材《工作分析：基本原理、方法与实践》，参编教材《劳动经济》《人力资源管理》《西方经济学》等，主持和参与国家社科基金重大项目、国家社会科学基金项目、教育部人文社科基金项目及其他科研项目30余项，发表学术论文60余篇。曾在美国罗格斯大学做访问学者。

第三版前言

自2017年修订出版《劳动经济学》（第二版）以来，我国劳动力市场健康发展，就业形势总体稳定，就业结构持续优化，就业质量不断提升。近年来，面对错综复杂的国际形势、艰巨繁重的国内改革发展稳定任务特别是新冠肺炎疫情的严重冲击，我国劳动力市场运行面临许多新变化新趋势。由于人口结构和经济结构深度调整，产业转型升级和技术进步对劳动者的技能素质提出了更高要求，“就业难”与“招工难”并存，结构性就业矛盾将成为就业领域的主要矛盾；在工业化、城镇化进程中，大量农村富余劳动力需要转移就业；灵活就业人员和新就业形态劳动者权益保障亟待加强；人工智能等智能化技术的加速应用使得就业替代效应趋势明显。在此背景下，针对我国社会经济形势和劳动力市场的一系列变化，广泛吸收劳动经济学科最新的前沿学术研究成果，修订出版《劳动经济学》（第三版）确有必要。

《劳动经济学》（第三版）的修订工作以习近平新时代中国特色社会主义思想为指导，全面落实党的二十大精神，继续秉承通俗易懂、客观实用的原则，力图达成以下目标：一是注重通过全面、系统地阐述劳动经济学基本原理，培养学生运用现代劳动经济理论分析当今社会劳动经济具体问题的能力；二是注重将劳动经济理论与中国社会变迁中的劳动经济现实问题密切联系，培养学生的实际理论分析能力和研究中国现实劳动经济问题的能力；三是注重将中国特色与国际社会经验有机结合，既介绍国外劳动经济的理论与实践中的问题，又更加突出中国特色，培养学生运用现代劳动经济学研究方法分析和解决劳动经济问题的能力。

《劳动经济学》（第三版）基本承继了第二版教材的章节结构、编写特点和体例风格，在此基础上，根据国际环境变化以及我国社会经济形势和劳动力市场的发展变化，按照《中华人民共和国国民经济和社会发展第十四个五年规划和2035年远景目标纲要》《人力资源和社会保障事业发展“十四五”规划纲要》等，增加相关内容，更新了各章节的导入案例、应用实例、实例分析、即学即用、案例分析、知识要点提醒、小思考等，同时，根据我国社会经济和劳动力市场的最新发展状况和动向更新了相关数据。

参加《劳动经济学》（第一版）编写的成员均为中国劳动关系学院的教师，他们是：沈琴琴，博士，教授；潘泰萍，博士，教授；吕茵，博士，副教授；张艳华，博士，副教授；刘文军，博士，副教授；巨文辉，博士，副教授；郭宇强，博士，副教授；岳玲，博士，副教授；王祎，硕士，讲师；牛玲，博士，讲师。

《劳动经济学》（第三版）的修订工作由中国劳动关系学院的教师合作完成，具体分工为：沈琴琴，博士，教授，撰写第三版前言，修订第一章、第二章、第三章、第四章、第七章；潘泰萍，博士，教授，修订第八章、第十一章；张艳华，博士，副教授，修订第九章；孙妍，博士，讲师，修订第五章；王淑娟，博士，讲师，修订第六章；孟泉，博士，讲师，修订第十章。改编初稿完成后，主编沈琴琴负责对全书统稿，进行通读、修改、再加工并最终定稿。在本教材撰写与修订过程中，我们参阅了大量中外劳动经济学研究论著，谨向这些学术同仁表示最诚挚的谢意。由于编者水平有限，书中难免存在一些缺点和不当之处，恳请专家、读者批评指正。

第一版前言

1978 年以来，中国市场经济体制改革的不断深化催生了经济成分的多样化和就业形式的灵活化，劳动力市场逐步建立，并快速培育、完善。中国经济在 30 多年的持续发展中创造了大量的就业岗位，这一成就举世瞩目。然而，随着我国经济体制改革的深入和社会转型的不断加速，灵活用工形式增多，“资强劳弱”格局有增无减，就业安全感缺失加剧，收入分配呈两极分化态势……诸多的劳动经济问题均与劳动力市场的运行存在着密切的联系。在继续培育和完善劳动力市场的进程中，如何有效地平衡劳动力供求、扩大就业规模、优化就业结构、提高就业质量、改革收入分配制度及建立和谐劳动关系等一系列劳动经济问题日益引起社会各界的广泛关注。劳动经济学是研究这些劳动经济问题以及与此相关的社会经济问题的学科。因此，学习和掌握现代市场经济条件下的劳动经济学理论并将其应用到现实的经济生活中显得尤为重要。

劳动力市场是市场经济体系中的一个既特殊又重要的市场，同时也是经济学研究的一个古老课题。劳动经济学作为经济学的重要学科，主要研究市场经济制度中的劳动力市场现象以及在劳动力市场运行过程中劳动力供求双方的运动变化规律，因此，它是一门应用性极强的学科。2008 年，我们曾集体编写了《劳动经济学》教材，由中国劳动社会保障出版社出版。近五年来，中国劳动力市场发生了一系列深刻的变化，针对这些变化，我们继续秉承客观实用、通俗易懂的原则，广泛地吸收劳动经济学科最新的前沿学术研究成果，重新编写本教材。书中不仅详细地阐述劳动经济的基本理论，同时更加重视“学以致用”，注重采用劳动经济学的基本原理来分析当代中国最迫切需要解决的重大劳动经济问题。

本书内容分为五大部分，共 11 章。

第一部分为导论，即第一章，主要探讨并确立劳动经济学的研究对象，概述劳动经济学的研究特点和研究方法。

第二部分为第二章至第四章，主要介绍劳动力市场运行的基础理论和基本原理。集中探讨劳动力市场运行机制和功能、劳动力市场的调控和规制以及有关劳动力市场均衡的一些基本知识，使读者对劳动力市场的内涵和外延有一个总体的、框架性的印象。同时，由浅入深地分析劳动力供给和劳动力需求的运动变化规律，分析不同行为目标下的各种劳动力供求行为。

第三部分为第五章至第八章，集中阐述劳动力市场运行中有关劳动就业变化的基本理论。其中介绍了人力资本投资理论以及劳动者就业前和就业过程中进行人力资本投资的成本和收益衡量方法；在研究劳动就业结构变动规律的基础上，侧重分析就业与失业的构成类型与变化，对中国的劳动就业和失业状况进行考察，分析中国失业问题产生的根源及其与社会其他经济现象的内在联系，寻找最佳的解决途径；探讨劳动力流动的客观必然性以及劳动力流动的经济影响；介绍劳动力市场歧视的基本理论，分析劳动力市场中歧视现象产生的原因和机制，并从实践的角度分析现阶段我国农民工在劳动力市场中所遭受的歧视。

第四部分为第九章，主要介绍关于劳动力市场价格的基本理论。着重对工资的确定、工资的分配形式、西方工资理论的演变等问题进行系统的探讨。深入分析我国工资与收入分配中存在的问题、成因以及解决的主要途径。

第五部分为第十章和第十一章。主要探讨劳动力市场运行中的劳动关系变化以及工会在劳动力市场中的地位和作用。其中阐述了劳动关系和工会的相关概念和理论模型，在此基础上重点研究我国劳动关系的发展演变与调整机制，以及中国工会在劳动力市场运行中对劳动者的劳动经济权益的维护。

本教材在内容和编写体例上主要有三个特点：

第一，坚持劳动经济理论与中国实践紧密结合。“理论是灰色的，实践之树常青。”本教材首先着力于清晰、简明易懂地讲授劳动经济学的基本原理，在此基础上，引导学生运用基本理论和现代经济分析方法，对中国劳动力市场运行过程中所发生的劳动就业、劳动力流动、劳动力市场歧视、工资收入分配等问题进行全面、系统的剖析，不断提高学生应用劳动经济学基础理论分析和研究现实社会经济问题的能力。全书各章在对基本概念和基本原理进行阐述时，都紧密联系实际进行具体分析，并运用各种数据和图表，使抽象的理论深入浅出、直观易懂。而且各章均对中国劳动经济相关问题的现状、特点和发展趋势进行研究，充分体现了引导学生运用劳动经济理论分析中国社会经济现实问题的原则。

第二，坚持在学科特色上进行探索尝试。中国劳动关系学院作为中华全国总工会所属的唯一普通本科高等学校，2005 年经教育部批准，在全国首创了“劳动关系”普通本科专业。多年来，我们在劳动经济教学中始终注重体现学科特色，不仅研究在中国社会经济转型背景下的劳动经济理论发展，同时特别侧重于从工会维权的角度探讨中国劳动力市场的发展变化对劳动者的就业权益和工资收入分配权益的影响；不仅研究中国劳动力市场培育发展与劳动关系的发展态势及其互动影响，同时注重研究工会在劳动力市场发展中的作用以及中国工会在劳动力市场运行中对劳动者的劳动经济权益的维护。

第三，增强技术性和操作性。目前，劳动经济问题已经体现在我国社会经济生活的方方面面，为了更加方便学生使用，本教材在原来的基础上继续采用新颖独特的体例结构，在各章设立了“本章要点”“导入案例”“小思考”“实例分析”“知识要点提醒”“本章小结”“关键术语”“习题”“案例分析”“分析题”等，书中的案例尽量选自中国目前最新的劳动经济现象。

沈琴琴担任本教材的主编，对全书的总体框架、编写大纲和写作体例进行设计，经参与写作的成员多次讨论，最终定稿。全书由主编沈琴琴负责统稿，副主编潘泰萍协助主编在统一体例方面做了大量工作。参加本教材编写及改编的成员均为中国劳动关系学院的教师，他们是：沈琴琴，博士，教授；潘泰萍，博士，劳动关系系副教授；吕茵，中国人民大学在读博士，公共管理系副教授；张艳华，博士，劳动关系系副教授；刘文军，博士，公共管理系副教授；巨文辉，博士，公共管理系副教授；王祎，硕士，公共管理系讲师；郭宇强，博士，劳动关系系副教授；岳玲，博士，工会学院副教授；牛玲，博士，劳动关系系讲师。

具体分工如下：

第一章　撰稿人：沈琴琴；改编：沈琴琴。

第二章　撰稿人：刘文军；改编：沈琴琴。

第三章　撰稿人：王祎、吕茵；改编：吕茵。

第四章　撰稿人：王祎、吕茵；改编：吕茵。

第五章　撰稿人：潘泰萍、沈琴琴；改编：潘泰萍。

第六章　撰稿人：沈琴琴；改编：沈琴琴。

第七章　撰稿人：潘泰萍、沈琴琴；改编：沈琴琴、牛玲。

第八章　撰稿人：巨文辉；改编：潘泰萍。

第九章　撰稿人：岳玲、张艳华；改编：张艳华。

第十章　撰稿人：郭宇强、潘泰萍、沈琴琴；改编：潘泰萍。

第十一章　撰稿人：潘泰萍；改编：潘泰萍。

在本教材撰写与改编过程中，我们参阅了大量中外劳动经济学研究论著，谨向这些学术同仁致以最诚挚的谢意。由于本书编写是应用型教育教材改革的一次大胆尝试，加之编者水平有限，书中难免存在一些缺点和不当之处，恳请专家、读者批评指正。

目录

第一章 导论

本章要点

劳动的概念和基本特征；劳动经济学的研究对象；劳动经济学的研究内容；劳动经济学的研究特点；劳动经济学的研究方法。

开篇导读

美好生活靠劳动创造

习近平谈劳动：最光荣、最崇高、最伟大、最美丽

人民对美好生活的向往，就是我们的奋斗目标。人世间的一切幸福都需要靠辛勤的劳动来创造。

——2012 年 11 月 15 日，在十八届中共中央政治局常委同中外记者见面会上的讲话

“功崇惟志，业广惟勤。”我国仍处于并将长期处于社会主义初级阶段，实现中国梦，创造全体人民更加美好的生活，任重而道远，需要我们每一个人继续付出辛勤劳动和艰苦努力。

——2013 年 3 月 17 日，在第十二届全国人民代表大会第一次会议上的讲话

人民创造历史，劳动开创未来。劳动是推动人类社会进步的根本力量。幸福不会从天而降，梦想不会自动成真。实现我们的奋斗目标，开创我们的美好未来，必须紧紧依靠人民、始终为了人民，必须依靠辛勤劳动、诚实劳动、创造性劳动。我们说“空谈误国，实干兴邦”，实干首先就要脚踏实地劳动。

——2013 年 4 月 28 日，在同全国劳动模范代表座谈时的讲话

劳动是财富的源泉，也是幸福的源泉。人世间的美好梦想，只有通过诚实劳动才能实现；发展中的各种难题，只有通过诚实劳动才能破解；生命里的一切辉煌，只有通过诚实劳动才能铸就。劳动创造了中华民族，造就了中华民族的辉煌历史，也必将创造出中华民族的光明未来。

——2013 年 4 月 28 日，在同全国劳动模范代表座谈时的讲话

劳动是一切成功的必经之路。当前，全国各族人民正满怀信心为实现“两个一百年”奋斗目标而努力。实现我们确立的奋斗目标，归根到底要靠辛勤劳动、诚实劳动、科学劳动。

——2014 年 4 月 30 日，在乌鲁木齐接见劳动模范和先进工作者、先进人物代表时的讲话

劳动是人类的本质活动，劳动光荣、创造伟大是对人类文明进步规律的重要诠释。“民生在勤，勤则不匮。”中华民族是勤于劳动、善于创造的民族。正是因为劳动创造，我们拥有了历史的辉煌；也正是因为劳动创造，我们拥有了今天的成就。

——2015 年 4 月 28 日，在庆祝“五一”国际劳动节暨表彰全国劳动模范和先进工作者大会上的讲话

幸福不是毛毛雨，幸福不是免费午餐，幸福不会从天而降。人世间的一切成就、一切幸福都源于劳动和创造。

——2015 年 6 月 1 日，在会见中国少年先锋队第七次全国代表大会全体代表时的讲话

“一勤天下无难事。”必须牢固树立劳动最光荣、劳动最崇高、劳动最伟大、劳动最美丽的观念，让全体人民进一步焕发劳动热情、释放创造潜能，通过劳动创造更加美好的生活。

——2013 年 4 月 28 日，在同全国劳动模范代表座谈时的讲话

要在全社会大力弘扬我国工人阶级的优秀品质，大力宣传劳动模范和其他典型的先进事迹，加强对广大青少年的教育，让劳动最光荣、劳动最崇高、劳动最伟大、劳动最美丽的观念蔚然成风，让全体人民进一步焕发劳动热情、释放创造潜能，通过劳动创造更加美好的生活。

——2013 年 10 月 23 日，在同中华全国总工会新一届领导班子集体谈话时的讲话

三百六十行，行行出状元。任何一名劳动者，要想在百舸争流、千帆竞发的洪流中勇立潮头，在不进则退、不强则弱的竞争中赢得优势，在报效祖国、服务人民的人生中有所作为，就要孜孜不倦学习、勤勉奋发干事。一切劳动者，只要肯学肯干肯钻研，练就一身真本领，掌握一手好技术，就能立足岗位成长成才，就都能在劳动中发现广阔的天地，在劳动中体现价值、展现风采、感受快乐。

——2015 年 4 月 28 日，在庆祝“五一”国际劳动节暨表彰全国劳动模范和先进工作者大会上的讲话

梦想属于每一个人，广大劳动群众要敢想敢干、敢于追梦。说到底，实现中华民族伟大复兴的中国梦，要靠各行各业人们的辛勤劳动。现在，党和国家事业空间很大，只要有志气有闯劲，普通劳动者也可以在宽广舞台上展示自己的人生价值。许多劳动模范平凡而感人的事迹，都充分说明了这一点。我们要在全社会大力弘扬劳动精神，提倡通过诚实劳动来实现人生的梦想、改变自己的命运，反对一切不劳而获、投机取巧、贪图享乐的思想。

——2016 年 4 月 26 日，在知识分子、劳动模范、青年代表座谈会上的讲话

我一直强调，劳动最光荣、劳动最崇高、劳动最伟大、劳动最美丽。全社会都应该尊敬劳动模范、弘扬劳模精神，让诚实劳动、勤勉工作蔚然成风。

——2018 年 4 月 30 日，给中国劳动关系学院劳模本科班学员的回信

全社会要崇尚劳动、见贤思齐，加大对劳动模范和先进工作者的宣传力度，讲好劳

模故事、讲好劳动故事、讲好工匠故事，弘扬劳动最光荣、劳动最崇高、劳动最伟大、劳动最美丽的社会风尚。

——2020 年 11 月 24 日，在全国劳动模范和先进工作者表彰大会上的讲话

资料来源：人民网—中国共产党新闻网。

劳动作为人类适应自然并改造自然的活动，是人类社会生存和发展的基础。人类的产生和发展，就是人类劳动活动的发展史。劳动作为人类最基本的活动，也是人类与其他动物相区别的根本标志。由于劳动是人类最重要的实践活动，所以，人类发展的历史也就是一部劳动发展史。研究劳动经济学，首先必须阐明劳动在人类社会和经济发展中的重要作用，并在此基础上探寻劳动经济学的发展历程，最终明确劳动经济学的研究对象。

第一节 劳动的概念与基本特征

一、劳动的概念与动因

2015 年 4 月 28 日，中共中央总书记习近平在庆祝“五一”国际劳动节暨表彰全国劳动模范和先进工作者大会上的讲话中指出：“劳动是人类的本质活动，劳动光荣、创造伟大是对人类文明进步规律的重要诠释。”劳动在人类生活中处处可见，但劳动经济学作为一门独立的经济学科，首先必须对“劳动”一词进行剖析，以便在此基础上更深刻地了解劳动经济学的研究对象。

1602 年，意大利的空想社会主义者托马斯·康帕内拉（Thomas Campanella）在监狱里写出了著名的《太阳城》，1622 年该书在法兰克福出版。在这部空想社会主义著作中，人类第一次有了“劳动光荣”的呐喊。17 世纪中叶，古典政治经济学的创始人威廉·配第（William Petty）书写的“土地是财富之母，劳动是财富之父”的名言流传至今。纵观人类发展历史，是人类的需要产生了劳动活动，而人类征服大自然、改造大自然的劳动活动又创造和发展了人类自身以及一切物质财富和精神文明。因此，劳动具有双重职能。首先，劳动创造人类所需要的各种财富，包括物质财富和精神财富；其次，劳动创造了人本身。劳动不仅使猿变成人，而且在人类改造自然的漫长劳动实践中，人类不断挖掘自身的智力潜能。可以毫不夸张地说，在劳动过程中，人类的创造力永无止境。

当人们为了生存，通过有目的的活动与自然界斗争，改变自然物时，就形成了劳动过程。所以，**劳动**就是人们使用一定的生产工具，作用于劳动对象，创造出某种使用价值或提供某种劳务服务，以满足人类自身需要的有目的的活动。从经济学的角度看，劳动就是劳动过程中劳动对象、劳动手段和劳动本身（人的有目的的活动）这三个要素结合、作用的过程。

从本质上看，劳动的动因是人的需要。在原始社会，原始人以氏族部落为单位群居生活，联合劳动，以最原始的劳动方式捕获猎物，采集野果，主要目的是为了满足最基本的生存需要，延续生命，维持劳动力的简单再生产。在现代社会，生产力高速发展，产业结构不断变化，职业结构也在不断调整。社会上提供的新产品以及各种新型的劳务服务不断增多，同样也是为了满足人们不断提高的消费需求，适应人类消费结构日益更新的需求。人类的基本需求就是维持人的基本生存需要，在此基础上又会产生出更多新的需要，由此发展形成多层次的需要。随着新科技的发展，人类的劳动手段日益现代化，极大地满足了人们的消费需求。而消费需求的崭新变化，又推动人们去研制新技术和新产品。在这一背景下，人们日益重视对人的需要进行研究，产生了多种划分方法。

迄今为止，在众多的需求理论研究中，美国社会学家亚伯拉罕·哈罗德·马斯洛（Abraham Harold Maslow）的“需求层次论”得到了人们最广泛的认同与应用。他按照各种需要对人类生存和发展的重要程度，把人类的需要分为五个层次。

第一个层次是生理的需要。即人的身体的最基本的需要，如对食物、异性等的需要。这是人类最原始、最迫切、最基本的需要，是人类赖以生存的基本生理需要。马斯洛说，对于一个缺乏食物和其他东西的人来说，消除饥饿的需要具有决定性的作用，它较其他任何需要都强烈得多。

第二个层次是安全保障的需要，也称为准基本需要。当人的生存需要得到基本满足后，就希望满足安全需要。包括防止身体受伤害、要求得到职业保障和社会保险、防止意外灾害等。安全需要是多方面的，如生理安全、劳动安全、职业安全、环境安全、经济安全等。

第三个层次是归属的需要。在前两种需要基本满足后，人的归属需要开始成为支配人们行为的强烈动机。马斯洛认为，人总是社会人，需要友谊、爱情，希望在社会生活中能够成为某团体的成员，确立归属感。

第四个层次是受尊重的需要。在上述需要得到满足的基础上，人们会产生较高的精神需要，希望获得自尊和受人尊重，由此获得自信心和荣誉感。受尊重的需要可分为三类：第一类是和自尊有关的需要，如自尊心、自信心、自我表现等；第二类是和他人尊重有关的需要，如威望、荣誉等；第三类是地位、权力欲。

第五个层次是自我实现的需要。这是最高层次的需要，它要求个人最充分地实现自己的全部潜在的能力，并得到社会的承认。这种需要包括：胜任感——表现为出色完成任务的欲望，喜欢承担具有挑战性的工作等；成就感——表现为进行创造性的活动并取得成功。

马斯洛所提出的人类需要五层次理论，已相当普遍地被人们所接受。正是由于人们的需要不断扩展，而且各层次内部的需要也在不断丰富，才产生了日益繁多的经济活动，社会经济生活中的产业部门也随之调整变化，从而出现了职业的更替与变换。

二、劳动的特征和分类

在现实的社会经济活动中，劳动的表现形式纷繁复杂。从劳动经济学界对劳动概念的实际运用情况来看，在有些情况下，劳动是就劳动的主体而言的，也即劳动力，而在有些情况下，它指的是劳动过程或一种有目的的工作或活动。就后者而言，人类的劳动活动与其他动物的本能活动不同，它主要具有以下五个特征：

（1）目的性。人类的劳动活动从一开始就是有意识、有目的的活动。人们首先通过思维确定目标，用意识控制和调节自己或集体的行动，来实现这一目标。这个目标也就是人的需要本身。由此可见，劳动源于需要。

（2）创造性。人类有多种多样的活动，一般的娱乐性活动和日常的消费活动都不是劳动，唯有创造性的活动才能被称为劳动。这里所说的创造性具有两层含义。第一层含义是，劳动的结果应能形成物质的或精神的劳动成果，或者提供有用的劳务服务；第二层含义是，在商品生产条件下，劳动应是创造使用价值和价值的有效劳动，这样的劳动才能为社会所承认和接受。

（3）能动性。从远古社会至今，人类并不是被动地适应自然界，而是始终在利用自然界提供的物质，能动地改造自然界，使之适应人类自身需要。所以，劳动是人类能动地改造客观世界的活动。这一特征在劳动的创造性中得到了充分的体现。

（4）社会性。尽管人们可以单个地完成某个劳动环节，但在社会化大生产过程中，人们已经很难不依靠任何其他群体的合作去独立地完成一个产品的生产。人们在劳动过程中使用的劳动工具和劳动对象都包含着其他劳动者的劳动。另外，劳动的社会性还表现在人们不可能生产出满足自己全部需要的物品，而只能从事社会总劳动中极微小的一部分。人们相互生产彼此所需要的物品，相互交换彼此的劳动。所以，个体或群体的劳动总是互相依存、互为补充的。

（5）多样性。劳动的多样性源于人的需要的多层次性。生产力的发展使劳动的多样性成为可能。在原始社会低下的生产力水平条件下，人们只能用最简单的劳动方式去获取大自然提供的野果、野兽，满足最基本的生存需要。随着生产力的发展，生产工具不断更新，人们也提出了多种多样的需要。当人们的物质需要得到较大程度的满足之后，又会产生精神的需要。正如马克思主义经典作家所说："人们首先必须吃、喝、住、穿，然后才能从事政治、科学、艺术、宗教等等……"①；"已经得到满足的第一个需要本身、满足需要的活动和已经获得的为满足需要而用的工具又引起新的需要"②。在人的需要得到满足并不断发展的基础上，形成了劳动的多样性以及产业结构的发展变化。我们可以看到，这种变化的轨迹在世界各国具有共同性，它证明了劳动与需要二者相互作用、相互促进。

人类的劳动千差万别，这种差别一方面表现在劳动的具体形式上，如某工厂车间有车工、铣工、生产管理人员等等；某公司有经理、办事员、业务员等等；某学校有教师、辅助教学人员、教学管理人员等等。另一方面，我们还可以依据劳动的社会性差别将劳动做以下四种不同的分类。

① 马克思，恩格斯. 马克思恩格斯选集：第3卷.3版. 北京：人民出版社，2012：1002.
② 马克思，恩格斯. 马克思恩格斯文集：第1卷. 北京：人民出版社，2009：531.

1. 简单劳动和复杂劳动

按照劳动的复杂程度，可以把劳动区分为简单劳动和复杂劳动。对不同质的劳动进行比较，如果从事一种劳动比从事另一种劳动要经过较长时间的专门学习和培训，那么这种劳动相对来说就是复杂劳动。由于复杂劳动比简单劳动要支付较多的培训费用和智力投资，一般在同等时间内，复杂劳动提供的劳动质量较高，也能创造更大的价值。因此，复杂劳动是倍加的简单劳动。从理论上看，如何科学地确定复杂劳动和简单劳动之间的数量关系，是劳动经济学的一个重要课题。自从有了商品生产和商品交换，在日常大量的商品交换中，逐渐形成了二者之间的一定比例关系。其具体表现形式就是从事复杂劳动的劳动者相对于从事简单劳动的劳动者能够获得较多的劳动报酬。在现代经济生活中，由于人力资本及工作差异引起的劳动的非同质性以及与此相关的劳动报酬确定问题，至今仍然是劳动经济学的一个重要课题。

2. 体力劳动和脑力劳动

按照劳动力支出的特性，可以把劳动分为体力劳动和脑力劳动。劳动是体力支出和脑力支出的总和，在劳动过程中，二者紧密相连、不可分割。但是，有些类型的劳动主要支出体力，有些类型的劳动主要支出脑力。以体力支出为主的劳动叫体力劳动，以脑力支出为主的劳动叫脑力劳动。对劳动进行比较，可以发现，简单劳动多为体力劳动，而复杂劳动具有较多的智力劳动成分。可以预言，属于脑力劳动的职业，如医生、律师、软件设计师、心理咨询师、培训师、企业高层经理、市场营销专家、财务专家等，还会有一个大发展。顺应这种需求，也就相应地要求国家对教育结构和职业培训构成进行超前调整。

随着社会的发展和科学技术的进步，体力劳动的比重日趋下降，脑力劳动的比重则日益上升。人类的劳动手段和劳动方式在不断变化，社会的职业构成也在不断变化，社会对脑力劳动者的需求量不断上升。20 世纪 90 年代以后，伴随着知识经济的兴起和信息化产业的巨大发展，现代产业工人已摆脱传统的教育程度低、体力劳动为主的特征。技术的发展，特别是计算机的普及使用，已使得知识成为现代经济增长的第四要素，脑力劳动者和体力劳动者、蓝领工人和白领工人的差别已不表现在劳动的本质特征上。随着网络经济的发展，不同工作的性质有趋同化的倾向，为了更有利于概括新的环境下劳动力的特征，目前大量的企业，乃至各类组织开始广泛使用“员工”这一范畴。

3. 生产劳动和非生产劳动

按照劳动为社会服务的方式，可以把劳动分为生产劳动和非生产劳动。生产劳动就是为社会生产物质产品、精神产品、提供劳务服务的劳动。生产劳动包括物质生产领域内的工业、农业、商业和交通运输业等部门的劳动者提供的劳动；精神生产领域内的文学、音乐、美术、新闻出版等部门的劳动者提供的劳动；劳务生产领域内的教育、卫生、旅游等部门和行业劳动者提供的劳动。生产劳动可以满足人们日益增长的物质和文化消费需要。在国民经济生活中，有一些部门虽然与社会经济和文化活动不发生直接关系，但它们的存在和发展为社会生产的正常运行创造了良好的社会外部条件，如一般行政管理部门、公共安全部门、国防部门等等。这些部门的劳动者不直接创造物质财富和精神财富，他们的劳动属于非生产劳动。

4. 必要劳动和剩余劳动

按照劳动成果与劳动者的关系，又可将劳动分为必要劳动和剩余劳动。必要劳动就是劳动者为满足个人和家庭的生活需要而进行的劳动。剩余劳动是劳动者在满足个人和家庭的生活需要所必需的劳动之外，为满足整个社会需要而进行的劳动。在市场经济条件下，从企业生产经营的角度，以价值量为单位来考察，前者主要表现为劳动者所获得的工资收入，后者表现为企业经营成果，即利润及上缴税收。剩余劳动是社会发展的源泉，它也是社会生产力发展、劳动生产率提高的产物。社会经济越发达，社会的总剩余劳动量越大，人民就越富裕。

需要说明的是，在现实的社会经济活动中，上述各种劳动的分类实际上是相互交织并存的。其中生产劳动和非生产劳动、必要劳动和剩余劳动这两种分类都是与劳动价值论的思想和学说相联系的，前者是计划经济国家国民经济核算体系构造的基础。随着计划经济国家逐步向市场经济国家转变以及西方劳动经济学的发展，这两种分类现在已经很少使用了。

即学即用

习近平给中国劳动关系学院劳模本科班学员的回信

中国劳动关系学院劳模本科班的同志们：

你们好！“五一”国际劳动节前夕，收到你们的来信，我感到十分高兴。你们为党和国家事业发展作出了突出贡献，被评为劳动模范，如今又在读书深造，这是对大家辛勤劳动、无私奉献的褒奖，也是党和国家对劳动者的关怀。

社会主义是干出来的，新时代也是干出来的。希望你们珍惜荣誉、努力学习，在各自岗位上继续拼搏、再创佳绩，用你们的干劲、闯劲、钻劲鼓舞更多的人，激励广大劳动群众争做新时代的奋斗者。

我一直强调，劳动最光荣、劳动最崇高、劳动最伟大、劳动最美丽。全社会都应该尊敬劳动模范、弘扬劳模精神，让诚实劳动、勤勉工作蔚然成风。

值此“五一”国际劳动节之际，我向你们、向全国所有劳动模范、向全国广大劳动者，致以节日的问候。

习近平

2018 年 4 月 30 日

资料来源：人民日报，2018－05－01.

附：中国劳动关系学院劳模教育本科的发展

为了认真贯彻党中央关于“从优秀工人中选拔干部、培养跨世纪后备人才”精神，1992 年，中华全国总工会委托原中国工运学院（2003 年正式更名为中国劳动关系学院）举办成人高等教育劳动模范本科班（以下简称劳模本科班）。自劳模本科班开办以来，中组部、教育部、全国总工会等有关部委对劳模学历教育工作非常重视，先后就劳动模范免试入学、毕业实习、干部身份确认、毕业后工作安排等问题专门发文或批复意见，为劳动模范学员的培养工作提供了重要的政策支持。其中，1991 年，中华全国总工会就关于在中国工运学院开办工会学专业劳模本科班的问题，向国家教委提交请示报告，12 月 11 日，国家教育委员会给予批复，同意中国工运学院开办“工会学”专业劳模本科班，学制四年，全脱产。劳模教育开办 30 年，共培养 778 名劳模学员。其中全国劳动模范 275 人，全国五一劳动奖章获得者 242 人，“中华技能大奖”获得者 9 人，全国人大代表 21 人，全国党代会代表 16 人。2019 年 4 月，学校在原劳模本科班基础上成立劳模学院，这是全国高校系统设置的首个“劳模学院”。

在办学过程中，劳模本科班的课程包括通用素质能力、专业素质能力和专业技能三个部分，学员在掌握社会科学基础知识之上，对工会与工会工作，劳动关系，社会保障，企业管理与相关法律，社会工作的理论、方法和技能，企业文化等方面有所专长，成为能够服务各级工会组织、企事业单位相关岗位的应用型专门人才。结合课堂教学需要，定期组织劳模学员到实践基地、厂矿企业、基层社区进行实地调查学习。为丰富劳模学员的课余生活，经常组织形式多样、内容丰富的活动，鼓励学员踊跃参加，在活动中陶冶情操。通过组织参加劳模讲堂、党员知识竞赛、大国工匠与国家创新发展论坛、大国工匠进校园等活动，拓展了劳模学员的视野，提高了劳模学员的理论水平和实践能力。

第二节 劳动经济学的形成与发展

在社会生活中，劳动是最重要的生产要素，是财富的源泉。因此，在生产活动中，人们很早就开始关注研究人的劳动经济行为。随着劳动活动范围的不断扩大，劳动的社会性不断增强，社会分工的领域也在不断扩展，从而使劳动管理活动越来越重要。人们日益重视它、研究它。劳动经济思想与学说就是这样在人类长期的劳动管理活动中逐渐形成和发展起来的。

在人类劳动活动发展的漫长历程中，劳动经济学经历了孕育阶段、萌芽阶段、建立阶段、发展和完善阶段。

一、劳动经济学说的孕育阶段

劳动在人类社会生活中占据着重要地位，在人类历史漫长的发展过程中，人们总是在实践中不断地寻求以最少量的劳动支出获得最大产出，因此，劳动经济思想，即如何最经济地组织劳动过程，减少劳动消耗，争取最大产出的思想源远流长，始终贯穿在人类经济活动中。

自从有了人类社会，劳动就具有社会性。在原始社会，这一特性就得到了充分的体现。人类的劳动从一开始就是人群的共同活动，存在着原始的分工。为了能够把其中每个人的劳动协调地、有效地组织起来，就需要对劳动进行计划、指挥和监督，这样就产生了最原始的劳动管理活动。例如，通过我国陕西西安所保留的半坡遗址，我们能够直观地看到在原始社会末期、母系氏族公社时期，原始部落内部的劳动分工状况。再如，世界十大奇迹之一——古埃及金字塔可以令我们想象当年劳动管理的高水平和巨大规模。直至今天，人们仍然在怀疑它是“星外来客”留下的遗迹。所以，人类社会很早就存在着对劳动分工过程的最原始的“科学管理”活动，并提出了许多有意义的劳动管理思想。但是，这些论述往往与哲学、政治学等交织在一起，并没有形成系统的劳动经济理论。

人类社会自从有了文字记载直至近代社会之前，许多思想家、哲学家和政治家的著述中就已经蕴含着最基本的劳动经济思想。例如，古希腊思想家色诺芬（Xenophon）在其著作《经济论》和《雅典的收入》中，从奴隶制自然经济观点出发考察了劳动分工及其意义，开始了劳动管理早期的探索。古希腊思想家柏拉图（Plato）在其著作《理想国》和《法律篇》中，从国家组织原理角度考察了社会分工问题。中国最早的古籍《诗经·国风·周南》《管子》等著述中也有关于社会劳动分工、职业分类、劳动力与生产资料相适应、劳动力合理流动等重要的劳动经济思想。

早期的劳动经济思想是劳动经济学说的出发点。在这一历史阶段，尽管人们对劳动的论述是质朴的、零散的，并没有形成独立完整的劳动经济学说，但这一时期的劳动经济思想是走向近代劳动经济学说科学考察的必经之路。

二、劳动经济学说的萌芽阶段

随着历史的推移，在近代社会逐渐出现了资本主义生产的最初萌芽，并产生了资产者和雇佣工人，劳动力市场逐步形成。在经历了家庭手工业、工场手工业生产进入机器大工业生产后，社会分工急剧扩展，对劳动管理活动的要求也随之提高，从而形成了对劳动经济的理论要求。

从经济学的起源看，重商主义在西方经济学发展史上被认为是经济学的开端。重商主义开始涉及劳动经济学的相关内容，包括国家的财富来自天然和劳动创造两个方面；国家通过立法保护本国的熟练技工；培训本国居民成为熟练技工以及吸引外国技工均可增加国家财富；低利率可促进技工勤劳及其技术熟练程度提高等等。

古典政治经济学为劳动经济理论奠定了基础，其中最著名的三大古典政治经济学家是：英国政治经济学家威廉·配第、英国政治经济学家亚当·斯密（Adam Smith）和英国政治经济学家大卫·李嘉图（David Ricardo）。此外，古典管理科学的代表人物包括：美国古典管理学家弗雷德里克·温斯洛·泰勒（Frederick Winslow Taylor）、法国科学管理学专家亨利·法约尔（Henry Fayol）、德国政治经济学家和社会学家马克斯·韦伯（Max Weber）等。他们分别对劳动与价值的关系、劳动的社会分工、工资和社会收入分配的合理化、劳动的科学管理等问题进行了研究，对劳动经济理论的发展作出了重要的贡献。

威廉·配第是第一个研究劳动价值理论的古典政治经济学家。1662年，他在其第一部著作《赋税论》中就开始用劳动衡量商品的价值。他看到了一切财富都是由劳动和自然——土地共同生产出来的，他宣称劳动和土地都是创造商品价值的源泉，“土地是财富之母，而劳动则为财富之父”①，从而为劳动价值论奠定了最初的基础。卡尔·马克思（Karl Marx）称他为“英国政治经济学之父”②，是现代政治经济学的创始人。

亚当·斯密是英国古典政治经济学的杰出代表。用马克思的话来说，亚当·斯密被人们看作是“工场手工业时期集大成的政治经济学家”③。1776年，亚当·斯密在其代表作《国民财富的性质和原因的研究》一书中，提出了劳动是价值的源泉和商品价值的尺度、社会财富依赖于资本积累和因劳动分工产生的劳动生产力的提高等经济学的基本原理。斯密还对劳动分工影响劳动生产力增长、工资性质和决定工资区别的因素、市场经济体系中政府的职能，特别是政府为劳动者提供教育的便利以及克服由于分工带来的劳动者的缺陷等进行了系统的分析。

大卫·李嘉图是英国产业革命时期的经济学家。1817年，李嘉图出版了他的最重要的经济著作《政治经济学及赋税原理》。他认为，在商品价值中，利润所占的份额首先决定于工资所占的份额。他始终坚持工资由劳动力的再生产费用决定的观点，并在此基础上阐述工资运动的规律。

此外，英国社会活动家、工人运动史学家、费边社会主义理论家西德尼·韦伯（Sidney Webb）和他的妻子比阿特丽丝·韦伯（Beatrice Webb）合著的《英国工会运动史》（1894）、《产业民主》（1897）等书，全面探讨了劳动力市场体制的发展。

马克思主义政治经济学对劳动经济理论的科学发展作出了巨大贡献。1867年马克思《资本论》第一卷的公开出版，为马克思主义劳动经济学奠定了坚实的理论基础。在《资本论》等著作里，马克思关于劳动价值的研究，关于劳动二重性、生产价格理论的研究，关于剩余价值理论的研究，关于利润、地租、工资理论的研究，关于劳动与劳动力的区分的研究，关于资本积累、资本有机构成以及劳动力商品的存在而产生的劳动力市场社会关系问题的研究，为劳动经济理论的科学发展指引了方向。

回顾西方经济学的发展历史可以发现，尽管西方经济学对劳动问题的理论研究已有悠久的历史，但是这一时期的劳动经济学说仅仅是政治经济学的一个重要组成部分。当管理科学形成后，它也包含在经济管理理论之中。这些理论为劳动经济学科的形成奠定了基础，但当时尚未形成独立的劳动经济学说体系。

知识要点提醒

劳动在劳动经济学中的含义更多的是涉及劳动力市场，它将人的生产能力作为一种“准商品”来研究。市场是西方微观经济学的研究中心，以商品的供给和需求分析作为其研究的出发点。作为西方经济学分支的劳动经济学，研究的是由劳动这个特殊商品构成的市场。

① 威廉·配第. 赋税论. 北京：华夏出版社，2006.

② 马克思，恩格斯. 马克思恩格斯全集：第13卷. 北京：人民出版社，1962：43.

③ 马克思，恩格斯. 马克思恩格斯全集：第23卷. 北京：人民出版社，1972：386.

三、劳动经济学科的建立阶段

随着社会的进步和劳动力市场发展的日益成熟，劳动经济学在经济学发展的基础上逐渐分化出来，成为一门独立的经济学科。这是因为劳资雇佣关系伴随着资本主义生产方式的产生和发展逐步扩展到社会生活的各个领域，劳动力市场上的各类问题不断涌现，从而促使经济学家对此进行专门、系统和深入的探讨。

新古典经济学自 19 世纪 70 年代出现和兴起后，引入了新的边际分析方法，对劳动经济问题进行了研究。英国经济学家威廉姆·斯坦利·杰文斯（William Stanley Jevons）解析了个人在劳动力市场上的最佳行为；瑞士经济学家莱昂·瓦尔拉斯（Léon Walras）将生产要素（劳动、资本、土地）和产品市场统一起来进行考察，提出了整个经济的一般均衡理论，用供给、需求和价格之间的函数关系揭示了均衡价格规律；美国经济学家约翰·贝茨·克拉克（John Bates Clark）以边际生产力理论为基础，提出了边际生产力的工资决定理论；后来意大利经济学家、社会学家维尔弗雷多·帕累托（Vilfredo Pareto）将基数效用论发展为序数效用论，将效用分析放在客观基础上，并使之成为严密的市场行为理论。

后起的资本主义国家美国在这一时期出现了有组织的工厂劳动形式，劳工运动不断发展。1886 年，理查德·埃利（Richard Ely）在《美国劳工运动》一书中系统地分析了工会在劳动力市场、劳动条件的决定方面的作用，开创了对劳动力市场现象进行制度与组织分析的先河。第一次世界大战后，美国经济发展迅速，工业产量已居世界首位，成为市场经济最发达的国家。伴随着经济的发展，工人阶级队伍不断壮大，工会力量日益增强，劳资关系出现了空前紧张的局面，大规模罢工行动对工业生产造成了很大威胁。垄断资本迫切需要一种理论来缓和阶级斗争，原有的政治经济学中对劳动问题所做的一般论述已经无法满足这种需要。正是在这种客观条件下，制度学派的经济学家试图用制度的不完善来解释资本主义阶级矛盾产生的原因，并用劳资合作原则来解决劳动问题。根据美国劳动经济学家保罗·J. 麦克纳尔蒂（Paul J. McNulty）的考证，劳动经济学正是在 20 世纪 20 年代由美国制度学派的经济学家首先建立起来的。他们认为各种制度（如家庭、公司、工会、同业公会、政府机关等）对经济的发展起着重要的作用，因此他们对经济问题的研究，特别重视这些制度的结构和活动，以劳资关系、劳动力市场的竞争和制度结构为对象，分析工会运动的发展以及工会在劳动力市场中的竞争、劳动条件决定方面的作用等问题。当时有些制度学派的经济学家专门从事劳动问题的研究，用工会和雇主组织之间的关系来分析美国的劳动问题，他们把自己的理论体系称为劳动经济学。

尽管西方经济学对劳动问题的理论研究已有悠久的历史，但是有关劳动经济的理论在相当长的时期内仅是政治经济学的一个重要组成部分。随着市场经济的发展，在劳动力市场运行中出现的劳动问题日益引起人们的关注，因而出现了一批专门研究劳动经济问题的学者。自 20 世纪 20 年代开始，美国的一些大学，如芝加哥大学（University of Chicago）、威斯康星大学（University of Wisconsin）等开始在经济系里单独开设劳动经济学课程。1925 年，美国学者所罗门·布拉姆（Solomon Blum）出版了第一部《劳动经济学》，之后又有一批学者适应社会发展的需要，开始系统地对涉及劳动力市场运行中有关就业、工资、劳资关系、劳工运动、劳动立法等主要问题进行研究，并以“劳动经济学”为主题著书立说。此后，在欧洲和日本等国也建立起了劳动经济学这门学科。我国于 1931 年也出版了朱通九所著的《劳动经济概论》。因此，劳动经济学是在劳动力市场培育发展过程中，于 20 世纪 20 年代逐渐发展建立起来的一门独立的经济学科，是经济学的一个分支。

四、劳动经济理论的发展和完善阶段

随着劳动力市场的不断发展完善以及工人运动的推动，劳动经济学在实践中不断发展，逐步深化、扩展，劳动经济学的研究内容日趋完善。

20 世纪 30 年代的经济大萧条和世界范围内严重的失业形势引发大批经济学家对宏观劳动问题进行深入思考，1936 年英国经济学家约翰·梅纳德·凯恩斯（John Maynard Keynes）出版了《就业、利息和货币通论》，开创了宏观经济学也是宏观劳动经济学理论的先河。凯恩斯把国民经济的产出水平与就业水平联系起来，以有效需求不足来解释非自愿失业存在的原因，并提出国民经济产出水平的常态不足及实现充分就业的新观点，否定了传统经济学认为通过市场可以使生产达到充分就业的均衡，即自发实现充分就业的假定条件。他把失业、通货膨胀和国民收入联系起来，分析它们之间的相互关系及其原因，为现代劳动经济理论提供了新的视角，使就业理论获得了重要发展。

20 世纪 40 年代，美国芝加哥学派又把劳动力市场理论增加到劳动经济学中，进行了一场“劳动经济学革命”，以克服原劳动经济学研究范围过窄、理论性不强的缺陷。20 世纪 50 年代地区和行业工资变化的研究开始受到学者们的关注。20 世纪 60 年代后，经济学家们对劳动经济问题进行了更为深入的研究，多侧面、多角度地提出了各种见解。以美国经济学家西奥多·W. 舒尔茨（Theodore W. Schultz）、雅各布·明瑟（Jacob Mincer）、加里·S. 贝克尔（Gary S. Becker）等为代表的经济学家，提出和发展了人力资本的理论，分别研究了人力资本对劳动供给、经济增长、收入分配的重要作用等，指出经济增长的源泉除了劳动力和物质要素的投入外，更主要的是人的能力的提高，并对教育培训对劳动报酬的影响进行了分析和研究。这一时期，英国经济学家威廉·阿瑟·刘易斯（William Arthur Lewis）的人口流动模型、美国经济学家 S. 库兹涅茨（S. Kuznets）关于收入分配的倒 U 形假说，也为现代劳动经济理论的创新作出了重大贡献。

20 世纪 70 年代以来，市场缺陷理论和分割劳动力市场理论构成了劳动经济学最为重要的发展。市场缺陷理论认为劳动力市场并不像传统理论所描述的那样是完全竞争的，在这个市场上劳动力是同质的，市场是统一的，而且存在着一些制度性因素使得劳动力价格（工资）具有某种黏性（stickiness），因此劳动力市场的常态是存在失业现象，而不是充分就业。这一理论由很多理论共同构成，在宏观经济学中也属于新凯恩斯主义经济学的一部分。分割劳动力市场理论主要由外部劳动力市场和内部劳动力市场两个理论分支构成。外部劳动力市场按劳动的技能、产业、地区等因素分割为不同的部分，其中最为著名的模型是二元劳动力市场模型。内部劳动力市场理论注意到劳动并不完全是在外部劳动力市场通过工资的竞争进行配置的，很多劳动力是长期服务于固定的企业，并在企业内沿着工作阶梯（job ladder）被提升或淘汰。内部劳动力市场大量运用了博弈论和信息经济学的理论工具，目前仍然是理论界的一个研究热点。

20 世纪 80 年代以后，数理分析方法和计量经济学成为劳动经济学的主要研究方法。20 世纪末 21 世纪初，劳动经济学的研究呈现出新的动向，即劳动经济学的研究开始向企业内部的人力资源管理问题拓展。传统的经济学分析通常都是简单地将公司看作是一个“黑箱”系统，通过这一“黑箱”系统，将投入（劳动力、资本以及原材料）转化成产品，而对于公司的内部结构却考虑得很少。近年来，许多经济学家开始更多地注意组织结构问题。① 在这些分析中，经济学家开始利用经济学的基本工具来分析可能影响公司价值的有关决策。

21 世纪，随着经济全球化的发展，劳动就业、失业、工资收入分配、劳动力市场均衡发展等劳动经济问题日益引起人们的关注，学者们的研究也越来越深入。

2010 年，诺贝尔经济学奖授予美国经济学家彼得·戴蒙德（Peter Diamond）、戴尔·莫滕森（Dale Mortensen）和拥有英国及塞浦路斯双重国籍的经济学家克里斯托弗·皮萨里德斯（Christopher Pissarides），以表彰他们利用“自然实验”分析劳动力市场，在劳动经济学研究方面作出的杰出创新贡献。瑞典皇家科学院表示，他们对市场的分析使其可以得到这个奖项。“市场中的大部分交易都是为贸易而进行的，当然会出现一些贸易摩擦，买者很难得到想要买的产品，而卖者很难找到消费者。在劳动力市场上许多公司也发现会有许多工作空缺，而一些失业人员找不到适合的工作岗位。”针对这些问题，戴蒙德建立了市场摩擦的基础理论，莫滕森和皮萨里德斯则进一步发展了这一理论，更加侧重研究市场中的劳动力市场。该理论解释了为什么在大量工作出现的同时，仍然存在失业现象以及政府的调整工具及政策是怎样来解决失业问题的。这项理论以搜寻市场为基础，并将该理论运用于劳动力市场中。最重要的一点是，它为失业问题提供了解决办法，可以说它为很多失业问题提供了更加匹配和有效的方法。同时，这一理论也极大地促进了相关的市场理论，可以适用于劳动力市场之外的其他领域，如货币政策、房地产市场经济学以及家庭经济学等等。

2021 年，诺贝尔经济学奖授予三名美国经济学家：戴维·卡德（David Card）、乔舒亚·D. 安格里斯特（Joshua D. Angrist）和吉多·W. 因本斯（Guido W. Imbens），以表彰他们在劳动经济学与实证方法研究领域作出的突出贡献。和往年惯常的三位获奖者以相同比例分享奖项不同，根据诺贝尔经济学奖评委会的决定，卡德因其“对劳动经济学实证研究性的贡献”而获得一半的奖项；而安格里斯特和因本斯则因“对因果关系分析的方法学贡献”而分享另一半的奖项。虽然诺贝尔经济学奖评委会专门区分了三位获奖者的贡献以及获奖比例，但事实上，这三位学者的研究存在很多交叉：卡德虽然是从事劳动经济学研究，但他用的方法主要是因果推断；安格里斯特和因本斯的获奖理由虽然

---

① 詹姆斯·布里克利，克雷佛·史密斯，杰诺德·施泽曼. 管理经济学与组织架构. 北京：华夏出版社，2001.

主要是因果推断，但他们也都在劳动经济学的问题上有所建树。

因此，诺贝尔经济学颁奖对劳动经济学研究成果的重视和肯定，也充分证明了劳动经济学研究的重要性。

综上所述，劳动经济学是顺应社会经济发展的需要而逐渐形成的一门宏观与微观相结合的经济学科，其理论体系和研究方法日益完善。

小思考

请简述劳动经济学的发展历程并说明研究劳动经济问题的重要意义。

第三节　劳动经济学的研究对象与研究内容

每一门学科的确立都是因为它具有一个独立的研究对象。在长期的社会经济发展进程中，随着劳动力市场的萌芽、发展，劳动经济学的研究对象日益清晰，并逐渐发展成应用经济学的一个二级学科。

一、劳动经济学的研究对象

正确地确定研究对象是一门学科的“立足之本”。而“科学研究的区分，就是根据科学对象所具有的特殊的矛盾性。因此，对于某一现象的领域所特有的某一种矛盾的研究，就构成某一门科学的对象。”①

作为一门独立的学科，**劳动经济学**是一个具有内在有机联系的理论体系，是经济学的一门分科，也是从属于整个经济理论体系的一个分支。它的研究主要集中在劳动力供求双方的交换关系上。它研究同劳动、劳动力和劳动力市场有关的经济方面的问题，以及如何通过科学的手段形成合理配置劳动力资源的机制，高效地使用劳动力资源。

在现代社会，劳动或劳动力是一种极为重要的资源。无论在任何产业和部门，也无论在任何地方，劳动总是生产中最主要的因素，从企业生产和社会经济发展来看，离开了人的劳动，离开了人力资源，就不可能生产、创造出任何产品和社会财富。在市场经济条件下，企业遵循“收益最大化”的一般经济运行规律，必然力求用最小的投入获得最大的产出，也必然要求高效率地使用各种生产要素，其中最主要的基础条件就是以最经济的活劳动要素成本费用的投入获得最大的活劳动使用效能。与此同时，劳动是劳动者个人所拥有的重要生产要素，劳动者向企业投入的劳动是他获得收入、维持个人和家庭生存与发展的主要经济来源。所以，劳动者个人必然要求投入活劳动之后所获得的收入达到最大化。

由此可见，在劳动力市场运行中，受“收益最大化”规律的影响，劳动力供求双方

① 毛泽东．毛泽东选集：第1卷．2版．北京：人民出版社，1991：309．

之间始终存在着企业高效利用活劳动要素，降低其成本费用与劳动者提供劳动，追求获得最大化工资收入的特殊矛盾。围绕着这对矛盾，劳动力供求双方在劳动者就业选择、劳动力供给决策、劳动力需求的抉择、劳动力流动、劳动力市场的价格——工资决定等各个方面形成了一系列客观的内在发展、变化规律，劳动经济学就是以这些问题作为自己的研究对象。

西方劳动经济学的研究对象在不同的教科书和专著中有不同的表述，大致可以分为以下几类：

一是强调研究劳动力资源的优化配置问题。1997 年牛津大学出版社出版的《牛津经济学辞典》将劳动经济学表述为：劳动经济学是关于劳动力的供给和需求方面的经济学问。它涉及影响劳动力参与率、工资谈判、培训、工作小时和劳动条件以及有关雇佣、劳动力流动、移民和退休年龄等实践活动的各种因素。英国经济学家大卫·桑普斯福特（David Sapsford）在其主编的《劳动经济学前沿问题》一书中指出："劳动力作为一种生产要素，其价格及配置是由哪些因素决定的？这就是劳动经济学所要回答的问题。"①

二是强调劳动力市场政策和制度。例如，美国经济学家 C. A. 摩尔根（C. A. Morgan）说："劳动经济学主要研究与劳动和劳动力市场有关的经济方面的问题，以及就业不稳定和制度发展问题"②；英国经济学家阿尔弗雷德·马歇尔（Alfred Marshall）说："劳动经济学描述、分析和概括工业化和工业化进程中劳动力市场的组织、制度和行为"③；美国经济学家萨尔·D. 霍夫曼（S. D. Hoffman）说："劳动经济学主要研究劳动力市场的各种制度，尤其是有关工会、集体谈判过程、政府作用等问题"④；日本著名学者岛田晴雄说："劳动经济学的主要任务是研究劳动力市场现象，了解劳动力市场的机能。因此，劳动经济学的研究中最令人关注的就是市场上的各种力量、制度、政策"⑤。

三是强调劳动力市场的运行和结果。美国劳动经济学家罗纳德·伊兰伯格（Ronald Ehrenberg）和罗伯特·史密斯（Robert Smith）在他们合著的《现代劳动经济学——理论与公共政策（第六版）》中指出："劳动经济学研究劳动力市场的运行和结果。确切地说，劳动经济学研究雇主和雇员对工资、价格、利润以及雇佣关系的非货币因素（如工作条件）的行为反应。"⑥

从以上各种不同的表述中，我们可以发现它们具有一个共同点，就是不仅涉及劳动力市场现象及其所引起的劳动力资源配置问题，而且涉及劳动力供求双方的市场行为模式以及影响劳动力市场运行的制度。因此，劳动经济学是研究劳动力市场运行及其结果的理论与实务相结合的经济学学科，从某种角度可以说，它兼具理论经济学和应用经济学双重属性。但具体来看，劳动经济学主要研究劳动力市场运行中劳动力供给与劳动力

---

① 大卫·桑普斯福特. 劳动经济学前沿问题. 北京：中国税务出版社，2000.

② C. A. 摩尔根. 劳动经济学. 北京：工人出版社，1984.

③ 阿尔弗雷德·马歇尔. 经济学原理. 西安：陕西人民出版社，2006.

④ 萨尔·D. 霍夫曼. 劳动力市场经济学. 上海：上海三联书店，1988.

⑤ 岛田晴雄. 劳动经济学. 北京：北京经济学院出版社，1988.

⑥ 罗纳德·伊兰伯格，罗伯特·史密斯. 现代劳动经济学——理论与公共政策（第六版）. 北京：中国人民大学出版社，1999.

需求双方的行为。它包括：劳动力供求双方在不同市场环境下的行为模式、劳动力要素的变化引起的生产要素组合的变化以及其他生产要素的变化对劳动力要素的影响，如就业、失业、工资待遇、工会等等。因此，劳动经济学是以市场经济制度中的劳动力市场现象以及在劳动力市场运行过程中劳动力供求双方的运动变化规律为研究对象的经济学科，是应用经济学的二级学科之一。

知识要点提醒

改革开放以来，我国在逐步发展完善社会主义市场经济体制的过程中，对劳动经济问题的研究越来越深入。经过长时期的理论与实践探索，人们日益发现，劳动力市场在市场体系中处于极为重要的地位，它是实现经济活动中最为活跃和重要的生产要素——劳动力——优化配置的重要机制。培育和发展劳动力市场是建立、健全市场经济体系的一个重要内容。劳动力市场供求关系的总和以及劳动力市场的运行机制日益成为劳动经济学研究的核心内容。因此，**劳动经济学的研究对象**是市场经济制度中的劳动力市场现象以及在劳动力市场运行过程中劳动力供求双方的运动变化规律。

二、劳动经济学的研究内容

一门学科的研究内容和范围是由它的研究对象决定的。劳动经济学以市场经济制度中的劳动力市场现象以及在劳动力市场运行过程中劳动力供求双方的运动变化规律作为研究对象，这种规律不依赖人们的意识而存在，也不以人们的意志为转移。劳动经济学的任务就是要揭示劳动力市场运行中的各种有关现象的实质及其发展运动变化规律，以促使人们利用这种规律促进竞争有序的劳动力市场的形成，建立完善的社会主义市场经济体系。由此出发，劳动经济学的研究内容主要有五个组成部分。

第一，主要探讨并确立劳动经济学的研究对象。把劳动、劳动力放置于社会再生产的全部过程之中，考察其在社会生产和社会分配中的地位、作用，力求科学地表述劳动经济学的研究对象。同时，概述劳动经济学的研究特点和研究方法。

第二，主要研究劳动力市场运行的基础理论和基本原理。集中探讨劳动力市场运行机制和功能、劳动力市场的调控和规制以及有关劳动力市场均衡的一些基本知识，使读者对劳动力市场的内涵和外延建立一个总体的、框架性的印象。同时，由浅入深地分析劳动力供给和劳动力需求的运动变化规律，分析不同行为目标下的各种劳动力供求行为。

第三，集中研究劳动力市场运行中有关劳动就业变化的基本理论。一是有关人力资本投资的理论以及劳动者就业前和就业过程中进行人力资本投资的成本和收益衡量方法；二是研究劳动就业结构变动规律，分析就业与失业的构成类型与变化，探讨失业问题产生的根源及其与社会其他经济现象的内在联系，寻找最佳的解决途径；三是研究劳动力流动的客观必然性及其对个人、企业和社会发展的影响；四是研究劳动力市场歧视的基本理论，分析劳动力市场中歧视现象产生的原因和机制。

第四，主要研究关于劳动力市场价格的基本理论。着重对工资的确定、工资的分配形式、西方工资理论的演变等问题进行系统的探讨，并探讨如何建立健全市场经济条件下的工资分配机制。

第五，主要探讨劳动力市场运行中的劳动关系变化以及工会在劳动力市场中的地位和作用。阐述劳动关系和工会的相关概念及理论模型，在此基础上重点研究劳动力市场与劳动关系的相互作用以及工会在劳动力市场运行中对劳动者的劳动经济权益的维护。

小思考

你认为当前我国劳动经济学领域研究的焦点和热点问题主要有哪些?

第四节 劳动经济学的研究特点与研究方法

一、劳动经济学在经济学科中的地位

经济学科体系主要分为理论经济学和应用经济学两大类。劳动经济学作为经济学中的一个分支，属于应用经济学科，是研究劳动力市场供求关系的总和以及劳动力市场运行机制的应用经济学。因此，从学科体系的角度看，劳动经济学与理论经济学是特殊与一般的关系，而与其他应用经济学的区别是研究对象的不同。

经济学的核心问题是资源的稀缺性，而人们的欲望是无限的，因此社会必须做出选择：对社会存在需求的产品和服务，生产什么、生产多少、如何生产以及如何进行分配，等等。因此，理论经济学是研究资源配置的一般机理和市场上产品和资本等供求变动行为的科学。应用经济学则更多地关注某一特殊的商品或对象，如人口经济学研究人口的生产与再生产的经济问题，特别是人口对物质资源消费的影响是其重点研究的对象。卫生经济学以卫生产品和服务的生产和消费为研究对象。劳动力资源作为社会生产中的重要资源，无疑也是稀缺的，因此劳动经济学研究劳动力市场上的需求和供给行为，关注劳动力资源的配置及其影响因素。

二、劳动经济学的研究特点

劳动经济学的学科特点以及劳动力这种“准商品”和其他商品所具有的一些共性，决定了劳动经济学的研究特点与普通经济学存在共性，因此可以用经济学的理论和方法对劳动力市场进行研究，对劳动力市场的需求和供给行为进行分析。但是劳动经济学研究对象本身所具有的一些特点，又决定了劳动经济学具有与其他经济学科不一样的研究特点。

首先，劳动和劳动力的载体是人，因而劳动力作为生产要素之一，具有许多显著的特征使其不同于一般商品，也不同于资本和土地等生产要素。劳动者的个人动机、行为

对市场运行有很大的影响。作为能动的生产要素，劳动力对外部条件的变化相比其他生产要素反应更敏感，如劳动者除了关心劳动所带来的货币收入以外，还关注劳动环境、工作影响等非货币因素。劳动者自身有能力对提供的劳动的数量和质量进行调整，既可以积极高效地工作，也可以消极怠工，可以在工作和闲暇之间做出选择。此外，劳动者是社会的主要构成群体，因此，劳动力在社会发展中具有决定性的影响，对劳动力的合理配置和使用会受各种相关制度的影响。特别是因为劳动者在劳动力市场上竞争地位相对弱小，因而会通过工会组织来增强谈判能力。正因为如此，劳动经济学包括了其他经济学所没有的独特内容，例如，家庭联合劳动供给决策、人力资本理论、工会对劳动力市场的影响等等。因而，对劳动经济学的研究不能简单地从货币成本和收益的角度进行，还要考虑非货币因素及制度因素对劳动者和企业行为的影响。

其次，普通经济学将人从消费者的角度加以观察，而劳动经济学除了将人从消费者的角度进行观察，更加突出地把人作为生产者进行观察。在现实生活中，人们需要在生产和消费之间进行选择，如是继续接受培训教育还是参加工作的人力资本投资决策、是否进入劳动力市场的决策、家庭的联合劳动力供给决策、工作时间和闲暇时间的分配决策等等，它将生产者的满足与消费者的满足作为同一个重要问题来看待。因此，在研究劳动经济学时不能脱离对人们生产行为变化的研究。

再次，企业对劳动力的需求不是一种对最终产品的需求，而是一种派生需求，它是对产品生产需求所派生和导引出来的一种需求。而我们对一般商品的需求更多地是一种直接需求，是一种对最终产品的需求。因此，我们在研究劳动经济问题时，不可能摆脱商品市场和资本市场来孤立地进行劳动经济问题的分析和研究，即所谓不能就劳动来谈劳动，不能就劳动力来谈劳动力。在研究中应把劳动经济问题与国家经济发展、财政金融问题、社会产业结构变动等各类经济问题的联系以及相互制约、相互影响的关系结合起来考虑。

最后，劳动经济学的研究对象与劳动者即人有关，涉及的面很广，既涉及每个劳动者及其家庭成员的切身利益，又决定和影响着各企业的经济效益乃至全社会的经济发展。所以，从某种程度上说，劳动经济问题是社会经济生活中最为敏感、最为复杂、最为重要的问题。这一特点要求我们对劳动经济问题的研究不能脱离一个国家的社会发展、政治、经济和文化等方面的具体情况而作简单分析。如某些国家妇女的劳动力参与率很低，除了经济原因外，可能还与其宗教信仰有关。对中国这样一个从计划经济向市场经济转变的转型国家来说，影响劳动力市场的因素更为复杂，这一点尤其应引起注意。

三、劳动经济学的研究方法

正确的方法论是任何一门科学研究要取得成果的重要前提。劳动经济学与其他学科一样，在科学地确定了自身的研究对象和研究内容后，必须借助于与之相应的研究方法来达到科学研究的目的。劳动经济学作为应用经济学的分支，其研究方法实际上也就是一般经济学的研究和分析的方法。

（一）辩证唯物主义和历史唯物主义方法

辩证唯物主义和历史唯物主义是一切科学研究的正确的世界观和方法论，它所揭示的对立统一规律、运动发展规律、普遍联系规律以及生产力和生产关系、经济基础和上层建筑、社会存在和社会意识等基本原理，为劳动经济学的研究提供了最基本的方法论基础。

由于劳动经济问题既涉及每个劳动者及其家庭成员的切身利益，又决定和影响着各企业的经济效益乃至全社会的经济发展，因而从某种程度上说，劳动经济问题是社会经济生活中最为敏感、最为复杂、最为重要的问题。这就要求我们在研究过程中，自觉地运用对立统一规律分析劳动力市场运行中的各种问题，抓住主要矛盾；运用运动发展规律，研究劳动就业的历史演变状况，并展望改革的发展方向；运用普遍联系规律，考察劳动经济问题与国家经济发展、财政金融问题、社会产业结构变动等各类经济问题的联系以及相互制约、相互影响的关系。同时，要运用历史唯物主义所揭示的生产力和生产关系等基本原理，把劳动经济问题置于经济全球化的背景中进行分析，而不是孤立地、片面地看待它，这样才能充分地认识劳动力供求双方运动变化的规律。

（二）实证研究方法

实证研究方法是认识客观现象，向人们提供实在、有用、确定、精确的知识研究方法，其重点是研究现象本身“是什么”的问题。实证研究方法试图超越或排斥价值判断，只揭示客观现象的内在构成因素及因素的普遍联系，归纳概括现象的本质及其运行规律。这一研究方法是回答在一定的假设前提下，在劳动力市场上实际的运行状况是什么，它只是告诉我们一个客观的市场运行状态和结果，并不说明这种状态和结果的好坏或对错。实证经济学实际上是一种对人的经济行为进行研究和分析的理论。实证研究方法认为，人们的行为是由一系列环境条件决定的，前提改变，其行为反应会相应变化。相同类型的人（可以从多角度进行划分），在相同环境条件下会有较为一致的行为反应。这种一致性就是“规律”存在的依据，也是实证研究方法的科学基础。

经济学家使用实证研究方法对人的行为进行分析时，有两个基本的假设：一是稀缺性假设；二是理性假设。

稀缺性假设，是指假设资源是有限的。这一假设也是经济问题存在和经济学研究存在的基本原因。因而人们对有限资源的投入方向进行选择时会发现，任何一种选择都会有收益和成本，特别是机会成本，即任何一种选择都要以放弃另一种选择的收益为代价。在劳动经济学中，假设劳动力的资源也是稀缺的，并且其稀缺程度可以通过劳动力的价格——工资反映出来，因此，企业要获取劳动力，必须以付出工资报酬为成本。

理性假设，是指假设人们在对待行为选择时对可能带来的收益或成本所持的态度是趋利避害，希望用最小的成本获取最大的收益。收益具有一定的社会性，如人们普遍追求货币收益，但是不同的人对收益有不同的理解，与个人的价值观和现实需要有很大的关系。同一个人在不同时期，由于自身环境发生变化，对收益的理解也会发生变化，这种对同一收益的不同态度被称为偏好。在经济学中更多地用效用来表达收益。效用不仅体现在货币方面，同时也体现在非货币方面。如劳动者除了追求工资等货币性收入外，还追求工作环境、休假机会等非货币收入。

借助于这两个基本假设，通过提出理论假说并建立数量模型，再通过收集实证数据并运用计量方法验证理论假说和数量模型，就可以用通过验证的数量模型，进一步发现变量与变量之间的关系，分析和预测经济行为人的行为。因此，实证研究方法可以帮助我们分析劳动力市场上的运行状况、劳动力供给和劳动力需求的行为变动趋势与走向。

20 世纪 80 年代以后，数理分析方法和计量经济学已经成为劳动经济学这门学科的主要研究方法。在这种潮流下，实证经济学的研究方法受到国内外经济学界的广泛关注。目前，国外劳动经济学方面的论文大量运用这种方法撰写，包括对劳动力市场政策的评估，这种涉及评价和判断问题的文章也大量使用数据进行实证分析。

20 世纪 90 年代初期，现代经济学借助统计学中对因果关系的认识，爆发了一场因果推断研究革命，由此在劳动经济学研究方面取得了许多重大的突破性研究成果。人类认识世界的基本方式就是通过观察事物变化，从中找到规律，然后上升为理论，如果理论可以得到反复验证，就会对人们的实践有指导意义。这种规律或者说是理论，通常可以表述为两个事件的因果关系。2021 年，戴维·卡德因其“对劳动经济学实证研究性的贡献”、乔舒亚·D. 安格里斯特和吉多·W. 因本斯因其“对因果关系分析的方法学贡献”，共同分享诺贝尔经济学奖。他们三人获得诺贝尔经济学奖有一个共同之处，即在利用自然实验提供因果推断方面做出了重要的贡献。诺贝尔经济学奖的网站上对这三位经济学家的评价是：“他们三人为我们提供了有关劳动力市场的新见解，并且展示了从自然实验可以得到什么样的因果关系。他们的方法已经扩展到其他领域并且彻底改变了实证研究。”

社会科学中的许多重大问题都涉及因果关系，劳动经济问题也同样如此。例如，移民如何影响工资和就业水平？教育水平如何影响一个人未来的收入？这些问题很难回答，因为我们没有什么可供比较的数据。我们看不到移民人数减少的另一个世界是什么样的，同样也不知道如果一个人没有继续学业将会发生什么。而采用因果推断的计量方法，可以通过选择创造一个“干预组”和“干预组”独立于其他各种因素的环境，在控制一些因素之后，让是否接受“干预”能够成为随机的事件，那么就可以通过比较接受“干预组”的平均表现和“对照组”的平均表现来获得因果效应了。从现有的文献看，目前经济学家们比较常用的计量方法主要有倾向性得分匹配（propensity score matching）、回归分析（regression analysis）、工具变量法（instrumental variable method）、倍差法或者双重差分法（difference in differences method）和断点回归设计（regression discontinuity design）等。

近年来，中国经济学界也在不断地强化实证研究，相关学术杂志上发表的用实证方法进行研究的文章比例越来越大，数量越来越多。但是与国际同行相比，我国劳动经济学在实证研究方面的成果数量及质量仍然存在很大的差距。其中一个主要的原因是我国劳动力统计发展相对落后，缺乏有利于劳动经济学实证研究的系统完备的数据资料和信息分享平台。因此，加强劳动力市场信息化建设及数据平台建设，加强对国际上已经成熟的劳动经济学研究成果和文献资料的熟悉和了解，建立科学的理论假设和严密的技术研究路线，科学地运用现代统计和计量方法等，已成为我国劳动经济学界运用实证方法取得创新性研究成果迫切需要解决的重要问题。

（三）规范研究方法

规范研究方法是解决“应该是什么”的方法，即用一定的价值观去评判社会经济现象和人们行为的对错，回答“应该是什么”的问题。对事物的好坏、对错进行评价，依赖于价值判断分析和度量，常见的价值判断有公平、效率等。规范研究方法通常使用互惠基准作为判断尺度。

互惠是指参与交易各方都受惠。包括三种情况：一是市场交易行为涉及的所有各方均受益，即没有人在此交易行为中遭受损失。二是在市场交易行为中，有一些人获得收益，而无人遭受损失。三是在市场交易中既有受益者，也有损失者，不过受益者受益的程度和数量超过损失者损失的程度和数量。

劳动力市场的很多交易行为是在互惠的原则驱动下发生和展开的，但以下几种情况常会造成“互惠障碍”。一是信息障碍。由于交易主体没有掌握充分的信息，或是信息失真，使交易方“不知情”或是了解到错误信息，从而没有做出交易决策或做出错误的决策。二是体制障碍。即交易对双方都有好处，因而双方都有达成交易的愿望，但是，存在某种惯例、法律和政策安排阻碍了交易的进行。三是市场缺陷。由于市场存在缺陷，如交易参与的主体由于习惯和观念的原因，没有形成这种交易的市场，又或者由于市场的不完善存在价格扭曲等，使得互惠的交易不能进行。

实证研究与规范研究存在一定的区别：一是在研究中是否运用价值判断不同。实证研究强调客观性和科学性，试图排斥一切价值判断，只描述事物的本来面目，而不去作评价；而规范研究则以一定的价值判断为基础，提出某些标准作为处理经济问题的准则，即什么是好的，什么是坏的，并研究如何才能符合好的标准。二是研究的目的不同。实证研究方法的目的在于认识客观事实，研究现象自身的运动规律和内在逻辑，分析经济变量的因果关系，解释已观察到的事实，并对未来的情况进行分析和预测。规范研究方法主要研究经济事物是否符合某种价值判断或对社会有什么意义，从而为实现某种目标提供方案，其目的主要在于为政府制定经济政策服务。三是研究的客观性不同。实证研究方法对经济现象研究所得出的结论具有客观性，并可根据经验和事实进行检验。规范研究方法以某种价值判断为基础，而价值判断具有主观性。一切价值判断最终都会受到个人的世界观和信仰的影响。因此，不同的研究人员因其立场、背景不同而具有不同的价值判断标准。

但是，实证研究方法与规范研究方法并不是绝对相互排斥的。劳动经济学作为一门社会科学，不可能像物理学、化学等自然科学那样可以回避价值判断问题，它离不开规范研究方法作指导。同时，规范研究方法也不能脱离实证研究方法对经济现象的客观分析。因此，在劳动经济学的研究中要把两种方法结合起来使用。

（四）比较研究方法

劳动经济学是一门应用科学，具有很强的实践性，因此还必须运用比较的方法，即采用纵向比较法和横向比较法。当然，纵向比较和横向比较不可能截然分开，而是互相交叉进行的。

纵向比较，是从时间序列的角度，对同一国家或地区在不同历史时期的劳动经济理论和实践的发展、变化做历史的考察。例如，通过对我国劳动就业制度在改革前后的变化进行对比研究，可以认识到从“统包统配”的就业制度向市场化就业制度的转变进程中所取得的成就、尚有哪些不足，从而明确今后的改革方向。

横向比较，是从空间的角度，对不同国家、不同地区之间的劳动经济理论和实践问题进行对比分析。一方面，需要对我国不同经济发展区域的劳动力市场发展状况、劳动力供求状况和工资收入问题进行对比分析，促进落后地区劳动力市场的发展；另一方面，更需要将我国劳动力市场的发展同西方发达国家的劳动力市场运行状况进行对比分析，以便学习、借鉴别国的成功经验和失败教训，丰富和发展我国的劳动经济理论和实践。

即学即用

关于移民对当地劳动力市场影响的实证研究

众所周知，美国是一个移民国家。但长期以来，大多数人认为新移民会挤占当地的劳动力市场，对居民的就业和工资产生负面影响，这一观点甚至影响了美国联邦和州政府的一系列相关决策。移民对当地居民的就业和工资是否会产生负面影响？1980 年的马列尔偷渡事件为劳动经济学家寻求这一问题的确切答案提供了一个天然的“自然实验场”。

1959 年古巴革命战争胜利后，美国不仅封锁制裁古巴，妄图推翻古巴政权，建立亲美政权，同时还为古巴持不同政见者提供政治庇护，导致大量古巴民众逃往毗邻古巴的美国佛罗里达州。1966 年美国政府出台《古巴情况法》，允许任何自 1959 年后到达美国且在美国居住满一年的古巴移民获得永久居住权（即绿卡）。1980 年，卡斯特罗为了报复美国制裁，放开对马列尔港口的控制，大约 15 万名死刑囚犯、精神病人、流氓无产者和妓女以偷渡的方式被变相驱逐到了佛罗里达州最靠近古巴的迈阿密，这就是著名的马列尔偷渡事件。

这些偷渡者基本上没有接受或只接受过极少的教育，其中绝大多数都定居在迈阿密，因而导致迈阿密的劳动力在几个月之间增加了 7%。短期内大量涌入的低素质非法移民是否对当地劳动力市场形成负面冲击，并对当地居民的就业和工资产生了不利影响？美国加州大学伯克利分校的经济学教授戴维·卡德采用双重差分的计量方法对此展开了实证研究。1990 年，卡德教授发表了《马列尔偷渡事件对于迈阿密劳动力市场的影响》一文，他的研究发现颠覆了很多人对于移民问题的传统认识。

戴维·卡德教授将受到移民巨大冲击的迈阿密作为干预组，同时以亚特兰大、洛杉矶、休斯敦和坦帕这四个同等类别但接收移民较少的美国城市作为对照组，采用双重差分法考察移民增加对各种经济变量带来的因果效应。实证研究表明，尽管迈阿密的低技能劳动力急剧增加 7%，但对受教育程度低的迈阿密居民的就业和工资没有产生负面影响。与对照组的四个城市相比，无论是古巴的这些非法移民到达后不久，还是在几年以后，当地的工资水平没有下降，失业率也没有增加。这一实证研究证明，通过马列尔偷渡事件进入迈阿密劳动力市场的古巴劳动力并没有对迈阿密劳动力市场产生任何负面影响。

戴维·卡德教授的研究结果挑战了社会主流看法，为经验微观经济学做出了开拓性的贡献，极大地推动了劳动经济学的发展。鉴于戴维·卡德教授多方面丰富的创新性研究成果，他于1995年获得美国经济协会（American Economic Association）的约翰·贝茨·克拉克奖（John Bates Clark Prize）；2006年获得伊萨劳动经济学奖；2021年因"对劳动经济学实证研究性的贡献"，与乔舒亚·D. 安格里斯特和吉多·W. 因本斯共同分享了诺贝尔经济学奖。

资料来源：改编自百度百科：马列尔偷渡事件；任泽平团队：用自然实验解答社会问题。

本章小结

随着社会的进步和劳动力市场发展的日益成熟，劳动经济学在经济学发展的基础上逐渐分化出来，成为一门独立的经济学科。劳动就是人们使用一定的生产工具，作用于劳动对象，创造出某种使用价值或提供某种劳务服务，以满足人类自身需要的有目的的活动。

西方劳动经济学的研究对象大致可以分为三类：一是强调研究劳动力资源的优化配置问题；二是强调劳动力市场政策和制度；三是强调劳动力市场的运行和结果。它们有一个共同点，就是都涉及劳动力市场问题，涉及劳动力的供给方和需求方以及影响劳动力市场的制度，是研究劳动力市场的运行及其结果的经济学。因此，劳动经济学的研究对象是市场经济制度中的劳动力市场现象以及在劳动力市场运行过程中劳动力供求双方的运动变化规律。

劳动经济学的研究内容主要有五个组成部分：第一，主要探讨并确立劳动经济学的研究对象；第二，主要研究劳动力市场运行的基础理论和基本原理；第三，主要研究在劳动力市场运行过程中劳动就业的变化；第四，主要研究劳动力市场价格，即有关工资收入分配机制的基本理论；第五，主要研究劳动力市场运行中的劳动关系变化以及工会在劳动力市场中的地位和作用。

劳动经济学具有一些其他经济学科不具备的研究特点：首先，劳动和劳动力的载体是人，因而有许多显著的特征使其不同于一般商品，也不同于资本和土地等生产要素。因而，对劳动经济学的研究不能简单地从货币成本和收益的角度进行，还要考虑非货币因素及制度因素对劳动者和企业行为的影响。其次，普通经济学将人从消费者的角度加以观察，而劳动经济学除了将人从消费者的角度加以考虑，还把人作为生产者加以考虑。因此，在研究劳动经济学时不能脱离对人们生产行为变化的研究。再次，劳动力的需求是一种派生需求，是对产品的需求所派生和导引出的一种需求。因此，我们在研究劳动经济问题时，应把劳动经济问题与国家经济发展、财政金融问题、社会产业结构变动等各类经济问题的联系以及相互制约、相互影响的关系结合起来考虑。此外，劳动经济学的研究对象与劳动者即人有关，涉及的面很广，既涉及每个劳动者及其家庭成员的切身利益，又决定和影响着各企业的经济效益乃至全社会的经济发展。这一特点要求我们对劳动经济问题的研究不能脱离一个国家的社会发展、政治、经济和文化等方面的具体情况而作简单分析。

实证研究方法和规范研究方法是劳动经济学最常见的两种分析方法。实证研究方法是解决“是什么”的方法，描述事物本来的面貌，它并没有说明这种状态和结果的好坏或对错。规范研究方法，就是用一定的价值观去评判社会经济现象和人们行为的对错，回答“应该是什么”的问题，对事物的好坏、对错进行评价。劳动经济学研究中要把两种方法结合起来使用。

关键术语

劳动　劳动经济学　实证研究方法　规范研究方法

习　　题

1. 劳动经济学是如何形成和发展的?
2. 劳动经济学的研究对象是什么?
3. 劳动经济学的研究内容有哪些?
4. 劳动经济学研究有哪些特点?
5. 试比较规范研究方法和实证研究方法。

案例分析

“五一”国际劳动节的由来

1889 年 7 月 14 日，由各国马克思主义者召集的社会主义者代表大会在法国巴黎隆重开幕。在这次大会上，法国代表拉文提议：把 1886 年 5 月 1 日美国工人争取八小时工作制的斗争日，定为国际无产阶级的共同节日。与会代表一致同意，通过了这项具有历史意义的决议。从此，“五一”国际劳动节诞生了。

为什么要把这一天定为国际劳动节呢？这还得从 19 世纪 80 年代的美国工人运动说起。

当时，美国和欧洲的许多国家逐步由资本主义阶段发展到帝国主义阶段，为了刺激经济的高速发展，榨取更多的剩余价值，以维护这个高速运转的资本主义机器，资本家不断采取增加劳动时间和提高劳动强度的办法来残酷地剥削工人。

在美国，工人们每天要劳动 14～16 个小时，有的甚至长达 18 个小时，但工资却很低。马萨诸塞州一个鞋厂的监工说：“让一个身强力壮、体格健全的 18 岁小伙子在这里的任何一架机器旁边工作，我能够使他在 22 岁时头发变成灰白。”沉重的阶级压迫激起了无产者巨大的愤怒。他们知道，要争取生存的条件，就只有团结起来，通过罢工运动与资本家作斗争。工人们提出的罢工口号，就是要求实行八小时工作制。

1877 年，美国历史上第一次全国罢工开始了。工人阶级走上街头游行示威，向政府提出改善劳动与生活条件，要求缩短工时，实行八小时工作制。罢工不久，队伍日渐扩大，工会会员人数激增，各地工人纷纷参加罢工运动。

在工人运动的强大压力下，美国国会被迫制定了八小时工作制的法律。但是，狠毒的资本家根本不予理睬，这项法律只不过是一纸空文，工人们仍然生活在水深火热之中，备受资本家的折磨。忍无可忍的工人们决定将这场争取生存权利的斗争推向一个新的高潮，准备举行更大规模的罢工运动。

1884年10月，美国和加拿大的八个国际性和全国性工人团体在美国芝加哥举行集会，决定于1886年5月1日举行总罢工，迫使资本家实施八小时工作制。这一天终于来到了。5月1日，美国2万多家企业的35万名工人停工上街，举行了声势浩大的示威游行，各种肤色、各个工种的工人一齐进行总罢工。仅芝加哥一个城市就有4.5万名工人涌上街头。这下，美国的主要工业部门处于瘫痪状态，火车变成了僵蛇，商店更是鸦雀无声，所有的仓库也都关门并贴上了封条。当时在罢工工人中流行着一首《八小时之歌》，歌中唱道：

> 我们要把世界变个样，我们厌倦了白白的辛劳，得到仅能糊口的工饷，从没有时间让我们去思考。我们要闻闻花香，我们要晒晒太阳，我们相信：上帝只允许八小时工作日。我们从船坞、车间和工场，召集了我们的队伍，争取八小时工作，八小时休息，八小时归自己！

激昂的歌声唱出了工人的心声，唱出了全世界无产者的共同愿望，也感染了广大的群众，他们纷纷声援工人的罢工运动，将罢工运动推向新的高潮。罢工运动所表现出的巨大力量使政府当局和资本家极为恐慌，他们不甘心答应工人的条件，便露出他们狰狞的一面。5月3日，芝加哥政府当局终于撕下了"民主"的假面具，用暴力镇压工人。他们组织罢工破坏者在警察的保护下混进工人的罢工队伍，故意制造混乱，以此为借口，当场开枪打死了两名工人。这一暴行激起了全市工人的极大愤慨，他们决心为死难的工人兄弟们报仇。

为纪念美国工人1886年5月1日的罢工运动，推动整个世界工人阶级的斗争热情，与会代表决定把这一天定为国际无产阶级的共同节日。在以后每年的5月1日，各国的工人阶级都举行大规模的示威游行，以争取自身的权利。

资料来源：百度百科。

▶思考题：

1. 联系中国社会经济发展现实，说明劳动经济学的研究对象。
2. 试说明当前深化经济体制改革进程中研究劳动经济学的重要意义。

第二章

劳动力市场概论

本章要点

劳动力市场的基本概念及相关概念；劳动力市场的构成要素及分类方法；劳动力市场的运行机制及主要功能；劳动力市场调控的制度结构、宏观政策及法律法规；均衡的概念及其发展；劳动力市场静态均衡的基本假设条件、均衡工资率与均衡就业量的确定；劳动力市场供求变动对均衡的影响。

导入案例

《2020中国劳动力市场发展报告》：构建新发展格局背景下的劳动力市场空间演变

北京师范大学劳动力市场中心发布的《2020中国劳动力市场发展报告》聚焦“构建新发展格局背景下的劳动力市场空间演变”，总结出劳动力市场极化现象逐渐明显、劳动力市场格局呈现南北差异等我国劳动力市场空间演变表现出的8个方面的主要特征，并提出政策建议。

劳动力市场极化现象逐渐明显。我国区域之间劳动力市场的稳定型就业、灵活型就业与高技能型就业都出现了一定的极化趋势，主要体现在东部地区和东北地区之间的两极分化，而中部地区和西部地区的极化趋势相对较弱；东部地区内部的高技能型就业和灵活型就业规模都明显增长。

劳动力市场格局呈现南北差异。南方就业总量始终高于北方，且从2015年后差距逐渐拉大，南北方人口流入差距拉大，南方城市人口流入更加明显，南方就业质量高于北方。2019年，全国人口净流入最多的省份为浙江和广东，同期东北三省净流出人口最多。全国就业质量总体呈稳步上升趋势，南方就业质量高于北方，且就业质量增速高于北方，东部沿海地区领跑全国，就业质量最高。

劳动力市场就业岗位创造能力异质化显现。“三新”经济带来了直接和间接就业创造效应，2017年、2018年和2019年，“三新”经济带来的总就业规模分别为16 566万人、15 752万人和15 148万人，呈现逐年递增趋势。分区域来看，不同经济圈高技术产业就业情况差异显著，粤港澳、长三角高技术产业吸纳就业能力较强，广东、江苏成为高技术产业就业吸纳高地，中西部地区正在通过发展高技术产业吸纳高技术人才。同时，国企民企“携手”促进高技术领域的就业创造与重塑。

劳动力市场“时”“空”边界不断变革。就业形态的空间变革主要体现在工作空间和工作模式两个层面。表现为，线下到线上的变化，传统的工作平台、工作空间萎缩，线上经济活动越来越多；工作弹性增强，一人一岗到多人一岗或一人多岗的变化趋势十分明显，弹性岗位模式与互联网平台结合，共同打造了各种灵活就业模式，工作更加多样化。就业形态时间转变主要表现为：工作年限延长和工时缩短并存。

劳动力市场地域空间逐渐重构。在未来城市发展中，都市区外围城市、都市区核心城市、区域性中心城市的效能将进一步释放，劳动力市场的地域空间复杂性将会更加明显。长三角、珠三角、京津冀、成渝、长江中游五大城市群成为主要人才流入地。后疫情时代，世界级产业链集群建设、国家城市群现代化产业体系形成、世界级多中心网络型区域协调发展均会影响劳动力市场地域空间的重构。

城乡劳动力市场融合度上升。城乡劳动力市场融合发展至少体现在三个方面，即人口在城乡之间自由流动加快、返乡入乡人数日益增多以及农民工就地就近就业比例逐渐提高。

劳动力市场回旋空间增加。近年来，我国人力资本质量的稳步提升为产业升级和调整提供了回旋空间。同时，一系列改革有效破除了不利于劳动力流动的制度壁垒，为缓解劳动力市场的区域结构失衡提供了回旋空间。随着新技术的应用，劳动力市场线上回旋空间也不断拓展。

劳动力市场国际空间不断拓展。我国劳动力参与国际经济合作的主要特征表现在三个方面：劳动力参与国际经济合作的对外输出规模持续扩大；雇佣海外当地人员数量和比例都在不断增加；中高端劳务合作是我国参与国际经济合作的重要发展趋势。在华外资企业雇佣我国劳动力的主要特点包括两个方面：外商投资企业和港澳台投资企业吸纳的我国劳动力呈现平稳增长态势；当前制造业仍然是吸引外商直接外资的主要行业，制造业就业人员占比更大。

资料来源：赖德胜，等．2020 中国劳动力市场发展报告．北京：北京师范大学出版集团，2021.

在市场经济条件下，各种生产要素均需要通过市场交换进行配置。由于劳动力市场交换的“商品”是蕴含在人体内的劳动能力，所以，在市场经济体系中，劳动力市场是远比一般商品市场更为复杂的市场。劳动经济学将劳动力市场作为研究起点，并通过对劳动力市场的构成要素、运行机制及运行后果进行深入细致的研究而得以展开和丰富。本章主要介绍与劳动力市场有关的一些基本概念，劳动力市场的特征、构成要素、类型、运行机制和功能。考虑到劳动力市场的特殊性，本章简要地介绍劳动力市场的运行机制与劳动力市场均衡的一些基本知识。

第一节　劳动力与劳动力市场

一、劳动力概念及其特性

（一）劳动力的基本概念

劳动力是蕴藏在人体中的脑力和体力的总和。从不同的角度考察，劳动力有三种解释：第一，劳动力是指人的劳动能力；第二，劳动力是指有劳动能力的人（劳动者）；第三，劳动力是指一个国家或地区从事社会劳动的全部人口（社会劳动力）。在经济学意义上，劳动力的基本含义是指作为生产要素的人的劳动能力。

但在实际使用中，这三种含义往往是不加区别、不加说明的。比如，当人们说“节约劳动力”“浪费劳动力”“开发劳动力”时，其中“劳动力”指的是人的劳动能力，即用它的第一种含义。当人们说“招收劳动力”“调配劳动力”“管理劳动力”时，其中“劳动力”指的是劳动者个人，即用它的第二种含义。而当人们说“全球劳动力”“社会劳动力”时，其中“劳动力”指的是一个部门或一个社会的全体有劳动能力的人，即用它的第三种含义。

劳动力的三种含义既有区别，又有联系，后两种含义是以第一种含义为基础的。无论是什么人，无论是劳动者个人还是劳动者总体，都只有在他们具有劳动能力的条件下，才能够被称为劳动力。因此，劳动力的第一种含义是基本的。

在马克思的《资本论》第一卷中，有一个科学而又完整的**劳动力**定义：“我们把劳动力或劳动能力，理解为一个人的身体即活的人体中存在的、每当他生产某种使用价值时就运用的体力和智力的总和。”①

劳动力是生产力诸因素中活的、能动的要素，是社会经济生活中的重要范畴。只有透彻地了解劳动力这一范畴的分类及其含义，才能更好地分析和掌握影响劳动力供给的各种因素。

劳动力资源，亦称劳动资源或人力资源，是指一个国家或地区拥有劳动能力，可以从事社会劳动的那一部分人口的总和。从内涵上讲，劳动力资源具有数量和质量两个方面的规定性。

某一时间内一个国家或地区的劳动力资源的数量内容，主要包括以下八部分人口群体：（1）劳动年龄②内的在业人口；（2）未达劳动年龄但正在从事社会劳动的就业人口；

---

① 马克思．资本论：第1卷．2版．北京：人民出版社，2004：195．

② 可以将一个经济社会中一定时点的总人口划分为劳动年龄人口和非劳动年龄人口，世界上大多数国家把年龄在16～60周岁之间的人口定义为劳动年龄人口。在中国，根据《中华人民共和国劳动法》《中华人民共和国劳动合同法》《中华人民共和国就业促进法》以及相关法律法规规定：法定劳动年龄指年满16周岁至退休年龄，有劳动能力的中国公民。退休年龄一般指男60周岁，女干部55周岁，女工人50周岁。

（3）超过劳动年龄但仍然继续从事社会劳动的就业人口；（4）劳动年龄内的失业人口；（5）劳动年龄内的从事家务劳动的人口；（6）劳动年龄内的在学人口；（7）劳动年龄内的军队服役人口；（8）劳动年龄内的其他具有劳动能力的人口。其中（1）至（3）为社会在业人口；（1）至（4）为现实劳动力资源；（5）至（8）为潜在劳动力资源。

劳动力资源的质量，是指一个国家或地区在一定时期内劳动者群体所具有的认识世界、改造世界的能力和条件。因为劳动力是人的体力和智力的总和，因此劳动力资源的质量也包括多方面的因素，概括起来，可以归结为身体素质、文化技术素质和思想道德素质三个方面。劳动力资源的质量实质上是德、智、体诸因素的结合和统一。只有德、智、体全面发展，才能称得上素质优良的劳动力资源。

（二）劳动力的特性

劳动力是生产力诸要素中的主体要素。物质资料生产过程是劳动力作用于生产资料的过程。离开劳动力，生产资料本身是不可能创造出任何东西的；但是，在物质资料生产过程中，劳动力发挥作用，除了必须具备一定的生产经验和劳动技能或文化科学知识外，还必须具备一定量的生产资料，否则，物质资料生产过程也不可能进行。劳动者在生产中有目的、有意识地使用劳动工具对劳动对象进行加工，创造了社会财富。与此同时，劳动者也不断地发掘自身的潜力，增强技能，研制新产品，从而推动了社会生产力的发展。

与其他物化的生产要素相比，劳动力作为一种活的、能动的生产要素，主要具有以下六个特性：

（1）能动性。其他生产力要素只是死的物，是生产过程的客体和对象。劳动力是生命的有机体，它始终是生产过程的主体和动力，具有强大的能动性。劳动力能动性发挥程度的高低，要受到客观外界环境，诸如社会、经济、地理等因素的影响。

（2）差异性。同类型的机器设备只有数量的差异。而劳动力是有劳动能力的人，由于人的年龄、性别、性格等各不相同，从而构成了人们在智力上和体力上的差别，不同的智力类型又构成了人的各种能力类型，因此产生了人们选择职业的差异。

（3）易逝性。机器设备不管使用与否，其功能都不会消失。但劳动力则不同，假如没有合适的工作岗位与之配合，劳动者特有的劳动能力就会丧失，从而造成“无形浪费”。

（4）可变性。在特定的条件下，其他生产力要素不会改变自己的特性，而人的劳动力却会变化。一方面，劳动者在工作中会逐步提高自己的能力；另一方面，也可能转移兴趣，改变专长，并由此产生更换职业的要求。

（5）时效性。劳动力的存在有一个生命周期。一般而言，在劳动者的职业生涯中，劳动力的效用开始时呈现出缓慢上升（20～30岁）状态，以后逐步上升达到顶峰（30～50岁），随着时间的推移，又呈现出逐步下降（50～60岁）的变化状态。这表明，劳动力的效用具有强烈的时间性，它不能像自然资源那样储备起来，相反，要尽量使劳动者在短暂的生命周期中从事能发挥个人专长的工作。

（6）社会性。社会因素不会影响机器设备本身的功率，而劳动力却不同。因为劳动者是高级的社会动物，具有复杂的心理意识活动，他生活在一定的社会环境中，自然要考虑生理的需要、个人才能的发挥、和谐的工作环境等因素。如果各方面的需求都得不到满足，就会影响能动性的发挥，甚而无法安心工作。

由上可知，劳动力是一种特殊的生产力要素，只有当劳动力同其他生产力要素相适应时，才会激发劳动者的能动性，创造较高的劳动生产率。

二、劳动力市场的内涵与构成要素

（一）劳动力市场形成的基本条件

劳动力市场就是以市场机制调节劳动力供求双方的决策行为，实现劳动力资源科学合理配置的市场。作为生产要素市场之一，它是社会主义市场经济体系中的重要组成部分。

在封建社会末期，封建地主制逐步瓦解，出现了最早期的资本雇佣形式。劳动者不再依附于土地，有了人身自由，封建的人身依附制逐渐被资本雇佣制取代。社会上的两大阶级——资产阶级和无产阶级以资本和劳动的形式相对立，通过市场交换的方式建立起劳动关系，从而产生了劳动力市场。

对劳动力市场形成的基本条件，许多经济学家从不同的角度作过论述。1972 年获得诺贝尔经济学奖的英国经济学家约翰·理查德·希克斯（John Richard Hicks）认为，“劳动力市场……是一种非常特殊的市场，一种可能促进‘社会的’和纯经济方面发展的市场。做到这一点的条件是：（1）工人应能自由地变换其雇主，不受任何形式的半农奴制束缚；（2）就业应是固定的，即非临时的，这样才能假设雇主至少和其大部分雇员之间的关系是一种持续的关系。”[①] 美国著名经济学家罗纳德·伊兰伯格和罗伯特·史密斯在其合著的《现代劳动经济学——理论与公共政策（第六版）》一书中指出，劳动力市场之所以存在，是因为：第一，买卖双方有交换行为；第二，为劳动力买卖双方建立了机构，有中介服务；第三，双方取得一致以后，签订合同达成默契。[②] 这个标准的进步意义在于，它不仅把劳动力市场作为劳动力买卖双方的一种经济关系，而且考虑到了市场的“有形”部分。这是对劳动力市场形成条件的更具现代意义的理解。

知识要点提醒

综合起来看，在市场经济条件下形成劳动力市场需要具备三个前提条件：一是劳动力供求双方具有相对独立性。劳动者个人拥有独立支配个人劳动力的权利，劳动力需求方拥有独立的用人权，劳动力供求双方均可以进行自由选择。二是劳动力供求双方作为对等的利

---

① 理查德·弗里曼. 劳动经济学. 北京：商务印书馆，1987：17.

② 罗纳德·伊兰伯格，罗伯特·史密斯. 现代劳动经济学——理论与公共政策（第六版）. 北京：中国人民大学出版社，1999：2.

益主体，以劳动合同的形式确立劳动关系。三是工资作为劳动力的市场价格，由劳动力市场供求关系调节。工资率成为引导劳动力合理配置的价格信号。这三个前提条件具备之后，就产生并逐渐形成了较完善的劳动力市场。

（二）劳动力市场的内涵

在市场经济条件下，几乎所有资源，包括劳动力资源，都是通过市场进行配置的。劳动力市场是生产要素市场的重要组成部分。一直以来，理论界对劳动力市场内涵的界定都存在着分歧，其中具有代表性的观点有：（1）劳动力市场是劳动力商品买卖关系的总和，是劳动力买者和卖者之间的商品交换关系；（2）劳动力市场是劳动力进行流动和交换的场所；（3）劳动力市场是实现劳动力资源市场化配置的方式，是其内在机制和实现形式的统一；（4）劳动力市场是生产要素市场的重要组成部分，是按照市场规律对劳动力资源进行配置和调节的一种机制。这些观点各有其道理，但同时也都稍有不足。

在社会经济生活中，劳动力市场是作为一种经济关系而存在的。国际劳工组织的有关研究报告把劳动力供求关系的所有问题都纳入劳动力市场这一范畴之中，西方经济学论著在界定劳动力市场这一经济关系时，几乎包罗了社会劳动问题的全部内容。这些成果值得借鉴。

劳动力市场有广义和狭义之分。从广义上说，劳动力市场是指以市场机制为基础性方式对劳动力资源进行配置和调节经济关系的体系，其内容包括劳动契约、劳动就业、工资分配、社会保障、劳动立法、职业培训等等；从狭义上说，劳动力市场既是劳动力供求双方双向选择、进行劳动力交换的场所，同时又是运用市场机制调节劳动力供求关系的组织形式。由此可见，劳动力市场可以是有形的，但主要是无形的。说它是有形的，是因为它为实现劳动力交换提供各种服务机构和交换场所。说它是无形的，是因为它是一种经济关系，其实质又是实现劳动力资源市场化配置的一种机制，即借助于市场机制在经济利益上促使劳动力流动和优化组合。

劳动力市场的买方主要是各类用人单位，卖方主要是达到法定年龄并具有一定劳动能力的潜在劳动者。由于买卖双方在某一时点上为数众多，任何一方的决策都会对另一方的决策产生影响，所以劳动力市场并不是劳动力买卖双方的一个简单组合，而是包含了一个动态的、相互交融的过程。劳动力市场涉及劳动者从求职、就业、培训、转业直至退休的全过程，涉及用人单位招聘、支付报酬、提供劳动安全卫生条件、福利待遇、辞退、补充新员工等诸多环节，涉及劳动关系的确立、调整和终止以及劳动力市场的中介服务、信息引导和法制管理等。

（三）劳动力市场的构成要素

劳动力市场由多种要素组成，通过这些要素的集中统一及协调运作构成劳动力市场机制的总体内容。健全的劳动力市场要素主要有以下几类：

（1）主体要素。是指劳动力市场上参与市场活动的单位或个人，是劳动力市场形成的前提。具体而言，就是劳动力供求双方，包括劳动力供给个人、团体和劳动力需求单位。但并不是所有的劳动力个人或团体和用人单位都能成为劳动力市场的主体，劳动力市场主体应该具有如下特点：自由参与市场的活动，具有参与市场活动以实现自身利益的内在动力和行为能力，能及时接收和发出市场信息，并在一定程度上影响市场的运行和走势。据此，在我国“统包统配”的传统劳动体制下，劳动者个人和用人单位都不是劳动力市场的主体。

（2）价格要素。是指劳动力的价格（即工资），它与劳动力供给方、需求方共同组成劳动力市场的三个基本要素。工资是劳动力市场的利益驱动力，是劳动力市场上调节市场活动的“看不见的手”。市场经济下的工资应该是市场工资。目前在我国，价格作用发挥得非常有限，只有当国家劳动人事、工资分配、社会保险等制度全面改革并不断完善，劳动力供求关系进入工资决定的情况下，价格才能真正发挥市场机制的调节作用。

（3）基础要素。是指劳动力市场赖以存在和运行所必需的硬件和软件的总和，是劳动力市场建立的基础。其中，硬件要素是指劳动力市场运作所必需的场所、设备以及服务机构等物质条件，软件要素是指指导市场发展的理论认识、思想观念、信息等导向性要素。我国劳动力市场的基础要素很不完善，硬件和软件环境建设十分不足，这也决定了我国现阶段的劳动力市场还是处于初创阶段，其功能只能随着基础要素的完善而不断完善。

（4）保障要素。保障要素是由政府出面，代表社会对劳动过程中的风险、对市场竞争中暂时退出市场形成的风险以及劳动者最终退出劳动过程后的基本生活进行的保障。它包括养老、失业、工伤、医疗、生育等各项社会保险。在完善的市场体系中，为了保证就业者在生病、工伤、生育、失业、退休时，不因减少劳动收入或完全丧失劳动能力而失去生存条件，政府通过再分配手段由政府、企业、个人共同筹资，建立基金，帮助解决劳动者在生、老、病、死、伤残和失业时的生活问题。这有利于保障劳动者的基本权利，维护社会稳定。

（5）调控要素。调控要素是指政府及其管理机构对劳动力市场进行宏观管理、调节和控制的手段与行为。劳动力市场不是毫无约束的自由市场，它必须受到宏观调控和指导，以避免出现无序发展的自由化状态。政府就是这个市场的管理者和宏观调控者。政府制定相关的法律法规，形成健全的劳动力市场运行规则，科学规范劳动力市场供求双方及劳动力市场的就业服务等行为，并通过财政政策、货币政策、收入政策、产业政策等宏观经济政策和行政手段调节劳动力资源的流向配置，保证劳动力市场和国民经济健康有序地运行。

三、劳动力市场的类型

劳动力市场的类型是多种多样的，依据不同的标准，可作不同的划分。

（一）按照劳动力市场的范围划分

按照劳动力市场的范围可以将劳动力市场划分为区域劳动力市场、产业劳动力市场、职业（工种）劳动力市场和企业内部劳动力市场。其中，企业内部劳动力市场比较特殊，它的组织原理并非源于价格或经济关系，而是企业内部的买方和卖方，即管理者与劳动者在企业内的职位空缺中彼此搜寻的一种劳动力市场形式。企业内部劳动力市场上的交易形式，以晋升、换岗、短期解雇、加班、提高工作效率为主。

企业内部劳动力市场有三个基本特征：（1）有高度的组织与管理。劳动力的价格和配置受一套管理规则和程序调节。这些规则与程序代替了供给与需求的力量。（2）把特权地位给予已经聘用的人而不是外部人。内部人在很大程度上免除了来自外部人的经常性竞争。外部人只能在有限数目的低级工作职位范围内进入内部劳动力市场。其他空缺职位通常以提升形式由内部补充，即存在"上升阶梯"。（3）工资常常高于当地平均工资，规则与程序受外部劳动力市场条件的影响相对较少。

即学即用

杭州钢铁集团公司设立内部劳动力市场

日前，杭州钢铁集团公司（以下简称"集团公司"）决定设立杭州钢铁集团公司内部劳动力市场，并出台了试行管理办法。此举主要是为充分利用和盘活内部劳动力资源，建立内部劳动力合理流动机制，调剂各单位之间的人员余缺，促进劳动组织和人员结构不断优化，规范集团公司内部劳动力市场的正常运作，降低用工成本，提高劳动生产率。该管理办法指出，内部劳动力市场作为集团公司部分岗位用工需求的信息平台，是内部劳动力交流的中介服务部门。内部劳动力市场设在组织（人力资源）部，由组织（人力资源）部按照以人为本和促进内部人员合理有序流动的原则进行具体运作和管理。主要承担制定内部劳动力市场的相关办事程序和管理办法，收集各单位岗位用工需求信息，建立岗位需求信息库，及时发布劳动力供求信息，建立可流动人员信息库，做好人员合理调剂、岗前培训相关协调和服务等工作，建立集团公司内部网上招聘平台，提供劳动就业政策咨询等职责。

该管理办法规定，各单位用工需求应报组织（人力资源）部审定，内部劳动力市场能基本满足的用工需求，应在内部劳动力市场招聘，并公布招聘简章，说明单位基本情况、录用岗位类别、用工形式、用工条件和数量，以及工资和保险福利待遇等。内部劳动力市场将通过内部网络等途径及时发布劳动力供求信息，同时提供咨询服务。对双方达成意向的人员由内部劳动力市场办理劳动关系处理等相关手续。被直接录用的人员除在招聘时有特别规定并在劳动合同约定条款中明确外，享受录用单位规定的工资福利待遇。

资料来源：杭州钢铁集团公司设立内部劳动力市场. 亚太时报网，2013-03-06.

（二）按照交易方式和途径划分

按照交易方式和途径可以将劳动力市场划分为有形市场和无形市场。有形市场是指通过职业介绍等市场中介组织和机构所形成的劳动力交易，特点在于其交易活动有固定的场所，具有经常性。无形市场是指通过各种信息渠道的就业广告、人际关系等非市场中介组织所形成的劳动力交易。由于没有固定的场所，无形市场的交易活动较为零星和分散。

（三）按照市场的竞争自由度划分

按照市场的竞争自由度可以将劳动力市场划分为完全竞争市场、垄断市场和不完全竞争市场。完全竞争市场是一种理论型市场，要求具备完全的市场信息条件，供求双方信息环境基本相同，劳动力具有充分的流动性，不存在其他非市场化的障碍；具备完全的决策条件，供求双方可以根据自己的意愿去选择劳动力交易的方式、数量和价格。垄断市场是一种极端的市场形式，又分为买方垄断和卖方垄断两种。不完全竞争市场是指介于完全竞争市场和垄断市场之间，市场力量和非市场力量同时起作用而形成的市场竞争格局，是一种常见的市场形式。

（四）按照职业对劳动力素质的要求划分

按照职业对劳动力素质的要求可以将劳动力市场划分为国家公务员市场、经理市场、专业技术人员市场和普通劳动力市场等。

（五）按照劳动力交易的社会条件划分

按照劳动力交易的社会条件可以将劳动力市场划分为一级劳动力市场与次级劳动力市场。一级劳动力市场是指就业条件较好、交易质量较高的劳动力市场。次级劳动力市场是指就业条件较差、交易质量较低的劳动力市场。我国目前在一级劳动力市场与次级劳动力市场之间往往缺乏竞争性，主要体现在劳动力在这两个市场之间难以流动。

四、劳动力市场的特性

（一）劳动力市场的一般共性

在市场经济条件下，劳动力市场与其他生产要素市场有着明显的共性：存在供求双方，在生产要素所有权或支配权发生转移时，需求方要向供给方支付费用（即价格）；费用（价格）受供求关系影响，生产要素的流动又受价格的影响等。劳动力市场具有作为生产要素市场的一般特性，主要表现为五点：市场性、开放性、竞争性、层次性、规范性。

（二）劳动力市场的特性

劳动力市场是一个相当特殊的市场，这是由劳动力要素区别于其他生产要素的特殊性决定的。劳动力永远依附在劳动者身上，只能被转让租借，不能被买卖。同时，劳动力生产要素效用的发挥，取决于有主观意识、具有能动性的劳动者。总之，劳动力市场与其他要素市场相比，呈现出自身的特点。

1. 劳动力市场的交易关系是契约关系

劳动力市场的交易是劳动者在保持劳动力所有权的前提下，在一定时期内有偿转让劳动力的使用权，它反映的是一种契约关系。劳动力市场的价格就是劳动力租金，契约本身规定了平等双方在契约期限之内的权利、义务和责任，确立劳动力使用契约是劳动力市场的基本内容。劳动者本身不是商品，不能被出卖和购买，即使通过市场发生支配权的转移，他们对自身的劳动力仍拥有不可动摇的所有权。劳动力也永远不能脱离劳动者而独立存在，其所有权永远属于劳动者本身。

2. 劳动力市场交易受大量非价格因素的影响

劳动力市场交易对象的一个显著特征是劳动力依附于劳动者而存在。在劳动力市场上，劳动力使用价值的表现即劳动。劳动作为一个人脑力、体力的消耗过程，是劳动者从事的活动，不可能脱离劳动者而独立存在。而劳动者具有主观能动性和意愿，他们不仅要满足自己基本的物质生活需要，还有安全感、社会地位、自我实现等情感和更高生活目标的诉求。他们在劳动力市场的交易过程中，不仅关注工资即劳动力的价格，还关注其他大量的非经济性因素。所以，在雇佣交易中价格以外的非货币因素如工作环境、伤亡危险、人际关系、领导方式等，也将同工资一起对劳动力租让能否成交发挥相当大的影响作用。尤其在发达国家的劳动力市场上，工资已处于不太重要的地位。

3. 劳动力市场交易主体地位不对等

劳动力市场交易主体地位是不对等的，无论劳动力的质量如何，劳动者在市场上的地位总是相对较弱。由于劳动力商品本身的特性，它存在于劳动者的身体里，不能与其分离，不能被存储起来。劳动者为了维持生计必须持续不断地向市场提供劳动力，因而当需求不足时，他们会处于极其不利的地位。再加上劳动力往往处于分散状态，而企业则相对集中，且与雇主相比，劳动者缺乏与市场条件有关的各类信息，因此他们的谈判地位就进一步恶化了。这样就在现实中导致了失业、低工资、恶劣的劳动条件等一系列社会问题的产生与发展。因此，政府的干预和调控显得尤为重要，需要通过各类组织机构的介入和各种法规与政策的制定来保障劳动力市场中劳动者的权益。

4. 劳动力市场交易主体呈现出巨大的差异性

劳动力市场供求双方都存在着多样性和复杂性，劳动力市场交易活动本身是供求双方一系列的复杂选择过程。一方面，劳动者不同，其各自的体力和脑力，如年龄、背景、教育、经验、技艺、品性、心理素质等都有诸多不同；另一方面，企业也千差万别，如工资收入、工资条件、地理环境、交通状况、文化氛围、发展前景、人际关系等方面都有所差异。企业在选用劳动者时，要考虑他们的专业特长和道德修养等多方面的因素；而劳动者选取单位时，也要根据各人的具体情况和偏好，对各种因素进行权衡比较。所以在交易正式进行之前，双方都需要花费一定的精力和成本来搜集和分析与交易有关的市场信息。除了价格因素外，其他大量非价格信息也是重要参考，而它们的获取和判断往往具有难度和随机性。因此，与产品市场相比，劳动力市场上的交易成本更昂贵，交易过程更长。比如实行劳动试用期，就是把劳动力交易从流通领域延伸到生产领域中继续进行。

第二节　劳动力市场的运行机制与调控

一、劳动力市场的运行机制

市场机制，是指市场经济体系中各要素之间相互联系和制约关系的运行机理，具体表现为商品的需求、供给、价值、价格、竞争等各种基本要素在价值规律基础上的相互联系、相互作用、相互制约的关系和变动趋势。**劳动力市场运行机制**是一般市场机制在劳动力这一特殊商品上的表现，由相互联系和相互制约的供求机制、竞争机制、工资机制组成。

（一）供求机制

供给和需求是市场的基本要素。供求机制是供求双方矛盾运动的自我协调机制。完善的、原来意义上的供求机制，应该反映劳动力价格（工资）与供求关系的内在联系。一方面，供求关系影响工资，当劳动力供给超过社会需求时，工资会下降，反之亦然；另一方面，工资的高低也会反过来影响劳动力供求关系，工资下降，对劳动力的需求就增加，劳动力的供给随之相对减少，反之亦然。

劳动力的需求和供给都受到多方面的可变因素的影响，因此劳动力市场的供求关系总是处于不断的变化之中，产生了供求之间的矛盾。这个矛盾通过供求机制的作用，借助于劳动力的流动和价格的波动来解决：当劳动力供大于求时，价格下降，劳动力供给减少；当劳动力需求大于供给时，价格上升，劳动力供给增加。劳动力市场的供求运动是在“看不见的手”的调节下，不断由供求不平衡到平衡，由平衡到新的不平衡，再到新的平衡的动态过程，其平衡状态是偶然的，而不平衡则是经常的。实际上劳动力市场的供求运动是劳动力供求与劳动力价格（工资）相互联系、相互作用的运动过程，它集中体现了供求机制在劳动力资源配置方面所发挥的调节作用。

所以，在依靠市场自身供求机制调节的同时，还应当加强对劳动力市场供求状况的预测和监控，通过经济、法律或者行政手段适当干预，促成劳动力市场的动态平衡。

应用实例

如何应对劳动力从制造业向服务业转移的趋势?

近几年来，我国的就业状况出现了明显的变化，那就是制造业的从业人员在减少，而服务业从业人员却在不断上升。实际上，这是制造业正在从“生产型制造”向“服务型制造”转变这一实施过程所带来的变化。

目前，世界经济的发展正处于从产品经济向服务经济的过渡时期，传统制造业的价值链不断延伸和扩展。工业产品附加值中，制造环节的占比越来越低；而研发设计、物流配送、产品营销、电子商务、金融服务、战略咨询等专业化生产服务和中介服务占比越来越高。由此促使就业状况发生了重大变化，大量劳动力从制造业中流出转入到服务业中，导致许多工厂招不到工人，出现了“用工荒”的情况。而中国迅速扩大的服务业，如美团外卖、快递、滴滴等呈现出快速发展的状况，正在吸纳越来越多的青壮年劳动力就业。

根据国家邮政局官网发布的消息，经过初步测算，2020 年快递业务量和业务收入分别完成 830 亿件和 8 750 亿元，同比分别增长 30.8%和 16.7%，行业新增社会就业 20 万人以上。

美团研究院发布的《2019 年及 2020 年疫情期间美团骑手就业报告》显示，2019 年，通过该平台获得收入的骑手总数约 398.7 万人。

餐饮外卖行业发展更为迅速，2019 年产业规模已达 6 536 亿元，外卖总人数已突破 700 万人，另外，还有 2 000 万人在从事滴滴等网约车司机工作。

疫情进一步加快了劳动力在产业间的流动。自 2020 年以来，美团与饿了么累计新增的超过 200 万外卖骑手中，有近 3 成来自制造业工人，有超过 8 成是 40 岁以下的青年。

为什么越来越多的人选择灵活就业，而不愿去工厂上班？导致这一现象出现的原因主要有以下三点：

（1）外卖行业实行计件工资，多劳多得，收入高于工厂，而工厂工作辛苦，收入低；

（2）工作环境相对轻松自由灵活；

（3）从个人成长和社会经验积累的角度看，服务业也更具优势。

从制造业的发展趋势看，未来流水线工人被机器所取代将会是大势所趋。牛津经济研究院在 2019 年发布的报告《机器人如何改变世界》中指出，新安装一个机器人将会削减 1.6 个工作岗位，到 2030 年，全球制造业就业人数将因此减少 2 000 万人。

从服务业占 GDP 的比重这一重要指标看，美国、日本作为高收入发达国家，服务业占 GDP 的比重分别为 80%和 70%，而中国的服务业占比目前只略高于 50%，还有很大的提升空间。

在此背景下，年轻人当前的就业选择符合未来发展趋势。

根据教育部、人社部、工信部联合发布的《制造业人才发展规划指南》统计，预计到 2025 年，全国制造业 10 大重点领域人才缺口将近 3 000 万人。这对于目前正处于转型升级中的中国制造业来说，的确是一道难题。

面对劳动力从制造业向服务业转移的大趋势，如何才能有效破解当前制造业用工荒的难题呢？

主要应从以下几个方面着手：

（1）加快制造业转型升级，用科技创新手段来弥补产业链下端劳动力的流失；

（2）提高劳动者的收入水平，改善工作环境，缩短工作时长；

（3）提高技工的薪酬待遇，让技工得到更多的社会认同与尊重。

总之，如何应对劳动力从制造业流向服务业这一问题是一个系统工程，并非只是采取几项简单措施就可以解决，它需要全社会予以关注，政府和社会各方面共同努力才能最终得以解决。

资料来源：如何应对劳动力从制造业向服务业转移的趋势？百家号，2021-04-27.

（二）竞争机制

竞争机制是劳动力市场上供求双方优胜劣汰的选择机制，它反映劳动力商品在交换过程中供求双方的互相选择以及劳动力供应者之间、劳动力需求者之间出于自我利益的考虑进行竞争的有机联系。具体表现为劳动者在与生产资料的结合过程中所产生的择业竞争以及企业为求得优秀人才而进行的人才竞争。

现代企业竞争的关键是人才的竞争。由于生产要素的多寡、质量的高低在某种程度上决定了企业生产经营效果的好坏，一方面，为了在市场经济中获取最大的利益，处于不败之地，企业竞相争取优秀的人才；另一方面，劳动者之间也会展开竞争。劳动者之间不仅有追求经济利益的动机，期望获得较高的报酬，同时也希望在工作环境良好、发展空间广阔的企业就业，取得较高的社会地位，实现自我价值。不同劳动者的需求偏好不一，但都把理想的职业和岗位视为实现经济利益和社会利益的途径。另外，劳动力供求双方也会产生竞争。总之，竞争的实质是经济利益的竞争，它是市场经济的普遍规律。

竞争机制的作用不是孤立的，它同供求关系、工资变动等因素紧密结合，共同发生作用，反映着竞争同劳动力供求关系、工资水平的有机联系。首先，劳动力供求的不平衡为竞争机制的运动提供了外部条件。在劳动力市场上，供求的矛盾借助于劳动力价格波动，始终在不平衡—相对平衡—新的不平衡这种运动状态中循环往复。供求矛盾促使劳动力供给者和需求者双方为实现各自利益而展开供给方之间或需求方之间的竞争。而通过竞争机制的作用，优胜劣汰，使劳动力供求双方在相互选择、自由流动中实现相对平衡。其次，工资成为竞争的手段。劳动力供求双方都借助于工资这一市场要素作为竞争的有效工具，争取在市场的选择中处于有利地位。如果某类劳动力供不应求，竞争则主要在企业方展开。企业通过提高工资水平、提供更优厚的福利待遇等作为竞争手段，以便招聘到高质量的优秀人才。当劳动力市场供大于求时，劳动者之间也会将工资水平要求和个人技能作为竞争手段，以战胜竞争对手，获得理想的工作岗位。

竞争同劳动力供求、工资变动相互联系、相互制约，形成劳动力市场的自我选择机制。它促使企业提高劳动力的利用效率，提高企业劳动生产率；它也促使劳动者不断加强学习，努力提高个人素质，以适应社会和企业的需要。竞争的最终结果将有助于劳动力与生产资料两大生产要素达到最佳配置。

（三）工资机制

工资机制是劳动力市场竞争过程中重要的自我制衡机制，它反映在工资变动与供求变动之间相互制约的有机联系和运动上。工资机制就是劳动力价值或工资自发形成的过程。

劳动力市场价格的基础是劳动力价值，它由生产和再生产劳动力商品所必需的生产费用决定。在价值规律的作用下，劳动力市场上供求双方的竞争形成了工资。市场上的供求与价格之间是双向运动、相互作用的。劳动力供求比例的变化引起工资变化，而工资的变化也会引起劳动力供求的变化。当劳动力供给大于需求时，工资呈下降趋势；当劳动力需求大于供给时，工资呈上涨趋势。同样，工资下降，使劳动力供给减少，需求增多；工资上涨，使劳动力供给增多，而需求减少。在这种关联中，供求逐步趋向一致。

在市场经济中，工资是企业衡量人力投入、进行成本核算的依据，也是劳动者个人提供劳动能力，按劳动贡献获取劳动报酬，从社会获得消费资料，借以谋生的一种手段。所以，在利益驱动之下，工资水平影响着企业的劳动力需求，也引导着劳动者的择业方向，激励其提高自身素质。从宏观来看，工资是调节劳动力资源在不同地区、不同行业和岗位之间流动和合理配置的经济杠杆。

总之，劳动力市场是在价格机制与供求机制和竞争机制的共同作用下，形成自己有序的运行：工资上升，劳动力流入，供给量增加，竞争加剧，形成供过于求，工资开始下跌，劳动力流出，供给量减少，出现供不应求，工资又开始上升。在三大基本机制的交互作用中，市场运动不断循环往复地进行。

二、调控劳动力市场的制度结构

市场经济的原则是自由竞争，这一原则也适用于劳动力市场，但这种市场竞争并不完全是自由放任的。劳动力市场自身具有不稳定的性质特点，其正常稳定地发挥作用必须依赖于一定的制度结构。劳动力市场的制度结构安排是维持市场机制充分发挥作用的重要条件，也是政府调节劳动力市场的重要工具。这些制度从建立到现在的历史并不长，在发达国家最早是在 19 世纪上半期建立，而对大多数发展中国家来说，则是在 20 世纪逐步建立起来的。

（一）最低劳动标准

最低劳动标准包括最低工资标准、最长劳动时间标准和其他劳动条件标准。这些标准在许多国家都是以法律的形式确定下来的。

1. 最低工资标准

最低工资是国家为保证维持劳动力再生产的最低需要，以一定的立法程序规定的，用人单位对在正常时间内从事劳动的劳动者必须支付的最低限度的劳动报酬。**最低工资标准**，又称最低工资率，是指国家依法规定的单位劳动时间的最低工资数额。最低工资标准通常以法律或法规的形式颁布，是国家对劳动力市场进行干预的产物，也是各国政府对劳动力市场进行宏观调控的重要手段之一。我国劳动和社会保障部规定，“最低工资标准”是“劳动者在法定工作时间或依法签订的劳动合同约定的工作时间内提供了正常劳动的前提下，用人单位依法应支付的最低劳动报酬”①。

应用实例

2021年全国各地最新最低工资标准

由于我国不同地区的经济发展水平、人均收入和消费水平等情况不同，各地区制定的最低工资标准也不同。按照《最低工资规定》，各地区根据当地经济发展情况的变化，每2年至少调整一次最低工资标准。

截至2021年10月1日，全国内地各省、直辖市、自治区的人社部门或者主管劳工薪酬的部门公布的最低工资标准显示，有16个省、自治区、直辖市调整了2021年的最低工资标准，分别是北京、上海、天津、辽宁、山东、山西、湖北、甘肃、宁夏、江苏、浙江、西藏、陕西、江西、新疆和黑龙江。最低月工资标准排名第一的是上海市（2 590元），北京（2 320元）和深圳（2 200元）分列第二、三位，排名最低的是安徽省1 550元。

最低工资标准是保障劳动者最低工资收入的法律制度，是一种适用于全行业的国家标准。按照统一要求，最低工资的测算有两种方法：比重法与恩格尔系数法，两种方法均参考上年度当地人均生活费用、职工个人社保公积金费用、全市平均工资、经济发展水平、失业率、赡养系数等六个指标，根据不同的测算公式，综合确定当地最低工资标准。最低工资标准的月薪针对全日制职工，而时薪针对非全日制职工。按照相关法律条款的规定，非全日制工作指一天工作不超过4个小时，一周不超过24小时，因此不能按照全日制工作的工时进行折算。

在劳动者提供正常劳动的情况下，用人单位应支付给劳动者的工资在剔除下列各项以后，不得低于其所在地的最低工资标准。

下列项目不作为最低工资的组成部分，单位应按规定另行支付：

一、加班费用：延长法定工作时间的工资。

二、特殊津贴：中班、夜班、高温、低温、井下、有毒有害等特殊工作环境、条件下的津贴。

三、法定福利，主要包括：对劳动者进行培训的费用；按国家劳动安全卫生规定发给劳动者的费用和用品，以及用人单位自身规定的工作用品（如工作着装等）；按国家住房制度改革规定由用人单位为劳动者缴纳的住房公积金；用人单位为劳动者支付的医疗卫生费、丧葬抚恤救济金、探亲路费、计划生育补贴、生活困难补助、冬季取暖补贴、防暑降温费等。

资料来源：社保问答网，百家号.

---

① 参见劳动和社会保障部颁布的《最低工资规定》第三条，2004年1月20日发布，2004年3月1日起施行。

2. 最长劳动时间标准

最长劳动时间标准是国家通过立法规定的工时制度、延长工作时间的条件及最高限额、休息休假制度等。最长劳动时间标准使劳动者能够更好地实现休息和休假的权利，这也是该立法的直接动机。从工时制度的发展过程来看，不断缩短工时和延长休息休假时间是工时制度的发展趋势。工时制度之所以出现这样的变化趋势，是因为：第一，劳动者的工资高到一定程度时，他们想拥有更多的闲暇；第二，劳动者是消费的主体，闲暇可增加消费，也就促进了经济的发展；第三，每个人工作更少的时间，可以让更多的人获得工作机会，减少失业。

3. 其他劳动条件标准

其他劳动条件标准包括最低就业年龄标准以及女职工与未成年工的特殊保护等。最低就业年龄标准是以立法形式对未成年工进行的特殊保护，一般包括限制最低就业年龄、限制工作时间的延长以及对夜间工作和繁重体力劳动等进行限制。我国劳动法规规定的劳动就业最低法定年龄是 16 周岁，有些国家为 14 周岁，如德国、瑞士等。女职工和未成年工特殊保护是各国劳动立法和国际劳工立法的重要组成内容。我国也颁布了不少关于女职工和未成年工特殊保护的法律规定。

（二）最低社会保障

最低社会保障制度是以国家或政府为主体，依据法律规定，通过国民收入再分配，对劳动者在暂时或永久丧失劳动能力以及由于各种原因生活发生困难时给予物质帮助，保障其基本生活需要的制度。最低社会保障，无论从经济角度还是健康角度来说，都是对人们生存和安全方面最低限度的保障。保障劳动者的最低生活水平是劳动力市场正常发挥其资源配置功能所不可缺少的一个先决条件。国家一般通过立法建立社会保障制度。

由于各国社会经济制度、经济发展状况、价值取向、文化传统、法律等方面不同，社会保障制度的内容也不尽相同。国际劳工组织在 1952 年《社会保障（最低标准）公约》（第 102 号）中确立了社会保障作为一种普遍制度的原则，其中得到普遍承认的八个方面是：医疗保健、失业补助、老年补助、工伤补助、家庭补助、生育补助、疾病补助和遗属抚恤金。我国也出台了一系列关于社会保障的法律法规。

（三）工会

从历史发展的角度看，工会是工业化的产物。工业化使得工人处于完全被动的地位，他们的工资、工作条件和安全保护大大超出了工人个人所能控制的程度，为了保护工人和工人的利益，工人们自发组成了工会，代表工人以集体的力量同雇主谈判。

在现代市场经济国家，工会是劳工及受雇者自发组成的，借团体交涉的力量，以维持及改善劳动条件与生活状况，保障劳工权益的社会性团体。它不仅对劳工本身的权益有着举足轻重的影响，而且对劳动力市场乃至整个经济都有着十分重要的作用。工会在其发展中承担着多重功能，最基本的是与雇主或雇主组织进行集体谈判，参与决定基本劳动条件，并对各项劳动条件标准的实施进行监督。

在现代市场经济国家中，最低劳动标准、最低社会保障、工会三个制度结构要素都是以法律的形式确定下来的。这三个要素在保证劳动力市场稳定运行、有效配置劳动力资源中发挥着不可替代的作用，同时也是国家干预劳动力市场的重要工具。

三、调控劳动力市场的宏观政策

宏观调控政策是指国家通过对市场机制进行干预并通过该机制的作用来实现社会宏观经济发展目标的政策，不同于主要通过行政命令手段执行的政策。政府对劳动力市场的宏观调控政策主要包括财政政策、货币政策、收入政策和人力资源政策。这些政策可以通过市场机制有效地调节总需求和总供给，进而影响劳动力市场的需求与供给。

（一）财政政策

财政政策是国家干预经济的主要手段之一，其一般定义是：为促进就业水平提高，减轻经济波动，防止通货膨胀，实现稳定增长而对政府支出、税收和借债水平所进行的选择，即对政府支出和收入水平所作的选择。因目的不同，财政政策可以分为两种类型：扩张性财政政策和紧缩性财政政策。

扩张性财政政策是通过财政政策来刺激社会总需求，即通过扩大政府购买、增加政府转移支付、降低税率等措施来刺激消费和投资，增加总需求，以提高就业水平的宏观政策。当经济处于萧条时期，存在大量失业时，政府就要实行扩张性财政政策，增加总需求，提高就业率。

紧缩性财政政策是通过财政政策来减少和抑制社会总需求，即通过减少政府购买、减少政府转移支付、提高税率等措施来干预消费和投资，减少总需求，以稳定物价的宏观政策。当经济处于通货膨胀时期，总需求大于总供给，物价持续上涨时，政府就要实行紧缩性财政政策，抑制总需求，使物价趋于稳定。

在现代市场经济国家，财政政策的主要工具是政府购买、政府转移支付、税收和发行公债。

（二）货币政策

货币政策即中央银行通过控制货币供给量来调节利率进而影响投资和整个经济以达到一定经济目标的宏观经济管理对策。

货币政策一般也分为扩张性的和紧缩性的。前者是通过增加货币供给量来带动总需求的增长，经济萧条时多采用此政策；后者是通过减少货币供给量来降低总需求水平，通货膨胀严重时多采用此政策。货币政策的主要工具包括再贴现率政策、公开市场业务和变动法定准备金率。

（三）收入政策

收入政策是政府采取的通过对工资和物价的控制来制止或预防通货膨胀的政策，其理论基础主要是成本推动型通货膨胀理论。当工资增长率超过劳动生产率增长率时，工资的提高就会导致成本的提高，从而导致一般物价水平上涨，形成成本推动型通货膨胀；在市场不完全的条件下，工会和企业会利用自己的垄断力量保持自己的实际收入，以致工资和价格继续增长，此时为了抑制工资和物价的上涨，就有必要采取收入政策。收入政策可以通过各种形式实现，当前通常采用的形式是实行工资—物价管制、工资—物价指导、经济激励或处罚等。

（四）人力资源政策

在劳动力市场运行中，由于劳动力需求不足或劳动力供给方面的原因，可能造成失业。因此，不仅需要有调节劳动力需求的就业政策，而且要有针对劳动力供给的人力资源政策，从供给方面调节劳动力市场。

人力资源政策又称积极的劳动力市场政策，是指政府通过对劳动力进行重新教育和培训，提高其就业适应能力，达到改善劳动力供给结构、提高劳动力市场运行效率等目的的政策。人力资源政策一般针对劳动力在动态经济中配置的两个环节，即青年劳动者由接受教育到参加工作的转变和劳动力从旧职业到新职业的转变，制定并实施一系列人力资源发展规划，使劳动者适应这两种转变。一般在人力资源发展规划中不涉及对高质量劳动力供给的调节，而是集中力量帮助最缺乏优势的劳动力。在现代市场经济条件下，各国对劳动力市场进行经常性调节的人力资源政策主要有：加强就业服务、实施创业就业计划、加大教育投资、激励就业、开发临时性就业岗位。

四、调控劳动力市场的法律法规

现代法制是保证市场经济有序运行的重要制度环境，现代市场经济就是法治经济。在现实生活中，许多法律法规都直接或间接地影响劳动力市场的工资水平和就业量。由于法律法规对劳动力市场的影响十分普遍，这里只能有选择地对一些主要的法律法规进行介绍。

（一）劳动法

西方国家政府在劳动力市场发育的初期奉行不干预政策。实际上，劳动部门只保护资本利益，并不顾及劳动者的利益。工会和雇主组织产生以后，劳资双方的矛盾进一步升级，甚至在某些场合演变成了政治斗争，已经无法由市场自发进行解决，因此，需要建立一定的法规，发挥调节作用。

劳动法的概念可以从狭义和广义上理解。狭义地讲，劳动法是指以劳动法直接命名的劳动基本法律，在我国就是《中华人民共和国劳动法》。广义的劳动法是指国家从保护劳动者的利益出发而制定的调整劳动关系以及与劳动关系密切联系的一些法律规范的总和。一般所说的劳动法是指广义的劳动法，这一点西方学者和我国学者的解释基本一致。在我国，广义的劳动法除《中华人民共和国劳动法》外，还包括有关劳动的法规、规则、条例、命令等，如劳动就业法、劳动工资法、劳动合同法、集体合同法、职业培训法、劳动奖惩法、社会保险法、工会法和涉外劳动法等。

我国劳动法的立法宗旨是保护劳动者的合法权益，调整劳动关系，建立和维护适应社会主义市场经济的劳动制度，促进经济发展和社会进步。劳动法对劳动力市场的影响主要体现在以下几个方面：（1）保护劳动者的合法权益；（2）保证劳动力市场在竞争和公平的基础上运行；（3）改善劳动关系，有利于形成完善的劳动力市场规则；（4）有利于劳动力市场的稳定；（5）影响工资水平和就业量。

（二）有关劳动保护的法律法规

劳动保护是现代社会生产发展到一定阶段的产物，是每个国家所面临的一大社会问题。在生产活动中存在很多不安全因素，为了保证劳动者在劳动场所实现劳动过程中的安全与健康，各国政府制定了一系列关于劳动保护的法律法规，以改善劳动条件和环境，避免或降低劳动生产过程中的危险因素。早在 1974 年，国际劳工组织召开的第 59 届国际劳工大会就通过决议，号召各国和各地区的政府和企业家改善职工劳动条件，保证职工在劳动过程中的安全。

根据我国的劳动法规，劳动保护有两个方面的含义。广义的劳动保护是指有关劳动保护的全部法律规范，不仅包括在劳动过程中保护劳动者的安全和健康的法规，还包括劳动报酬、劳动保险、奖励处罚、人员的录用、辞退和调动及民主管理等各项权利的保护。劳动法所讲的劳动保护是狭义的劳动保护，是指国家和企业为了保护生产者在劳动过程中的安全和健康，改善劳动条件而采取的各种组织和技术措施的总和。劳动保护主要包括两方面的内容，即劳动卫生和安全生产。劳动卫生针对的是劳动过程中的不卫生因素，而安全生产针对的是劳动过程中的不安全因素。

小思考

请联系我国社会实际情况，分析如何更好地对劳动力市场进行宏观调控。

第三节　劳动力市场均衡

一、均衡的基本含义

（一）古典经济学描述的均衡

1. 古典均衡概念

均衡原是物理学的概念，是指一个系统的特殊状态，即相对对立的各种力量同时对这个系统发生作用，当合力为零时，系统所处的相对稳定状态。经济学引入这个概念有两重含义：一是用来表示某一经济系统所受的外力既定且相互平衡时呈现的状态，即均衡状态；二是指均衡分析方法，用来揭示经济变量之间的关系，说明实现均衡的条件以及调整途径等。

最初的均衡是用来描述"市场均衡"的，也即古典意义上的经济均衡。它包括两方面的含义，一是对立的力量（供求）在量上处于均等状态，即变量均等；二是决定供求的任何一种力量都不具有改变现状的动机或能力。

2. 古典均衡分析

按照均衡市场的覆盖范围，古典均衡又可分为局部均衡和一般均衡。局部均衡是用来分析单个市场、单个商品价格和供求关系变化的一种方法。它假定在其他条件不变时，一种商品的价格只取决于它本身的供求状况，而不受其他商品的价格与供求的影响。英国经济学家马歇尔是局部均衡理论的代表人物。在他之后，美国经济学家爱德华·哈斯丁·张伯伦（Edward Hastings Chamberlin）和英国经济学家琼·罗宾逊（Joan Robinson）夫人提出垄断竞争理论，发展了局部均衡分析方法。

一般均衡分析是就所有单个商品市场的供求和价格之间的关系及其同时均衡问题进行分析的一种方法。它假定各种商品的供求与价格都是相互影响的，一个市场的均衡只有在其他所有市场都达到均衡的情况下才能实现。局部均衡是一般均衡的特例，一般均衡是局部均衡的推广。一般均衡分析方法的代表人物是洛桑学派的瓦尔拉斯，因此一般均衡分析又称瓦尔拉斯均衡分析。瓦尔拉斯之后，英国经济学家约翰·希克斯发展了一般均衡分析方法。

瓦尔拉斯一般均衡的存在需要以下几个假设前提：（1）经济系统中只存在唯一的信号——价格，经济行为人基于自身的理性，唯一地根据价格信号做出自己的行为选择和决策；（2）每个经济行为人都能及时准确地获得完全信息，不存在信息的偏误；（3）从非均衡到均衡的调整过程在瞬间完成，即分析过程不涉及均衡状态的变化过程和达到均衡状态所需要的时间。这些假设是抽象出来的，与实际情况并不相符。以后的经济学家陆续放宽了这些假设，并在这个过程中发展了经济学理论。例如，当考虑到经济系统中除了价格信号之外，经济行为人还要受到数量配额的限制时，一种价格—数量混合调节机制就得到了发展；当考虑到现实经济中存在的不确定性以及信息成本，因而每个经济主体不可能获得完全的信息时，信息经济学就得到了发展；当考虑到现实中经济均衡的调整过程并非瞬间完成，而是需要一定时间的时候，就要求人们在分析中引入时间因素，把静态分析扩展成动态分析，把静态均衡扩展到动态均衡。

（二）当代经济学描述的均衡

1. 一般意义上的经济均衡

均衡的初始定义特指市场均衡。因此，一开始人们认为，如果不存在市场，也就无所谓均衡。当代经济学对均衡概念作了一个扩充，就是将这个概念应用于对各种经济形态的分析，将市场均衡的条件一般化，用来概括包括非市场经济在内的各种形态，比如计划经济中的某些情况。因此，我们现在所说的均衡已经不是狭义上的市场均衡，而是一般意义上的经济均衡。

2. 凯恩斯失业均衡

当代经济学对均衡的第二个扩充，是在 20 世纪 30 年代凯恩斯宏观理论分析出现以后，逐步形成的失业均衡这一概念。这一概念的基本含义是：经济社会由于有效需求不足，总供给与总需求相互运动仍然可以形成均衡国民收入和均衡就业量，但此时的经济系统存在非自愿失业。市场经济的常态往往是小于充分就业的均衡，失业与均衡可以同时存在。

3. 现代非均衡理论中的非均衡

现代非均衡学派将凯恩斯的失业均衡、指令性计划经济体制中的“被抑制的通货膨胀”等都概括为不同类型的非均衡，而不是均衡。非均衡理论认为，在现实中，价格并非像传统理论那样可以随时根据供求关系迅速调整，有时因为制度的因素而被固定或被限制，有时由于信息不完全而得不到及时调整。因此，市场运行的结果通常是非均衡的，变量之间是不均等的。理想的供给不等于有效需求，理想的需求也不总等于有效供给。非均衡的结果建立在每个市场主体在既定的信息条件、制度条件和市场条件下的最优选择基础之上，具有稳固性和相对静止性，不改变某些基本的外在条件，如收入分配制度、价格限制、信息完备程度等，就不可能使某种非均衡状态得到改变，变成均衡。

二、劳动力市场的静态均衡

均衡分析是经济学理论研究的主要方法，对劳动力市场进行均衡分析是劳动经济学研究的一项基本任务。均衡有静态均衡和动态均衡、局部均衡和一般均衡、完全竞争条件下的均衡和非完全竞争条件下的均衡之分。这里只简要介绍完全竞争条件下的静态局部劳动力市场均衡，以此显示均衡分析在劳动力市场研究中的应用。

（一）劳动力市场完全竞争的基本假设条件

完全竞争是指不受任何阻碍和干扰的市场状况，是一种理想的状态，其假设条件是：(1) 经济行为人是理性的，劳动者追求效用最大化，厂商追求利润最大化；(2) 经济行为人享有充分的信息，且信息分布均匀，不存在信息不对称的现象；(3) 劳动力具有同质性，厂商提供的工作机会在工作条件及其他非货币特征方面具有同质性；(4) 劳动力市场上供需双方为数众多，并且双方均无组织性，是工资的接受者；(5) 劳动力流动无制度障碍，流动成本为零。

（二）劳动力市场静态均衡的形成

劳动力市场静态均衡的形成，也就是静态市场上均衡工资和均衡就业量的决定，是通过劳动力供给与劳动力需求双方在竞争中自发形成的，没有其他外力的干扰。

市场劳动力供给 S 和劳动力需求 D 都是工资率 W 的函数[①]，将这种函数关系描述在图形上就可以得到劳动力供给曲线和劳动力需求曲线。将供给曲线和需求曲线描述在同一图形上，即可观察到静态均衡的形成。如图 2－1 所示，当工资率低于 W_0 时，如在 W_1，劳动力需求 L_{12} 就会超过劳动力供给 L_{11}，市场上出现劳动力短缺，企业自然会产生

① 本书第三章和第四章对劳动力供给和劳动力需求有更详细的介绍。

提高工资的动力。只有当工资率达到 W_0 并使供给等于需求时，这种动力才会消失。如果工资率高于 W_0，比如处在 W_2 的水平上，就出现了与之前所述相反的情况：劳动力供给 L_{22} 超过对劳动力的需求 L_{21}，市场上可为人们提供的工作岗位不足，为了获得就业机会，人们愿意在低于 W_2 的工资率下工作，工资率开始下降，直到降低到 W_0 时，工资率继续下降的动力才会消失。在 W_0 的工资水平上，劳动力市场处于均衡状态，卖者和买者都满足于这种结果。

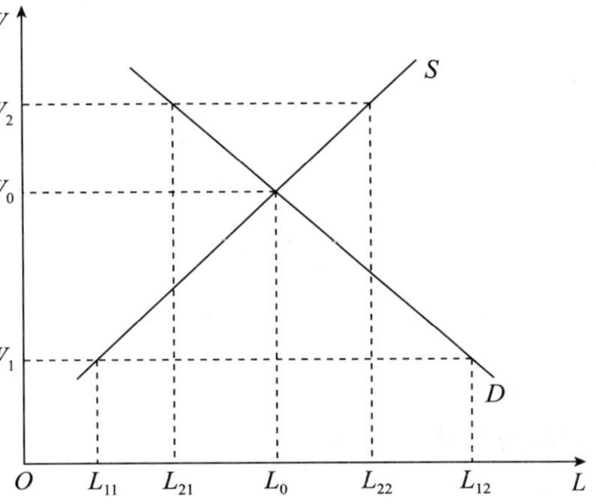

图 2-1 劳动力市场静态均衡的形成

该模型的描述过程实际上也承认了劳动力市场会出现非均衡的情况，总是在不断调整，趋向均衡状态。显然，如果这种调整需要较长的时间，我们就可以认为该市场处于非均衡状态。但是，人们一般假定在完全竞争市场上调整过程是极为短暂的，以至可以忽略。

（三）劳动力市场供求变动对均衡的影响

在劳动力市场上，劳动力供给与劳动力需求共同决定工资和就业的均衡水平。劳动力供给或需求的变动，以及两者的同时变动都能使原有的均衡遭到破坏，但都能在新的条件下重新实现均衡。

1. 劳动力供给变动对静态均衡的影响

某个行业的技术水平进步、进入该行业的劳动力突然增加以及相对于某职业而言的可替代职业的就业机会和工资率的变动等，都会引起劳动力供给的变化。我们以图 2-2 为例来说明劳动力需求不变时，劳动力供给的变动对均衡的影响。

如图 2-2 所示，开始时的劳动力供给曲线是 S_0，劳动力需求曲线是 D，市场均衡工资率为 W_0。当劳动力供给增加时，劳动力供给曲线由 S_0 向右移动到 S_1，在 W_0 这一点上，出现劳动力剩余，即供给大于需求，竞争在求职者之间展开，迫使均衡工资下降到 W_1，并最终取得均衡，此时均衡就业水平上升到 L_1；当劳动力供给减少时，劳动力供给曲线由 S_0 向左移动到 S_2，在 W_0 这一点上，出现劳动力短缺，即劳动力需求大于劳动力供给，企业雇主之间就会为争夺劳动力而展开竞争，竞争使得工资上涨到 W_2，当达到新的均衡时，均衡就业水平下降到 L_2。

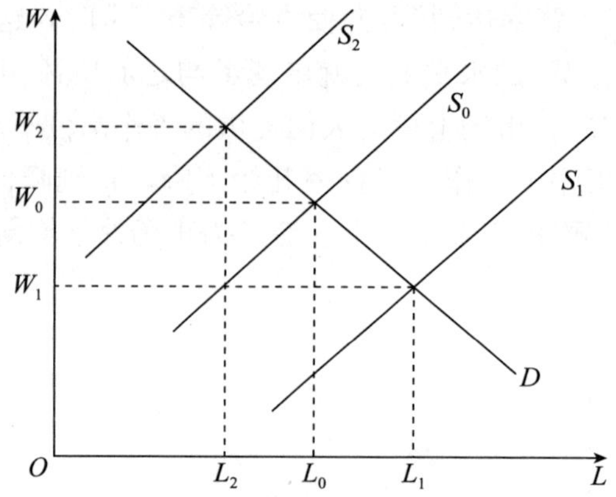

图 2－2　劳动力供给变动对静态均衡的影响

一个简要的结论是：在劳动力需求不变的情况下，劳动力供给增加，劳动力供给曲线右移，均衡工资率下降，均衡就业量增加；劳动力供给减少，劳动力供给曲线左移，均衡工资率提高，均衡就业量减少。

2. 劳动力需求变动对静态均衡的影响

资本供给的变动、产品需求的变动及国家经济政策（如税收政策及其他非工资因素）的影响都会造成劳动力需求的变动。我们以图 2－3 为例来说明劳动力供给不变时，劳动力需求的变动对均衡的影响。

如图 2－3 所示，开始时，劳动力供给曲线为 S，劳动力需求曲线为 D_0，市场均衡工资率为 W_0。当劳动力需求增加时，劳动力需求曲线由 D_0向右移动到 D_1，在 W_0这一点上，出现劳动力短缺，即需求大于供给，竞争在厂商之间展开，迫使均衡工资上升到 W_1，并最终取得均衡，此时均衡就业水平上升到 L_1；当劳动力需求减少时，劳动力需求曲线由 D_0向左移动到 D_2，在 W_0这一点上，出现劳动力剩余，即劳动力供给大于劳动力需求，求职者之间就会为争夺工作机会而展开竞争，竞争使得工资下降到 W_2，当达到新的均衡时，均衡就业水平下降到 L_2。

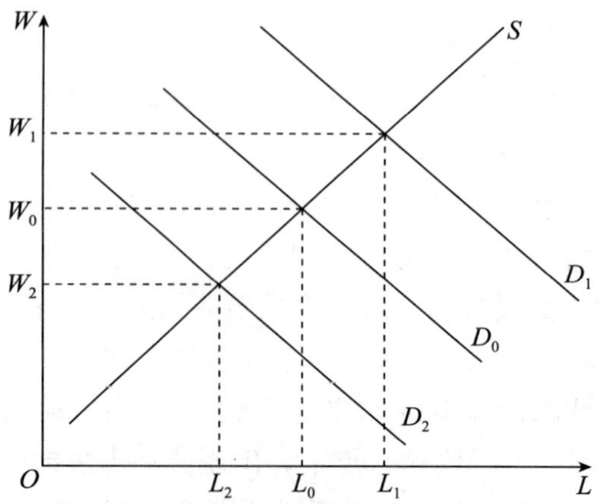

图 2－3　劳动力需求变动对静态均衡的影响

由此可以得到如下结论：在劳动力供给不变的情况下，劳动力需求增加，劳动力需求曲线右移，均衡工资率上升，均衡就业量增加；劳动力需求减少，劳动力需求曲线左移，均衡工资率下降，均衡就业量减少。

（四）劳动力市场均衡的意义

劳动力市场均衡，是指在某一市场工资率下，劳动力需求正好等于劳动力供给这样一种状况。此时的工资率即为均衡工资率或市场出清工资率，在这一工资率下通过市场实现的就业量即为均衡就业量。劳动力市场均衡的意义主要表现在三个方面。

1. 劳动力资源的最优分配

劳动力市场均衡时，工资率等于总的边际产品价值。企业、行业不同，其资本存量也不同，但是所有追求利润最大化的企业、行业都会将劳动力雇佣到使其劳动的边际产品价值等于均衡工资率的水平，由此导致所有企业、行业的边际产品价值相等。在生产技术状况不变、资本存量给定的情况下，必可保证一个经济社会的产出水平是最高的。

这说明，在完全竞争的市场结构中，劳动力市场实现均衡，劳动力资源就能达到最优效率的分配。在给定资源和总需求水平的前提下，社会产出亦能取得最高水平。

2. 同质的劳动力获得同样的工资

由完全竞争劳动力市场的基本假设条件可知，劳动者有完备的信息，各类流动成本为零且不存在任何制度性或其他障碍，劳动力是同质的，即都存在或都不存在对当前特定技能的任何预先投资，其他劳动或工作条件一样，等等。那么，流动和竞争必然导致在劳动力市场均衡的条件下，经济社会中任意一种职业、行业，任何一个地区的工资，都不会与其他职业、行业、地区存在差别。

3. 充分就业

在完全竞争的市场结构中，劳动力市场实现均衡，接受均衡工资率的求职者都能找到就业机会，企业也能找到它们愿意雇佣的劳动力。经济社会在均衡时实现了充分就业。当然，必须注意的是，在一个经济社会中，构成充分就业的就业量并不是一成不变的固定量，它会随着劳动力供求函数的变化而变化。

三、劳动力市场的非均衡

如前所述，劳动力市场的均衡分析建立在一系列假设前提之上，现实生活中可能并不具备这些假设条件，因此，劳动力出现短缺或过剩是经常存在的社会现象。相对于劳动力市场的均衡而言，劳动力市场的非均衡是经常存在的一种状态。

劳动力市场非均衡的主要原因有：（1）由于劳动力需求是派生需求，所以劳动力需求的数量除受工资率调节外，还要受产品市场需求的调节。（2）工资率作为劳动力价格，具有相当大的刚性。根据人们消费的不可逆性，当人们的消费已经达到一定水平时，要退到较低的消费水平比较困难，因此工资水平的下降也比较困难。工资的刚性这一特征使得价格机制在劳动力市场中受到一定的限制。（3）由于劳动是谋生的手段，因此劳动力供给除受工资调节外，还要受到人的主观偏好、财富总量和社会心理、历史和文化等因素的调节。

即学即用

当前中国劳动力市场需关注的几个变化

近年来，由于经济下行压力增大，特别是2020年1月份暴发的新冠肺炎疫情，对中国劳动就业产生了很大的负面冲击和影响。因此，需要关注以下几方面的变化：

一、劳动力供给下降

统计数据表明，2012—2018年末，7年间中国劳动年龄人口下降了2 600余万人。劳动年龄人口的下降，显示了计划生育政策对就业市场影响的滞后效应。同时，劳动力参与率也发生了一些变化。随着高校招生规模扩大，接受高等教育的人也在增多，相应推迟了青年劳动年龄人口进入劳动力市场的时间。

二、平台型就业快速发展

近年来的新技术革命促进了平台型就业的发展，使很多人与平台建立业务联系，通过平台面对市场。它突破了空间和时间限制，增加了就业灵活性、自主性，突破了传统雇佣关系的束缚。最典型的平台就是互联网电商平台，例如，阿里巴巴自身员工约11万，但平台间接创造的就业超过千万，非常庞大。近年来快速发展的数字文化平台的就业总量也值得关注。如直播平台，其中包括泛娱乐、游戏和电商，其大部分平台虽然自身员工人数不多，却间接创造了大量就业。

三、就业结构性矛盾持续存在

2018年统计数据显示，中国城镇就业人口总量4亿多，其中农民工占2.8亿人。农民工中初中学历及以下占72.6%，高中学历占17%，大专及以上占10.3%。同时，接受过农业或者非农职业技能培训的农民工只占32.9%，其中接受过非农职业技能培训的占30.6%。显然，农民工群体的学历结构、知识结构较低，结构性失衡问题严重。

四、就业市场的不确定因素在增加

中国就业市场在2020年新冠肺炎疫情之前遭遇了三大冲击。一是环保冲击，因强调绿色（产业），很多地方政府一刀切关停了一大批环保不达标的企业，减少了就业需求；二是中美贸易摩擦冲击导致关税提高，对就业不利；三是社保机构改革后，社保要从人社征收改为由税务局统一征收，不少企业因担心税基变化对此反应强烈，或裁员或关门。而新冠肺炎疫情又导致停工停产企业增多、用工减少、就业人数下降、失业率上升。

不确定因素既带来了挑战，也提供了机遇。因此，转变就业观念，补齐社会保险短板，深化教育培训改革，是当前和今后一段时期提升劳动力就业质量的重要任务。

资料来源：曾湘泉．当前中国就业市场，需关注这几个变化．北京日报，2020-08-19.

第四节　中国劳动力市场的建立与发展

在计划经济条件下，中国并不存在劳动力市场。由于实行严格的户籍制度，城乡人口流动几乎不存在，城乡劳动力分别在城镇正规部门和农村就业，就业分割十分明显。自 1978 年至今，劳动力市场制度改革大致经历了以下四个阶段，劳动力市场逐步培育、发展和完善起来。

一、劳动力市场逐渐萌芽（1978—1983 年）

党的十一届三中全会以后，逐步确立了以经济建设为中心的基本路线，我国的劳动制度随之也有了改进和发展，在劳动就业和劳动管理方面有了一定的突破。

1978—1979 年，“文化大革命”期间约 1 500 万“上山下乡”的知识青年大返城，加上城镇的新生劳动力，使得城市失业率一度超过 5%，极大地影响了社会的稳定。就业问题的凸显成为用工制度改革的契机。1980 年，我国开始实行“在国家统筹规划和指导下，实行劳动部门介绍就业、自愿组织起来就业和自谋职业相结合”的“三结合”就业方针，从而打破了长期实行的“统包统配”制度。非公有制经济形式开始得到初步发展，劳动力市场逐渐萌芽，过度僵化的体制内就业机制开始松动。

以实施“三结合”就业方针为标志的一系列就业政策取得了很好的成效，极大地促进了就业。城镇失业人员从 1978 年的 530 万人减少至 1983 年的 271 万人，失业率从 1978 年的 5.3%下降至 1983 年的 2.3%。

这一阶段的农村劳动力市场政策还是以控制农村劳动力流动为主要倾向，农民进城务工受到严格的限制，还不存在农民工问题。

二、劳动力市场局部建立和发展（1984—1994 年）

1984 年，党的十二届三中全会通过的《中共中央关于经济体制改革的决定》明确提出：进一步贯彻执行对内搞活经济、对外实行开放的方针，加快以城市为重点的整个经济体制改革的步伐，是当前我国形势发展的迫切需要。改革的基本任务是建立起具有中国特色的、充满生机和活力的社会主义经济体制，促进社会生产力的发展。经济体制改革的中心环节是增强企业活力……我国经济体制改革的不断深入需要尽快明确国有企业的用人主体地位。在此背景下，我国劳动力市场政策的变化聚焦于国营企业的劳动合同制。

1986 年，国务院发布了针对国营企业实行劳动合同制的四项暂行规定：《国营企业实行劳动合同制暂行规定》《国营企业招用工人暂行规定》《国营企业辞退违纪职工暂行规定》《国营企业职工待业保险暂行规定》，明确了国营企业要实行劳动合同制，从而打破了国营企业职工能进不能出的限制，提高了国营企业的用工灵活性。1993 年，中央提出建立“国家宏观调控，企业自主用工，多种形式并存，全员劳动合同”的新型劳动用工制度，我国的合同制职工人数快速增长。从 1986 年到 1994 年，国有经济单位、城镇集体经济单位、其他经济单位合同制职工人数分别增长了 4.44 倍、6.01 倍、41.63 倍（见表 2-1）。

表 2-1　1986—1994 年中国分所有制的合同制职工人数

年份	年末人数（万人）		
	国有经济单位	城镇集体经济单位	其他经济单位
1986	524	92	8
1987	735	125	13
1988	1 008	206	20
1989	1 190	245	33
1990	1 372	287	43
1991	1 589	323	60
1992	2 058	399	84
1993	2 396	526	200
1994	2 853	645	341

资料来源：国家统计局．中国统计年鉴（1996）．北京：中国统计出版社，1996.

这一阶段的农村劳动力市场政策发生了很大的变化。自 1984 年开始，国家准许农民自筹资金、自理口粮，进入城镇务工经商。1984—1989 年是我国乡镇企业发展的高峰时期，也是农村劳动力转移的“黄金时期”。围绕乡镇企业的发展，我国开始形成了遍布全国但又局限在一定地域的乡镇劳动力市场。据统计，1984 年我国乡镇企业就业人数为 5 208 万人，到 1994 年已有 9 265 万人，这一大批劳动力逐渐从农业转移到非农业。随着乡镇企业的蓬勃发展，乡镇企业成为吸纳农村剩余劳动力的主渠道。所以，在这一阶段，我国农村剩余劳动力的转移以“离土不离乡”的乡镇企业转移模式为主体。

三、劳动力市场快速发展（1995—2007 年）

20 世纪 90 年代中期以来，我国经济结构调整引起职工下岗问题日益突出。1997 年，中央决定用三年时间使大多数国有大中型亏损企业摆脱困境，进行了“下岗分流、减员增效”的国有企业改革。1997 年年底，已有 1 200 万名下岗职工和 576.8 万名失业人员。因此，下岗职工的再就业问题成为这一阶段劳动力市场就业政策的主要内容。国家关于下岗职工的就业政策主要分三步走：第一步，实施再就业工程；第二步，下岗职工基本生活保障向失业保险并轨；第三步，鼓励下岗失业人员通过非全日制、临时性、季节性、弹性工作等灵活多样形式实现就业。在一系列政策引导下，大量下岗职工和失业人员实现了灵活就业。图 2-4 反映的是 2003—2007 年城镇下岗失业人员再就业状况，其中大多数下岗职工和失业人员都是通过灵活就业形式实现了再就业。

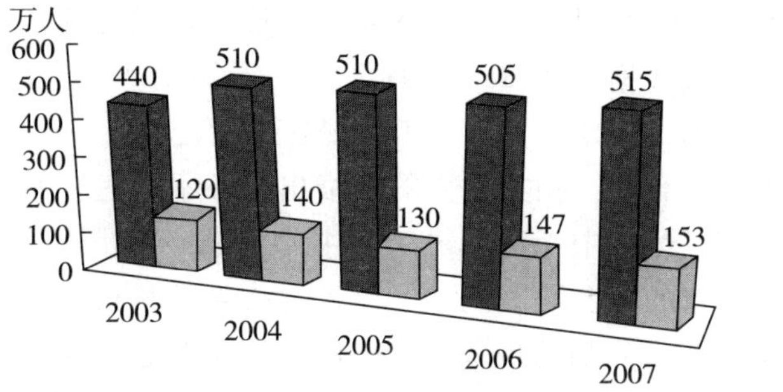

图 2-4 2003—2007 年中国城镇下岗失业人员再就业人数

资料来源：2007 年劳动和社会保障事业发展统计公报.

随着城乡之间收入水平差距和地区差距的扩大，农村劳动力跨地区向城镇转移的主观倾向也随之增加，农民工流动呈现出规模大、持续不断的特点。农村劳动力的流动不仅为发达地区提供了大量的廉价劳动力，而且增加了农民的收入，流入地和流出地都可以从中受益。自此国家开始考虑采取更为积极的政策处理农村劳动力转移问题，劳动力市场政策开始了从“从严”到“放宽”的转变。1996 年“建立健全以外出人员常住户口所在县（市、区）为管理基础的外出就业登记和‘外出人员就业登记卡’的发放、管理制度”的政策还是对农民进城务工从严控制；2003 年之后开始实行“取消对农民进城务工就业的不合理限制”，2007 年“国家实行城乡统筹的就业政策”。自从对农民进城务工就业给予积极肯定的政策逐步出台后，农民工总量快速增长，至 2007 年农民工总量已达 1.3 亿人左右，其中大多数属于体制外灵活就业（见表 2-2）。

表 2-2 2003—2007 年中国农民工总量及其增长

年份	农民工总量（万人）	比上年增加（万人）	年增长率（%）
2003	10 886	—	—
2004	11 151	265	2.4
2005	11 788	637	5.7
2006	12 532	744	6.3
2007	13 275	743	5.9

资料来源：蔡昉 .2010 中国人口与劳动绿皮书. 北京：社会科学文献出版社，2011.

四、劳动力市场制度建设日趋完善（2008 年至今）

随着劳动力市场改革的不断深化，市场机制在劳动力资源配置中的基础性作用逐步显现，劳动力市场的灵活性日益增长，劳动就业过度灵活的各种问题也逐步显现，随之而来的是劳动者合法权益受到侵害的现象时有发生，在一些地区、行业和单位甚至相当严重，主要表现为劳动合同短期化，劳动关系不稳定。为了更好地建立劳动力市场秩序，切实维护劳动者权益，2008 年 1 月 1 日《劳动合同法》正式实施，2008 年 5 月 1 日《劳动争议调解仲裁法》正式实施，2011 年 7 月 1 日《社会保险法》正式实施，这三个法律的颁布实施，标志着我国加快建立劳动力市场规制建设。

但是，受各种因素的影响，相关法律的陆续出台并不能完全解决我国劳动力市场运行中的问题。劳动力市场运行中亟待解决三个主要问题：一是中国劳动力市场多元结构并存。二元经济结构导致的城乡隔离的二元劳动力市场结构尚未根除，在城镇中又出现了城镇劳动力和农民工就业分割的现象。劳务派遣用工问题突出，存在同工不同酬和用工不规范现象。二是劳动力供求双方实力不均衡。在劳动力总量供给大于需求的情况下，“资强劳弱”的格局十分明显。涉及工资增长缓慢、拖欠工资、欠缴社会保险费等关系劳动者基本生存权的集体劳动争议大量增加。三是社会保障体系不健全，严重制约了劳动力的自由流动和劳动力市场的正常运行。针对这些问题，我国于 2012 年修正了《劳动合同法》，2018 年修正了《社会保险法》，以利于调整劳动关系，促进劳动力市场的良性运行。

特别需要指出的是，近年来，随着经济社会的发展，我国出现了一些新的业态、新的就业形式，这是在制定《劳动合同法》时还没有出现的，迫切需要适时调整解决。

为支持和规范发展新就业形态，切实维护新就业形态劳动者劳动保障权益，促进平台经济规范健康持续发展，2021 年 7 月 16 日，人力资源社会保障部、国家发展改革委、交通运输部、应急部、市场监管总局、国家医保局、最高人民法院、全国总工会等八部门共同印发《关于维护新就业形态劳动者劳动保障权益的指导意见》，对进一步规范平台用工关系，切实维护好新就业形态劳动者的劳动报酬、合理休息、社会保险、劳动安全等权益都做出了明确要求，这必将有力地促进完善我国的劳动力市场制度建设。

本章小结

劳动力是活的人体中存在的、每当人生产某种使用价值时就运用的体力和智力的总和。劳动力资源是指一个国家或地区拥有劳动能力，可以从事社会劳动的那一部分人口的总和，从内涵上讲，具有数量和质量两个方面的规定性。劳动力市场是作为一种经济关系而存在的，有广义和狭义之分，可以是有形的，但主要是无形的。劳动力市场具有作为生产要素市场的一般特性，同时也是一个相当特殊的市场，这是由劳动力要素区别于其他生产要素的特殊性决定的。完整的劳动力市场是由许多要素组成的，这些要素的集中统一及协调运作构成劳动力市场机制的总体内容。健全的劳动力市场要素主要有主体要素、价格要素、基础要素、保障要素和调控要素等。

劳动力市场的类型是多种多样的，依据不同的标准，可作不同的划分。劳动力市场的运行机制由相互联系和相互制约的供求机制、竞争机制、工资机制组成。以供求为核心的经济要素直接参与劳动力市场的运行，决定劳动力市场的工资和资源配置。劳动力市场机制并不是一种完美无缺的资源配置方式，它存在着依靠自身难以解决的局限性与障碍，包括信息障碍、市场缺陷及制度障碍等。一个克服了运行障碍的劳动力市场，具有资源配置、收入分配、经济促进、激励鞭策、信息传递和窗口导向等功能。劳动力市场自身具有不稳定的性质特点，其正常稳定地发挥作用必须依赖于一定的制度结构、宏观政策和相应的法律法规。最低劳动标准、最低社会保障和工会等劳动力市场的制度结构是维持市场机制充分发挥作用的重要条件，也是政府调节劳动力市场的重要工具。包括财政政策、货币政策、收入政策和人力资源政策的宏观调控政策可以通过市场机制有效地调节总需求和总供给，进而影响劳动力市场的需求与供给。现实生活中许多法律法规，比如劳动法和有关劳动保护的法律法规等，都直接或间接地影响劳动力市场的工资水平和就业量。

均衡分析是经济学理论研究的主要方法，对劳动力市场进行均衡分析是劳动经济学研究的一项基本任务。在劳动力市场上，劳动力供给与劳动力需求共同决定工资和就业的均衡水平。劳动力供给或需求的变动以及两者的同时变动都能使原有的均衡遭到破坏，但都能在新的条件下重新实现均衡。

在社会主义市场经济发展过程中，中国劳动力市场逐步培育、发展和完善起来，但受各种因素的影响，目前仍然存在一些亟待解决的问题。

关键术语

劳动力　劳动力资源　劳动力市场　劳动力市场运行机制　最低工资　最低工资标准　最低社会保障制度　劳动法

习　题

1. 简述劳动力市场相对于其他生产要素市场的特殊性。
2. 简述劳动力市场的构成要素。
3. 简述劳动力市场的运行机制。
4. 劳动力市场有哪些功能？
5. 联系实际，分析中国劳动力市场存在的主要问题。

应用实例

关于维护新就业形态劳动者劳动保障权益的指导意见

人社部发〔2021〕56号

近年来，平台经济迅速发展，创造了大量就业机会，依托互联网平台就业的网约配送员、网约车驾驶员、货车司机、互联网营销师等新就业形态劳动者数量大幅增加，维护劳动者劳动保障权益面临新情况新问题。为深入贯彻落实党中央、国务院决策部署，支持和规范发展新就业形态，切实维护新就业形态劳动者劳动保障权益，促进平台经济规范健康持续发展，经国务院同意，现提出以下意见：

一、规范用工，明确劳动者权益保障责任

（一）指导和督促企业依法合规用工，积极履行用工责任，稳定劳动者队伍。主动关心关爱劳动者，努力改善劳动条件，拓展职业发展空间，逐步提高劳动者权益保障水平。培育健康向上的企业文化，推动劳动者共享企业发展成果。

（二）符合确立劳动关系情形的，企业应当依法与劳动者订立劳动合同。不完全符合确立劳动关系情形但企业对劳动者进行劳动管理（以下简称不完全符合确立劳动关系情形）的，指导企业与劳动者订立书面协议，合理确定企业与劳动者的权利义务。个人依托平台自主开展经营活动、从事自由职业等，按照民事法律调整双方的权利义务。

（三）平台企业采取劳务派遣等合作用工方式组织劳动者完成平台工作的，应选择具备合法经营资质的企业，并对其保障劳动者权益情况进行监督。平台企业采用劳务派遣方式用工的，依法履行劳务派遣用工单位责任。对采取外包等其他合作用工方式，劳动者权益受到损害的，平台企业依法承担相应责任。

二、健全制度，补齐劳动者权益保障短板

（四）落实公平就业制度，消除就业歧视。企业招用劳动者不得违法设置性别、民族、年龄等歧视性条件，不得以缴纳保证金、押金或者其他名义向劳动者收取财物，不得违法限制劳动者在多平台就业。

（五）健全最低工资和支付保障制度，推动将不完全符合确立劳动关系情形的新就业形态劳动者纳入制度保障范围。督促企业向提供正常劳动的劳动者支付不低于当地最低工资标准的劳动报酬，按时足额支付，不得克扣或者无故拖欠。引导企业建立劳动报酬合理增长机制，逐步提高劳动报酬水平。

（六）完善休息制度，推动行业明确劳动定员定额标准，科学确定劳动者工作量和劳动强度。督促企业按规定合理确定休息办法，在法定节假日支付高于正常工作时间劳动报酬的合理报酬。

（七）健全并落实劳动安全卫生责任制，严格执行国家劳动安全卫生保护标准。企业要牢固树立安全“红线”意识，不得制定损害劳动者安全健康的考核指标。要严格遵守安全生产相关法律法规，落实全员安全生产责任制，建立健全安全生产规章制度和操作规程，配备必要的劳动安全卫生设施和劳动防护用品，及时对劳动工具的安全和合规状态进行检查，加强安全生产和职业卫生教育培训，重视劳动者身心健康，及时开展心理疏导。强化恶劣天气等特殊情形下的劳动保护，最大限度减少安全生产事故和职业病危害。

（八）完善基本养老保险、医疗保险相关政策，各地要放开灵活就业人员在就业地参加基本养老、基本医疗保险的户籍限制，个别超大型城市难以一步实现的，要结合本地实际，积极创造条件逐步放开。组织未参加职工基本养老、职工基本医疗保险的灵活就业人员，按规定参加城乡居民基本养老、城乡居民基本医疗保险，做到应保尽保。督促企业依法参加社会保险。企业要引导和支持不完全符合确立劳动关系情形的新就业形态劳动者根据自身情况参加相应的社会保险。

（九）强化职业伤害保障，以出行、外卖、即时配送、同城货运等行业的平台企业为重点，组织开展平台灵活就业人员职业伤害保障试点，平台企业应当按规定参加。采取政府主导、信息化引领和社会力量承办相结合的方式，建立健全职业伤害保障管理服务规范和运行机制。鼓励平台企业通过购买人身意外、雇主责任等商业保险，提升平台灵活就业人员保障水平。

（十）督促企业制定修订平台进入退出、订单分配、计件单价、抽成比例、报酬构成及支付、工作时间、奖惩等直接涉及劳动者权益的制度规则和平台算法，充分听取工会或劳动者代表的意见建议，将结果公示并告知劳动者。工会或劳动者代表提出协商要求的，企业应当积极响应，并提供必要的信息和资料。指导企业建立健全劳动者申诉机制，保障劳动者的申诉得到及时回应和客观公正处理。

三、提升效能，优化劳动者权益保障服务

（十一）创新方式方法，积极为各类新就业形态劳动者提供个性化职业介绍、职业指导、创业培训等服务，及时发布职业薪酬和行业人工成本信息等，为企业和劳动者提供便捷化的劳动保障、税收、市场监管等政策咨询服务，便利劳动者求职就业和企业招工用工。

（十二）优化社会保险经办，探索适合新就业形态的社会保险经办服务模式，在参保缴费、权益查询、待遇领取和结算等方面提供更加便捷的服务，做好社会保险关系转移接续工作，提高社会保险经办服务水平，更好保障参保人员公平享受各项社会保险待遇。

（十三）建立适合新就业形态劳动者的职业技能培训模式，保障其平等享有培训的权利。对各类新就业形态劳动者在就业地参加职业技能培训的，优化职业技能培训补贴申领、发放流程，加大培训补贴资金直补企业工作力度，符合条件的按规定给予职业技能培训补贴。健全职业技能等级制度，支持符合条件的企业按规定开展职业技能等级认定。完善职称评审政策，畅通新就业形态劳动者职称申报评价渠道。

（十四）加快城市综合服务网点建设，推动在新就业形态劳动者集中居住区、商业区设置临时休息场所，解决停车、充电、饮水、如厕等难题，为新就业形态劳动者提供工作生活便利。

（十五）保障符合条件的新就业形态劳动者子女在常住地平等接受义务教育的权利。推动公共文体设施向劳动者免费或低收费开放，丰富公共文化产品和服务供给。

四、齐抓共管，完善劳动者权益保障工作机制

（十六）保障新就业形态劳动者权益是稳定就业、改善民生、加强社会治理的重要内容。各地区要加强组织领导，强化责任落实，切实做好新就业形态劳动者权益保障各项工作。人力资源社会保障部、国家发展改革委、交通运输部、应急部、市场监管总局、国家医保局、最高人民法院、全国总工会等部门和单位要认真履行职责，强化工作协同，将保障劳动者权益纳入数字经济协同治理体系，建立平台企业用工情况报告制度，健全劳动者权益保障联合激励惩戒机制，完善相关政策措施和司法解释。

（十七）各级工会组织要加强组织和工作有效覆盖，拓宽维权和服务范围，积极吸纳新就业形态劳动者加入工会。加强对劳动者的思想政治引领，引导劳动者理性合法维权。监督企业履行用工责任，维护好劳动者权益。积极与行业协会、头部企业或企业代表组织开展协商，签订行业集体合同或协议，推动制定行业劳动标准。

（十八）各级法院和劳动争议调解仲裁机构要加强劳动争议办案指导，畅通裁审衔接，根据用工事实认定企业和劳动者的关系，依法依规处理新就业形态劳动者劳动保障权益案件。各类调解组织、法律援助机构及其他专业化社会组织要依法为新就业形态劳动者提供更加便捷、优质高效的纠纷调解、法律咨询、法律援助等服务。

（十九）各级人力资源社会保障行政部门要加大劳动保障监察力度，督促企业落实新

就业形态劳动者权益保障责任，加强治理拖欠劳动报酬、违法超时加班等突出问题，依法维护劳动者权益。各级交通运输、应急、市场监管等职能部门和行业主管部门要规范企业经营行为，加大监管力度，及时约谈、警示、查处侵害劳动者权益的企业。

各地区各有关部门要认真落实本意见要求，出台具体实施办法，加强政策宣传，积极引导社会舆论，增强新就业形态劳动者职业荣誉感，努力营造良好环境，确保各项劳动保障权益落到实处。

人力资源社会保障部　国家发展改革委
交通运输部　应急部　市场监管总局
国家医保局　最高人民法院　全国总工会
2021 年 7 月 16 日

资料来源：中国政府网。

▶思考题：

1. 请分析当前中国劳动力市场运行的基本状况。
2. 如何有效应对我国劳动力从制造业向服务业转移的趋势？

第三章
劳动力供给

本章要点

劳动力供给的含义；劳动适龄人口、劳动力资源等相关概念；劳动力供给的影响因素；劳动力参与率的影响因素；个人劳动力供给决策模型；替代效应与收入效应的概念；家庭劳动力供给决策模型；劳动力供给弹性及其类型。

导入案例

农村劳动力转移将有利于释放经济增长潜力
——中国经济时报对中国社会科学院国家高端智库首席专家蔡昉的采访

我国 2050 年前的潜在增长率均在世界平均值之上

中国经济时报：在新发展阶段，我国供给侧和需求侧存在哪些挑战？短期内和长期看，我国经济发展的主要矛盾有哪些？

蔡昉：从供需角度来说，2010 年我国劳动年龄人口达到峰值，随后进入负增长，这种情况逆转了我国劳动力供给、人力资本改善、资本报酬率和资源重新配置的效率，从而致使潜在增长率下降，形成供给侧的冲击。根据 2015 年联合国的预测，2025 年我国总人口将达到峰值，这将会带来需求侧的冲击，也是一个崭新的挑战。改革开放以来，特别是近年来，我国的潜在增长率与实际增长率高度吻合，说明这期间没有发生严重的需求侧冲击。虽然我国人口红利消失等比较优势丧失，制造业比较优势显著弱化，制造业比重早熟型降低，进而削弱我国实体经济和就业质量，但这总体上仍是供给侧的冲击。供给侧冲击转化为需求侧冲击的主要表现为出口减速和投资意愿减弱。然而，人口负增长将会进一步弱化需求因素，特别是老龄化的影响。老龄化的现状和老龄化的预期抑制了生命周期各阶段人口的消费，带来新的需求侧冲击。

从短视角来看，宏观经济冲击必然出现“创造性破坏”。新冠肺炎疫情冲击了供需两侧，复苏瓶颈则是消费。一是因为失业和就业不足的经历抑制了居民消费，二是因为自然失业率在冲击后往往会有所提高。从长视角来看，我国未来的潜在增长率是缓慢下行的，但在可见的未来仍将高于世界平均水平。潜在增长率水平及其能否实现则是我国面临的长期需求侧挑战。具体来看，即 2050 年之前潜在增长率都保持在世界平均值之上，缓慢地趋向“平均值”。

农村劳动力转移将对冲人口老龄化冲击

中国经济时报：随着我国经济持续增长，我国与美国之间的差距逐渐缩小，但由于我国老龄化问题凸显，美国有研究认为，我国经济总量将永远不会超越美国，如何评价这个判断？

蔡昉：发展是解决一切问题的基础和关键。这个质疑忽略了我国的劳动力供给潜力特点，农村劳动力转移将会给我国经济发展带来潜力。

在新发展阶段，我国应持续推动改革，挖掘改革潜力，使其转变为改革红利，是保障我国潜在增长率的一个重要方面。同时要谨防“日本病”，即长期停滞，具体表现为“三低两高”——低通胀率、低长期利率、低经济增长率、高负债和高龄化。

在长期发展中，我国一是要避免潜在增长率快速下降，二是要避免需求制约导致实际增长率大幅低于潜在增长率。

从供需两端发力进行改革

中国经济时报：发展是执政兴国的第一要务，改革是推动发展的制胜法宝，请问在新发展阶段，改革需要在哪些方面着力？

蔡昉：为了在新发展阶段实现更好的发展目标，供给侧与需求侧都需要不断进行改革。供给侧结构性改革应着眼于提高全要素生产率，获得新动能。创造进、退、生、死机制，防止资源配置僵化或“逆熊彼特化”；阻止制造业发生早熟型萎缩，避免资源配置退化或“逆库兹涅茨化”。

需求侧改革着眼于促进双循环扩大内需，特别是扩大消费需求。调整国民收入结构，保持居民收入与GDP增长同步；改善收入分配，打破阻碍消费的分配效应；加大再分配力度，实质性缩小收入和基本公共服务供给差距。

我国老龄化将继续，因为妇女受教育水平提高等因素是造成生育率下降的主要原因，不可逆转。因此，为更好应对老龄化，降低生育养育教育成本、提倡终身学习、反对歧视、提高劳动力参与率以及更普惠的养老保险制度是切实可行的办法。

如果能够做到以上要求，就意味着我国潜在增长率可以达到高位预测的结果，需求侧因素能够为实现潜在增长率保驾护航，按世界银行标准，2025年我国将进入高收入国家行列，即人均GDP达到12 535美元；2035年将成为中等发达国家，即人均GDP达到23 000美元。

资料来源：中国经济时报，2021-05-07.

在社会经济运行中，劳动力作为活的具有能动性的生产要素，是最重要的经济资源。劳动力供给作为劳动力市场的基本构成要素之一，它的有效供给是社会再生产得以正常进行的一个重要条件。本章在讨论劳动力供给的概念和劳动力参与率的基础上，重点分析个人劳动力供给、家庭劳动力供给等内容，包括劳动者是否愿意工作，以及如果工作，准备工作多长时间的决策，揭示劳动力供给的基本规律，为研究劳动力资源的合理配置和劳动力市场的有效运行提供微观基础。

第一节 劳动力供给的含义及其影响因素

一、劳动力供给的含义

劳动力供给是指劳动力供给的决策主体在某一特定时期内，在一定工资率条件下愿意并且能够提供的劳动量。

深入理解劳动力供给概念，需要把握以下几个要点：

1. 个体决策

在市场经济体制下，劳动力归劳动者自己所有，劳动者对自己的劳动力有充分的自由使用权和处置权，并且有凭借让渡劳动力使用权来获得收益（即劳动报酬）的权利。任何限制其自由、克扣其收益的行为，法律上都将视之为侵权。在进行劳动力供给决策时，劳动力供给的决策主体是劳动者个人或家庭。决策主体一般面临两种选择：一是劳动参与决策，即是否进入劳动力市场寻求工作。二是工作时间选择决策，即在个人可自由支配时间中，闲暇时间与工作时间的选择。两种选择可同时进行，也可分别进行。因此，对劳动力供给的基本分析是建立在对劳动力供给主体的经济决策分析的基础之上。

2. 个体意愿

劳动力供给主体是否供给劳动力，不仅取决于自身的意愿，还受其他外在因素的影响。因此，劳动力供给的意愿性包括两层含义：

（1）劳动力供给取决于劳动者本人的供给意愿。

劳动力供给要受很多因素的影响，比如，当时的工资水平、工作时间、个人和家庭的经济状况、人口规模和结构等。在现行工资率下，有一部分劳动者可能不愿意提供劳动力，使得劳动力供给量不等同于劳动力资源数量。这主要取决于劳动者本人的供给意愿。

（2）劳动力供给取决于劳动力市场的竞争和用人单位的选择意愿。

在现行工资率下，有一部分劳动者可能愿意提供劳动力，但因找不到工作而失业，使得劳动力供给量不等同于劳动力的实际使用量或称为实际就业人数。这主要取决于劳动力市场的竞争和用人单位的选择意愿。

3. 时间要素

劳动力供给是劳动者在一定条件下愿意并且能够提供的劳动量。这种劳动能力的总和不仅包括劳动者愿意提供的劳动力的数量，还包括劳动者愿意提供的劳动强度（包括积极性等）。为方便分析，一般要对其进行抽象和简化，劳动经济学家通常假设所有的劳动力供给都能满足社会规定的工作时间和工作效率要求的标准供给。因此，劳动力供给的数量（劳动力供给量）一般以劳动的时间单位来表示，如工日、工时等。在时间单位为年的情况下，也可以用劳动者人数来表示。

另外，劳动力供给的分析在时间方面有短期和长期之分。一般来说，在短期劳动力供给分析中，假定人口规模是一定的，劳动力资源数量是不变的。在这样的总量约束下，一方面讨论劳动条件给定后，社会能够获得多大量的劳动力供给，各用人单位能够获得什么样的劳动力供给；另一方面，人们为了取得最大的效用，如何决定其市场性工作时间。长期劳动力供给则主要从人口的波动和劳动力资源供给的变化角度预测未来某一时期的劳动力供给数量与结构。

二、与劳动力供给相关的概念

与劳动力供给密切相关的概念，包括劳动适龄人口、劳动力资源、经济活动人口与非经济活动人口以及劳动力参与率等。

1. 劳动适龄人口

劳动适龄人口是指国家限定的劳动年龄界限内的人口。国际上一般把 15～64 岁的人口作为劳动适龄人口。中国规定的劳动年龄下限为：男性及女性都是 16 岁；劳动年龄的上限为：男性为 60 岁，女性体力劳动者为 50 岁，女性脑力劳动者为 55 岁。[①]《中华人民共和国劳动法》第十五条明文规定：禁止用人单位招用未满十六周岁的未成年人。

2. 劳动力资源

劳动力资源，亦称劳动资源或人力资源，是指一个国家或地区拥有劳动能力，可以从事社会劳动的那一部分人口的总和。它既包括劳动适龄人口中有劳动能力的人口，也包括非劳动适龄人口中实际参加劳动的人口。在现实生活中，劳动适龄人口中丧失劳动能力的人口极少，故在统计中常常忽略，从而把劳动力资源视为劳动适龄人口及非劳动适龄人口中实际参加劳动人口之和。

3. 经济活动人口与非经济活动人口

劳动力资源或人力资源按照参与社会经济活动的愿望，可分为经济活动人口与非经济活动人口两部分。**经济活动人口**是指在一定年龄之上，有劳动能力，参加或要求参加社会经济活动的人口，它从供给的角度反映一个国家或地区可以投入经济过程的劳动力规模。实际上，经济活动人口就是就业人员与失业人员之和，也称为现实的劳动力资源或人力资源。反之，**非经济活动人口**是指在一定年龄之上，有劳动能力，未参加或不要求参加社会经济活动的人口。非经济活动人口包括在校学生、离退休不再要求就业人员、家务劳动和无就业愿望者等，也称为潜在的劳动力资源或人力资源。

4. 劳动力参与率

劳动力参与率是指劳动力在一定范围人口中所占的比率。鉴于劳动力参与率及其变化将会影响现实的劳动力供给，本节第三部分将对其进行详细阐述。

---

① 2015 年年初人力资源和社会保障部发布通知：党政机关、人民团体中正副县处级及相应职务层次女干部，事业单位中任党务、行政管理的相当于正副处级女干部、具有高级职称的女性专业技术人员，年满 60 周岁退休。但是，上述女干部和具有高级职称的女性专业技术人员如本人申请，可在年满 55 周岁时自愿退休。

三、劳动力供给的影响因素

从宏观上讲，一个社会所能利用的劳动力供给总量取决于人口因素、劳动力参与率、工作时间以及劳动力素质（见图 3－1）。本章我们将考虑影响劳动力供给数量的前三个因素，劳动力素质将在第五章中分析。

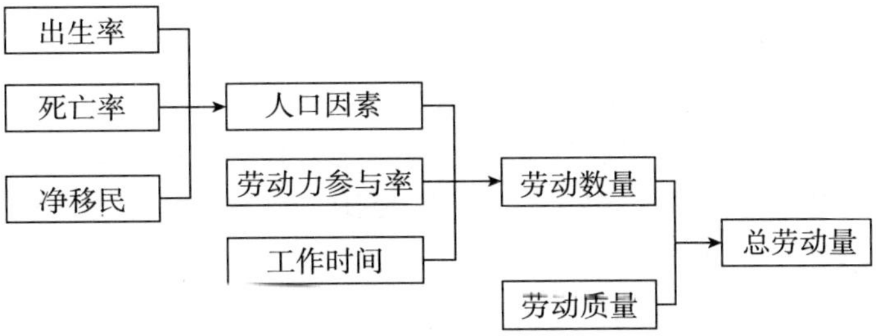

图 3－1　决定劳动力供给量的因素

资料来源：坎贝尔·R. 麦克南，斯坦利·L. 布鲁，大卫·A. 麦克菲逊. 当代劳动经济学（第六版）. 北京：人民邮电出版社，2004.

（一）人口因素

人口因素对劳动力供给的影响取决于人口规模和人口结构，二者又取决于出生率、死亡率和净移民。

1. 人口规模

笼统地说，一国劳动力的规模取决于其人口规模和人口中参与到劳动力市场中的比例。因为死亡率变动不大，所以大部分人口增长是由于出生率和净移民造成的。在没有外界人口迁出或迁入的封闭人口状态下，人口增长的原因是人口自然增长（即出生率大于死亡率）的结果。人口的自然增长率变化有三种情况：第一，扩大的人口再生产，人口自然增长率大于 0，人口规模不断扩大；第二，人口简单再生产，人口自然增长率等于 0，人口规模不变；第三，缩小的人口再生产，人口自然增长率小于 0，人口规模缩小。

随着人口的不断增长，人口规模不断增大，相应地，劳动力供给量不断增加。现在的人口自然增长率决定着未来劳动力供给的增长率。

例如，新中国成立后，我国经历了三次人口生育高峰：1949—1957 年为第一个人口高增长阶段。1949 年全国人口出生率为 36‰，死亡率为 20‰，自然增长率上升为 23.2‰，总人口达到 6.47 亿。1949—1957 年的 8 年间，人口净增 1.05 亿。这是新中国成立以后出现的“第一次人口生育高峰”。1962—1970 年为第二个人口高增长阶段。这一时期，人口出生率最高达到 43.6‰，这一阶段的人口年平均自然增长率达到 27.5‰，年平均出生人口达到 2 688 万人，8 年净增人口 1.57 亿。1981—1990 年为第三个人口高增长阶段。由于 20 世纪 60 年代初“第二次人口生育高峰”中出生的人口陆续进入生育年龄，人口出生率由 1980 年的 18.2‰、1981 年的 20.9‰，达到 1987 年 23.3‰的峰值。1981—1990 年净增 1.43 亿，平均年增长人口 1 584 万，1990 年总人口达到 11.43 亿。这是新中国成立以后出现的“第三次人口生育高峰”。而这三个生育高峰都对后续 20～25 年的劳动力市场供给量产生了影响。

同时，一国的婚姻状况也会对后续的人口生育及劳动力市场产生延迟效应影响。《中国统计年鉴 2021》数据显示，2020 年，官方统计的结婚登记人数共计 814.33 万对，较 2019 年减少了 113 万对。这也是自 2013 年达到 1 346.93 万对后，连续 7 年下降。这个现象也会使未来的劳动力市场供给量相应下降。

我国人口规模庞大，劳动力资源十分丰富。改革开放以来，全国人口总量持续增长，2020 年第七次全国人口普查登记数据显示，我国总人口为 141 178 万人，比 1978 年增长了 44 919 万人，增长 46.66%。2020 年第七次全国人口普查与 2010 年第六次全国人口普查相比，10 年间增加了 7 206 万人，增长 5.38%，年均增长率为 0.53%，相比 2000—2010 年的年均增长率 0.57%下降 0.04 个百分点。2010—2020 年，全国人口出生率从 11.90‰下降为 8.52‰，下降 3.38 个千分点，首次跌破 10‰，同期人口自然增长率从 4.79‰下降为 1.45‰，下降 3.34 个千分点，创下 1978 年以来的历史新低。数据表明，2010—2020 年我国人口继续保持低速增长态势。2020 年，全国出生人口 1 200 万人，比 2019 年下降达 18%。[①]

2. 人口结构

人口结构对劳动力供给的影响主要包括以下三个方面：

（1）人口性别比例。

通常情况下，男性的劳动力参与率一般要高于女性的劳动力参与率。如果一国男性比例过高，就会形成较高的劳动力供给。根据第七次全国人口普查登记数据，2020 年男性人口为 72 334 万人，占 51.24%；女性人口为 68 844 万人，占 48.76%。总人口性别比（以女性为 100，男性对女性的比例）为 105.07，与 2010 年基本持平，略有降低。出生人口性别比为 111.3，较 2010 年下降 6.8。我国人口的性别结构持续改善。[②]

（2）人口年龄结构。

年龄是以年为单位度量人从出生到某一年所存活的时间长度。对于一个国家或地区来说，各个年龄人口的分布组成情况，就是该国的人口年龄结构。

国际上将人口年龄构成划分为三种类型：年轻型、成年型和老年型。由于劳动力是根据年龄段确定的，因此，不同年龄类型的社会就有不同的劳动力自然供给状况。相较于成年型社会，年轻型和老年型社会在短期内表现为劳动力自然供给相对较低。

2020 年第七次全国人口普查登记数据显示，从年龄构成看，我国 0～14 岁人口占 17.95%，15～59 岁人口占 63.35%，60 岁及以上人口占 18.7%，65 岁及以上人口占 13.5%。与 2010 年相比，0～14 岁、15～59 岁、60 岁及以上人口的比重分别上升 1.35

---

① 国家统计局. 中国统计年鉴 2021. 北京：中国统计出版社，2021.

② 国务院第七次全国人口普查领导小组. 中国人口普查——2020 年第七次全国人口普查主要数据. 北京：中国统计出版社，2021.

个百分点、下降 6.79 个百分点、上升 5.44 个百分点。数据分析表明，我国少儿人口比重回升，生育政策调整取得了积极成效。同时，人口老龄化程度进一步加深，未来一段时期将持续面临人口长期均衡发展的压力。①

（3）人口中的民族构成。

民族是人们在历史上形成的一个有共同语言、共同地域、共同经济生活以及表现于共同文化上的共同心理素质的稳定的共同体。由于民族传统等各种原因，不同民族的人劳动力供给情况也有所不同。以我国为例，中国是一个多民族国家，除了汉族以外，还有 55 个少数民族。我国少数民族劳动力参与率低于汉族的劳动力参与率。

根据我国第七次人口普查数据，汉族人口为 128 631 万人，占 91.11%；各少数民族人口为 12 547 万人，占 8.89%。与 2010 年相比，汉族人口增长 4.93%，各少数民族人口增长 10.26%，少数民族人口比重上升 0.40 个百分点。民族人口稳步增长，充分体现了在中国共产党领导下，我国各民族全面发展进步的面貌。②

（二）劳动力参与率

在劳动力总人口不变的情况下，劳动力参与率与现实的劳动力数量成正比。劳动力参与率越高，现实的劳动力供给数量就越大，反之则越少。

劳动力参与率是指劳动力在一定范围人口中所占的比率。根据人口范围的不同，可以得到不同类型的劳动力参与率，因而可以反映出一个国家或一个地区现实劳动力供给的情况。各类型劳动力参与率的计算公式如下：

总人口劳动力参与率＝(劳动力人口/总人口)×100%　(3-1)

经济活动人口劳动力参与率＝(劳动力人口/经济活动人口)×100%　(3-2)

性别劳动力参与率＝(某性别劳动力人口/该性别人口)×100%　(3-3)

年龄别劳动力参与率＝(某年龄别劳动力人口/该年龄别人口)×100%　(3-4)

法定劳动年龄人口劳动力参与率＝(劳动力人口/法定劳动年龄人口)×100%　(3-5)

小思考

假设一国总人口有 1 亿，其中 700 万人失业但在积极地寻找工作，1 500 万人在 16 岁以下或被制度限制，2 500 万人符合工作条件但不参与劳动，5 300 万人就业，劳动力参与率是多少？

影响劳动力参与率的因素有很多。比如：国家的社会经济制度、教育制度与教育供给规模、工资政策及工资关系、人们的商品意识程度与社会分工程度、宏观经济状况、社会保障制度、居民家庭生产率的高低、工资水平以及社会文化风俗习惯等等。我们主要从以下几个因素来分析它们与劳动力参与率的关系。

①② 国务院第七次全国人口普查领导小组. 中国人口普查——2020 年第七次全国人口普查主要数据. 北京：中国统计出版社，2021.

（1）教育制度与教育供给规模。劳动者接受教育的时间长短对劳动力参与率有直接的影响。从动态上看，劳动者受教育时间的不断增加，会相应减少就业的时间，从而降低劳动力参与率。反之，受教育时间缩短，把用于接受教育的时间用于就业，必然提高劳动力参与率。

近几年来，国家相继推出的九年义务教育、大学扩招以及研究生扩招政策等，使我国在校生迅速增加，也降低了劳动力参与率。

（2）工资水平。工资水平是调节劳动力供给与劳动力需求的经济杠杆。在市场经济条件下，工资水平直接影响劳动力参与率。从宏观上看，工资水平越高，劳动力参与率越高，从而劳动力供给数量就越大。

（3）个人非劳动收入。在现阶段，劳动是人们谋生的基本手段，人们谋生对劳动的依赖程度取决于非劳动收入的变化。非劳动收入的增加，将会降低人们谋生对劳动的依赖程度，从而降低劳动力参与率。

（4）居民家庭生产率的变化。居民家庭生产率是指居民从事家庭生产活动的效率，即居民在单位时间内从家庭生产活动中取得的效用。在市场工资率一定的条件下，居民家庭生产率高，从事家庭生产活动的时间的价值就越高，愿意向市场提供的劳动的数量就越少，劳动力参与率就越低。

（5）社会保障制度。在一些社会保障水平较高的福利国家或地区，有人即使不工作也可以获得较多的福利，而劳动者则需要缴纳较重的社会保障税（费），从而导致不少人选择不参与劳动或者提前退休的做法。制度的安排容易造成劳动力参与率的下降。相反，在社会保障水平较低的地方，人们只能靠自己的劳动谋生，并且要为养老准备一些财富，所以劳动力参与率就会很高。

（6）宏观经济状况。经济周期波动、繁荣与衰退的交替会对劳动力参与率产生种种影响。例如，当经济处于衰退时期，失业者长期找不到工作，就可能丧失寻找工作的意愿，从而退出劳动力市场，导致劳动力参与率降低。

（7）人口年龄结构的变化。一般来说，如果一个国家的人口年龄结构属于年轻型，则劳动力参与率相对较高；如果一个国家的人口年龄结构属于老年型，则劳动力参与率会降低。

自 20 世纪 80 年代开始，我国实行计划生育国策，同时，随着经济发展增速，国民受教育年限增长推迟了就业，人民生活水平提高导致家庭劳动力供给决策和生育观念逐渐发生变化。在上述多重因素的作用下，我国的人口年龄结构逐渐从年轻型转向老龄化，我国的劳动力参与率逐渐从高位开始下降。特别是自 20 世纪 90 年代以来，劳动力参与率呈现出明显的下降趋势（见图 3－2）。15～24 岁劳动年龄人口劳动力参与率的快速下降、人口结构变化即老龄化加快（60～64 岁人口比重上升）和人口抚养比上升以及劳动力对闲暇的偏好等都是导致我国劳动力参与率降低的主要原因。

（三）工作时间

经济中的劳动力供给总量不仅取决于劳动参与者数量，而且取决于这些参与者每周或每年的平均工时数。随着社会生产率的提高，一方面，劳动时间呈现下降趋势，劳动

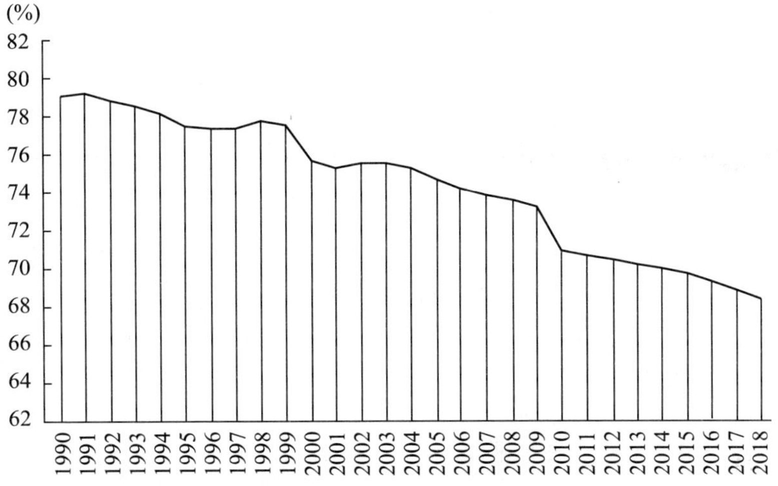

图 3-2　1990—2018 年我国的劳动力参与率变化情况

资料来源：1990—2009 年数据：郭琳，车士义. 中国的劳动参与率、人口红利与经济增长. 中央财经大学学报，2011（9）；2010—2018 年数据：世界银行，华经产业研究院整理，产业信息网.

力供给的数量随之下降；另一方面，劳动生产率不断提高，劳动力供给的质量不断上升。因此，考察劳动力实际供给量的变化，必须考察这两者抵消后的净影响。

即学即用

各国每天平均工作时间

目前，经济合作与发展组织对全球 29 个工业化国家进行的研究显示，世界上每天平均工作时间最长的人是墨西哥人，他们每天花在有偿劳动以及家务杂事上的时间长达 594 分钟，约为 9.9 小时。

而每天平均工作时间最少的人是比利时人，他们每天平均工作 427 分钟或 7.1 小时。所谓的杂事包括家务劳动和其他事情，墨西哥人花在无偿劳动上的时间最多，高达 4.2 小时，而韩国人最少，只有 1.3 小时，多数花在烹饪上。

紧随墨西哥人之后的是日本人，日本人每天平均工作 540 分钟或者 9 小时，中国人平均每天工作 8.4 小时，美国人 8.3 小时、印度人 8.1 小时、澳大利亚人 8 小时、英国人 7.8 小时、法国人 7.5 小时、德国人 7.4 小时。经济合作与发展组织发现，全球每人每天花费在有偿工作上的时间为 277 分钟或 4.6 小时，花在无偿工作方面的时间为 207 分钟或 3.45 小时。

如果只计算有偿工作时间，日本人的工作时间最长，每天为 6.3 小时，丹麦人的工作时间最短，只有 3.75 小时。法国人花费在购物方面的时间最多，平均每天为 32 分钟，而韩国人最少，只有 13 分钟。美国人花在厨房中的时间最少，每天只有 30 分钟。

资料来源：中工网，2011-04-15.

▶思考题：

请问在全球 29 个工业化国家中，哪个国家的劳动力供给最多？

四、劳动力供给分析的基本假设

劳动力供给受劳动者能力、意愿和经济环境等诸多因素的影响，这使得劳动力供给分析变得相当复杂。因此，在进行劳动力供给分析的时候，为了简化复杂的问题，需要对某些问题进行假设，抽象掉某些不重要的因素。一般情况下，对劳动力供给进行分析的假设包括以下三个方面：

（一）劳动力供给主体的目标假设

劳动者作为理性经济人，在进行劳动力供给决策时，会充分考虑市场性工作时间和闲暇时间之间的平衡，追求效用最大化目标。

（二）劳动力供给市场结构的假设

一方面，假设劳动力市场是竞争性的，即劳动者面对的劳动力价格是由市场决定的，劳动者是劳动力价格的被动接受者；另一方面，假设劳动力市场是非竞争性的，也就是说，要么劳动者操纵劳动力价格，是价格的决定者；要么买方操纵劳动力价格，是价格的决定者。

关于劳动力供给的分析，在市场环境方面的假设最常见的是假定市场处于完全竞争状态。

（三）劳动力同质的假设

劳动力供给量包括参与劳动的劳动力的数量和质量。在劳动力供给分析中，假设劳动力只有数量的区别，没有质量差异。

上述假设只是为了便于分析问题，在现实的劳动力市场上，完全竞争的劳动力市场状态是不存在的。另外，劳动力是不同质的，与一个缺乏教育和培训的人相比，受过良好教育和培训的人更有能力提供更多的生产力。本书将在第五章中重点分析劳动力质量的构成要素和影响因素，以及如何通过人力资本投资提高劳动力的质量。

市场劳动力供给是个人劳动力供给的总和，它以个人劳动力供给为基础，但又不同于个人劳动力供给。

个人劳动力供给曲线揭示了个人劳动力供给量与工资率的关系，它从经济学的角度反映了个人的劳动力供给行为。为了从宏观上把握个人的劳动力供给行为，对劳动力供给进行宏观调控，需要进一步研究市场劳动力供给曲线。

第二节　个人劳动力供给

实例分析

聚焦延迟退休三大焦点

2021年发布的《中华人民共和国国民经济和社会发展第十四个五年规划和2035年远景目标纲要》明确提出，按照“小步调整、弹性实施、分类推进、统筹兼顾”等原则，逐步延迟法定退休年龄。改革后就业会不会更难？养老金领取会吃亏吗？年轻人生孩子会没人带吗？就公众关切的焦点问题，《经济参考报》记者进行了追踪采访。

是否会加剧“就业难”？

延迟退休意味着工作人数增加，腾出的岗位减少。有些人担心，供给结构变化叠加“35岁十”职场困境，会不会令今后找工作更难？

中国劳动和社会保障科学研究院副院长莫荣、中国人口与发展研究中心主任贺丹等专家表示，我国劳动年龄人口数量已连续8年下降，平均每年减少超300万人，且降幅还在加大。按照每年延迟几个月或者每几个月延迟1个月的速度，每年因延迟退休而多出来的劳动力不会太多，甚至会被每年减少的劳动力相抵消。

静态地看，延迟退休会对就业产生一定冲击。劳动力供给增加，自然腾退的岗位减少，“一增一减”，就业市场将面临现实冲击。但这种冲击是有限可控的，对年轻人的就业“挤压”不大。

专家们指出，在短期内，大龄劳动者和灵活就业人员可能面临更大的竞争压力。

就业市场存在的年龄歧视不仅妨碍就业公平，侵害劳动者权益，也与延迟退休的改革部署相冲突。因此，政府应制定配合延迟退休的政策，加强对大龄劳动者的保护，明确就业年龄歧视判定标准，增加监管处罚的可操作性。同时，要建立录用大龄员工的激励机制。对临近退休的大龄劳动者，特别是受教育水平偏低、主要从事体力劳动的就业困难人员，需要推出更多就业、创业的帮扶措施，并加大对大龄失业人员的保障力度。

养老金领取个人会吃亏吗？

一些人认为，延迟退休会使养老保险缴纳数额更多、时间更长，但领取的时间变短，相当于少拿钱，会吃亏。

对外经贸大学国家对外开放研究院研究员孙洁对此表示，延迟退休后，劳动者除了增加工资收入，也会提高退休后的养老金水平。因为我国企业职工养老金包括基础养老金和个人账户养老金两部分，计算方法有很强的激励机制。多缴费1年，退休时基础养老金提高1个百分点；晚退休1年，个人账户养老金月领取额也会增多。延迟退休后继续工作、持续缴费，长缴多得、晚退多得，个人多缴纳的养老保险费会记入其个人账户。如果参保人不幸较早去世，个人账户余额可以被继承。从经济利益上看并不受损，能更好地体现“按劳分配、多劳多得”。

是否会影响老人帮子女带孩子？

延迟退休后会使老年人继续留在工作岗位。有人担忧，这是否会导致年轻人生孩子没人带，间接影响生育意愿？

中国（海南）改革发展研究院院长迟福林等专家表示，我国老年人在照顾家庭、照看孙辈方面发挥着重要作用。如果老年人口特别是女性退休年龄大幅提高，可能对家庭安排产生较大影响。有些婚育阶段的青年女性没老人帮忙、经济条件有限，可能就要辞职在家带孩子。但我国延迟退休采取渐进式改革，每年延迟几个月或者每几个月延迟1个月，节奏总体平缓。在改革前期，退休的人只延迟几个月，时间比较短，对家庭照料影响不会太大。而相对年轻一些的劳动者，离退休还有一段时间，有较为宽裕的时间来对家庭生活进行规划。同时，延迟退休不搞“一刀切”，坚持统一规定同自愿选择相结合。大家可以根据自己家庭的情况，选择最有利的退休年龄。

资料来源：聚焦延迟退休三大焦点. 经济参考报，2021-03-22.

▶思考题：

延迟退休会给个人劳动力供给带来什么影响？

一、劳动者的偏好

劳动力供给涉及劳动者对其拥有的既定时间资源的分配。任何一个人都拥有一定的时间，比如，一天只有24小时，一年365天，这些时间成为个人总时间。在个人总时间中，一部分时间必须用于维持生命，如吃饭、睡觉等；一部分时间是个人可自由支配时间，它等于总时间减去维持生命所必需的时间。社会上不同的人在可自由支配时间中的活动千差万别，为了揭示个人劳动力供给的一般规律，我们抽象掉这些差异，把个人活动分为工作与闲暇活动。在此，工作是指从事有报酬的活动，**闲暇**是指各种无报酬的活动。它是一个广泛的概念，像从事家务劳动以及购物、教育、社交、休息、休闲等。同样，把可自由支配时间分为工作时间与闲暇时间两类。由于个人可自由支配时间是一定的，因而工作时间与闲暇时间呈负相关。如何分配两种时间的比例，对劳动力供给有直接的影响。

个人劳动力供给问题，实际上就是个人对自己所拥有的时间资源在工作（市场活动）和闲暇（非市场活动）之间的最佳分配做出决策。

（一）效用

效用是经济学中的一个重要概念。西方经济学的消费者理论把闲暇和工作看作两个商品。劳动者作为消费者消费商品会带来相应的效用。在劳动力供给分析的基本模式中，**效用**是指个人从工作时间和闲暇时间的组合中得到的满足程度。

闲暇的消费使人身心得到放松、身体感到舒服、心情感到愉悦，使个人的效用直接增加。而工作的消费主要用于生产活动，一方面使人身心劳累，产生负效用，另一方面，由于个人向市场提供劳动力，可以获得报酬，进而可以购买物品，通过消费物品，间接地增加了个人的效用。劳动者通过在工作与闲暇之间进行选择，间接或直接地增加自己的效用，即通过个人劳动力供给决策，优化工作时间和闲暇时间的组合，提高个人和家庭的生活满足程度。

效用是从某种物品的消费中所获得的满足，是一种主观评价，而不是一个客观范畴。满足程度越高，效用越大；反之，效用越小。如果从中感受到不舒适、不愉快或痛苦，则是负效用。对于同一种工作时间和闲暇时间的组合，不同的人有不同的满意程度，即有不同的效用。因此，人们在分配工作时间和闲暇时间时存在一定差异。

（二）无差异曲线

如前所述，效用是一个主观概念，它的大小取决于个人的主观价值判断，实际上是没有办法测量的。虽然消费者不能说出自己对某种商品的效用量究竟是多少，但消费者可以说出自己对不同商品的偏好的顺序。偏好代表了消费者对某种商品相对其他商品的心理愿望程度。从性质上说它属于主观的东西，受到许多因素的影响，如个人性格、社会经济地位、职业以及种族等。研究者证明了人们在某个时间内对他们所需求的商品和服务所带来的效用具有排序的能力，并且能够用尽量少的某种商品去交换其他商品。

在劳动力供给分析中，我们假定劳动者个人必须在工作和闲暇之间进行排序和选择。闲暇时间可以带来直接效用，而劳动收入可以通过购买商品消费间接获得效用。由于劳动收入和闲暇都能带来效用，那么它们在某种程度上可以相互替代。如果劳动者被迫放弃一些收入，如缩短工作时间，那么闲暇时间的增加可以替代这部分失去的收入，并且仍然能够保持总效用不变。事实上，劳动者常常有着不同的劳动收入与闲暇时间的组合，这些组合能够给他们带来相同的效用。我们可以用一组无差异曲线来表述个人的工作与闲暇偏好。在工作—闲暇决策模型中，**无差异曲线**是指能够给个人带来相同效用（或满足程度）的所有劳动收入和闲暇时间的组合点的轨迹。我们可以借助于图 3－3 中的曲线进行说明，图中曲线代表了劳动者在劳动收入和闲暇时间的不同组合之间进行的排序和选择。

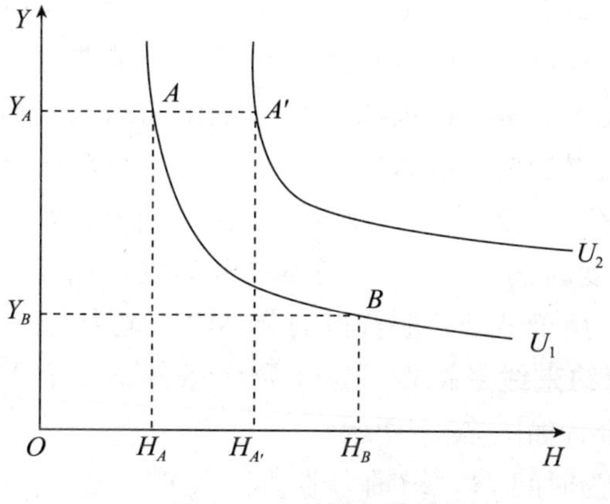

图 3－3　无差异曲线

在图 3－3 中，横轴为时间 H，纵轴为劳动收入 Y，A 点的组合为（H_A，Y_A），B 点的组合为（H_B，Y_B）。A 点与 B 点的组合不同，但对劳动者的效用相同。存在许多与 A 点和 B 点相似的组合，其中与 A 点和 B 点相等的效用组合点形成了一条曲线，这条曲线 U_1 就是无差异曲线。曲线上任何一点所表示的工作和闲暇的组合给个人带来的效用是一样的；在曲线 U_1 外的任何一点的效用都与 U_1 上的效用不同。在收入水平相同的情况下，A' 点比 A 点拥有更多的闲暇时间，即总效用更高。同理可知，曲线 U_2 上点的效用要大于曲线 U_1 上点的效用。这样的曲线实际上有无数条，每一条曲线对应于不同的效用水平，这些曲线总体被称为劳动者的选择偏好系统。

无差异曲线具有下列显著特征：

（1）曲线距离原点越远，效用水平越高。图 3－2 中的两条无差异曲线的关系是 $U_1<U_2$。

（2）同一个人的两条等效用曲线不能相交，否则就与“不同的无差异曲线效用不同”相矛盾。

（3）等效用曲线的斜率为负。说明在效用水平保持不变的条件下，要增加劳动收入，必须减少闲暇时间。曲线越陡峭，说明个人越重视闲暇。因为曲线越陡峭，斜率的绝对值越大，单位闲暇时间可以替代的收入越多，闲暇的价值越大。

（4）等效用曲线凸向原点。上边陡峭，斜率大，下边平缓，斜率小。说明在闲暇少的时候，闲暇价值高，人们更重视闲暇；在收入少的时候，单位收入可以替代更多的闲暇，收入价值高，人们更重视收入，体现了边际效用递减规律。

（5）不同的人有不同的等效用曲线群，体现了人们偏好的差异。重视闲暇的人，等效用曲线较陡峭，重视收入的人，等效用曲线较平缓。

二、预算约束线

从无差异曲线图可知，离原点越远的无差异曲线代表越高的效用水平。如果没有任何限制，人们会在追求效用最大化的欲望驱使下选择更高的无差异曲线。但事实并非如此，其根本原因在于个人对无差异曲线的选择是受约束的。

首先，个人受到可自由支配时间的限制。无论以何种时间单位计量，可自由支配的时间都是有限的，一天只有若干小时可用于劳动或享受消费闲暇等等。在任何情况下可自由支配时间都是一个既定的量，这里把个人可自由支配的时间记为 OD。

其次，个人受到可获得的劳动收入的限制。在劳动力市场上，对个人来说，由劳动能力状况决定的市场工资率是既定的。如果个人把所有可自由支配的时间均用于劳动（这里我们不考虑有关制度因素），个人可获得的劳动收入仍然是有限的。这里，我们把个人可自由支配时间全部用于劳动所能获得的劳动收入记为 OC。由此，我们可以作出一条预算约束线 CD。**预算约束线**是指在既定工资率条件下，个人可能实际获得的劳动收入和闲暇时间的所有组合，如图 3－4 所示。

在图 3－4 中，横轴为时间 H，纵轴为劳动收入 Y。OD 为个人可自由支配的全部时间，从 O 点向右计量为闲暇时间，从 D 点向左计量为工作时间。无论个人在工作与闲暇

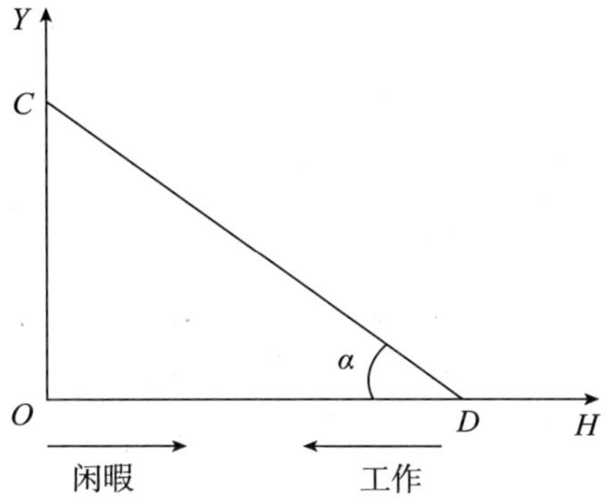

图 3-4　预算约束线

之间如何配置选择，工作时间与闲暇时间之和等于 OD。在劳动者可自由支配时间 OD 中，闲暇时间和工作时间的分布具有此消彼长的关系。如果个人把可自由支配时间全部用于闲暇，闲暇时间为 OD；如果劳动者把可自由支配时间全部用于工作，依个人劳动能力状况所能获得的收入为 OC。连接 C 点与 D 点的直线叫做预算约束线。在预算约束线内的任何点所表示的闲暇和收入的组合，均无法实现效用最大化；预算约束线外的任何点的组合，在既定的可支配时间和劳动能力的条件下是不能达到的。

如果将直线 CD 与横轴的夹角设为 α，则可以看到直线的斜率为：

$$\tan\alpha = OC/OD = \text{劳动收入}/\text{时间} \qquad (3-6)$$

由此可见，预算约束线的斜率即为个人放弃闲暇从而获得收入的比率，即工资率，亦可以看作是闲暇的机会成本。

从预算约束线可以看出，人们的收入和闲暇都是有限的，因此，人们只能在有限的收入和闲暇的约束下来选择自己的效用水平。

三、个人劳动力供给决策

个人效用最大化的组合点，可以用无差异曲线表示的主观偏好和预算约束线所包含的客观信息两方面来决定。闲暇—收入无差异曲线说明了个人的主观愿望，预算约束线则反映了个人的现实条件。抛开其他因素的限制，任何人都愿意选择离原点更远的无差异曲线，以获得更大的满足。但在现实条件下，受预算约束线的限制，这是不可能的。劳动者个人只能在劳动能力、工作时间等资源条件的限制下，对工作时间与闲暇时间做最佳配置，以获取最大效用，这就是主体均衡理论所要研究的问题。下面结合图 3-5 进行分析。

在图 3-5 中，某一主体面临的预算约束线为 CD，U_i 为主体可以选择的闲暇—收入的无差异曲线。由无差异曲线的性质可知，U_1、U_2、U_3 的效用水平不同，即 $U_1 < U_2 < U_3$。

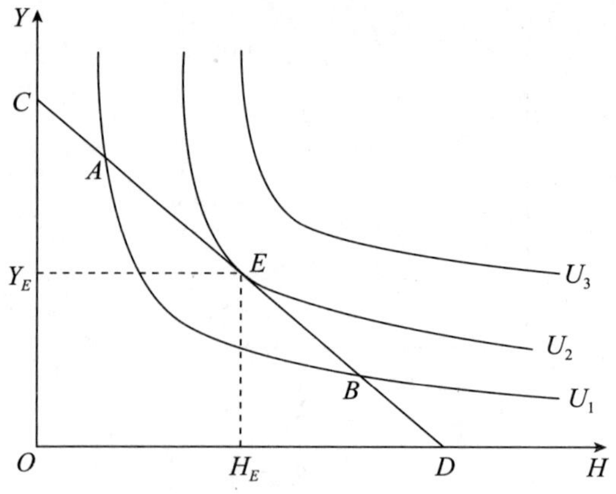

图 3-5　约束条件下的效用最大化

CD 与 U_1 相交，与 U_2 相切，与 U_3 不相交。显然，由于受到预算约束线 CD 的限制，劳动者个人的效用无法达到 U_3 的高水平。CD 与 U_1 相交于 A 点和 B 点，既满足了约束条件，又达到了效用 U_1，但没有实现效用最大化。如果将 A 点和 B 点沿预算约束线 CD 移动，一直到达 E 点时，既满足了约束条件，又可以达到更高的效用 U_2。在 E 点，CD 与无差异曲线 U_2 刚好相切。因此，E 点是劳动者个人效用最大化点或均衡点，在该点的工作时间为 DH_E，闲暇时间为 OH_E，收入为 OY_E。

E 点是预算约束线与无差异曲线 U_2 的切点，因此，无差异曲线 U_2 在 E 点的切线也就是预算约束线 CD。无差异曲线 U_2 在 E 点的斜率与预算约束线的斜率相等。如前所述，收入约束线的斜率是个人放弃闲暇从事劳动从而获得收入的比率（即工资率）；无差异曲线的斜率是闲暇替代劳动收入的边际替代率。所以，主体均衡的条件（即主体在资源约束条件下获得最大效用必须满足的条件）是工资率等于边际替代率，即 $W=MRS$。

应用实例

2021 年诺贝尔经济学奖得主关于家庭劳动力供给的实证研究

近年来，劳动经济学的研究越来越趋向微观化，而家庭结构对于劳动力供给的影响就是一个热议的话题。很显然，如果家庭的结构不同，其对于劳动力的供给也会出现不同。

举例来说，如果一个家庭选择生二胎，那么从直观上看，相比于不要二胎的家庭，这个家庭将更有可能选择减少对市场的劳动力供给——因为这个家庭要花费更多的时间来照料孩子。但是，我们是不是就可以说，更多的孩子会成为更少的家庭劳动力供给的原因呢？这倒未必。为什么呢？原因在于，家长们选择生几个孩子，以及选择是不是上班这两个决策之间并不是相互独立的。事实上，它们相互交织，很多人之所以愿意生二胎、三胎，很大原因就是他们更重视家庭，不愿意多工作。在这种情况下，要确立孩子数量以及家庭劳动力供给之间的因果关系就不那么容易了。

那么怎么解决以上问题呢？2021 年诺贝尔经济学奖得主之一约书亚·安格里斯特给出的答案还是找工具变量。这次，他找到的工具变量更为神奇，是前两个子女的性别。他认为，对于家长来说，前两个孩子的性别对于家长是不是决定继续生孩子会产生很大的影响。如果前两个子女就实现了儿女双全，那么家长多半会很满意，从而就此作罢。但如果是同一性别，那么家长可能会觉得有缺憾，一定要继续生孩子以补齐儿女双全。因此，这就可以被用来作为子女数量的一个工具变量。利用以上思路，安格里斯特考察了子女数量与家庭劳动力供给之间的关系，研究结果表明，随着孩子数量的增加，家庭中的女性将有可能减少劳动力供给。但是，对于不同女性来说，这种效应是不同的，相比于那些教育程度较低的女性，这种效应在受过高等教育的女性身上就不是那么的显著。很显然，这个研究的结果说明，传统的基于性别的家庭分工目前依然是存在的，但是教育的普及很可能会在未来打破这种传统。

资料来源：因果推断：利剑和 2021 诺贝尔经济学奖三剑客的故事. 经济观察报，2021-10-12.

四、收入效应和替代效应

在前面的分析中，在劳动力供给的决策中，个人的资源约束条件是给定的。现在需要继续讨论约束条件改变时，为保持在新的条件下使效用重新达到最大，个人如何进行工作时间和闲暇时间的分配。

（一）收入效应

收入效应是指在工资率保持不变的情况下，由于收入的变化引起的工作时间的变化。这里，我们将收入的变化假设为非劳动收入的变动。非劳动收入的变动影响个人的财富，引起个人时间总价值的变化，但由于非劳动收入的变动不影响工资率或闲暇价格，即不影响预算约束线的斜率，因此，它使预算约束线上下平行移动。下面结合图 3-6 进行分析。

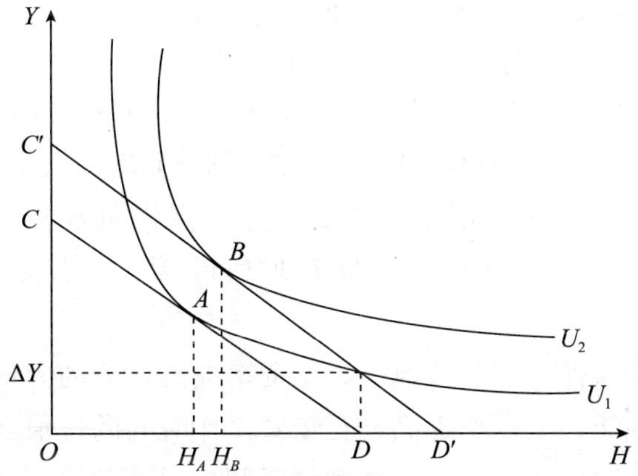

图 3-6　收入效应

在图 3-6 中，假设个人可支配的时间 OD 不变，个人获得和本人工作时间量无关的非劳动收入 ΔY，均衡点由 A 点移向 B 点，闲暇时间增加，工作时间减少，闲暇时间的增加量为 H_AH_B。由此可见，当其他条件不变时，由于非劳动收入的增加，预算约束线向上平行移动，此时，预算约束线与一条离原点较远的无差异曲线相切，闲暇时间增加，工作时间减少。若非劳动收入减少，则个人增加工作时间，减少闲暇时间。

（二）替代效应

替代效应是指在保持非劳动收入不变的情况下，因工资率的变化而引起的意愿工作时间的变化。通常情况下，当可自由支配时间不变时，工资率的变化必然导致劳动收入的变化，从而影响预算约束线的改变。这里，为了单独考察工资率的变化对劳动力供给的影响，我们假定其他条件不变，只有工资率发生变化。

我们知道，预算约束线的斜率等于工资率。当其他条件不变而只有工资率变化时，预算约束线的斜率变化，进而预算约束线的位置移动。下面结合图 3-7 进行分析。

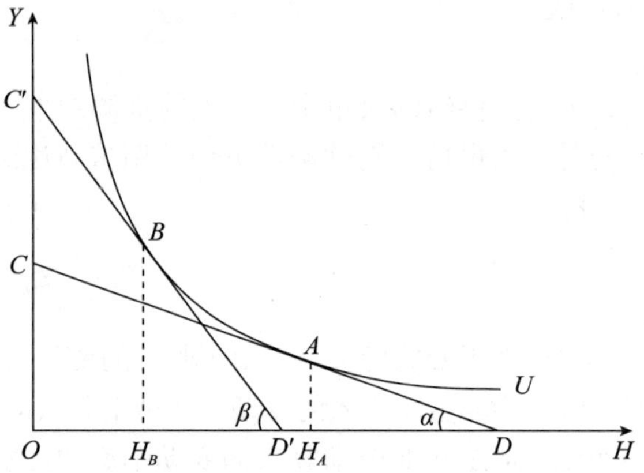

图 3-7　替代效应

在图 3-7 中，有闲暇—收入的无差异曲线 U，预算约束线 CD，CD 与横轴的夹角为 α，与 U 相切于 A 点，此时的工资率为 W_1（$W_1=\tan\alpha=OC/OD$）。显然，闲暇为 OH_A，工作时间为 DH_A。由于工资率提高了，直线 $C'D'$ 与横轴的夹角设为 β，与无差异曲线 U 相切于 B 点，工资率为 W_2（$W_2=\tan\beta=OC'/OD'$）。因为 $\tan\beta>\tan\alpha$，所以有 $W_2>W_1$。在工资率等于 W_2 的情况下，均衡点由 A 点移向 B 点。相应的，闲暇时间从 OH_A 减少到 OH_B，劳动力供给时间则从 DH_A 增加到 DH_B，劳动力供给时间存在一个正向增量 H_AH_B。

由此可见，在其他条件不变的情况下，工资率提高，劳动力供给时间增加，闲暇时间减少。其根本原因在于，工资率提高，意味着工作时间的价值在提高，为了实现效用最大化，人们会用工作时间（收入）替代闲暇时间。经济学原理说明，价格提高的商品必然增加供给量，所以，在工资率提高时，劳动力供给时间必定增加。同时，工资率的提高意味着闲暇的机会成本提高了，消费闲暇的代价变得更加昂贵。价格提高的商品必然减少需求量，故在工资率提高的情况下，闲暇时间必定减少。

因为 A 点和 B 点在同一条无差异曲线上，A 点和 B 点所示的闲暇—收入组合实现了相同的效用。所以，闲暇时间减少带来的效用损失，由工作时间增加从而收入增加带来的效用增加得到精确的补偿。

实例分析

关注“富不过三代”现象

古今中外大量家族兴衰史表明，无论某一家族通过什么途径发家致富，保持富裕状态的时间很少有超过三代的，故世人总结出一条定律，叫“富不过三代”。

自从改革开放以来，中国民营企业家已经超过了 300 万人，调查显示，由于找不到合格的接班人，95%以上的中国民营企业家无法摆脱“富不过三代”的宿命。有研究表明，目前国内富人家族的孩子中，只有约 10%的子女继承了父母的优良品质，成为积极向上、勤奋好学的人。对不少富有家族及企业来说，不是能否富过三代的问题，而是能否富过两代的问题。

清末名臣曾国藩的外孙聂云台有感于社会风气奢靡不正，曾写了《保富法》一书。他说，四五十年前的有钱人，家业没有全败的，子孙能读书、务正业、上进的，百家之中仅有一两家。写《曾国藩》小说的历史学者唐浩明说，与曾国藩同时代的大多数中兴将帅家庭从儿女那一辈起便不努力，到子孙辈曾孙辈，嫖、赌、抽大烟、游手好闲几乎成为通病，到最后潦倒沦落，将祖宗的脸面丢光；儿孙贤肖的家庭则不多。

“富不过三代”并非中国特色，全球家族企业普遍面临“穷孙子”问题。在美国，家族企业在第二代能够存活的只有 30%，到第三代还存在的只有 12%，到第四代及四代以后依然存在的只剩 3%了。葡萄牙有“富裕农民——贵族儿子——穷孙子”的说法；西班牙也有“酒店老板——儿子富人——孙子讨饭”的说法；德国则用三个词“创造，继承，毁灭”来代表三代人的命运。

资料来源：新华网，2009-06-22.

▶**思考题：**

1. 请用所学知识分析“富不过三代”现象的原因。
2. 请谈谈如何避免“富不过三代”现象。

五、个人劳动力供给曲线

在劳动力市场运行中，工资率作为劳动力市场价格，是决定和调节劳动力供给量的重要因素。由于劳动力供给的直接目的是获得工资，因此，劳动力供给在一定时期会随着劳动力价格，即工资率的变化而变动，并且，在不同的时期，劳动力供给行为是不同的。

从前面的分析可知，劳动力供给量与工资率的关系是比较复杂的，原因在于工资率的变化同时带来了两种效应——收入效应与替代效应，并且两种效应的方向相反。工资率增加后究竟使劳动力供给增加还是减少，完全取决于两种效应强度的对比：替代效应超过收入效应，工资率提高使劳动力供给增加；收入效应超过替代效应，工资率提高使劳动力供给减少。下面结合图 3-8 进行分析。

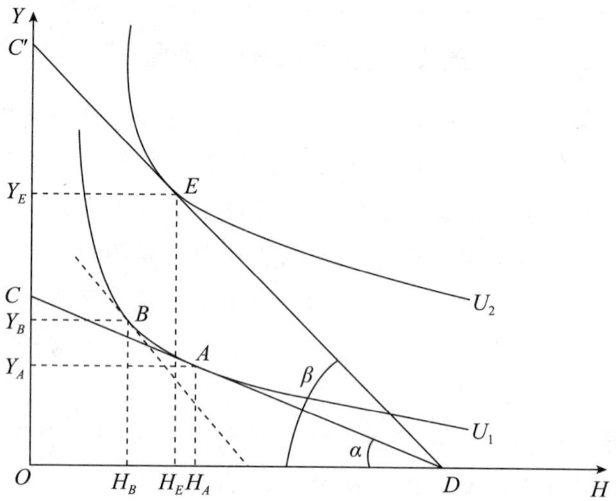

图 3-8　工资率提高的收入效应和替代效应

图 3-8 中符号的含义与图 3-5、图 3-6 相同，由于工资率从 W_1 提高到 W_2，替代效应导致工作时间增加了 H_AH_B，同时收入效应导致工作时间减少了 H_BH_E。由于替代效应大于收入效应，净效应为工作时间增加了 H_AH_E。工资率的提高最终使劳动者增加劳动力供给时间，减少闲暇时间，即劳动力供给时间与工资率正相关。

然而，随着工资率的进一步上升，情况会发生变化。因为当工资率上升到一定高度时，劳动者的工资收入增加，已经可以较好地满足劳动者对衣服、食品和耐用消费品的需求，劳动者对闲暇的消费需求开始上升。此时，两种效用的相互关系发生了变化，替代效应小于收入效应。这一阶段的劳动力供给行为方式就是减少劳动力供给时间，增加闲暇时间，劳动力供给时间与工资率负相关。

在图 3-9 中，横轴为劳动力供给时间 H，纵轴为工资率 W，S 为个人劳动力供给曲线。在工资率为 W_1 时，个人劳动力供给为 H_1，在工资率为 W_2 时，个人劳动力供给为 H_2。随着工资率从 W_1 提高到 W_2，替代效应大于收入效应，劳动力供给增加。当工资率进一步由 W_2 提高到 W_3 时，收入效应大于替代效应，劳动力供给反而减少了。由此产生的个人劳动力供给曲线为“向后弯曲”的形状。工资率低于 W_2，曲线 S 的斜率为正值，工资率高于 W_2，曲线 S 的斜率为负值，即在工资率小于 W_2 的区间，工资率的提高使劳动力供给增加；在工资率大于 W_2 的区间，工资率的提高使劳动力供给减少。

可以想象在经济社会中，每个人的劳动力供给曲线都应有此特征。但是，由于每个

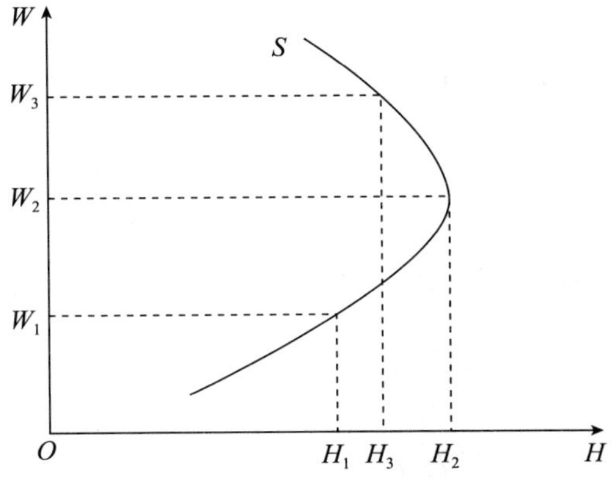

图 3－9　个人劳动力供给曲线

人对工作与闲暇的偏好是不同的，因而该曲线准确的位置、形状和向后弯曲的点就会因人而异。

应用实例

美元与睡梦

我们对闲暇的需求以及对其价格反应的隐含意义并不令人感到惊讶。当工资率很高时，我们会试图发现能够使我们的宝贵时间的占用达到最小化的方式。例如，与票贩子打交道，并且为音乐会入场券或戏票支付很高的价格，而不是自己排队数小时去购买以票面价格出售的门票。我们会雇佣保姆或是把我们的孩子送到日托中心让别人照看，而不是从劳动力市场撤出，自己亲自照看孩子；我们会消费许多现成的饮食，并预订比萨饼或是外卖的中式食品，而不是亲自致力于冗长的膳食准备。

我们对时间的配置会对经济激励做出反应，甚至当不存在易得的替代品时也是如此。比如说，我们决定睡眠多少小时。睡眠占据了我们较大份额的时间，比其他任何活动都多，包括市场中的工作。男人通常每周睡眠 56 小时，女人通常每周睡眠 56.9 小时。虽然大多数人认为，我们睡眠多长时间是由生物学（甚至也许是文化的）因素决定的，近来的研究表明，从某种程度上说，睡眠时间可以被看作是我们需要对其配置的一种稀缺资源（时间）的另外一种活动。只要能够达到某种安眠药催眠长度的最低生物学门槛，对睡眠时间的需求似乎就是对经济环境的变化做出的反应。

尤其是一个人赚取收入的能力与花费在睡眠上的时数之间存在着一种负相关关系，例如，一个人的受教育程度越高，他睡眠的时间就越少。每增加 4 年的学校正规教育，每周的睡眠时间就会减少 1 小时。类似地，工资每增加 20%，睡眠时间就会减少 1%，或是每周减少大约 34 分钟的睡眠。因此，当工资很高时，做梦似乎也很昂贵。

资料来源：鲍哈斯. 劳动经济学（第三版）. 北京：中国人民大学出版社，2010：42－43.

第三节　家庭劳动力供给

实例分析

全职妈妈 or 全职爸爸，“新古典家庭”的回归你接受吗？

年富力强的知识女性，接受了“男女都一样”的革命教育，经历了女权主义的熏陶，最后还是决定辞职回家，做了相夫教子的家庭主妇。传统负责“主外”的爸爸，决定放弃打拼的机会，牺牲部分家中的经济实力，把哺育孩子的重担承担下来。

以上两个，你更同意哪一个？

当然大部分人都选择第三项，即请家里老人带孩子，这似乎是最好的选择。但如果是出于对孩子负责任的教育，相信大多数父母的认知都倾向于避免隔代教养，由父母自己教育。

但究竟是谁留下来，却成为一个终极问题。

知性太太，回家？

据统计，中国总人口是美国的 4.26 倍，而就业人口却是美国的 4.87 倍。不可否认，我国女性在职场中的作用一直遥遥领先于世界。但近年来，受过高等教育的妈妈回归家庭的比例越来越高，因为找不到工作而回归家庭的比例则从 21%降低到 6%。据国际劳工组织统计，1990—2019 年，中国女性劳动力参与率大幅下降 12.6%；男女劳动力参与率差距上升至 14.8%。

全职妈妈的增加是进步还是倒退？要不要推动女性回家，特别是家有幼儿的阶段？这是一个无比纠结的话题。全职妈妈对孩子的日常生活有重要意义，对家庭教育也有着重大的改变。特别是对于那些受过高等教育的全职妈妈来说，回归家庭更需要具有超过一般人的强大勇气和意志力。

全职爸爸，单薄？

国内对于全职爸爸这个群体只能零星的从新闻或是文章分享里看到一些蛛丝马迹。这个群体人丁单薄到可能称不上一个群体，至少在我们的社会语境里，全职爸爸不是一个体面的事儿。

从目前调查来看，我国选择成为全职爸爸的男人，应该是整个社会有独立意识，也有资源的一批人。其中一部分全职爸爸事业有成，在家育儿对未来事业发展影响不是很大；另一部分则有办法从全职爸爸这一份职业中重新发掘事业第二春。

根据英国国家统计局发布的数据，英国的全职爸爸数量达到 20 万人，创了历史新高。《每日邮报》说，这项数据凸显了英国传统家庭生活方式的巨大改变。英国保险公司 Aviva 的调查显示，约四分之一有孩子的家庭，夫妇一起分担照顾孩子，高于 2010 年的 18%。超过 26%的爸爸在孩子出世之后，就放弃工作或减少工作时间。44%的爸爸经常在太太上班时帮忙照顾孩子。目前，英国政府正在制定新规定，允许男子分享伴侣一年产假中的一半，目的也是鼓励更多的父亲花更多时间陪伴家人。

新古典家庭回归

其实，不管是全职爸爸还是全职妈妈，所面对的困境虽有差别，但大体是一样的。

1. 全职在家的爸爸或妈妈对家庭与社会的贡献无法得到从国家到个人的重视，没有获得主流认同，甚至没有获得最基本的医疗保险、养老保险这些必要的利益保障。

2. 全职在家最大的危机，一方面是职场的未来：待孩子长大，再就业前景渺茫，无法重返职场将成为致命伤；另一方面，全职妈妈或爸爸不能回避的问题就是家庭的稳固。

最初放弃一份鸡肋的工作，做出回家带娃的选择，是一种独立。但全职家庭接下来所需要的独立，和夫妻双方的共同努力，才刚刚开始。

在新古典家庭中，父母有一方在家里照顾孩子，大概已经成为一种趋势。虽然社会保障还有缺失，经济情况也时有变化，但这个趋势和所带来的家庭教育的变化，让我们充满了期待。

资料来源：全职妈妈 or 全职爸爸，“新古典家庭”的回归你接受吗？搜狐网，2017－07－10.

▶**思考题：**

1. 影响家庭劳动力供给决策的因素有哪些？
2. 家庭成员结构和数量的变化对家庭劳动力供给决策有什么影响？

在上一节中，我们介绍了个人在劳动力市场上工作和闲暇之间做出选择的模型，该模型对于理解工作—闲暇决策和有关这一决策的含义是有用的。贝克尔和其他一些学者对该模型做了推广和拓展，把家庭看作决策的基本单位，传统的工作—闲暇二分法由一个更为复杂的分类法所取代。

一、家庭生产理论的基本内容

家庭生产理论实际上是把劳动者放在家庭的背景下分析他们的劳动力供给决策的一种方法。它倾向于将夫妻双方之间的劳动力供给决策看成是一种联合决策，而不是彼此独立的两种决策。家庭生产理论认为：（1）在现代社会中，家庭既是一个消费单位，同时也承担着部分生产功能。因此，家庭时间并不全是闲暇时间。家庭理论把个人的可自由支配时间划分为三部分，即闲暇时间、市场工作时间和非市场工作时间。其中，第三部分时间是指家务工作时间。（2）在一个家庭中（考虑有两个以上劳动者的家庭），家庭成员在进行工作决策时，总是要与其他家庭成员进行协商。某一个家庭成员的工作决策既受其他家庭成员的制约，同时也影响着其他家庭成员的工作决策行为。（3）家庭成员在进行劳动力供给决策时，不仅要考虑其他家庭成员的情况，而且要考虑自身所处生命周期阶段，即决定在生命周期的哪个阶段从事市场工作或较多地从事市场工作，在哪个阶段从事非市场工作（或闲暇）或较多地从事非市场工作（或闲暇）。

在简单劳动力供给模型中引入家务劳动以后，劳动者的时间选择发生了变化，即如何花费时间实际上存在着三种选择：市场（有酬）工作、家务劳动或闲暇活动。

家庭生产理论认为，通过家务劳动所生产出来的家庭产品，既可以采取时间密集型生产方式，也可以采取商品密集型生产方式（大量使用半成品或利用辅助设备，而只投入较少的时间）。比如，为了生产一顿可口的饭菜这样一种家庭产品，人们既可以自己花大量的时间去买菜、洗菜和做饭，也可以选择购买简易食品回家稍做加工或者直接从餐馆订餐。在这种情况下，一个家庭的全体成员就要做出这样一种决定，即如何在市场工作、家庭产品的生产以及闲暇之间进行分配。而分配的原则采取比较优势的原理，即每位家庭成员都应当选择能够使他们个人的相对效率最高的那种时间利用方式。由于不同的家庭成员在年龄、性别、受教育程度、工作经验以及非劳动力市场经验方面存在一定的差距，因此，他们在不同的生产性活动中的效率是不同的。通常情况下，妇女从事家庭生产活动较多，除了可能存在的生理原因、妇女的市场工资率低于同类男性等原因之外，社会化或风俗习惯所导致的妇女在家务劳动这种非市场生产活动中的效率较高也是一个主要原因。

二、家庭联合劳动力供给决策

对于同家庭成员一起生活的人来说，必须采用某种联合劳动力供给决策分配各自的时间以及协商谁在家中做什么。有关的疑问是，家庭成员之间的感情关系可能使模拟这一过程变得复杂，并且他们关于市场和家务劳动的决策在很大程度上受到习惯的影响。然而，经济理论有助于认识影响家庭决策的一些因素。对这个问题进行分析的目的是认识那些对市场劳动力供给影响最大的因素。

迄今为止建立的有关已婚夫妇决策的正式模型（均建立在效用最大化原则的基础上）分为三个主要类别：（1）最简单的模型是将单一决策者的假设扩展到已婚夫妇，或者假定他们有着相同的偏好或假定一个人进行所有决策（但使这一过程中其他人的效用也达到最大化）。（2）假定家庭成员在进行家庭决策时进行谈判，每个人都拥有影响谈判的资源和“威胁点”。（3）最后，有些模型假定家庭成员相互独立的决策使自己的效用最大化，但每个人进行决策时要考虑其他人的可能行为和反应。但是，尽管不同的家庭对于家庭成员时间分配的过程可能有所不同，但是肯定有些问题和因素是几乎每个家庭都必须面对的。下面分析影响劳动力供给的联合决策。

（一）夫妻一方留在家中的决策

家庭成员会发现，无论是市场工作还是家务劳动，进行某种程度的专业化是有益的。通常（并非总是）家庭成员的一方要承担做饭、购物、家庭卫生、抚养孩子等工作的主要责任。也可能存在下列情况，即当双方都从事有酬劳动时，其中一方会更多地加班、出差或当家中有紧急事情时会削减工作时间。在决定谁从事哪项工作时，主要考虑哪些因素呢？

假设一个家庭试图决定夫妻双方谁留在家中，或从事工作时间不那么严格的工作，或上下班路程较短的工作，以便承担起照看孩子的主要责任。因为主要承担照顾孩子责任的人要花更多的时间在家中，这对夫妻必须回答两个问题：谁从事家庭工作效率更高？

谁从事市场工作效率更高？第一个问题的答案取决于用一定的商品和家庭生产时间，谁能生产出更多的商品（更多的效用）；第二个问题的答案取决于谁能通过从事有报酬的工作带来更多的商品。例如：当一个家庭决策谁留在家中，且主要是照看小孩时，将会考虑丈夫或妻子完成这一任务的得与失。留在家中的损失与各自的市场工资率有关，而收益取决于他们抚养孩子的欢乐与技巧。（因为抚育孩子的欢乐过程提高了效用，我们可以用较高的欢乐和技巧水平作为抚养孩子较高“生产率”的标志。）由于多种原因，妇女的工资率经常低于男子。可能由于社会化的原因，妇女一直比男子更善于抚养孩子。如果某个妇女的工资率低于她的丈夫，并且抚养孩子的效率更高，显然这个妇女最好是抚养孩子。这样家庭放弃很少的市场商品，而在抚养孩子上得到的更多。

建立谁将留在家中抚养孩子的决策模型并考虑相对生产率的影响，这并不意味着习惯对偏好的影响或在限制有关家庭生产的决策中不重要。显然，它们是重要的。家庭生产理论强调的是，随着工资、收入和家庭生产率的改变，家务劳动安排也可能会发生改变。有趣的是，最近的研究发现，如果夫妻双方都从事市场工作，每个人用于家务劳动的周小时受相对工资率的影响（尽管影响程度不同）。因此，随着妻子工资率相对于丈夫工资率的上升，丈夫家务劳动的时间增加，而妻子家务劳动的时间减少。

（二）夫妻双方都从事市场工作的决策

丈夫或妻子没有必要将全部时间都用于家中。许多家务杂事，从做饭、清洁到照料孩子，可以雇人或用商品密集型的方式来做。构成双方是否都去工作的决策的基本考虑因素是夫妻双方的市场和家庭生产率。只要夫妻双方在进行市场工作时所创造的购买商品的能力大于需要弥补的失去的家庭生产时间，那么夫妻双方多工作 1 小时，就可以增加家庭的资源。家庭的收入水平也可能影响丈夫或妻子的劳动力供给（其他情况不变，低收入水平导致从事更多的市场工作）。对离婚概率很高的妇女来说，收入效应对其劳动力供给的影响显然起主导作用。也就是说，与分居和离婚有关的收入减少的预期，会促使她们在分居之前逐渐增加工作时间和劳动力参与率，分居本身与工作时间和参与率的迅速增加有关。

（三）联合决策和交叉效应

家庭的劳动力供给决策是联合考虑夫妻的家庭和市场生产率的结果。然而，夫妻一方在生产或家中的生产率，受另一方对市场的劳动力供给影响，因此，建立联合决策的模型颇为复杂。一方面，如果一个已婚妇女决定增加家庭之外的工作时间，那么丈夫待在家中那段时间的边际生产率，随着他做那些曾经由妻子做的家务而提高。因此，如果夫妻双方在家庭商品的生产上是相互替代的，一方劳动力供给的增加势必减少另一方的劳动力供给。

另一方面，夫妻双方在家庭商品消费上是互补的，也就是说，如果妻子的工作时间直到晚上 8 点，她的丈夫希望下午 6 点吃晚餐，那么效用就比以前低。但是，他可能认为工作晚一点的收益还是超过损失的效用。在这种情况下，增加工作时间的决策会导致另一方也增加劳动力供给。

理论不能预测夫妻双方在家庭生产和消费上是替代还是互补，同样，如果替代效应和互补效应的作用方向相反，也不可能说明哪一种交叉效用占优势。因此，一方的劳动力供给如何随另一方的劳动力供给而变化的问题，实际上是一个经验问题。

三、生命周期中的劳动力供给决策

就像决定一个家庭中谁在家庭中工作、谁外出工作的决策涉及丈夫和妻子的市场生产率和家庭生产率比较一样，一个人在决定一生中何时将主要从事工作时，也同样涉及在人生的不同阶段在市场生产率和家庭生产率之间的比较。这里的一个基本原则是：当一个人得到工资报酬的能力高于家庭生产率的时候，他会倾向于从事更多的市场工作；相反，当获得工资报酬的能力比较低时，他将从事家庭生产。在生命的不同时期，市场生产率（工资率）和家庭生产率是不同的，人们在生命的不同时期对劳动力市场供给的时间数量也不同。成年人的早期与晚期相比，用于工作的时间少，而用于学习的时间多。在老年阶段，人们全部或部分地退休，尽管退休的年龄有所差别。在中年阶段，大多数男性一直处于劳动力队伍中，而已婚妇女的劳动力参与率随年龄增加而上升。这里讨论的家庭生产模型扩大到生命周期领域会有助于我们更好地理解劳动力供给行为。

（一）已婚妇女的劳动力参与模式

如果运用剖面资料（某个时点不同年龄妇女的资料）考察已婚妇女的劳动力参与率，可以发现，已婚妇女在 20 多岁时劳动力参与率下降，30～50 岁时上升。如今，不仅在国外，就是在中国国内，“全职妈妈”也早已不是什么新鲜的名词了，因为生育孩子或孩子太小需要照顾而主动辞去工作、专职在家带孩子的妈妈大有人在。英国布里斯托大学的赫特·爵斯调查发现，产后的英国母亲有 17%成为半就业者，有 19%脱离工作。2012 年美国家中有 18 岁以下孩子的所有妈妈中，有 29%的妈妈待在家中照顾孩子。同时，各国的全职妈妈可以享受不同的待遇。日本的法律规定，当夫妻双方一方收入少于一定额度时，另一方可取得相当额度的税收减免。65 岁以后，日本全职妈妈能享受社会保险的待遇和国民年金。美国的全职妈妈不交纳社保，到退休年龄时能够领取配偶退休金的一半金额；若丈夫工作，妻子和不满 18 岁的孩子能够享受医疗保险。德国的全职妈妈每月能领到国家发放的 300 欧元津贴，丈夫还可享受一定金额的税费优惠。

家庭生产模型对此的解释是，20～30 岁的已婚妇女往往处于生育时期，而在孩子出生之后的几年中，妇女在家庭中的生产率不仅比男性要高，而且往往比她们自己在劳动力市场上的生产率要高。因此，在这一时期，许多妇女留在家里从事生育和照看孩子这样一种家庭生产活动，而随着孩子逐渐长大，进入学校，妇女在家庭中的生产率就会有所降低，因而，她们会重新进入劳动力市场去挣取工资报酬，然后用获得的收入来购买家庭需要的各种产品。

（二）整个生命周期中的劳动力供给决策

在长期，也许是整个一生中，人们都在进行劳动力供给决策。市场生产率（反映于一个人的工资率）在年轻时很低，随着年龄的增加，市场生产率迅速提高；在晚年时，市场生产率停滞，甚至下降。这种情况在每一个群体中都存在，尽管工资率的详细轨迹不同。有了整个生命周期中工资率的预期轨迹，人们就可以预测对劳动力供给决策至关重要的两个变量：终生财富及每个年龄段闲暇或家务劳动时间的成本。因此，如果家庭生产率随着年龄增长基本不变，考虑预期终生财富进行劳动力供给决策的人，面对预期工资增长，会毫无疑问地增加劳动力供给。工资增长提高了闲暇和家务工作时间的成本，但并不增加预期的终生财富。因此，工资增长带来的只是替代效应。

将生命周期因素引入劳动力供给理论形成了这样一个预测：在中年（高工资）阶段，人们将用较多的时间从事有酬工作。同样，生命周期理论认为，时间密集的闲暇活动消费主要发生在早年和晚年。到欧洲旅行的人主要是青少年和老年人显然与这样的事实有关。在这些年龄群体中，时间的机会成本较低，在生命周期的这些阶段，时间是相对便宜的。

因此，考虑生命周期因素进一步丰富了迄今讨论的劳动力供给理论。如果个人在进行劳动力供给决策时考虑生命周期，对预期和非预期的工资变化就有不同的反应。预期工资变化只产生替代效应，因为预期的终生财富的数量不变。但是，非预期的工资变化会导致他们修订预期的终生财富数量，这一修订会产生收入效应和替代效应。总的来说，在大多数人的劳动力供给决策中生命周期因素是较为重要的。

小思考

总的来说，在过去的几十年中，女性的受教育水平和实际工资率有了很大的提高，参与劳动力市场的女性也日益增多。请用所学知识解释此类现象。

四、经济周期中的劳动力供给决策

家庭生产理论揭示出，夫妻一方的家务劳动生产率或市场工作生产率发生变化，会改变家庭的基本劳动力供给决策。假如丈夫从事市场工作，而妻子的全部时间都用于家务劳动，那么如果出现的经济衰退导致丈夫失业，这一家庭的联合劳动力供给会发生什么变化呢？

研究表明，经济衰退可能会对家庭的劳动力供给产生两种并行的效应，这就是新增工人效应和气馁工人效应。所谓**新增工人效应**，是指当家庭中的主要挣钱者（如丈夫）失去工作以后，其他家庭成员（如妻子）将临时性地进入劳动力队伍，希望找到工作以弥补家庭收入的下降。对于其他家庭成员来说，主要挣钱者的收入可以视为非劳动收入，而随着主要挣钱者失业，这一非劳动收入下降了，因此而产生的收入效应导致其他家庭成员的劳动力供给增加。所谓**气馁工人效应**，是指在衰退时期，一些失业工人对于在某一可行的工资率水平下找到工作变得非常悲观，因而停止寻找工作，从而临时退出劳动力队伍。气馁工人效应的作用与新增工人效应正好相反。衰退时期工资率的下降导致闲暇的机会成本下降，结果导致对劳动力供给的替代效应发生较大的作用。

这两种效应对官方的失业率统计数据都会产生一定的影响。气馁工人效应超过新增工人效应导致在衰退时期劳动力队伍收缩，这时，官方的失业率数字就低估了实际的失业情况。而到了经济恢复时期，气馁工人效应就变成了受激励的工人效应，新增工人效应就变成了收缩的工人效应。如果前者占主导地位，还会导致劳动力队伍的扩大超过正常速度，从而使得官方的失业率数字上升，导致对实际失业情况的高估。

第四节　劳动力供给弹性

知识要点提醒

“刘易斯拐点”与“人口红利”

从二元经济结构转变为一元经济或均衡的经济结构，最重要的转折标志就是劳动力无限供给特征的消失。1979 年诺贝尔经济学奖获得者、发展经济学的领军人物、经济学家威廉·阿瑟·刘易斯通过研究发现，在一国的经济发展初期存在二元经济结构。以传统农业部门和工业部门为代表，农业部门人口多、增长快。由于边际生产率递减规律，其边际生产率非常低甚至为零，农业部门出现大量劳动力剩余。此时，只要工业部门能够提供稍大于维持农村人口最低生活水平的既定工资，农业部门就将涌出大量劳动力至工业部门，为工业部门的扩张提供无限的劳动力供给。（所谓“无限的劳动力供给”是指劳动力供给曲线在既定工资水平下具有无限弹性。“既定工资”指农业部门劳动力维持生活需要的最低收入水平。）由于在既定工资水平上，劳动力的供给是无限的，工业部门在实际工资不变的情况下将所获得的利润转化为再投资，使得生产规模不断扩大，直到传统农业部门中的剩余劳动力被现代工业部门吸收完毕，工资取决于劳动的边际生产力。这时，劳动力无限供给逐渐转变为劳动力短缺，与之相对，劳动力供给曲线开始向上倾斜，劳动力工资水平也开始不断提高。经济学将二元经济发展过程中劳动力过剩转向劳动力短缺，并导致工资水平普遍上涨的转折点称为**“刘易斯拐点”**。

“人口红利”是经济发展的一个理论概念，是指一个国家的劳动年龄人口占总人口比重较大，少儿和老龄人口对劳动人口的比率即抚养率比较低，为经济发展创造了有利的人口条件，整个国家的经济呈现劳动力供给充足、高储蓄率、高投资和高增长的局面。在这个时期，如果有其他好的制度条件、有利于经济增长的政策，那么经济增长可以得到一个额外的源泉，这个额外的部分就叫做人口红利。人口学家所称的人口红利期是指人口总抚养比小于 50%，即 14 岁及以下少儿人口与 65 岁及以上老年人口之和除以 15～64 岁劳动年龄人口的比值小于 50%。进入人口红利区为人口机会窗口打开，退出人口红利区为人口机会窗口关闭。红利在很多情况下是和债务相对应的，如果人口总抚养比超过 60%，则进入人口负债期。

简单地说，抚养比是人口红利的指标，研究模型显示：人口抚养比每下降一个百分点，人均 GDP 的增长率就增加 0.115 个百分点。在改革开放进程中，人均 GDP 的增长速度有 27%的贡献来自人口抚养比的下降，可以把它看作是人口红利对中国经济的贡献。大约从 2013 年开始，我国人口抚养比停止下降。

一、劳动力供给曲线

从劳动力供给运行的角度看，影响劳动力供给的最主要因素是工资率。假设其他条件不变，我们把影响劳动力供给的主要因素——市场工资率作为自变量，把劳动力供给作为因变量，则可以用以下函数表示工资率与劳动力供给的关系：

$$S=f(W) \tag{3-7}$$

式中，S 代表劳动力供给，W 代表工资率，它表明劳动力供给 S 是工资率 W 的函数，劳动力供给因工资率的变化而变化。

从劳动力供给量与工资率的函数关系中可以看到，当工资率变动时，劳动力供给量相应地发生变动。假定工资率与劳动力供给量无限可分，则可以由劳动力供给曲线来描述工资率与劳动力供给之间的关系。劳动力供给曲线的形状不是唯一的，它的形状会因人因事而异，如图 3－10 所示。图中的横轴 L 表示劳动力供给的数量，可以用工时或人数来表示，纵轴 W 表示工资率，S 代表劳动力供给曲线。图 3－10 反映的是劳动力供给量与工资率之间的四种不同关系。

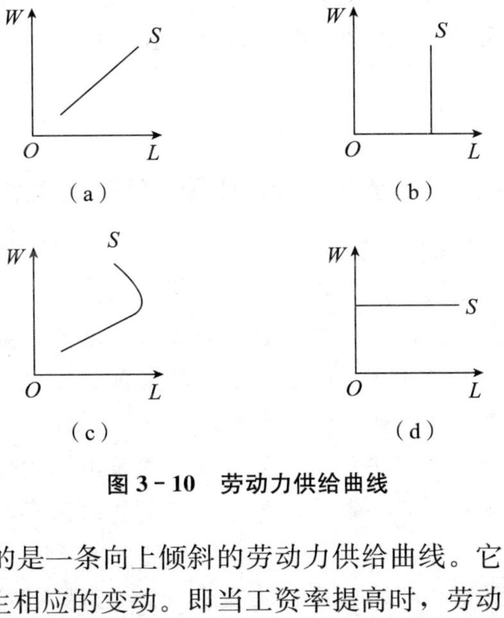

图 3－10　劳动力供给曲线

图 3－10（a）显示的是一条向上倾斜的劳动力供给曲线。它反映的是劳动力供给量随着工资率的变动而发生相应的变动。即当工资率提高时，劳动者愿意提供的劳动量就会增加；当工资率降低时，劳动者愿意提供的劳动量就会减少。这是现实世界中普遍存在的一种劳动力供给现象。

图 3－10（b）显示的是一条与横轴垂直的劳动力供给曲线。它反映的是不管工资率

怎样变动，劳动力供给数量都不会增加或减少，即工资率的变动对劳动力供给量没有影响。这种劳动力供给可能与在较短时期内出现的某些情况有关，如劳动者来不及调整他们的工作计划，或者某些职业的劳动力需要较长时间的培训。这一曲线还描述了这样一种情况：当一个社会已经充分利用了它的劳动力资源时，即使增加工资也不能吸引更多的劳动力。

图 3－10（c）显示的是一条向后弯曲的劳动力供给曲线。它反映的是在一定阶段内，劳动力供给量随着工资率的提高而增加；但当工资率超过一定水平之后，随着工资率的进一步提高，劳动力供给数量反而会减少。例如，在低工资阶段，人们的收入水平只能满足基本物质需求，没有太多的闲暇需求，这时随着工资率的提高，人们愿意向市场提供更多的劳动量；当工资率高到一定程度时，人们的总收入在满足了基本物质需求之后，还有足够的剩余为闲暇的增加提供基础。这时，伴随着工资率的提高，人们将会更多地享受闲暇，而减少向市场提供的劳动量。

图 3－10（d）显示的是一条与横轴平行的劳动力供给曲线。它反映的是在既定工资率情况下，一个组织可以雇佣其所需要的任何数量的劳动者，即劳动力是无限供给的。

关于既定工资率下的劳动力无限供给这一情况，最著名的描述来自发展经济学家威廉·阿瑟·刘易斯。刘易斯在 1954 年发表了一篇著名的论文，题为《劳动无限供给条件下的经济发展》。在这篇文章中，刘易斯认为，在人口众多的发展中国家，传统农业部门的劳动力十分丰富，其边际生产率甚至为零，即什么也不生产，农业劳动者的收入仍然很低，一般只能维持自己和家庭最低限度的生活水平。这时，只要现代工业部门能够提供就业机会，并且工资水平略高于农村生存收入，它就可以按现行工资水平雇佣到所需的任何数量的劳动力。正是从这种意义上，刘易斯把发展中国家现代工业部门的劳动力供给看作是无限的，即其面对的劳动力供给曲线是水平的。①

实例分析

“刘易斯拐点”已到来，未来中国经济增长靠改革和创新

2019 年 10 月，中国社会科学院副院长蔡昉在“首届中国发展理论国际年会”上表示，一个国家的发展通常会经历以下阶段：马尔萨斯陷阱阶段，工业革命之前，经济处于零增长；格尔茨内卷化阶段，人口增长会逐渐加快，出现剩余劳动力；刘易斯二元经济发展阶段，剩余劳动力转移到非农就业，用比较廉价的方式实现增长；刘易斯拐点阶段；新古典增长阶段，劳动力短缺，报酬递减。

1978 年的改革开放将中国经济从内卷化推入了刘易斯二元经济发展阶段，即改革开放将农村富余劳动力转移到城市，最终转变为经济发展的源泉，中国资本积累的巨大贡献来自人口红利。

2001 年中国加入 WTO，标志着中国在国际市场兑现人口红利的开始，体现在劳动密集型的产品当中，并最终取得了国际竞争力。2010 年之前，中国的潜在增长率大

① 蔡昉，等. 劳动经济学——理论与中国现实. 北京：北京师范大学出版社，2009：71.

约为10%，那个时期没有一个国家有这么快的增长速度。但2010年之后，中国的劳动年龄人口出现负增长，导致传统的经济增长源泉发生变化。中国的潜在增长率在“十二五”时期（2011—2015年）从10%降到7.8%，“十三五”时期（2016—2020年）降为6.2%。

蔡昉表示，目前中国经济仍面临很多挑战，必须认识到中国已经进入刘易斯拐点阶段，即一个国家由劳动力过剩到短缺的转折点，举手可得的“橘子”（人口红利）已经不再有了，未来的经济增长主要靠改革和创新驱动。经济增长要靠改革，挖掘传统潜力也要靠改革，开发新的创新源泉更要靠改革。今后的改革将更加艰难，很可能会遇到既得利益群体的抵制。我们进入了一个爬坡的阶段，高处不胜寒，越到高处，前进的步伐就越艰难。

资料来源：蔡昉.“刘易斯拐点”已到来，未来中国经济增长靠改革和创新. 界面新闻，2019-10-20.

▶思考题：

1. 我国的“刘易斯拐点”已经到来这一说法有何依据？

2. 有什么具体的数据来说明人口红利对经济增长的影响吗？

二、劳动力供给弹性

从劳动力供给曲线描绘的工资率和劳动力供给量二者之间的关系中可以看到，当市场工资率变动时，劳动力供给量相应地发生变化。究竟两个变量之间有什么关系？这可以通过劳动力供给弹性来了解。**劳动力供给弹性**是指劳动力供给量变动对工资率变动的反应程度，其计算公式为劳动力供给量变动的百分比与工资率变动百分比的比值。设E_S为劳动力供给弹性，$\Delta S/S$为劳动力供给量变动的百分比，$\Delta W/W$为工资率变动的百分比，则有：

$$E_S=(\Delta S/S)/(\Delta W/W) \tag{3-8}$$

通常在考察市场劳动力供给时，劳动力供给弹性值在0到无穷大之间。根据劳动力供给弹性的不同取值，一般将劳动力供给弹性分为如下五种类型（见图3-11）。

（1）供给无弹性，即$E_S=0$，在这种情况下，无论工资率如何变动（在劳动力市场分析的实际可能范围内），劳动力供给量固定不变。无弹性的劳动力供给曲线是一条与横轴垂直的曲线。

（2）供给有无限弹性，即$E_S\to\infty$，在这种情况下，工资率给定，而劳动力供给量变动的绝对值大于0。有无限弹性的供给曲线是一条与横轴平行的曲线。

（3）单位供给弹性，即$E_S=1$，在这种情况下，工资率变动的百分比与劳动力供给量变动的百分比相同。这时，劳动力供给曲线是一条与横轴的夹角成45度并向右上方倾斜的曲线。

（4）供给富有弹性，即$E_S>1$，在这种情况下，劳动力供给量变动的百分比大于工

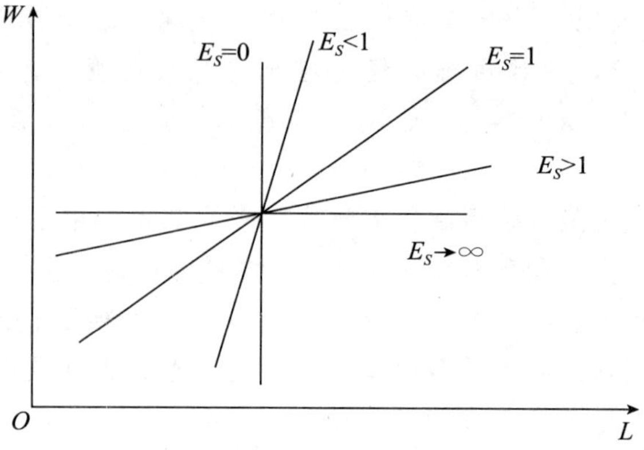

图 3-11　劳动力供给弹性

资率变动的百分比。这时，劳动力供给曲线是一条向右上方倾斜且较为平坦的曲线。

（5）供给缺乏弹性，即 $E_S<1$，在这种情况下，劳动力供给量变动的百分比小于工资率变动的百分比。这时，劳动力供给曲线是一条向右上方倾斜且较为陡峭的曲线。

在理解和把握劳动力供给弹性时，其定义虽然是用数学语言表述的，但须注意：无论是工资率还是劳动力供给量，都不能像数学那样无限取值，只能是在劳动力市场中现实的和在实际可能的变动范围内取有实际意义的值。

三、劳动力供给量的变动与劳动力供给的变动

工资率虽然是影响劳动力供给变动的重要因素，但其他多种经济的、社会的因素也会对劳动力供给产生影响。因此，在考察劳动力供给时，需要注意区别劳动力供给量的变动和劳动力供给的变动。

劳动力供给量的变动是指在影响劳动力供给的其他条件不变的情况下，仅由工资率变动所引起的劳动力供给数量的变化。这种变动表现为在同一条供给曲线上劳动力供给量对应不同的工资率的点的运动。

在图 3-12 中，纵轴为工资率 W，横轴为劳动力供给量 L，S 为劳动力供给曲线。当工资率从 W_2 提高到 W_3 时，劳动力供给量由 L_2 增加到 L_3，在供给曲线 S 上则是从 A 点向右上方移动到 B 点。当工资率由 W_2 下降到 W_1 时，劳动力供给量由 L_2 减少到 L_1，在供给曲线 S 上则是从 A 点向左下方移动到 C 点。

劳动力供给的变动是指在工资率不变的情况下，由其他因素的变化所引起的整个劳动力供给水平的变动。劳动力供给的变动表现为劳动力供给曲线的位移。

在图 3-13 中，工资率为 W_0，由于其他因素的变化（教育成本的变化、社会保障制度的变化等）而引起供给曲线的位移。在同样的工资率 W_0 下，由 S_2 的劳动力供给曲线决定的劳动力供给量为 L_2。在工资率不变，其他因素变化时，劳动力供给曲线由 S_2 位移到 S_3，劳动力供给量则由 L_2 增加到 L_3；劳动力供给曲线由 S_2 位移到 S_1，劳动力供给量则由 L_2 减少到 L_1。可见，劳动力供给曲线向右移动，劳动力供给量增加；劳动力供给曲线向左移动，劳动力供给量减少。

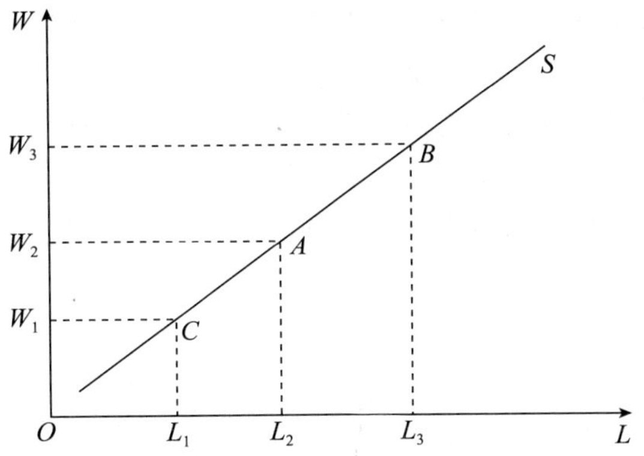

图 3-12 劳动力供给量的变动

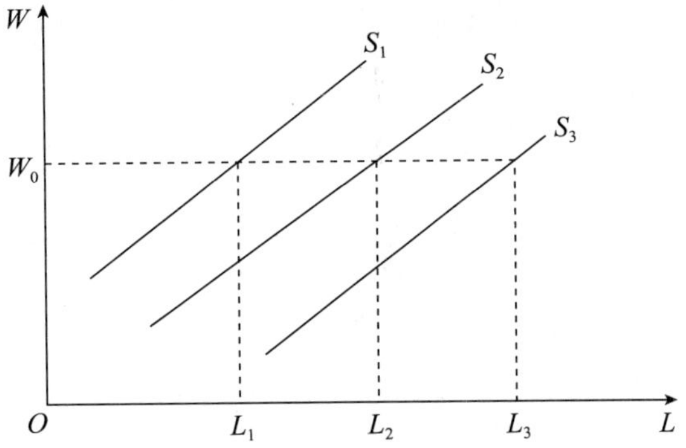

图 3-13 劳动力供给的变动

本章小结

劳动力供给是指在一定时期内，在某种工资率条件下，劳动力供给的决策主体（个人或家庭）愿意并且能够提供的劳动能力总和。

在进行劳动力供给分析的时候，为了简化复杂的问题，需要对某些问题做假设。一般情况下，劳动力供给分析假设还包括以下三个方面：劳动者在进行劳动力供给决策时，追求效用最大化目标；劳动力市场是竞争性的，即劳动者面对的劳动力价格是由市场决定的；劳动力只有数量的区别，没有质量差异。

劳动力供给弹性是指劳动力供给量变动对工资率变动的反应程度。

影响劳动力供给量的因素主要是人口因素、劳动力参与率与工作时间。人口因素对劳动力供给的影响取决于人口规模和人口结构。劳动力参与率是指劳动力在一定范围人口中所占的比率。在劳动力总人口不变的情况下，劳动力参与率与现实的劳动力数量成正比。劳动力参与率越高，现实的劳动力供给数量就越大。反之，则越少。工作时间长短影响劳动力供给量的大小。

个人劳动力供给问题实际上就是个人对自己所拥有的时间资源在工作（市场活动）和闲暇（非市场活动）之间的最佳分配做出决策。在闲暇—收入决策模型中，无差异曲线是指能够给个人带来相同效用（或满足程度）的所有劳动收入和闲暇时间的组合点的轨迹。预算约束线是指在既定工资率条件下，个人可能实际获得的劳动收入和闲暇时间的所有组合。个人的闲暇—收入无差异曲线和预算约束线的切点，就是个人效用最大化的组合点。

工资率的变化同时带来了两种效应：收入效应与替代效应。收入效应是指在工资率保持不变的情况下，由于收入的变化引起的工作时间的变化。替代效应是指在保持收入不变的情况下，因工资率的变化而引起的愿意工作时间的变化。由于收入效应与替代效应的作用，个人劳动力供给在一定时期会随着工资率的提高而增加。当工资率提高到一定数量之后，个人劳动力供给会随着工资率的提高而减少。由此产生的个人劳动力供给曲线为向后弯曲的形状。

家庭的劳动力供给决策是联合考虑夫妻的家庭和市场生产率的结果。在生命的不同时期，市场生产率（工资率）和家庭生产率是不同的，人们在生命的不同时期对劳动力市场供给的时间数量也不同。此外，研究表明，经济衰退可能会对家庭的劳动力供给产生两种并行的效应，这就是新增工人效应和气馁工人效应。

关键术语

劳动力供给　劳动适龄人口　劳动力资源　经济活动人口　非经济活动人口　劳动力参与率　闲暇　效用　无差异曲线　预算约束线　收入效应　替代效应　新增工人效应　气馁工人效应　劳动力供给弹性 刘易斯拐点 人口红利

习　题

1. 什么是劳动力供给？
2. 影响劳动力供给的因素有哪些？
3. 什么是劳动力参与率？影响因素有哪些？
4. 简述劳动力供给的类型。
5. 简述闲暇—收入无差异曲线的特征。
6. 利用闲暇—收入模型推导个人劳动力供给曲线。
7. 试利用已婚夫妇的家庭劳动力供给模型分析现实中的家庭联合劳动力供给现象。
8. 什么是劳动力供给弹性？它包括哪些种类？

案例分析

我国未来十年劳动力供给特征及趋势预测

近年来，我国就业形势总体向好，城镇单位新增就业每年以千万规模保持增长，就业规模不断扩大。以 2013—2019 年为例，城镇新增就业人数连续几年保持 1 300 万人以上。从总量看，我国的部分群体还存在就业压力，但就业总量已经不是劳动力市场的主要矛盾，就业的结构性风险大于总量风险。当前，劳动力供不应求成为常态，表现为：

一是适龄劳动人口不断下降，劳动力供给规模进一步减少；二是劳动力需求持续增长，市场监测求人倍率长期保持在1以上；三是中等、高等教育扩张延缓推迟了适龄劳动人口进入就业市场，青年劳动力参与率有所降低。

从人口角度看，近年来我国人口变动出现“三低”和“三化”特征，“三低”是指低出生率、低死亡率和低自然增长率，“三化”是指老龄化、少子化和农村空心化。劳动力供求呈现“五降一升”特点，其中，“五降”是指人口增速下降、适龄劳动人口下降、劳动力人口下降、劳动力参与率下降和就业人数下降，“一升”是指求人倍率上升。

随着我国劳动力供求结构性矛盾日益突出，劳动力供给质量亟待提升。其中，就业的结构性矛盾主要表现为城乡、区域、产业、群体及劳动力供给质量等方面。城乡就业结构性矛盾主要在于农村劳动力技能水平不适应现代产业发展要求，城市基本公共服务不适应接纳亿万农民向市民转变等方面。沿海地区劳动力成本攀升，内地劳动力比较优势显现，劳动力由过去的“孔雀东南飞”变为随产业向中西部转移和返乡回流。以高校毕业生、农民工等为代表的重点群体就业压力仍处高位，技能素质与岗位需求不匹配问题突出。一方面，企业反映招工难，一线普通工人也面临短缺；另一方面，高校毕业生屡创新高，就业压力持续加大。

长期看，随着我国老龄化进程的加快和生育率的走低，我国适龄劳动人口将继续减少，劳动力供给规模持续下降。同时，不同年龄人口的劳动力参与率也将继续下降，根据发达国家的经验，在后工业化时期有可能下降到50%以下。在劳动年龄人口总量减少和总抚养比上升的情况下，通过人力资本投资加快培育人口质量红利是现实目标。

基于趋势判断和已有的劳动力供给数据，通过相关模型对未来十年我国劳动力供给总量的预测结果表明，2020—2030年，我国适龄劳动人口规模从9.89亿人下降到9.63亿人，劳动力参与率从68.44%下降到65.17%，按照两项指标自身发展趋势推算，我国劳动力供给规模将不断下降，到2030年达到6.27亿人。

资料来源：国研中心. 未来十年我国劳动力供求趋势分析. 经济日报，2020-10-15.

▶思考题：

1. 请分析我国劳动力供给的变化趋势。
2. 你是否同意“延迟退休年龄对就业的影响是有限的”这一观点？为什么？

第四章

劳动力需求

本章要点

劳动力需求的含义；劳动力需求的类型；劳动力需求的影响因素；边际产量递减规律；完全竞争条件下的短期劳动力需求决策；完全竞争条件下的短期劳动力需求曲线；等产量线和等成本线；替代效应和规模效应；完全竞争条件下的长期劳动力需求曲线；劳动力需求自身工资弹性和交叉工资弹性；希克斯-马歇尔派生需求定理。

导入案例

劳动力市场需求升温 就业局势逐步回稳

2020年7月9日，人力资源和社会保障部部长张纪南在全球峰会“三方成员日”会议上表示，当前中国的经济社会秩序逐步恢复，复工复产稳步推进，减负稳岗扩就业政策全面发力，新增就业保持增长、劳动力市场需求升温，就业局势逐步回稳。

国际劳工组织以视频方式召开全球峰会“三方成员日”会议，讨论如何应对新冠肺炎疫情给劳动世界带来的影响。张纪南出席会议，介绍了中国应对疫情稳就业举措情况，呼吁深化合作互助，加强政策协调，积极推进全球劳动力市场复苏。

张纪南说，新冠肺炎疫情对世界各国经济社会运行造成严重冲击，劳动世界面临前所未有的挑战。他建议，各国把稳定就业作为优先目标，推动财政、货币和投资等宏观政策与就业政策协同，支持实体经济和制造业发展，促进更加充分的生产性就业。

同时，优化就业创业环境，发展新产业新业态新模式，支持多种形式灵活就业。加强对青年、女性和贫困劳动力等群体的技能培训和就业帮扶。扩大社会保障制度覆盖面，强化对失业人员的保障措施。促进政府、雇主和工人三方合作，共担风雨、共克时艰。

资料来源：人社部. 劳动力市场需求升温 就业局势逐步回稳. 新华社，2020-07-10.

我们在第三章重点对劳动者个人或家庭如何进行劳动力供给决策的问题进行了分析。但是，在社会经济的现实生活中，劳动力市场的运行及其结果不仅取决于劳动者的工作意愿和工作能力，而且取决于用人单位雇佣这些劳动者的意愿和支付工资的能力。因此，我们在本章将主要从用人单位的层面分析劳动力市场中的劳动力需求问题。

第一节　劳动力需求的含义及其影响因素

一、劳动力需求的含义

劳动力需求是指用人单位在某一特定时期内，在一定工资率条件下愿意并且能够雇佣的劳动量。它是用人单位雇佣意愿和支付能力的统一。

深入理解劳动力需求的含义，需要把握以下两个要点：

1. 劳动力需求是一种派生需求

对劳动力的需求是由对其他产品的需求派生而来的，它依赖于对劳动力所生产的商品或提供的劳务的需求。劳动力是一种生产要素，对劳动力的需求是在生产要素市场中进行的，由于生产要素市场与产品市场具有不同的性质，因此对劳动力的需求不同于对产品的需求。在产品市场上，需求来自消费者，消费者购买产品的目的是为了直接满足自己的吃、穿、住、行等需要。因此，对产品的需求是满足效用的需求，即直接需求。在生产要素市场上，需求来自厂商。厂商购买生产资料、劳动力等生产要素，并不是出于自身的直接需要，而是为了生产产品、出售，以获得收益，这是一种满足利润的需求，即间接需求，或称派生需求、引致需求。

如果其他条件不变，当对商品的需求发生变化时，对劳动力的需求也按相同的方向变化。

例如，随着我国社会经济的发展，人民收入水平提高，餐饮消费模式发生转变，餐饮市场持续健康成长。据统计，我国餐饮市场规模已从2014年的2.9万亿元增长至2019年的4.7万亿元，年复合增长率达10.1%。由于疫情的影响，餐饮市场规模2020年下滑14.9%至4.0万亿元，但是预计2021年市场规模将恢复至4.7万亿元，之后行业将重新健康成长，2024年市场规模可达到6.6万亿元。根据央广网、红餐网披露的数据，我国餐饮市场门店数在波动中上升，截至2020年，我国餐饮门店数量达到653万家，同比2019年下降11%，主要是疫情导致了部分中小型餐饮企业离场。尽管餐饮行业人才密度在快速提升，但仍存在专业人才短缺的问题。2021年我国餐饮市场规模达4.0万亿元，国内餐饮行业的直接从业人员在2 000万左右，预计2024年餐饮市场总体量将达6.6万亿元，对比来看，餐饮从业人员需要2 800万左右，3～4年的时间内行业需要新增800万就业人员，餐饮行业的飞速发展与行业人才的短缺已经是餐饮行业最大的痛点之一。①

再如，动漫产业是极具生机和活力的新兴文化产业。发展动漫产业对于满足国民精神文化需求、传播先进文化、丰富群众生活、促进青少年健康成长、进一步优化产业结构、扩大消费和就业、培育新的经济增长点都具有重要意义。因此，人们对动漫游戏的需求导致了对动漫产业人才的需求。2010年，我国动漫产业产值仅为471亿元，2014年

---

① 《2021年中国连锁餐饮行业报告》发布. 中国连锁经营协会，2022-02-22.

我国动漫产业内容生产实力进一步提升，总产值超过 1 000 亿元。随着在线动漫平台的兴起以及二次元亚文化在年轻代际群体中的传播，中国泛二次元用户规模迎来飞速增长。据统计，2014—2019 年，我国泛二次元用户规模从 1.5 亿人增长为 3.9 亿人，动漫产业的总产值从 1 000 亿元增长为 1 941 亿元。根据《文化部“十三五”时期文化产业发展规划》，我国动漫产业已完成既定的 2 500 亿元产业产值规模目标。动漫产业井喷式的发展，必然带来人才的短缺。目前我国动漫产业拥有企业 4 600 多家、从业人员约 22 万人，然而核心人才匮乏的现象并未从根本上得到改善。数据显示，中国动漫人才需求缺口在 100 万人左右，而且现有的单一制作型人才无法满足国产动漫对优质 IP 资源的需求，高端创意人才及精品 IP 作品亟待发掘。①

实例分析

物流“十三五”就业需求新增百万余人

2020 年，宏观经济经受前所未有的严峻挑战，物流作为经济发展的先行官，全年运行逆势回升、增势平稳，为抗击疫情、保障民生、促进经济发展提供了有力支撑，全年社会物流总额迈上 300 万亿元新台阶，达 300.1 亿元。物流业总收入 10.5 万亿元，同比增长 2.2%。

随着复工复产稳步推进，物流企业业务量及订单水平均稳步回升，物流供需两端同步回升，市场活力持续增强。物流业吸纳就业能力不断增强，从业人员快速增长。根据测算，2019 年末，我国物流岗位（既包括物流相关行业法人单位和从事物流活动的个体工商户从业人员，也包括工业、批发和零售业等行业法人单位的物流岗位从业人员）从业人员数 5 191 万人，比 2016 年增长 3.6%，年均增长 0.9%。

从就业结构特点来看，一是物流专业人才保持较快增长，物流人员专业化程度提升。我国物流相关行业从业人员数超过 1 200 万人，比 2016 年增长 16%，年均增长 3.9%。二是运输物流仍是吸纳就业的主体，其中道路运输较快增长，铁路和水路有所放缓。三是电商快递、多式联运等新型行业成为新增就业的主要动力，“十三五”时期，快递物流行业新增吸纳就业超过 100 万人，年均增长 10%，多式联运及运输代理行业新增吸纳就业超过 15 万人，年均增长 8%，增速均快于行业平均水平。

资料来源：2021 年中国物流行业发展现状与就业情况分析. 东方财富网，2021-04-23.

2. 劳动力需求具有共同性

厂商生产产品，需要多种生产要素，只有生产资料、技术、劳动力等生产要素匹配才能有产品的产出。这些生产要素之间的需求是共同的、相互依赖的。例如，在某种条件下，一个企业对劳动力的种类和数量的需求，主要是根据获得其他生产要素（如所使用的机器设备）的可能性来决定。一旦单位机器对劳动力的需求量确定，那么对操作人员的需求量基本取决于正在使用的机器数量和新增机器的数量。

① 动漫行业发展现状及动漫行业发展分析. 百度文库，2021-05-21.

二、劳动力需求的类型

劳动力需求按不同的标准可划分为多种类型。按层次可分为企业需求、行业需求、市场需求，按时间可分为长期需求和短期需求。

（一）劳动力的企业需求、行业需求和市场需求

企业是从事生产或流通的经济单位，企业的行为目标是获得最大化的利润。劳动力需求的主体是企业，因此，企业特别关心由于增加劳动力数量而引起的总成本的变化，从而使总利润发生的变化。如果投入能使企业获得更多的利润，它就会增加劳动力的使用。

行业劳动力需求是本行业中所有企业的劳动力需求之和。

市场劳动力需求是劳动力市场上所有行业的劳动力需求之和。一般而言，劳动力市场总是由为数众多的需求方和供给方组成，双方依据工资水平这个价格信号自由进出。

（二）劳动力的长期需求和短期需求

在进行劳动力需求分析时，必须明确所考察的是短期需求还是长期需求。劳动经济学中关于长期和短期的界定并非时间的长短，而是参照资本数量是否发生变化。通常将短期定义为资本数量固定不变，只能改变劳动投入量的时间范围；将长期定义为企业的一切生产要素，不论是资本、技术还是其他生产要素都是可变的，即任何条件都可能变化时对劳动力的需求。这里所提及的长短，不是计时的长短，而是时间的功能定义。它是依据一个时期发生了什么变动而言的，并非按照时间的长短来衡量。

例如，冶炼厂建设新的炼钢炉，各个生产要素必须全面调整，这个过程需要若干个月或更长的时间。相对而言，一家罐头生产企业将罐装程序由人工改为自动操作的过程就要短得多，也许几天就完成了。但是，两者的资本投入量都发生了变化，所以二者都应被认为属于长期，而不是简单地用时间的长短来判断归属。

三、劳动力需求的影响因素

从宏观上讲，劳动力需求是指社会经济发展中社会吸收和容纳劳动力的能力。它决定着整个社会对劳动力的吸收量，在劳动力供给和劳动力需求的关系中起着决定性的作用。劳动力需求是由以国家或社会为主体的宏观需求和以企业为主体的微观需求共同作用决定的。这两个需求主体对劳动力的需求受到社会经济发展中多种客观因素的影响和制约。影响劳动力需求的因素有很多，根据不同的经济理论，考察的因素会有所侧重。人们在对劳动力需求进行定量化的判断和预测时，会根据不同的模型选择不同的指标。下面我们对影响劳动力需求的几个主要因素进行分析。

（一）宏观经济因素

1. 经济发展

劳动力市场与宏观经济密不可分，经济发展是决定劳动力需求的根本因素。整个社会对劳动力的需求量首先取决于社会经济的发展规模和发展速度。经济发展规模越大，社会生产对物质资料的需求越大，在一定的技术水平条件下，劳动力需求也会相应较大。而经济发展速度快，对物质资料的需求会快速上升，从而社会对劳动力的需求也会迅速上升。可以说，经济发展的规模决定劳动力需求的规模，而经济发展速度决定劳动力需求的扩大。经济发展规模大、速度高，社会对劳动力的需求量就比较大而且呈上升趋势；反之则对劳动力的需求量较小而且增加缓慢，甚至是负增长。

改革开放以来，特别是中国加入世贸组织后，经济发展呈现出强劲的高速增长态势，全社会持续创造了巨大的劳动力需求。据统计，1978—2020 年，中国城乡就业总量从 40 152 万人增长为 75 064 万人，42 年间净增长 34 912 万人，其中城镇就业总量从 9 514 万人增长为 46 271 万人，净增长 36 757 万人，约相当于美国全国的人口总量。进入 2020 年后，由于新冠肺炎疫情肆虐全球，直接对国内的交通运输、酒店住宿、餐饮、旅游等服务性行业造成严重冲击；同时，由于我国很大一部分就业集中在制造业，受疫情影响，全球供应链产业链运行不畅，尤其是外向型制造业企业面临着原材料价格上涨、物流成本提高等风险，由此影响了对劳动力的需求。根据国家统计局公布的数据，2020 年城镇登记失业率达 4.24%，比 2019 年增长了 0.62 个百分点，城镇登记失业人口达 1 160 万人，比 2019 年增长了 215 万人。2021 年中国经济增速“前高后低”，出口的韧性维持了全年，但下半年受房地产下行、地方隐性债务治理、原材料成本上涨过快等因素的影响，经济出现了一定的下行压力，因此，2021 年 12 月 8—10 日在北京召开的中央经济工作会议明确提出，2022 年的经济工作要稳字当头、稳中求进，各地区各部门要担负起稳定宏观经济的责任，各方面要积极推出有利于经济稳定的政策，政策发力适当靠前。将稳增长作为 2022 年的政策主线，就是要通过保持经济稳定持续发展，进而保证市场主体对劳动力的需求，达到保就业、保民生的目标。

衡量经济增长对劳动就业影响的重要指标是就业弹性。所谓就业弹性是指某一经济变量的单位变动率所引起的就业量的变动率。就业弹性的因变量是劳动就业指标，自变量可以是国民收入指标、消费指标、投资指标等等。一般情况下，就业弹性是指国内生产总值（GDP）变动所引起的就业量的变动，即通常所讲的国内生产总值每增长一个百分点，就业量增长的百分点。其计算公式如式（4-1）所示：

$$\text{就业弹性} = \text{就业增长率}(\%) / \text{经济增长率}(\%) \tag{4-1}$$

当就业弹性等于 1 时，说明就业量随着经济增长而保持同步增长；当就业弹性小于或等于 0 时，说明经济增长并不能有效地创造就业岗位，甚至减少了就业岗位。

无论是发达国家的经验，还是我国 70 多年来经济发展的实际情况，都基本上支持经济增长与失业率这种负相关的变动关系。

2. 经济发展方式

经济发展方式的内容既包括经济增长方式的内容，还包括产业结构、收入分配、居民生活以及城乡结构、区域结构、资源利用、生态环境等方面的内容。转变经济发展方式既要求从粗放型增长转变为集约型增长，又要求从通常的增长转变为全面、协调、可持续的发展。转变经济发展方式的核心和本质在于从依靠投资驱动的发展方式转到依靠技术进步和效率提高驱动的发展方式。

劳动力需求作为派生需求，受到产业、技术等因素的影响。转变经济发展方式，使经济结构、产业结构更优化，客观上有利于提高就业弹性，使同样的经济增速拉动更多的就业，特别是高教育水平劳动力就业；加快科技进步和创新，发展战略性新兴产业，会创造大量适合高校毕业生就业的岗位；发展第三产业、服务业，同样也有利于拉动就业增长，提高就业质量。因此，要在转变经济发展方式和推动经济结构调整中扩大就业，更加注重发展实体经济，鼓励发展就业容量大的劳动密集型产业、服务业，大力发展知识密集型、技术密集型的战略性新兴产业。要在统筹城乡发展、积极稳妥推进工业化、城镇化、信息化和农业现代化中扩大就业，创造更多城乡就业机会。

“十四五”时期，如何应对错综复杂的国际形势变化、艰巨繁重的国内改革发展稳定任务，特别是新冠肺炎疫情的严重冲击，稳妥地解决劳动就业问题，是一项艰巨的任务。2021 年 8 月国务院颁发的《“十四五”就业促进规划》指出，“十三五”期间，全国城镇新增就业 6 564 万人，城镇调查失业率均值控制在 5.2%，就业形势总体稳定，就业结构持续优化，就业质量不断提升。在“十四五”时期，要实现城镇新增就业 5 500 万人以上，城镇调查失业率控制在 5.5%以内。从劳动力需求方面来看，我国的经济增长、产业结构的调整以及经济发展方式的转变，将会对劳动力产生新的需求。但短期经济下行、技术变革尤其是人工智能快速发展和国际贸易环境变化等均会对就业的稳定产生冲击。因此，解决劳动力需求问题不能只从劳动力市场本身入手，还应从产业转移与升级、社保制度改革与完善、企业所有制改革等各个方面综合考虑。

实例分析

疫情或致全球经济损失 8.8 万亿美元，就业减少 2.4 亿

亚洲开发银行（ADB）于 2020 年 5 月 15 日发布的估算数据称，受新冠疫情蔓延影响，全球经济损失最高达 8.8 万亿美元，相当于全世界生产总值的 9.7%。

亚洲开发银行在 4 月份时预测损失最高约 4 万亿美元，然而结合之后疫情蔓延、各国政府的政策应对等进行了重新分析，得出了更为悲观的结论。

据估算，假设亚太地区关闭边境及限制移动等封锁措施持续 3 个月，将损失 1.7 万亿美元，若持续半年则达 2.5 万亿美元。从国家和地区来看，中国可能损失 1.1 万亿～1.6 万亿美元，日本为 3 200 亿～4 900 亿美元。此外预测东南亚损失 1 600 亿～2 500 亿美元。

亚洲开发银行分析认为，随着经济活动萎缩，就业机会最多将减少 2.42 亿个，预计其中 70%在亚太地区。

另一方面，亚洲开发银行指出，各国政府采取的货币宽松、增加对卫生医疗领域的财政支出等措施，有可能缓和30%～40%的经济影响。

资料来源：亚洲开发银行. 疫情或致全球经济损失 8.8 万亿美元，就业减少 2.4 亿. 界面新闻，2020-05-15.

▶**思考题：**

影响我国劳动力需求的宏观经济因素主要有哪些？如何更好地解决这些问题？

---

3. 产业结构

社会经济的产业结构对劳动力的需求也有重要影响。产业结构的变动使得不同部门对劳动力的需求数量和需求结构发生变化。从社会经济发展趋势和世界各国的实际情况来看，劳动力需求结构变动呈现以下趋势：

第一，随着社会经济的发展和科学技术的进步，农业劳动生产率逐步提高，农业部门对劳动力的需求不断减少，使农业劳动力大量向第二、三产业部门转移，第一产业的劳动力在全社会劳动力中的比重不断下降。

第二，在第一产业劳动力需求持续下降的同时，第二产业劳动力需求在工业化初期呈上升趋势，发展到一定程度后会出现一段平稳时期，然后出现下降趋势，但速度相当缓慢。同时，在第二产业内部，随着科学技术的进步，一些传统行业逐渐衰落，新兴行业不断涌现，创造出巨大的劳动力需求，使就业由传统行业向新兴行业转移。

第三，物质生产部门的劳动力需求相对甚至绝对减少，非物质生产部门的劳动力需求迅速增加，突出表现为第三产业的劳动力需求急剧增加。随着第一、二产业的发展，社会对第三产业所提供的科技知识、智力资源和各种服务的需要不断增加，推动了金融、通信、交通、信息服务等部门的发展，从而导致第三产业的发展速度大大超过第一、二产业的发展速度，引起劳动力需求结构的重大变化。

目前经济发达国家第三产业的劳动力，无论是绝对量还是相对量，都呈上升趋势，而且上升速度很快。由于第三产业就业弹性系数相对第一、二产业较高，同量产出可以吸收更多的劳动力就业，第三产业成为劳动力需求最大的产业部门，也成为世界各国解决劳动就业问题的主要产业。

从我国的实际情况来看，2020 年年末全国就业人员 77 064 万人，其中城镇就业人员 46 271 万人。在全国就业人员中，第一产业就业人员占 23.6%，第二产业就业人员占 28.7%，第三产业就业人员占 47.7%。①

（二）微观企业因素

1. 利润最大化和成本最小化目标

利润最大化与成本最小化对劳动力需求的影响是相对于企业的微观需求来讲的。在考察企业长期劳动力需求时，必须考察企业行为的两个方面。第一是成本最小化，即在

---

① 国家统计局. 中国统计年鉴 2021. 北京：中国统计出版社，2021.

可能的最低成本下生产产品；第二是利润最大化，它要求所生产的产品不仅成本最小，而且其数量也必须能使利润达到最大。工资率的变动同时影响这两方面的决策，通过二者的相互作用决定企业的劳动力需求。

假定企业使用劳动力和资本这两种生产要素生产一定数量的产品，并且劳动力与资本可以相互替代。为了使成本最小化，企业会通过采用劳动力和资本的不同组合来达到目的。当工资率与资本价格相比较低时，企业倾向于使用较多的劳动力和相对少量的资本。当工资率与资本价格相比不变时，劳动力价格即工资率的上升将会引起企业用资本去替代劳动力，从而减少劳动力需求；反之，工资率的下降则会使企业用劳动力替代资本，从而使劳动力需求增加。这就是工资率变动在成本最小化条件下对长期劳动力需求产生的替代效应。

工资率的变动不仅影响企业为生产某一既定产量所使用的投入组合，而且影响到一个追求利润最大化的企业的产量。为了使利润最大化，企业应该把生产一直扩大到生产最后一个单位产品的边际收益正好等于其边际成本的那一点上。因此，在产品的边际收益一定的情况下，如果其他条件不变，工资率会上升，企业的产出量会因边际成本的上升而减少，从而会同时减少劳动力和资本的使用量，降低劳动力需求。相反，工资率下降则会因降低边际成本而使企业增加产出，从而提高劳动力需求，这便是工资率变动对长期劳动力需求产生的规模效应。

可以看出，在企业追求利润最大化与成本最小化的情况下，工资率的变动引起规模效应和替代效应，二者都使劳动力需求反向变动，工资率变动对长期劳动力需求的影响是两种效应所引起的变化之和。

2. 科技水平

科技水平对劳动力需求的影响相当大。它不仅直接影响劳动力的需求，而且影响经济发展的水平和产业结构，从而又间接影响劳动力的需求。科技进步是影响劳动力需求及其变动的决定性因素，它对劳动力需求的影响是两方面的。一方面，科学技术的进步使得劳动工具不断发展变革，极大地提高了劳动生产率，这会引起劳动力需求的降低。另一方面，科学技术的进步对劳动力需求也有正面的影响。第一，随着科技的进步，人们对劳动对象的认识范围不断扩大、利用程度不断加深，社会生产部门越来越多样化，新兴产业不断出现，新的职业和新的就业机会不断涌现，从而增加劳动力需求。第二，随着科学技术的进步以及产业结构的调整，第一产业劳动力需求下降，同时第三产业得到极大的发展，从而扩大了劳动力需求。第三，新技术的应用及劳动生产率的提高会降低产品成本，使产品需求增加，从而增加劳动力需求。另外，在工资增长低于劳动生产率的情况下，科技进步使劳动生产率大幅度提高，有利于社会扩大资本积累规模，进行扩大再生产，从而形成更多的就业岗位，扩大劳动力需求。所以，科技进步给就业带来的影响，既有其不利的一面，又有其有利的一面。就局部、短期来看，科技进步会减少对劳动力的需求。但是，从全社会的长期经济发展来看，科技进步与扩大劳动力需求二者并不是对立的。当今世界的科技水平是任何一个历史时期所无法比拟的，而就业规模也比任何历史时期都要大。实践证明，科学技术进步所创造的就业机会比它所减少的就业机会要多。随着科技的发展，在社会某些行业、部门劳动力需求相对或绝对减少的情况下，全社会的劳动力需求是绝对增加的。

3. 缩短劳动时间

随着经济、技术的发展和劳动者收入水平的提高，企业通过科学的管理，合理组织生产，更有效地利用劳动力，使生产率迅速提高。在不影响产量、利润和劳动者收入水平的情况下，世界各国的制度工时普遍呈现缩短趋势。劳动时间的缩短对保护劳动者的健康和提高其生活质量有着积极的意义。不仅如此，有些人还认为缩短劳动时间能够增加劳动力需求，提高就业水平。下面我们分析一下缩短工时是否真的可以作为扩大就业的手段。

缩短劳动时间能增加劳动力需求的观点，是以有争议的“劳动量恒定”理论为依据的。该理论认为，社会中要做的工作量是一定的。工人工作的时间越少，则完成工作所需要的工人就越多，所以缩短劳动时间可以实现劳动力需求的增加。具体设想是：减少周制度工时，但是为了维持在职劳动者的购买力和生活水平，周工资将保持原有水平。这样，现有就业人员生活水平保持不变，还增加了闲暇时间，又为失业者创造了就业机会，情况似乎很不错。但是我们要注意两个问题：第一，事实上并不存在一个固定的工作量；第二，在工资率已经同劳动力边际生产率保持一致，而劳动生产率又没有相应提高的情况下，缩短制度工时意味着小时工资率的上升。比如一个每周工作 40 小时、收入 240 元的劳动力，在周工资不变的情况下，工时缩短到 32 小时后，意味着他的小时工资率从 6 元增加到 7.5 元。劳动工资率的上升，一方面使得劳动力需求减少；另一方面，人工成本的上升，迫使企业提高产品价格，将费用转嫁到消费者身上。工人作为市场上的消费者，面对着高价格的商品，其实际收入水平难以保持。虽然工时缩短，闲暇增多，有可能会促进劳动者增加商品和服务的消费，从而会增加一些劳动力需求，但这毕竟是少量的增加，并且这种对商品和服务消费的增加是建立在实际收入水平提高的基础之上的。可见，在劳动生产率没有提高的情况下，盲目缩短制度工时，既不能增加劳动力需求，也不能保持劳动者的生活水平。

实例分析

蒸汽织布机与英国手工纺织者的兴衰

在 1770 年左右，英国出现了一种新的纺纱技术，这一技术可以生产出强度和质量更高的棉纱，而生产成本却大幅度降低。人们对物美价廉的棉纱产生了巨大的需求，这使得英格兰的兰开夏郡（英格兰棉织业基地）对手工织布工人的雇佣量激增，从 1789 年的 4 万人增加到 1820 年的 20 万人。这些织布工人大多是妇女和儿童，她们大多以转包方式在家劳动。

在 19 世纪初，英国的熟练手工纺织者十分重视自己的独立性，他们有时一周只工作 4 天。而工厂里的纺织工人每天工作 14 小时，每周工作 6 天。这些熟练的手工纺织者还曾受到过政府的保护：政府一度禁止使用效率更高的纺织机器，甚至禁止机械师移民进入英国，想以此抑制先进技术的传播。

但工厂最终还是繁荣起来，蒸汽织布机的效率是手工织布机的5倍，也因此遭到了熟练工人的暴力反抗。在1811年和1812年，成队的熟练工人冲进工厂，砸坏数百台织布机，当时英国政府出动了1.4万名士兵才镇压住暴动。

到了1820年，几年前发明的动力织布机经过改进，终于应用于实际生产，替代了手工织布机。到1851年，兰开夏郡只剩下5万名手工织布工了。一方面，从事手工织布的15万人失去了工作；另一方面，在纺织厂工作的技术工人从1820年的8.5万人增加到1850年的27.5万人。

资料来源：徐伟红. 劳动经济学案例. 杭州：浙江大学出版社，2006：27－28.

▶思考题：

1. 请分析技术进步对劳动力需求的影响。
2. 通过阅读蒸汽织布机与英国手工纺织者的兴衰案例，你得到了哪些启示？

第二节 完全竞争市场条件下的企业短期劳动力需求

由于影响劳动力需求的因素很多，这些因素交织在一起，为分析研究用人单位劳动力需求的规律带来了很大的困难。为了便于分析研究，我们将现实情况进行简化，在构建模型时抽掉其他因素，即假定其他因素固定不变。企业的劳动力需求模型有很多，本章主要对完全竞争条件下的企业短期劳动力需求进行分析。

一、完全竞争市场的前提条件及基本假设

（一）完全竞争市场的条件假设

企业劳动力需求分析的市场条件是完全竞争的市场结构，这是一种竞争不受任何阻碍和干扰的市场结构。

具体说来，完全竞争市场的条件假设包括这样几层含义：

（1）市场价格既定。即在产品市场、劳动力市场上有为数众多的供给者和需求者，且市场上任何一个主体的供给量与需求量所占的市场比例都很小，从而任何一种交易都无法影响市场的价格。供给者与需求者均是市场价格的接受者，而不是市场价格的决定者。

（2）要素同质与劳动条件一致。商品和服务生产中仅使用两种同质的生产要素，即劳动力和资本，而且劳动条件也是一样的。

（3）无行业进出障碍。资源完全自由流动，企业和劳动者均可以自由地进入或退出某个行业。

（4）信息完全。市场主体具有完全信息，且获取信息的成本为零。

（二）关于生产的若干假设

（1）企业利润最大化目标假设。在现实的市场经济中，不同时期企业的生产目标往往存在着显著差异。但在理论上，为了讨论的方便，一般假设企业的生产目标是不变的，其目标为利润最大化，同时也不对利润进行严密的经济学分析，它只是指总收益与总成本的差。

（2）技术水平不变假设。在现实中，企业的生产过程伴随着技术进步而不断改进。在理论上，在其他条件不变的情况下，随着时间的推移，企业的生产可能性曲线向右上方移动，其根本原因就是技术进步。技术进步意味着用既定的资源投入能够获取更多的产出，所以，技术是影响产量的重要因素之一。为了在比较纯粹的条件下研究企业劳动力需求的决定原理，我们假设技术对产出水平没有影响。

（3）生产时期假设。在理论上，企业的生产时期可以分为三类：其一，市场时期。在这个时期产品已经生产出来，能够随时出售。这个时期的特点是：只有交换，没有生产。其二，短期。在这个时期内其他生产要素是不变的，唯一可变的生产要素是劳动力投入。其三，长期。这是指所有生产要素都可以进行调整的时期，不仅劳动力投入可以调整，资本也可以调整，新的企业亦可建立。

二、边际产量递减规律

所谓**边际产量递减规律**，是指在技术水平和其他要素投入量不变的条件下，连续等量地增加一种可变要素的投入量，当该可变要素投入量小于某一特定值时，增加该要素投入量带来的边际产量是递增的；当这种可变要素投入量连续增加并超过这一特定值时，增加该要素投入量所带来的边际产量是递减的，又称边际报酬递减规律或边际收益递减规律。

下面我们从分析企业的生产函数（production function）开始对劳动力需求进行研究。

（一）生产函数

所谓生产函数，是指在一定的技术水平条件下，企业在生产中所使用的各种要素的数量与所能生产出来的产品或服务的数量之间的关系。这里假设现在所考察的是短期生产情况，在生产过程中只使用劳动力（L）和资本（K）两种生产要素，且劳动力是同质的，资本是固定不变的。这样，生产函数可用以下公式表示：

$$Q=f(L,K) \tag{4-2}$$

式中，L 表示劳动力数量，K 表示资本数量。所以，企业的短期总产量是可变投入（L）和固定投入（K）的函数。

（二）劳动力的边际产量及其递减规律

实际上，短期总产量（Q）取决于一个可变要素（L）的投入。由总产量和劳动力投入的关系，还可以得到平均产量和边际产量的概念。平均产量就是指平均每单位劳动力投入所生产的产量。边际产量是指增加一个单位的劳动力投入而增加的产量。

设总产量为 Q，可变的劳动要素投入为 L，平均产量为 AP，边际产量为 MP，则有：

$$AP = Q/L \tag{4-3}$$

$$MP = \Delta Q/\Delta L \tag{4-4}$$

在其他生产要素不变时，由劳动力投入的增加所引起的产量变动可以分为三个阶段：

第一阶段，边际产量递增阶段。在开始时，固定不变的生产要素没有得到充分的利用，劳动力投入不断增加可以使固定不变的生产要素得到充分利用，从而使边际产量递增。

第二阶段，边际产量递减阶段。固定不变的生产要素已接近充分利用，可变的劳动要素对固定不变的生产要素的利用趋向于极限。

第三阶段，总产量绝对减少阶段。此时，固定不变的生产要素已经得到充分利用，潜力已用尽，固定不变的生产要素已经容纳不了过多的可变要素，两者的结合比例已经完全恶化。再增加可变的劳动要素，只会降低生产效率，使总产量减少。

在图 4－1 中，横轴为劳动力投入 L，纵轴为产量 Q，对应三种产量的曲线分别为 TP、MP 和 AP。从图 4－1 中可以看到如下特点：

其一，TP、AP、MP 三条曲线都是先增后减。第一阶段，AP 递增；第二阶段，AP、MP 递减；第三阶段，MP 为负值。

其二，AP 与 MP 的交点为 AP 的最大值。两条曲线相交前，$AP<MP$；相交后，$AP>MP$。

其三，当 $MP=0$ 时，总产量取得最大值。

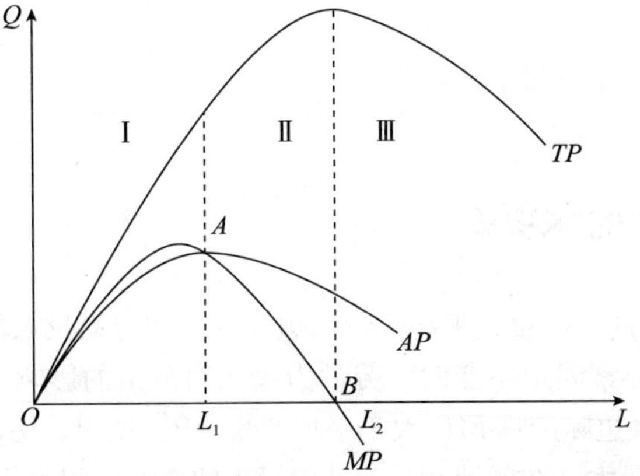

图 4－1　总产量、平均产量、边际产量及其相互关系

总的来说，当把可变的劳动力投入增加到不变的其他生产要素上时，最初劳动力投入的增加会使产量增加，但是当其增加超过一定限度时，增加的产量开始递减，这就是劳动力的边际产量递减规律。

劳动力的边际产量递减规律以及由它决定的总产量、平均产量和边际产量之间的关系，是研究企业短期劳动力需求决定原理的出发点。

实例分析

通过科技进步中国人可以养活自己

边际产量递减规律早在18世纪就由经济学家提出，有人把这一规律应用到农业领域却描述出一幅人类前景悲惨的画面：因为耕地等自然资源毕竟是有限的，要增产粮食最终只能依靠劳动力的增加，但边际产量递减规律表明，劳动力投入带来的边际粮食产量递减，于是人口不断增长的必然结果是，人类不能养活自己。边际产量递减规律提示我们，在一定的条件下，高投入未必带来高产出，因此要注意投入的合理限度，寻找最佳的投入数量。

世界“杂交水稻之父”袁隆平于2012年8月29日上午在珠海举行的“发展珠海特色农业高端论坛”上说，通过科技进步，中国人可以养活自己，水稻亩产1 000公斤不是梦。

袁隆平说，中国人口2030年可能达到15亿，人均耕地只有1.1亩。为了让这么少的地养活未来的15亿人口，他和他的团队正在推进“2分地养一口人”工程，提高中国的水稻产量，中国南方目前已经实现了2分地养一口人的目标。

与此同时，袁隆平和他的团队在湖南率先启动了“种三产四”工程，他希望到2015年中国能通过该工程每亩地增产100公斤粮食。

袁隆平说，目前他已向中国农业部提出启动亩产1 000公斤计划的建议。他说，亩产1 000公斤已不是梦。而实现这一目标，则说明中国有能力、有自信可以养活自己的十几亿人口，也说明中国的水稻育种水平已领先于世界。

资料来源：袁隆平：通过科技进步中国人可以养活自己．新华网，2012－08－29．

▶**思考题：**

边际产量递减规律适用的条件是什么？

三、企业短期劳动力需求决策

根据图4－1所示的总产量、平均产量、边际产量和劳动投入的关系，可以清楚地看到企业在资本等生产要素固定不变时，劳动力投入对产出的影响。在区域Ⅰ，平均产量AP一直在增加，并且边际产量MP大于平均产量AP。所以，劳动力投入至少要增加到A点才能使平均产量最大。在区域Ⅱ，劳动力投入的变动区间为L_1L_2，这一区域平均产量下降，边际产量递减。但劳动力投入增加仍可使总产量增加，只不过增加的比率在下降。到 B 点时，边际产量为零，总产量最大。在区域Ⅲ，劳动投入量大于 L_2，边际产量为负，总产量也在绝对减少。

由此可见，企业在资本等生产要素固定不变时，劳动力投入的增加量应在区域Ⅱ内选择。但具体应选择这一区域的哪一位置呢？对这一问题的回答有赖于企业生产目标的确定。这里，可供选择的企业生产目标不外乎三种：人均产量最大、总产量最大和利润最大。

如图 4-1 所示，企业若以人均产量最大为目标，劳动力投入量以 L_1 为最佳；若以总产量最大为目标，劳动力投入量以 L_2 为最佳；若以利润最大为目标，劳动力投入量则取决于产品价格与生产费用。因此，在利润最大化目标下，企业短期劳动力需求的决定，就必须结合成本及价格来分析。企业劳动力需求的决定，是对增加劳动力所支出的成本及其所能增加的收益进行比较后做出的。

前已述及，把增加一单位劳动力投入所增加的产量定义为劳动力的边际产量，也叫做边际产品。边际产品按照现行价格出售，则企业得到的收入增量就是劳动力的边际产品价值（VMP）。因为在完全竞争的市场中，产品价格不变，劳动力的边际产品价值等于劳动力的边际产品收益。设劳动力的边际产品收益为 MRP，劳动力的边际产品价值为 VMP，产品的价格为 P，则有：

$$MRP=VMP=MP\cdot P \tag{4-5}$$

即在完全竞争的市场结构中，资本等生产要素不变，唯一可变的是劳动力这一生产要素的投入，那么，由于增加单位劳动力而给企业增加的收益为劳动力的边际产品价值，它等于劳动力的边际产量乘以价格。

短期内企业唯一可变的生产要素是劳动力投入，故可变的成本也就是工资。增加单位劳动力投入所增加的成本称为边际成本，设为 MC。显然，$MC=W$。由经济学原理可知，企业实现利润最大化的目标，必须使其边际收益等于边际成本，即 $MRP=MC$，因为 $MRP=VMP$，$MC=W$，所以，在完全竞争条件下，短期企业劳动力需求决定的原则是：

$$MRP=VMP=MP\cdot P=MC=W \tag{4-6}$$

也就是说，企业为实现利润最大化目标，其短期劳动力需求的决定必须遵循劳动力的边际产品收益等于工资率的原则。即

$$VMP=W \tag{4-7}$$

所以完全竞争企业使用劳动要素的原则是：企业为了实现利润最大化，其劳动力需求的决定必须遵循劳动力的边际产品收益等于工资率的原则。

四、企业短期劳动力需求曲线

劳动力的需求函数反映了企业对劳动力需求的数量与劳动力价格之间的关系。完全竞争企业的劳动力需求曲线是指在其他条件不变时，企业对劳动力的需求量 L 与劳动力价格（工资率）W 之间的关系。

根据前面的推导和分析，完全竞争企业要实现利润最大化，必须满足如下条件：

$$MP \cdot P = W \tag{4-8}$$

由于 MP 可以看成是劳动力数量的函数，即 $MP=MP(L)$，所以，

$$MP(L) \cdot P = W \tag{4-9}$$

由于产品价格 P 是常数，上式就在两个变量间确定了一个函数，即确定了从劳动力价格 W 到劳动力数量 L 之间的一个函数关系。这就是完全竞争企业对劳动力的需求函数。

如果假设市场工资率 W 与劳动力需求量 L 的变动为无限可分，则可以描绘出劳动力需求曲线（见图 4-2）。

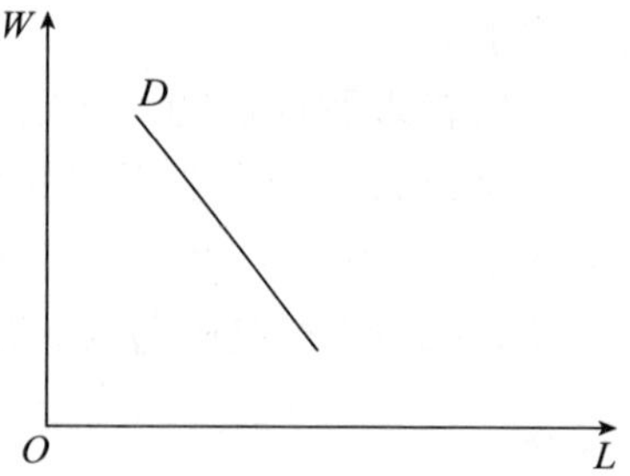

图 4-2 劳动力需求曲线

在图 4-2 中，横轴为劳动力需求量，纵轴为市场工资率，图中的曲线 D 即为劳动力需求曲线。劳动力需求曲线是一条从左上方向右下方倾斜的曲线，根本原因就在于劳动力的边际生产力递减。企业劳动力需求曲线与劳动力的边际产品价值曲线向右下方倾斜的部分重叠。它表明，在其他条件不变的情况下，当市场工资率不断提高时，劳动力需求量与市场工资率之间存在着反向关系。

第三节 完全竞争市场条件下的企业长期劳动力需求

在长期条件下，不仅企业的雇佣量会发生变化，企业的资本量也会发生变化。同一水平产出可以有多种不同的劳动力和资本的组合。此时劳动力需求量取决于以下条件：不论通过增加劳动力还是通过增加资本来增加产量，用于增加单位产量的货币资本都应该相等。

一、等产量线

为了便于分析，我们假设企业在生产过程中需要两种投入要素——劳动力和资本，并且劳动力和资本可以相互替代。在劳动力和资本可替代的假定条件下，生产同样数量的产品，就会有无数种劳动力和资本的投入组合。经济学上用等产量线来表示这些投入

组合方式。所谓**等产量线**，是指用于生产同一产出数量的劳动力和资本的所有组合点的连线（见图 4-3）。即在一定技术条件下，企业某一产量水平是资本和劳动力的函数。即：

$$Q=f(K, L) \tag{4-10}$$

式中，Q 是产量，L 为劳动力投入，K 为资本。产量的变动取决于劳动力和资本的变动。

随着企业的技术进步和其他因素的变化，生产同一产量的产品，企业可以选择不同的生产要素组合。例如，当劳动力价格高时，企业会选择用资本替代劳动力；反之，企业会选择用劳动力替代资本。

在图 4-3 中，横轴为劳动力投入 L，纵轴为资本 K。等产量线具有以下特征：

（1）斜率为负。体现在技术不变的条件下，产量一定时，一种投入减少，另一种投入就必须增加。

（2）较高产出的等产量线离原点较远。体现为投入越多，产量越大。

（3）等产量线是一条连续曲线。体现为劳动力与资本在各个产量水平上的可替代性。

（4）等产量线的斜率随着劳动力与资本的不同组合而变化。上端较陡直，下端较平缓，体现了劳动力与资本的边际产量递减规律。

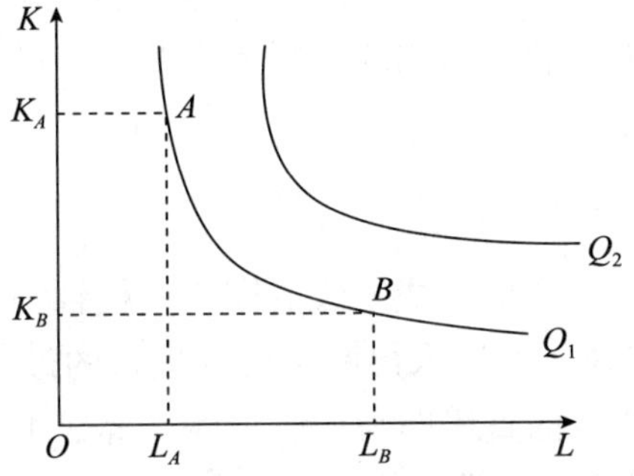

图 4-3　等产量线

在同一条等产量线上，两个可变的投入——劳动力和资本可以相互替代而产量不变，劳动力投入和资本投入相互替代的比率称为边际技术替代率，以 $MRTS$ 表示。边际技术替代率是在保持相同产出水平时，减少一种生产要素投入的数量与增加的另一种生产要素投入的数量之比。所以有：

$$MRTS=|\mathrm{d}K/\mathrm{d}L| \tag{4-11}$$

其实，边际技术替代率就是等产量线的斜率，它是一个负值，但为了分析方便，一般取其绝对值。

边际技术替代率与边际产量密切相关，所以，它可以由两个可变投入要素各自所引起的边际产量之间的比例来表示。设 MP_L 为劳动力的边际产量，MP_K 为资本的边际产量；$\mathrm{d}L$ 和 $\mathrm{d}K$ 分别表示劳动力投入和资本投入的微小变动，那么，在产出水平不变的情况下，由劳动力投入增量与其所引起的产出增量 MP_L 的乘积，必然与资本投入减少量与其所引起的产出减少量 MP_K 的乘积相等，即：

$$MP_L \cdot \mathrm{d}L = |MP_K \cdot \mathrm{d}K| \tag{4-12}$$

整理得：

$$|\mathrm{d}K/\mathrm{d}L| = MP_L/MP_K\text{，即 } MRTS = MP_L/MP_K \tag{4-13}$$

因此，劳动力和资本的边际技术替代率也等于两个投入要素的边际产量之比。

二、等成本线

企业在一定时间用于生产的资金是有限的，所购买的生产资料和劳动力组合还要受到它们的相对价格变化的影响。**等成本线**就是在总支出和投入既定的条件下，企业所能购买的各种生产要素的最大组合。设资本 K 的价格为 R，劳动力投入 L 的价格为 W，总成本为 C，则有：

$$C = R \cdot K + W \cdot L \tag{4-14}$$

式中，$R \cdot K$ 表示资本投入的成本；$W \cdot L$ 表示劳动力投入的成本。在完全竞争的条件下，资本和劳动力的价格分别由资本市场和劳动力市场决定，因此，对于企业而言，R 和 W 都是常数。如果已知 C，容易求出资本投入和劳动力投入各自的数量：

$$K = C/R - (W/R) \cdot L \tag{4-15}$$

$$L = C/W - (R/W) \cdot K \tag{4-16}$$

根据上式，可以画出图 4－4 的等成本线。图中，横轴为劳动力投入 L，纵轴为资本投入 K。在 C、R、W 给定时，可以求出两个可变投入的最大投入量，即纵轴的 C 点和横轴的 D 点，连接 C、D 两点的直线即为等成本线。等成本线上任意一点所表示的劳动力和资本投入组合的成本相同。等成本线以内的任意一点，所投入的劳动力和资本组合成本都小于企业成本，说明企业的资源没有得到充分利用；等成本线外的任何一点的劳动力和资本组合成本都大于企业总成本，说明企业无力进行相应的要素购买。等成本线就是用来表示企业在要素价格给定的条件下，用一定的货币可能购买到的两种投入的最大量界限，它实际上反映了企业实现一定产出水平的成本约束。

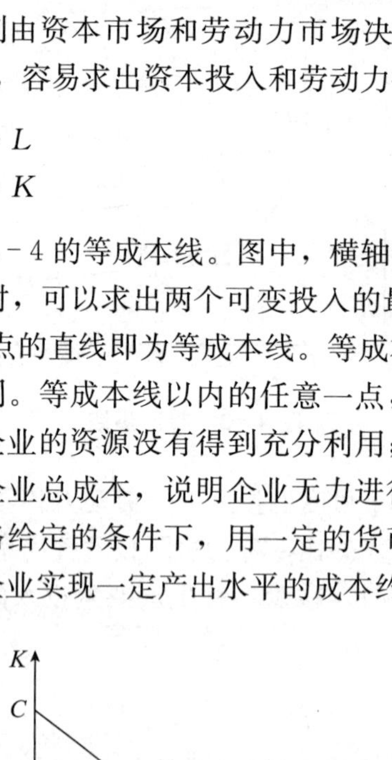

图 4－4　等成本线

总成本和要素价格已定，增加劳动力投入 L 就要减少资本 K；反之亦然。所以，有下述等式成立：

$$|R \cdot \Delta K| = W \cdot \Delta L \tag{4-17}$$

式中，ΔK 为资本投入的减少量，ΔL 为劳动力投入的增加量，整理可得：

$$|\Delta K / \Delta L| = W/R \tag{4-18}$$

即等成本线的斜率等于劳动力和资本的相对价格比。

正如同平面上有无数条等产量线一样，由于企业总成本不同，等成本线也有无数条。每一条等成本线对应的总成本不同，越是远离原点的等成本线，总成本越高；反之，越是靠近原点的等成本线对应的总成本越低。

三、企业最佳生产方法的选择

所谓生产方法的选择，是指企业为达到一定的产出，使物化劳动和活劳动消耗最小的方法，或者说是在同样物化劳动和活劳动的条件下，选择达到产量最大化的方法。

等产量线反映了不同产出水平下，劳动力和资本投入的各种组合；等成本线规定了企业可能达到某一产出水平的成本约束。因此，对企业长期劳动力需求的分析，应当将等产量线和等成本线结合起来。具体有两种方式：

（一）定量产出下的成本最小化

我们借助于图 4－5 来分析。图中等产量线 Q 给定，在已知 R 和 W 的条件下，对应三种总成本的等成本线，且 $C''D'' < CD < C'D'$。显然，在给定的产出水平 Q 下，CD 成本最小。由于 CD 与 Q 相切于 E 点，它既能满足 Q 的产出水平的需要，又可使成本最小。在要素价格给定的情况下，K_E、L_E 组合是最佳投入量决策。

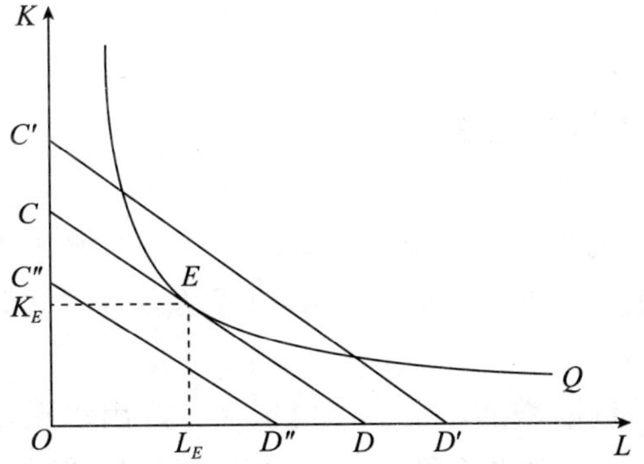

图 4－5　定量产出下的成本最小化

E 点是等成本线 CD 与等产量线 Q 的切点，同时也是直线 CD 和曲线 Q 上的点，所以，等成本线 CD 的斜率与等产量线过该点的切线的斜率相等，即劳动力和资本的相对价格比等于劳动力和资本的边际技术替代率，所以有：

$$W/R=MRTS=MP_L/MP_K \tag{4-19}$$

式（4－19）意味着企业实现利润最大化必须满足的条件是：劳动力和资本投入的边际产量之比等于劳动力和资本的相对价格之比。这同时也是企业长期劳动力需求决定的原则。

（二）定量成本下的产出最大化

在图 4－6 中，R 和 W 已知，总成本 CD 给定，Q_1、Q_2、Q_3对应三种产量水平，且 $Q_1<Q_2<Q_3$。Q_1与 CD 交于 A、B 两点，说明给定总成本足以满足 Q_1的产出水平所要求的投入。但由于其产出水平比 Q_2小，说明 A、B 两点不是最佳的。Q_3的产出水平最高，但它所需要的投入成本超出 CD 所能提供的投入，因此，是成本 CD 所不能达到的。由于 Q_2与 CD 相切于 E 点，说明 CD 的投入能够满足 Q_2产出水平对应的资本和劳动力的投入，而且 Q_2比 Q_1的产出水平高，比 Q_3具有可行性，因此，Q_2是总成本 CD 下的最大产出量，而且 E 点的资本投入是最佳的边际产量之比。

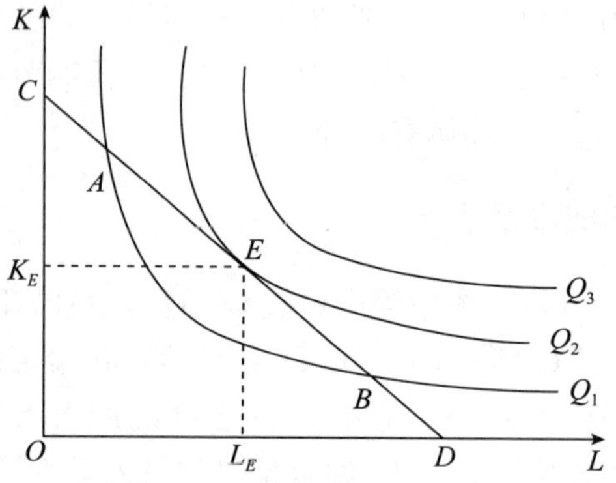

图 4－6 给定等成本线下的产出最大化

四、生产规模扩大与劳动力需求

在市场经济条件下，企业的生产规模不会固定在一个水平上，它要随着市场需求的变化而变化。现在考察生产规模变动时，资本和劳动力可以同时增加或减少时产量的变动情况。

随着企业生产资本的逐渐增加，生产规模扩大，产出水平也会逐渐提高，同时对资本和劳动力的需求也会增多，这导致生产均衡点逐渐向外移动。将所有可能产出水平下相关资源配置的均衡点连接起来形成的曲线，称为生产扩展线，如图 4－7 中 OA 射线所示。这里为了简便，把 OA 画成了直线，它意味着企业在扩大生产规模时，投入的劳动力和资本的组合比例不变。如果企业在扩大生产规模时，投入的劳动力和资本的组合比例改变了，OA 将是一条曲线。

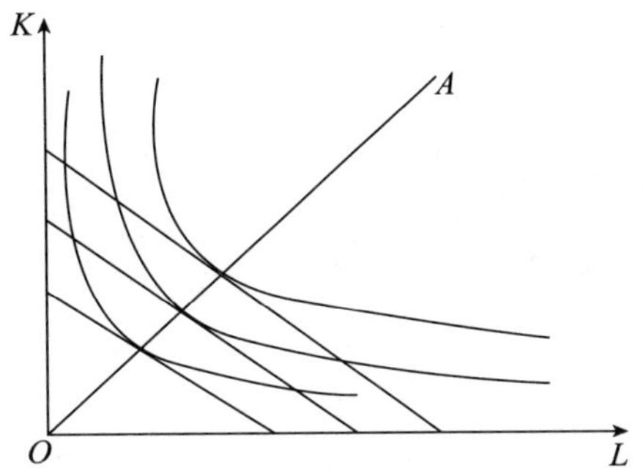

图 4－7　生产扩展线

生产扩展线决定了企业在产出变化时调整要素投入的方法。如果生产扩展线是确定的，企业扩大生产规模只需沿着确定的生产扩展线，增加对资本和劳动力的投入，即可保证在每一产出水平或每一种成本水平下的最佳资源配置组合，从而也就确定了对劳动力的最佳需求量。

五、生产要素价格变化：替代效应和规模效应

生产要素价格的变化会导致等成本线的斜率发生改变，从而会使企业重新调整原来的生产要素最优组合，其调整通过规模效应和替代效应重新实现生产的新的均衡。

替代效应是指在产量保持不变的前提下，劳动力的相对价格的变化导致的劳动力需求量的变动。在短期，资本是固定不变的，因此不可能有劳动力和资本在生产中的替代发生。但在长期，当工资率下降时，企业将会用变得相对便宜的劳动力替代某些类型的资本。由此我们认识到，企业在长期生产中对工资率变化所做的劳动量的调整将要比在短期中更大。换句话说，长期劳动力需求要比短期劳动力需求表现得更富有弹性。

规模效应又称产出效应，是指在其他条件（尤其是生产技术）一定的情况下，工资率的变化会对企业的生产成本产生影响，进而导致企业扩大或减少生产，而产出规模的变化又会使企业的劳动力需求量发生相应变化。

现在假定资本价格 R 和产品价格 P 不变，劳动力的价格即工资率下降，从 W_1 下降至 W_0，此时，劳动力变得相对便宜，资本变得相对昂贵，生产同样的产量，企业将会用劳动力替代资本以降低成本，这就是替代效应。另外，工资率下降意味着企业的生产成本降低，从而导致企业扩大生产，而企业生产规模的扩大又会导致劳动力需求量的上升，这就是规模效应，如图 4－8 所示。

在图 4－8 中，最初的等成本线是 CD，企业在 A 点生产产量 Q_1，使用的劳动力数量为 L_A。工资率下降后，等成本线的斜率（W/R）减小，使等成本线向外旋转至 CD'，企业现在选择等产量线上的 E 点，使用的劳动力数量增至 L_E。L_AL_E 线段代表了工资率下降所引起的劳动力投入量的增加量，它包括替代效应和规模效应。作一条平行于等成本线 CD' 并与原来的等产量线 Q_1 相切于 B 点的补偿预算线，在 B 点下企业对劳动力的

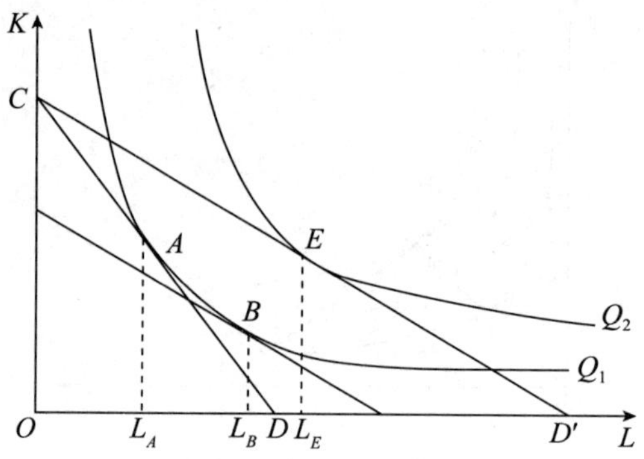

图 4-8　工资率变动的替代效应和规模效应

投入量为 L_B。L_AL_B 代表替代效应，它表示工资率下降后，企业生产相同产量而以劳动力替代资本的增量。L_BL_E 代表规模效应，它表示工资率下降后，带来总成本的节约，从而可购买更多的劳动力，使产量增至 Q_2。

在规模效应和替代效应的共同作用下，工资率下降使得劳动力需求增加；反之，如果资本的价格不变，工资率提高了，同样会产生上述两种效应，但作用方向相反，使得劳动力需求减少。

应用实例

“十四五”时期机器人和 AI 不会对制造业带来“就业破坏”

2019 年 12 月 30 日，中国社科院人口与劳动经济研究所与社会科学文献出版社在北京联合发布《人口与劳动绿皮书：中国人口与劳动问题报告 No. 20》。绿皮书在预测“十四五”时期中国就业形势时指出，机器人和人工智能（AI）是“自动化”的新阶段，更强调人机协作的关系，并非完全“机器换人”，不会对制造业带来“就业破坏”。

绿皮书针对“十四五”时期中国就业形势变化提出了十个方面的预判：一是就业总量矛盾和结构性矛盾持续并存，就业结构性矛盾将成为主要矛盾；二是劳动力市场供需保持基本平衡，劳动力供给相对短缺持续存在；三是人口素质水平全面提升，劳动力市场和就业结构升级的基础条件增强；四是劳动生产率出现行业分化，配置效率来源从三大部门之间转向产业内部升级；五是机器人和人工智能全面影响劳动力市场，岗位结构和技能需求发生深刻变化；六是非标准就业成为普遍现象，用工方式和劳资关系出现重大变革；七是就业“服务化”倾向继续加深，就业创造与生产率提升出现两难矛盾；八是劳动力市场区域不平衡加剧，局部地区出现就业需求不足；九是人口流动格局进入新阶段，就业“本地化”与分化现象并存；十是就业韧性将面临持久考验，外部环境不确定性加剧就业风险。

针对机器人和人工智能对劳动力市场的影响，绿皮书指出，机器人对于普通工作岗位存在替代效应，但并不会带来突出的“就业破坏”效应。绿皮书课题组研究估算显示，新技术应用对中国制造业普通劳动力岗位的替代率为 19.6%，但同时增加了认知和技能水平较高及“人机协作”操作和管理服务的工作岗位需求，由于劳动力成本与新技术采纳成本的权衡以及中国区域经济发展阶段的差异，新技术使中国劳动就业岗位流失的规模最终取决于人工智能引导传统产业彻底变革的速度和程度。

绿皮书就此认为，机器人和 AI 是“自动化”的新阶段，更强调人机协作的关系，并非完全“机器换人”，新技术使操作技能更易掌握，低技能工人不会被直接淘汰，主要在企业内部完成岗位转换，不会对制造业带来“就业破坏”。机器人、AI 的使用会增加中国制造业全部劳动者的平均工资收益，人力资本水平高、技能要求高的岗位和职业获得的工资溢价更高，新技术采纳带来的技术溢价增加了不同技能和职业之间工资差距扩大的趋势。

资料来源：报告：“十四五”时期机器人和 AI 不会对制造业带来“就业破坏”. 中国青年网，2019-12-30.

六、企业长期劳动力需求曲线

为了揭示长期中企业劳动力需求随工资率的变化而变化的规律，需要掌握企业长期劳动力需求曲线。

根据图 4-8，把工资率和工资率变动前后的劳动力需求量（$L_A \rightarrow L_E$）在二维坐标图中描绘出来，就得到了企业长期劳动力需求曲线 AE，如图 4-9 所示。长期劳动力需求曲线就是生产要素价格发生变化时，所有均衡点的连线。从图中可以看出，与短期劳动力需求曲线一样，企业长期劳动力需求曲线也是向下倾斜的，它说明企业的劳动力需求量与工资率呈现反向变化的规律。

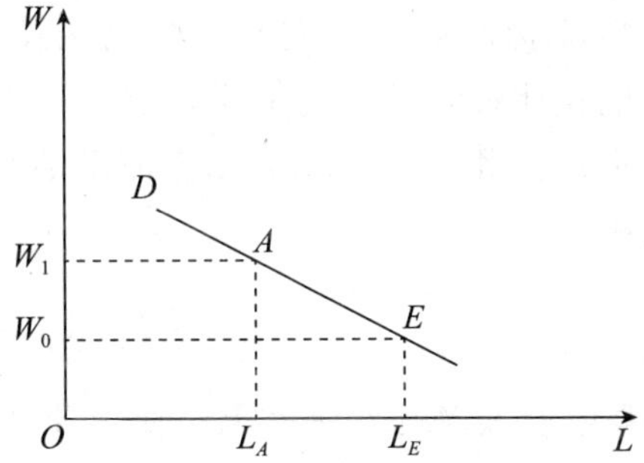

图 4-9 企业长期劳动力需求曲线

最后，我们分析一下企业短期劳动力需求曲线和长期劳动力需求曲线的关系。在短期中，工资率变化对企业劳动力需求的影响只有一种效应，即规模效应。由于在短期中，资本价格和数量不变，所以不存在劳动力与资本之间的替代问题。而在长期中，工资率对企业劳动力需求的影响，除了规模效应，还有替代效应，而且两种效应对企业劳动力需求的影响是同方向的。因此，企业对劳动力需求的调整，长期比短期更强，调整幅度更大。

在图 4-10 中，D_L 是企业长期劳动力曲线，D_{S1}、D_{S2}、D_{S3} 是三条短期劳动力曲线。

假定其他条件不变，当工资率为W_1时，企业的劳动力需求量为L_A。A点既是企业短期劳动力需求曲线上的点，也是长期劳动力需求曲线上的点。在短期中，由于规模效应，当工资率从W_1上升到W_2时，利润最大化点从A点移动到C点，企业劳动力需求量下降。如果工资率从W_1下降到W_0，利润最大化点从A点移动到D点，企业劳动力需求量上升。

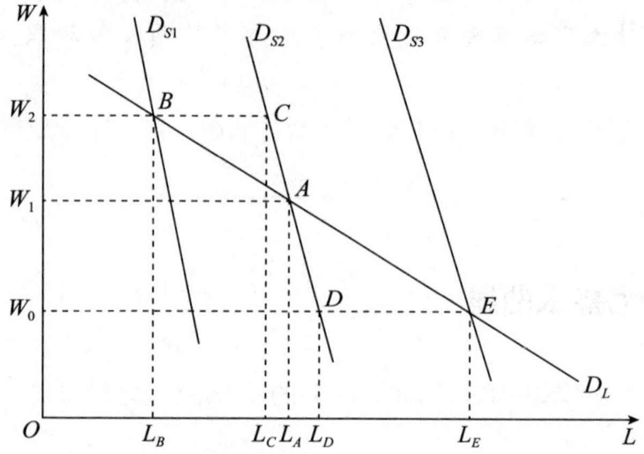

图 4－10　企业短期与长期劳动力需求曲线比较

在长期中，由于规模效应和替代效应的共同作用，企业劳动力需求量对工资变化的反应更大。当工资率从W_1提高到W_2时，均衡点从A点移动到B点，劳动力需求量减少了L_AL_B，对应的短期劳动力曲线为D_{S1}。当工资率从W_1降低到W_0时，均衡点从A点移动到E点，劳动力需求量增加了L_AL_E，对应的短期劳动力曲线为D_{S3}。

由上述分析可知，当工资率提高时，长期与短期相比较，劳动力需求下降得更多；当工资率下降时，长期与短期相比较，劳动力需求增加得更多。企业长期劳动力需求曲线比短期劳动力需求曲线更平坦。此外，长期劳动力需求曲线是均衡点的连线，且每一点都与短期劳动力需求曲线相交。

小思考

面对新冠疫情，如何采取有效措施保护并扩大企业的劳动力需求？

第四节　劳动力需求弹性

通过前面的分析我们了解到，长期劳动力需求曲线比短期劳动力需求曲线更富有弹性。这就提出了一个十分重要的问题：什么因素决定了劳动力需求量对工资率变动的敏感性（即劳动力需求弹性）？下面我们就详细讨论劳动力需求弹性。

一、劳动力需求自身工资弹性

劳动力需求自身工资弹性是指对于同类劳动力，劳动力需求量变动对于工资率变动的反应程度，它相当于劳动力需求量变动的百分比和工资率变动的百分比的比值。一般用 E_d 表示，E_d 是用劳动力需求量变动的百分比（$\Delta D/D$）与工资率变动的百分比（$\Delta W/W$）的比值计算出来的。

$$E_d=(\Delta D/D)/(\Delta W/W) \tag{4-20}$$

由于劳动力需求曲线是向右下方倾斜的曲线，即工资率变动方向同劳动力需求变动方向是相反的，工资率上升，劳动力需求量随之减少；工资率下降，劳动力需求量随之增加，因而劳动力需求自身工资弹性的值为负。它的取值一般在 $-\infty$ 和 0 之间，即 $-\infty<E_d<0$。在通常情况下，人们一般关注它的绝对值。

根据劳动力需求自身工资弹性的绝对值的大小，可以把劳动力需求曲线划分为五种类型，如图 4－11 所示。

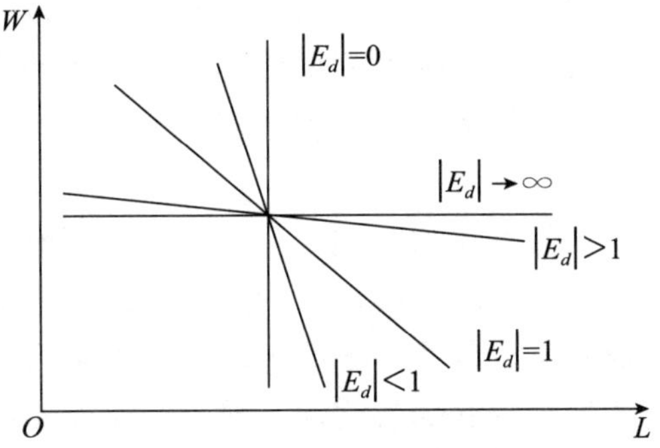

图 4－11　劳动力需求曲线

（1）需求无弹性，即 $|E_d|=0$。工资率不论如何变化，劳动力需求量固定不变。无弹性的劳动力需求曲线是一条与横轴垂直的线。

（2）需求有无限弹性，即 $|E_d|\to\infty$。工资率不变，或者更准确地说其变动的百分比为零，而劳动力需求量变动的百分比的绝对值大于零。有无限弹性的劳动力需求曲线与横轴平行。

（3）单位需求弹性，即 $|E_d|=1$。此时，工资率变动的百分比与需求量变动的百分比的绝对值相等。这时的劳动力需求曲线是与横轴的夹角为 45°并向右下方倾斜的曲线。

（4）需求富有弹性，即 $|E_d|>1$。这种劳动力需求曲线是一条向右下方倾斜且较为平坦的曲线。

（5）需求缺乏弹性，即 $|E_d|<1$。这种劳动力需求曲线是一条向右下方倾斜且较为陡峭的曲线。

二、希克斯-马歇尔派生需求定理

在上面的论述中，我们讨论了劳动力需求自身工资弹性的概念和计算。那么到底是什么因素决定了劳动力需求的自身工资弹性呢？以两位英国著名经济学家约翰·希克斯和阿尔弗雷德·马歇尔的名字命名的希克斯-马歇尔派生需求定理回答了这个问题。根据派生需求定理，在其他影响劳动力需求的因素不变的情况下，影响劳动力需求自身工资弹性的因素被归纳为四个，以下四种情况对劳动力需求的自身工资弹性有很大影响。

（一）劳动力所生产产品的需求弹性

产品需求的价格弹性是指产品价格变动1%所导致的产品需求量变动的百分比。在其他条件相同的情况下，产品需求弹性越大，价格变动所引起的产品需求量变动越大。

由于产品需求量的变动必然影响到劳动力需求量的变动，当劳动力的工资率上升时，生产成本上升，产品价格也必然上升，从而引起产品需求量减少，进一步导致劳动力需求减少。产品的需求弹性越大，一定幅度的价格上涨所引起的需求下降幅度越大，从而造成的产量下降幅度越大，就业量的减少也就越多。因此，产品的需求弹性越大，作为派生需求的劳动力需求的弹性也越大。

这个结论可以引申出两个值得注意的理论。第一，在其他条件相同时，厂商对产品的垄断越强，对劳动力的需求就越缺乏弹性。从这一点出发，我们还能得到这样一个结论：在其他条件相同时，企业比行业或市场的劳动力需求更富有弹性。其原因在于，在同一行业中，不同企业的产品有较好的替代性，单个企业面临的产品需求曲线比一个行业面临的劳动力需求曲线更具有弹性。单个企业产品价格的变动会引起其劳动力需求的较大变动，使单个企业劳动力需求弹性较大，而对于一个行业来讲，整个行业的产品价格上涨对产品需求的影响比单个企业的产品价格上涨对产品需求的影响小，因而一个行业的劳动力需求弹性也小。第二，长期劳动力需求弹性高于短期，其原因在于，与短期相比，长期中对产品的需求弹性更大；短期中，消费者难以很快找到某一产品的替代物，而在长期中，消费者必然可以找到新产品来替代它。由于劳动力需求量是与产品需求紧密相关的，长期中产品需求弹性大于短期，从而导致长期劳动力需求弹性高于短期。

（二）其他生产要素替代劳动力的可能性

所谓生产要素的替代效应是指企业为寻求节约，减少使用那些相对成本较高的生产要素，而增加使用那些相对成本较低的生产要素。当某种劳动力的工资率上升时，企业必然倾向于使用其他相对便宜的生产要素（可以是资本，也可以是其他类型的劳动力）对其进行替代。

在某些少见的情况下，企业生产单位产品要求有固定的资本对劳动力的比率（假设某种工作必须要由人来完成，任何机器都无法代替人工），这样就基本没有资本与劳动力替代的可能或者说替代的难度很大。生产单位产品就必须使用一定数量的劳动力，那么工资率上升的替代效应就很难发挥作用，劳动力需求的减少只会来自规模效应。

但是在绝大多数情况下，生产要素的替代是可能的，或者是很容易的。在这种情况下，替代效应就能发挥作用。当工资率上升时，企业会寻求用新机器来替代劳动力，和规模效应共同促使劳动力需求量因工资率上升而更大幅度地下降。

在其他条件相同时，其他生产要素替代劳动力越容易，劳动力需求的自身工资弹性就越大。也就是说，在工资率发生变化时，企业对劳动力的需求变化取决于其他生产要素与劳动力的替代程度。二者的替代越容易，劳动力需求曲线就越有弹性。

（三）其他生产要素的供给弹性

其他生产要素的供给弹性类似于劳动力的供给弹性，是指某类生产要素的价格变动1%所导致的此类生产要素的供给量变动百分比。生产要素的供给弹性如果较大，那么这种要素的价格变动所引起的要素供给量变动也较大。

一旦一种劳动力的工资率上升，那么企业会试图用其他相对便宜的生产要素替代劳动力，这时对其他生产要素的需求就会上升。

如果这些生产要素的供给量必须在其价格有很大程度上升的情况下才有可能小幅度增加，即生产要素的供给缺乏弹性，短期内需求增加引起价格上升从而引起的供给量的增加程度就小，这样就会延迟或阻碍这些生产要素对劳动力的替代，使得从技术上看来可行的替代实际上也难以进一步进行。更进一步讲，如果其他生产要素的供给缺乏弹性，在需求增加时，其价格会很高，那么这些生产要素的价格变得相对昂贵，这样会使企业认为这种替代没有经济价值，便缺乏用这些生产要素对劳动力进行替代的动力，从而进一步限制用其他生产要素来替代劳动力，这时的劳动力需求就是缺乏弹性的。

反之，如果此类生产要素的供给量很容易增加，即供给弹性较大，在同等程度的需求增加下，其价格上涨较少，使得在技术上可行的替代在经济上也可行，那么就会有大量的劳动力被替代下来，企业用其他生产要素替代当前劳动力的过程便很容易完成，就业量会有较大幅度的下降。这时劳动力需求就是有弹性的。

所以，在其他条件相同的情况下，其他生产要素的供给弹性越小，劳动力需求的弹性也越小；其他生产要素的供给弹性越大，劳动力需求的弹性也越大。

从长期来看，由于原来的厂商扩大生产规模和新厂商的进入，使得生产要素的供给增加较多，同时价格下降，从而在短期内无法实现的生产要素替代成为可能。这意味着在长期生产要素的供给弹性比短期大，所以长期中的劳动力需求比短期中具有更大的弹性。

（四）人工成本在总成本中的比重

某种劳动力成本占总成本的比重也是影响劳动力需求自身工资弹性的主要因素。劳动力工资的增加将提高产品的成本和价格，导致产品的需求较少，从而使劳动力需求下降。而工资的下降会导致劳动力需求量的增加。工资变化使成本变动并最终使产品价格变动的程度取决于花费在工资上的成本，即人工成本在总成本中的比例。一般来讲，在其他条件相同时，总成本中人工成本的比重越大，劳动力的需求弹性也越大。例如某种产品的人工成本占总成本的比重为20%，如果劳动力工资率上升10%，其他条件不变，则总成本将增加2%（=20%×10%）。若其人工成本占总成本的比重为60%，当工资率上升10%时，其总成本将增加6%（=60%×10%）。由于在后一种情况下，工资率上升，企业被迫更多地提高产品价格，因而其产量和劳动力需求量下降幅度就更大。因此，总成本中人工成本的比重越大，劳动力需求的自身工资弹性就越大。

综上所述，我们可以得出这样的结论：在其他影响劳动力需求的因素相同的情况下，在下述四种情况发生时，劳动力需求更有弹性：

（1）该劳动力生产的产品具有较高的需求弹性；

（2）其他生产要素可以很容易地替代劳动力；

（3）其他生产要素的供给富有弹性，从而无须大幅度地提高其他生产要素的价格，供给量便可迅速增加；

（4）人工成本占产品总成本的比重较大。

知识要点提醒

希克斯-马歇尔派生需求定理以两位英国著名经济学家——约翰·希克斯和阿尔弗雷德·马歇尔的名字命名，主要说明决定劳动力需求的自身工资弹性的因素。

根据派生需求定理，如果其他影响劳动力需求的因素不变，以下四种情况对劳动力需求的自身工资弹性有很大影响：①所生产的产品的需求富有价格弹性；②可以容易地以其他生产要素替代该类劳动力；③其他生产要素供给有弹性；④该类劳动力成本占总生产成本的比重高。

三、劳动力需求交叉工资弹性

在前述的劳动力需求分析中，关于劳动力的一个基本假设是劳动力是同质的，没有质的差别。但企业往往使用多种类型的劳动力，并且不同类型的劳动力之间可以替代，因此，某种类型劳动力工资率的变动，会引起其他类型劳动力需求的变动。这种变动可以用劳动力需求的交叉工资弹性来表示。**劳动力需求交叉工资弹性**是指一类劳动力需求量变动对另一类劳动力的工资率变动的反应程度。

现假设企业劳动力需求为 A 和 B 两类工人。设 E_{AB} 为劳动力需求的交叉工资弹性，$\Delta D_A/D_A$ 表示 A 类劳动力需求量变动的百分比，$\Delta W_B/W_B$ 表示 B 类劳动力工资率变动的百分比。用公式表示为：

$$E_{AB}=(\Delta D_A/D_A)/(\Delta W_B/W_B) \tag{4-21}$$

同理亦有：

$$E_{BA}=(\Delta D_B/D_B)/(\Delta W_A/W_A) \tag{4-22}$$

劳动力需求交叉工资弹性的值是正还是负有着不同的意义。如果两种劳动力的交叉工资弹性为正值，则意味着一种劳动力的工资率提高会促使另一种劳动力的就业量增加，这说明两者之间是一种总替代关系。如果两种劳动力的交叉工资弹性值为负，则意味着一种劳动力的工资率提高会促使另一种劳动力的就业量减少，这说明两者之间是一种总互补关系。

两种劳动力之间是总替代关系还是总互补关系并不是固定的，它取决于一种劳动力的工资率上升所带来的替代效应还是规模效应对另外一种劳动力需求的影响更大。例如，假定成年人和青少年在生产过程中是可以互相替代的，青少年工资率的下降对成年人就业有负作用。那么，一方面，存在替代效应：在产出一定的情况下，企业希望用青少年替代成年人，减少对成年人的雇佣量；另一方面，存在规模效应：青少年工资率的降低促使企业增加对所有投入要素（包括成年人）的使用，规模效应的大小取决于产品需求的价格弹性，产品需求的价格弹性越大，规模效应越大。这样，如果青少年工资率下降的规模效应小于替代效应，则成年人的就业减少，两个群体之间是总替代关系；如果规模效应大于替代效应，则青少年工资率下降导致成年人就业上升，两个群体之间是总互补关系。

应用实例

国际劳工组织称新冠疫情对就业的影响比预期更严重

国际劳工组织2021年10月27日发布报告称，发达国家和发展中国家经济复苏进度不均，对全球经济整体复苏造成威胁，2021年新冠疫情对全球就业造成的影响比预期更严重。

国际劳工组织在当天发布的报告中指出，2021年全球工作时间将比疫情前水平（2019年第四季度）减少4.3%，相当于1.25亿个全职工作岗位。国际劳工组织2021年6月份曾预测，2021年全球工作时间减少幅度为3.5%，相当于1亿个全职工作岗位。

报告称，若没有切实的财政和技术支持，发达国家和发展中国家之间的就业复苏趋势将持续存在“巨大差异”。报告显示，2021年第三季度，高收入国家的总工作时间比2019年第四季度少3.6%，低收入国家和中低收入国家减少的幅度则分别为5.7%和7.3%。

国际劳工组织认为，这种巨大差距主要由疫苗接种和财政刺激计划的重大差异造成。该组织估计，在2021年第二季度，每14人完全接种疫苗，全球劳动力市场就会增加一个全职工作岗位。

该组织指出，财政刺激也是影响复苏轨迹的另一个关键因素。然而，全球约86%的刺激措施集中在高收入国家。

报告同时指出，受疫情影响，发达国家和发展中国家之间的劳动生产率比值将从17.5∶1扩大到18∶1，创下2005年以来的新纪录。

资料来源：国际劳工组织称新冠疫情对就业的影响比预期更严重. 新华社，2021-10-27.

本章小结

劳动力需求是指企业在某一特定时期内，在一定工资率条件下愿意并且能够雇佣到的劳动量。它是企业雇佣意愿和支付能力的统一。对劳动力的需求是由对其他产品的需求派生而来的，它依赖于对劳动力所生产的商品或提供的劳务的需求。

劳动力需求按不同的标准可划分为多种类型，按层次可分为企业需求、行业需求、市场需求，按时间可分为长期需求和短期需求。

劳动力需求是由以国家或社会为主体的宏观需求和以企业为主体的微观需求共同作用决定的。这两个需求主体对劳动力的需求受到社会经济发展中多种客观因素的影响和制约。影响劳动力需求的因素有很多，宏观经济因素有经济发展、经济增长方式、产业结构等，微观企业因素有企业目标——利润最大化和成本最小化、厂商所使用的技术、缩短劳动时间等。

在完全竞争的条件下，企业在长期和短期的劳动力需求曲线是不同的。企业短期劳动力需求曲线是一条从左上方向右下方倾斜的曲线。它表明，在其他条件不变的情况下，当市场工资率不断提高时，劳动力需求量与市场工资率之间存在着反向关系。企业的长期劳动力需求曲线相对比较平坦，应当将等产量线和等成本线结合起来分析企业长期劳动力需求。具体有两种方式：（1）定量产出下的成本最小化；（2）定量成本下的产出最大化。

在劳动经济学中，对劳动力需求弹性的分析一般分为劳动力需求自身工资弹性和交叉工资弹性。劳动力需求自身工资弹性是指对于同类劳动力，劳动力需求量变动对于工资率变动的反应程度。劳动力需求交叉工资弹性是指一类劳动力需求量变动对另一类劳动力工资率变动的反应程度。

影响劳动力需求自身工资弹性的问题可以归结为所谓的希克斯-马歇尔派生需求定理。该定理认为，在影响劳动力需求的其他因素相同的情况下，在下述四种情况发生时，劳动力需求更有弹性。第一，该劳动力生产的产品具有较高的需求弹性；第二，其他生产要素可以很容易地替代劳动力；第三，其他生产要素的供给富有弹性，从而无须大幅度地提高其他生产要素的价格，供给量便可迅速增加；第四，人工成本占产品总成本的比重较大。

关键术语

劳动力需求　边际产量递减规律　等产量线　等成本线　替代效应　规模效应　劳动力需求自身工资弹性　劳动力需求交叉工资弹性

习　题

1. 如何理解劳动力需求的含义？
2. 劳动力需求有哪些类型？

3. 影响劳动力需求的因素有哪些?
4. 完全竞争条件下的企业如何决定短期劳动力的需求?
5. 市场工资率变化对于长期或短期劳动力需求的变化所产生的影响哪个更大?
6. 简述劳动力需求的自身工资弹性和交叉工资弹性。
7. 简述希克斯-马歇尔派生需求定理。

案例分析

2020年一季度全国十大城市岗位需求和求职排行榜

2020年第一季度,中国人力资源市场信息监测中心对全国85个城市的公共就业服务机构市场供求信息进行了统计分析。受季节性因素和新冠疫情叠加影响,市场用人需求和求职人员数量同比收缩,岗位空缺与求职人数的比率同比、环比均有所上升。

全国十大城市岗位需求和求职排行榜显示,搬运、包装工,营销人员,车工,营业人员、收银员等职业的用人需求较大,财会人员,仓储管理员,秘书、打字员,其他行政办公人员等职业的用人需求相对较少。

从“全国十大城市岗位需求和求职排行榜”可以看出,除重庆、合肥、福州外,其余7个城市的用人需求均主要集中在第三产业,其中上海最高,达77.3%。岗位空缺与求职人数比率大于(含等于)7∶1的城市有3个:重庆市的搬运、包装工(7∶1);南京市的营业人员和收银员(8∶1)、前厅服务员(13∶1)、营销人员(7∶1);兰州市的企业负责人(7∶1)。

城市	岗位空缺与求职人数的比率	第二产业需求	第三产业需求	岗位空缺大于求职人数缺口最大的前三个职业	岗位空缺与求职人数的比率	岗位空缺小于求职人数缺口最大的前三个职业	岗位空缺与求职人数的比率
上海	1.34	22.0%	77.3%	营销人员	2∶1	财会人员	1∶3
				车工	2∶1	秘书、打字员	1∶2
				营业人员、收银员	3∶1	仓储管理员	1∶2
重庆	2.13	66.7%	32.8%	搬运、包装工	7∶1	家畜饲养员	1∶7
				电子产品制版工	6∶1	丝麻毛纤维预处理工	1∶7
				车工	4∶1	供电服务员	1∶7
哈尔滨	1.83	28.8%	66.5%	搬运、包装工	3∶1	其他社会服务人员	1∶3
				保洁人员	2∶1	财会人员	1∶3
				搬运、包装工	4∶1	行政业务人员	1∶7
合肥	1.94	61.0%	38.4%	车工	3∶1	行政办事人员	1∶2
				搬运、包装工	3∶1	仓储管理员	1∶2
				家用电冰箱制造工	5∶1	电子商务师	1∶2

续表

城市	岗位空缺与求职人数的比率	第二产业需求	第三产业需求	岗位空缺大于求职人数缺口最大的前三个职业	岗位空缺与求职人数的比率	岗位空缺小于求职人数缺口最大的前三个职业	岗位空缺与求职人数的比率
郑州	2.35	33.3%	62.3%	简单体力劳动人员	3∶1	其他运输服务人员	1∶3
				推销展销人员	4∶1	其他行政办公人员	1∶3
				其他工程技术人员	3∶1	建筑和工程施工人员	1∶3
南京	1.55	46.1%	50.8%	营业人员、收银员	8∶1	家政服务员	1∶6
				前厅服务员	13∶1	财会人员	1∶23
				营销人员	7∶1	计算机软件工程技术人员	1∶3
福州	1.57	57.5%	38.9%	搬运、包装工	2∶1	治安保卫人员	1∶2
				制鞋工	2∶1	物业管理人员	1∶2
				快递员	2∶1	秘书、打字员	1∶2
长沙	3.97	39.4%	59.6%	广告设计师	3∶1	秘书、打字员	1∶2
				机械设计工程技术人员	3∶1	其他行政办公人员	1∶3
				计算机软件工程技术人员	2∶1	仓储管理员	1∶2
昆明	2.13	26.6%	70.5%	餐厅服务员	2∶1	呼叫中心服务员	1∶2
				客房服务员	3∶1	幼儿教育教师	1∶2
				营销人员	2∶1	砌筑工	1∶2
兰州	3.49	19.8%	79.8%	营销人员	4∶1	行政事务人员	1∶2
				企业负责人	7∶1	其他批发与零售服务人员	1∶2
				土木工程建筑施工人员	4∶1	租赁业务人员	1∶2

资料来源：中国人力资源市场信息监测中心．2020年第一季度部分城市公共就业服务机构市场供求状况分析．人力资源和社会保障部网站．

▶思考题：

1．产业结构对劳动力需求有哪些影响？

2．我国大多数城市用人单位劳动力需求、职业劳动力需求有什么特点？对你有什么启示？

第五章
人力资本投资

本章要点

劳动力素质的构成及特征；人力资本投资的含义及其主要形式；大学教育投资决策模型；一般在职培训与特殊在职培训的区别；在职培训的成本与收益分析。

导入案例

世界经济论坛：2017年全球人力资本报告

报告指出，全球人力资本平均开发利用率仅为62%，无论是发达国家还是发展中国家，处于不同发展阶段的经济体都尚未充分实现人力资本对经济的贡献潜力。报告认为，这会导致人才充分就业受限，进而加剧收入差距。

报告对全球130个经济体的人力资本利用水平进行了详细分析并排名，排名前三的分别是挪威、芬兰和瑞士，中国位列第34名。在报告所评估的国家中，仅有25个国家的人力资本利用率达到70%及以上，大部分国家处于50%～70%，另有14个国家低于50%。除了欧洲三国外，美国（第4名）与德国（第6名）两大经济体也跻身前十。亚洲方面，新加坡（第11名）、日本（第17名）和韩国（第27名）排在前列。

报告认为，无法人尽其才、缺乏新技能培训和终身受教育机会是阻碍各国充分发挥人力资本的重要原因，如果在教育和工作这两条促进社会包容性发展的道路上都存在缺口，全球收入不平等的状况则会进一步加剧。人力技能积累不应止步于学校教育阶段，在工作中持续积累和提升技能也是人力资本开发的重要内容。而另一方面，报告指出，现实情况则是，很多国家并不缺乏人才储备，而是未能使之达到最有效的资源配置。

资料来源：世界经济论坛：2017年全球人力资本报告. 中文互联网数据资讯网，2017-09-14.

在我们讨论劳动力市场问题时，已经触及劳动力素质问题。劳动力作为人的劳动能力，附着在人的身体内部。由于每个人的条件不同，因而劳动者具有各不相同的能力，而这种能力并不是一成不变的。在人力投资的作用下，人们的各种劳动能力可以得到提高并且产生更高的工作效率，进而提高企业的劳动效率。因此，在现代经济活动中，不仅企业十分关注劳动力素质问题，而且有关劳动力的基本素质以及如何增强人力投资、开发劳动者的职业能力等问题也成为劳动经济学研究的一个重要内容。

第一节　劳动力素质的构成及特征

虽然我们在探讨劳动力市场供给时暂时舍掉了劳动力质量的问题，只分析劳动力数量的问题，但事实上两者是有机的统一体，在劳动力市场上所需要的从来就是有劳动能力的劳动者。这说明，从经济发展的角度所考察的一国劳动力资源，应该是该国的劳动力人口数量和劳动力人口平均质量的乘积。因此，首先必须明确劳动力质量的内涵。

一、劳动力素质及其构成

剖析劳动力市场供给和劳动力市场需求离不开对劳动力质量问题的研究。在现代经济社会，必须研究劳动力素质问题。

（一）劳动力素质的界定

什么是劳动力素质?《现代汉语词典》（第7版）对“素质”一词的释义是：“①事物本来的性质；②素养；③心理学上指人的神经系统和感觉器官上的先天的特点”[①]。在《简明心理学词典》中对“素质”的解释是：“素质，又称天赋，是个人生来所具有的解剖生理特点。这些特点是通过遗传获得的，所以也叫遗传素质。主要指神经系统、感觉器官和运动器官的特性，其中脑的特性尤为重要。”[②]

需要注意的是，在这里，素质这个概念仅仅用于心理学的分析。心理学的研究基础是生理学，人的心理与生理密不可分。由于人类劳动以生理作为基础，所以人们把“素质”这个概念引用到对劳动力的研究上。但是，当人们把这个概念与劳动力相连接，称为“劳动力素质”的时候，此时“素质”的内涵已经发生了变化，它超越了心理学的定义范围，从而大大地丰富起来。

人类社会要生存、要发展，必须掌握、运用并开发各种资源，其中最主要的资源就是劳动力资源。劳动力资源与其他物质资源最主要的区别在于：它是一种具有主体能动性的资源。一切物质资源是被开发的客体和对象，而劳动力资源既是被开发的对象，更是自我开发的主体。

由此可知，劳动力是人的劳动能力，即人的体力和智力的总和，在劳动的过程中这种能力会不断提升。也就是说，人类在劳动过程中，不仅创造出物质财富，同时创造出人自身。

从劳动经济学的研究视角看，劳动力素质的存在、被认可并发挥作用的社会基础是

① 中国社会科学院语言研究所词典编辑室．现代汉语词典．7版．北京：商务印书馆，2016：1248.

② 杨晴．简明心理学词典．吉林：吉林人民出版社，1985.

劳动力市场，即不论劳动力供给一方，还是劳动力需求一方，都要按照劳动力市场运行的规则来看待劳动力的素质。社会经济发展最需要什么样的劳动力，劳动者就会努力提高自己的相关能力，而企业就会对其所短缺的劳动力提高其劳动力市场价格。因此，市场经济运行中“看不见的手”将引导劳动者不断提高自己的素质。

所以，劳动力素质的内容不应局限于人的生理方面，它不仅仅是遗传的结果。**劳动力素质**是指在长期的劳动过程中形成、不断改善和发展的人的各种能力。从人力资源开发与管理的角度看，对人的能力可从各个侧面予以区分并且进行测评，如劳动能力、工作能力、领导能力、预测能力、决策能力、组织能力、指导能力、控制能力、协调能力、管理能力、观察能力、理解能力、认识能力、科学实验能力、计算能力、竞争能力、模仿能力、表达能力、思维能力、修辞能力、鉴别能力、适应能力、想象能力、概括能力、分析能力、判断能力、创造能力、自制能力、人体特异功能、人的潜能等等。

（二）劳动力素质的构成

从劳动经济学角度进行归纳，具体地说，劳动力素质是指劳动者所具有的身体素质、文化技术素质和思想道德素质的总和。

1. 身体素质

身体素质主要是指劳动者的体质、体力强弱和健康水平等。对劳动者身体素质的考察指标主要有力量、耐力、速度、灵敏度、柔韧度等人体运动生理指标（见图 5－1）。

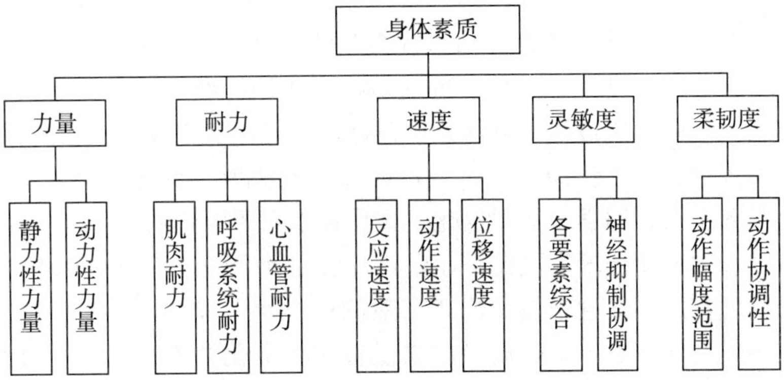

图 5－1　劳动者的身体素质构成

身体素质是劳动力素质中最基础的组成部分。

首先，身体素质是人类劳动活动时能量消耗的物质基础，也是能量补充的承担者。

其次，身体素质是人类智力得以发挥的生理基础，即所谓“身体是载知识之舟”。在一般情况下，体质水平高，人的智力就可能得到较充分的发展和发挥；不具备一定的体质水平，人的智力的发展和发挥就会受到限制。正如储存在电子计算机里的信息需要借助于精良的“硬件”才能最终输入并得到利用一样，一个人的聪明才智也只有借助于充沛的体力才能更有效地发挥出来。

2. 文化技术素质

文化技术素质主要是指劳动者所掌握的认识客观事物、获得知识并运用知识和技能，在劳动过程中辨析问题、解决问题的能力。

文化技术素质的构成内容主要有劳动者的智力（智商高低）、文化知识和劳动技能等（见图 5－2）。

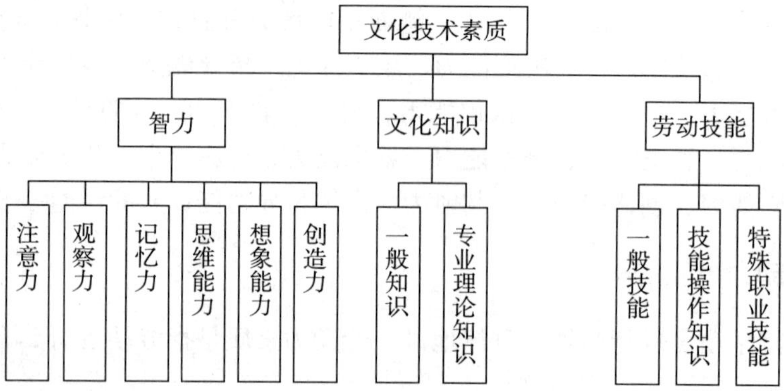

图 5－2　劳动者的文化技术素质构成

文化技术素质是劳动力素质中最核心的组成部分。

首先，文化技术素质是人类在劳动过程中创造财富、创造价值的最根本的源泉。如马克思所说："单个人如果不在自己的头脑的支配下使自己的肌肉活动起来，就不能对自然发生作用。"[①] 任何劳动都是体力劳动和智力劳动的结合。尽管身体是人类智力得以发挥的生理基础，但是，如果智力不足，特别是在现代知识经济社会，如果劳动者缺乏必备的文化技术素质，则体能再强、身体素质再好，也无法真正成为社会所需要的劳动力，难以在劳动力市场上找到工作岗位。所以，现代社会认为，新世纪的文盲不是不识字的人，而是不会学习的人，即学习能力退化、文化技术素质弱化的人。

其次，劳动者的文化技术素质在企业生存发展和社会经济增长中起着决定性的作用。当今社会，物质财富的创造越来越取决于一般的科学水平和技术进步程度，取决于科学在生产中的应用，由此也决定了劳动者的素质特别是文化技术素质在社会经济生活中具有支配性的作用。据统计，在机械化的初期，体力与智力劳动的消耗比例为 9∶1，在机械化中期为 6∶4，而在全自动化条件下，已变为 1∶9。[②] 这说明，现代经济是以知识为基础的经济。而知识的获得与利用，特别是知识的创新，是智力劳动的结果，并不是体力劳动的凝结。现代社会所需要的劳动基本上都是智力劳动，需要劳动者具有一定的文化技术素质。

3. 思想道德素质

思想道德素质主要是指人们在一定的思想道德和道德原则指导下形成的，表现在个

---

① 马克思，恩格斯．马克思恩格斯全集：第 23 卷．北京：人民出版社，1972：555.

② 沈琴琴．劳动经济．北京：中国工人出版社，2001.

人身上的思想意识状况和道德修养水平。

思想道德素质的构成内容主要有人生价值观、事业心、诚信、个人修养等（见图 5－3）。

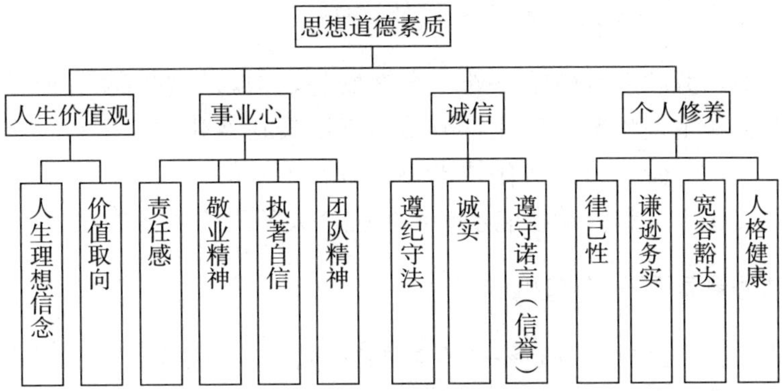

图 5－3　劳动者的思想道德素质构成

从企业用人以及劳动者对社会发展的影响这一角度来考察，思想道德素质是保障劳动力素质特别是劳动者的文化技术素质充分发挥的重要前提条件。

首先，思想道德素质直接影响劳动力素质，特别是劳动者文化技术素质的形成，并且影响劳动力智力能力的发挥。思想道德素质虽然不直接创造物质财富，但现实生活中的大量事实证明，一个人如果没有良好的思想道德素质，尽管他有健康的体魄，有正常的智力能力，但是，由于没有正确的人生观、劳动观，不愿意踏踏实实地学习，掌握文化知识和劳动技能，只想投机取巧，坐享其成，最终就不可能使个人充分发展，通过个人的劳动提高个人收入，甚至可能做出违法乱纪的事情，危害国家，危害人民。

其次，思想道德素质影响劳动者的劳动行为，进而影响财富创造和企业的未来发展。微软公司副总裁李开复博士认为，企业选择用人时，首选的人才素质是“人品”，其次是智慧、团队精神和激情。因为在微软公司，员工进入公司会有很大的空间，会得到很大的信任，在这样优越的条件下，绝对不能考虑人品有问题的员工。这里所说的“人品”，实际上就是我们通常所说的思想道德素质。在现实生活中，个别人虽拥有强健的身体和超人的智慧，但由于思想品质恶劣，道德败坏，利用职权侵吞国家财产、搞垮企业的案例也并不鲜见。所以，思想道德素质也是劳动者素质的一个重要组成部分。

二、劳动力素质的特征

综上所述，从劳动经济学的角度考察，劳动力素质是劳动者的身体素质、文化技术素质和思想道德素质的总和。进一步分析，可以看出，劳动力素质具有以下三个特征：

（一）劳动力素质是遗传和开发相结合的产物

劳动力素质是先天遗传和后天开发相结合的产物。虽然劳动者的生理、心理和智力等方面有着先天遗传的成分，但是，劳动力素质的大部分内容不是先天形成的，而是经过后天的学习、训练和教育开发形成的。在知识经济时代，由于劳动中的智力成分日益扩大，占据了主导地位，所以劳动力经过后天开发可以大大地提高自己的综合素质。

（二）劳动力素质始终处于发展和变化之中

在人的一生中，劳动力素质始终处于发展变化之中。随着劳动者所处的客观环境的变化以及劳动者自身主观状况的变化，劳动力素质会在变化中发展或消退。由于社会生产力不断向前发展，对劳动力的文化技术要求也在不断提高。所以，劳动者应该坚持学习，提高自己的文化水平和劳动技能水平，加强个人的思想道德修养。

（三）劳动力素质是一个有机的整体

劳动力素质的三个组成部分是一个有机的整体，互相制约，互相促进。在劳动力市场上，用人单位挑选劳动力一般要经过资格审查、面试等环节，此外还要通过试用期进一步考察劳动者的实际工作能力和人品等。这实际上就是要挑选录用德、智、体全面发展的劳动力。所以劳动者个人必须注意协调发展和综合开发劳动力素质。

三、劳动力素质的影响因素

研究影响劳动力素质形成的因素，深入探讨劳动力素质形成的基础，对于加强劳动力素质的综合开发有着特别重要的意义。归纳劳动力素质的三个构成要素，影响劳动力素质形成的因素主要有两大类。

（一）遗传和营养水平

科学研究证明，受遗传因素的影响，人类的体力和智力具有一定的继承性，所以，采取积极的优生优育政策，有利于提高未来劳动力的体力和智力水平。同时，营养水平不仅影响未成年人的体力和智力发展水平，而且影响在业劳动者的体力和智力水平的提高与发挥。

（二）教育和培训

劳动者的文化技术素质和思想道德素质主要是通过教育和培训形成的。一个国家或地区的科教文化事业的发展以及职业培训事业的发展状况，是形成现代劳动力素质的重要保证。

首先，文化教育是提高劳动者文化程度并不断提高文化技术素质的前提条件。教育是人类传授知识、经验的一种社会活动，通过文化教育手段，可以使受教育者获得从事社会劳动所必备的知识。作为一个劳动者，只有接受一定的学历教育，才能具备以相关学历为代表的知识广度和知识深度，形成一定的学习能力。

其次，传统文化与思想道德教育是提高劳动者思想道德素质的重要保证。人的道德行为既不是天生的，也不是后天自然形成的，而是通过社会教育中的道德教育，启发、引导人们逐渐形成的，因为每一个人都不是一个独立的个体，而是在一定社会中生存、发展的社会人。为了社会正常、有序、健康地发展，社会必须通过传统文化教育与道德教育，规范道德要求，把社会道德要求以及与之相联系的道德观念灌输到每个人的意识中，使每个人都能够有意识地调整和监督自己的行为，并以正确的道德文化观来评价他人的行为，扬善抑恶，形成社会正气。

最后，职业培训和职业技术教育是形成、改善并提高劳动者劳动技能的最直接的途径。通过现代职业技术教育，可以使处于一般状态的人获得一定的劳动技能和劳动技巧，成为专门或专业的劳动力。

应用实例

2021 年诺贝尔经济学奖得主关于教育质量回报的实证研究

长期以来，教育质量究竟会给受教育者带来怎样的影响，一直是一个备受争议的问题。一些人认为，教育质量会对人的发展产生长期的影响，而另一些人则认为，即使教育质量的短期影响是存在的，这种影响也会随着时间衰退。但是，如果想要对以上这个争论进行实证考察，却会面临很大的困难。第一个困难是，人们所说的“教育质量”究竟是什么？它究竟能用什么指标进行量化？第二个困难是，在研究收入和教育的关系时，可能遭遇严重的内生性问题。具体来说，一个有钱人家的孩子很容易进入好的学校，但他们即使不去好的学校，也会比一般人家的孩子更容易找到工作，赚到更多的钱。因此，我们即使看到有人上了好学校，找到好工作，也不能在上好的学校和找到好工作之间建立因果关系。除了以上两个困难之外，由于教育和人的职业发展之间存在着很大的时间间隔，其中会发生很多事情，这也会对相关的研究结果产生很大的影响。

为了克服以上困难，戴维·卡德（2021 年诺贝尔经济学奖得主之一）和他的合作者艾伦·克鲁格（Alan Krueger）一起做了很多工作。为了防止陷入空谈，他们先是将教育质量量化为了学生与教师的人数比、学期长度，以及教师平均工资等指标，并构造了相应的数据库。为了排除其他因素的影响，他们将关注点主要集中在处于同一劳动力市场，种族、收入水平一致，但接受教育的时间、地点不同的工人之间收入的变化。通过前面的讨论，我们很容易知道，他们的这种努力，其实是在努力构造一个模拟的实验场景，以尽可能消除除了教育质量之外，其他因素对人们的长期收入的影响。通过一系列研究，他们发现，学校资源不仅可能对人的未来产生影响，而且其效应是十分显著的。在同一个劳动力市场的类似工人当中，那些接受过更高“教师密度”教育的人，将在未来取得更高的收入。

值得一提的是，虽然卡德对于劳动经济学的贡献毫无疑问，但他的很多研究事实上是和克鲁格一起完成的（事实上，安格里斯特的很多研究也是和克鲁格合作的）。如果不是克鲁格已身故，那么他应该有很大概率会和卡德一起获奖。

资料来源：因果推断：利剑和 2021 诺贝尔经济学奖三剑客的故事. 经济观察报，2021－10－12.

第二节　人力资本投资

应用实例

多读书到底可以带来多大的回报?

在劳动经济学领域，关于“多读书到底可以带来多大的回报”是一个老生常谈的问题。20 世纪 70 年代，教育经济学家雅各布·明瑟对这一问题进行探究，提出了著名的“明瑟收益率”（即多接受一年教育所能带来的收入增加）的概念。

随着经济学研究方法的推进，学者们如果能够在雅各布·明瑟的研究基础上，寻找到一个只能对受教育时间产生影响，但不直接影响收入的外部变量，借此进行实证研究，由此而获得的教育对收入产生影响的结论将会更加令人信服。

20 世纪 90 年代，约书亚·安格里斯特（2021 年诺贝尔经济学奖得主之一）和艾伦·克鲁格（2019 年 3 月 16 日逝世）两位学者合作，找到了一个神奇的工具变量——“人们的生日”，作为受教育时间的工具变量并开展实证研究。

根据美国的义务教育法，所有在年度内年满 6 周岁的学龄儿童必须于当年的 9 月份入学接受义务教育，只有年满 16 周岁时，学生才有权选择辍学离开学校。这个规定导致了一个问题的产生：如果孩子出生的月份早，那么入学时平均年龄就较大；而如果孩子出生的月份晚，则入学时的平均年龄就较小。具体来说，如果孩子出生在第一季度，那他们上学时的平均年龄大约是 6.45 岁，而如果孩子出生在第四季度，他们入学时的平均年龄只有 6.07 岁。但是，他们被允许辍学的年龄却是一样的，这样就会使那些本来要辍学的年末出生的孩子比年初出生的孩子要多读一年的书。一个孩子出生在哪个季度或者哪个月份，纯粹是一个随机的结果，是“自然”发生的，不受儿童潜在学习能力、家庭背景等因素的影响，是一个“自然实验”。因此，通过比较年末出生孩子和年初出生孩子在成年之后的收入，就可以估算出一年教育的回报。

两位学者对年满 16 周岁后辍学的孩子经过分组实证研究后发现，对于 20 世纪 20 年代出生的孩子来说，第一季度出生的人比其他三个季度出生的人少上了 0.126 年学，教育回报率要低 0.7 个百分点；对于 20 世纪 40 年代出生的孩子来说，第一季度出生的人比其他三个季度出生的人少上了 0.109 年学，教育回报率要低 1.02 个百分点。如果给定其他因素，额外 1 年的教育，将会使收入增加 9%。

他们的研究成果于 1991 年发表在经济学顶级杂志《经济学季刊》上。实证研究充分说明，教育确实可以增加工资收入。多读一年书，对人的未来发展还是有好处的，至少在义务教育阶段是这样的。

资料来源：因果推断：利剑和 2021 诺贝尔经济学奖三剑客的故事. 经济观察报，2021-10-12；南财快评：如何理解 2021 年诺贝尔经济学奖得主的贡献？21 世纪经济报道，2021-10-12.

随着科学技术的进步，人们日益认识到，在社会劳动中，人力资源开发、知识创新已成为创造财富的主要源泉，因此，要改变传统的观念，即认为资本仅是购置生产资料的物质资本这一观念。现代经济学家认为，资本分为人力资本和物质资本两种形式，人力资本同物质资本一样，其投入可以获得产出，成为经济增长的一个因素，而且它对经济增长的贡献比物质资本更为突出。

一、人力资本的理论基础

人力资本理论体系是由曾获得诺贝尔经济学奖的美国著名经济学家西奥多·W. 舒尔茨提出的。但是，主张大力发展各种形式的教育，以提高人口素质，增加技术人才，并将这方面的投入费用称作资本的论述在西方经济学的历史长河中早已有之。人力资本理论的形成和发展，大致可以分为以下三个阶段。

（一）第一阶段：萌芽时期

英国经济学家威廉·配第认为，由于人口素质的差异，他们所提供的生产力也是不同的。他认为，一个技艺高超的人，可以同许多人抗衡，并能提供更多的产品。他进一步举例说，英国、法国、荷兰等国家的经济实力之所以不同，人的素质的差异是一个重要原因。[①] 在威廉·配第的一些经济学著作中已经自觉或不自觉地提出了采取某些措施和进行必要的资本投入，以提高人口素质的观点。因此，作为政治经济学创始人的威廉·配第已经有了人力资本理论的思想萌芽。

（二）第二阶段：形成时期

随着社会经济的发展，劳动力在社会生产中的作用日益突出地显现出来，这促使经济学家逐渐深入研究劳动力素质的形成及其提升，人力资本理论由此形成。其中最著名的代表是：亚当·斯密、让·巴蒂斯特·萨伊（Jean Baptiste Say）和阿尔弗雷德·马歇尔（Alfred Marshall）。

1. 亚当·斯密

亚当·斯密认为劳动生产力的水平受制于人们在劳动中所表现出来的熟练、技巧和判断力，而这又是人们接受教育和培训的结果，并且明确地把人的才能和在教育上投入的费用看作是人力资本。他的论述在两方面涉及人力资本的核心问题：一是个人在生活与其他费用上花费的多少是决定他的工资水平高低的一个因素；二是个人教育培训费用的多少也是决定工资差别的一个因素。斯密还通过分析人的素质低下对经济发展的阻碍作用，进一步论述了教育的重要性和必要性。

2. 让·巴蒂斯特·萨伊

法国经济学家让·巴蒂斯特·萨伊在亚当·斯密论述的基础上展开了进一步的分析。

---

① 杨俊青，刘姗姗. 劳动经济理论研究. 北京：中国经济出版社，1998.

萨伊特别强调人才尤其是有特殊才能的企业家的作用。他认为，生产力是劳动、资本和自然力这三大要素的配合、协作过程，而这些要素的配合、协作是由素质较高的企业家组织、承担的，企业家对生产发挥着重要的特殊作用。作为特殊人才的企业家，需经过良好的教育和丰富的实践经验的积累。企业家能促进生产力的发展，增加国家财富，所以人才有时比物质财富更为宝贵。

3. 阿尔弗雷德·马歇尔

英国著名经济学家阿尔弗雷德·马歇尔也对人力资本问题作了较多的论述。比如：人力资本是由知识等构成的，知识是我们最有力的生产动力；随着生产的发展、企业规模和经营活动的扩大，对人的才能的要求也越来越高，不仅企业的管理者，一般的普通工人也必须符合这一要求。这就需要加强正规的学校教育和学校后的教育，以培养和培训未来合格的生产者，促进经济发展。阿尔弗雷德·马歇尔在他的代表作《经济学原理》中就提出要加强对人的投资，以及这种投资对个人收入的影响。

（三）第三阶段：发展和完善时期

继阿尔弗雷德·马歇尔之后，人力资本思想的发展进入一个崭新的阶段。雅各布·明瑟、加里·贝克尔、西奥多·W. 舒尔茨等著名经济学家从不同的方面、不同的角度分别阐述了人力资本投资对个人收入的影响和对经济发展的促进作用。正是他们的不懈努力，奠定了当代人力资本理论的基础，形成了比较完整的人力资本理论。

1. 西奥多·W. 舒尔茨

舒尔茨在1960年美国经济学年会上发表了题为《论人力资本投资》的演说，系统、深刻地论述了人力资本理论，开创了人力资本研究的新领域，并因此而荣获1979年诺贝尔经济学奖。其代表作为《论人力资本投资》。舒尔茨的人力资本理论有5个主要观点：(1) 人力资本存在于人的身上，表现为知识、技能、体力（健康状况）价值的总和，一个国家的人力资本可以通过劳动者的数量、质量以及劳动时间来度量。(2) 人力资本是投资形成的。投资渠道包括：营养及医疗保健费用、学校教育费用、在职人员培训费用、择业过程中所发生的人事成本和迁徙费用。(3) 人力资本投资是经济增长的主要源泉。(4) 人力资本投资是效益最佳的投资。人力资本投资的目的是为了获得收益。(5) 人力资本投资的消费部分实质是耐用性的，甚至比物质的耐用性消费品更加经久耐用。①

2. 加里·贝克尔

加里·贝克尔的《人力资本》一书被恰当地描述为“经济思想中人力资本投资革命”的起点，其人力资本的观念在该书中得以体现：(1) 人力资本投资的目的既要考虑到将来的收益，也要考虑到现在的收益。(2) 在职培训是人力资本的重要内容。(3) 提出了人力资本投资收益率的计算公式。(4) 提出了年龄—收入曲线。(5) 说明了高等教育收益率，同时也比较了不同教育等级之间的收益率差别。(6) 信息的收集也是人力资本的

① 曾湘泉. 劳动经济学. 3版. 上海：复旦大学出版社，2008.

内容，同样具有经济价值。同时，贝克尔还把人力资本研究框架扩展到“家庭经济学”，把家庭的许多行为诸如父母养育孩子、婚姻以及家庭内部分工看成与人力资本有关。

3. 雅各布·明瑟

严格来说，明瑟对于人力资本的研究要早于以上两人。1957 年，他在博士论文《人力资本投资与个人收入分配》中最早运用人力资本投资的方法研究收入分配。他对人力资本的理论贡献有以下几点：(1) 最早建立了人力资本投资收益率模型。(2) 最先提出了人力资本收入函数。(3) 将人力资本理论与分析方法应用于劳动力市场行为与家庭决策。(4) 提出了“追赶”时期的概念，并用于分析在职培训对终生收入模式的影响。[①]

这三个人的理论构成了现代人力资本理论的主流。实际上，人力资本理论引起世界各国的重视并得到发展繁荣的时期是在第二次世界大战以后。主要原因是第二次世界大战以后，资本主义国家的经济突飞猛进，尤其是战败国日本、德国的经济发展速度更快。是什么因素导致这些国家的经济突飞猛进呢？结论是促使经济增长的因素包括：一个国家的物质资本、制度因素和一个国家的教育水平，也就是人力资本投资的数量，而后者是促进经济增长的关键因素。第二次世界大战以后，作为战败国的日本、德国，其物质资本基本损坏，但其经济却发展得很快，这首先应归功于它们的人力资本数量和人力资本质量。因此，人力资本理论受重视的原因，一是它已被各国经济发展的经验所证明，二是随着经济的发展与社会的进步，人力资本投资问题将日趋重要。

二、人力资本投资及其特征

我们首先来看一下什么是资本。西方经济学认为，凡是用于生产、扩大生产能力及提高生产效率的物质在经济学上都称为资本。它不仅包括设备、厂房，而且包括技术和知识。前者是体现在物质形式方面的资本，一般被称为物质资本；后者是体现在劳动者身上的资本，一般被称为人力资本。确切地讲，**人力资本**就是指体现在劳动者身上的并能为其带来永久收入的能力。在一定时期内，主要表现为劳动者所拥有的知识、技能、劳动熟练程度和健康状况。因为知识的丰富、技能的改进、劳动熟练程度的提高和健康状况的改善可以提高劳动的质量，用同样数量的劳动能够得到更多的产出。所以，人力资本是一种非常重要的资本。

（一）什么是人力资本投资

综上所述，人力资本的表现形式是劳动者所拥有的知识、技能、劳动熟练程度和健康状况，而这些都必须通过各种形式的人力资本投资来形成。所谓**人力资本投资**，就是指所有能够有利于形成与改善劳动力素质结构、提高人的生产能力从而提高人在劳动力市场上的收益能力的投资。人力资本投资还有一个简单、直观的概念，就是花在人的教育、培训、健康和迁移等方面的货币，并且这些货币会给人们的将来带来收益。

---

① 曾湘泉. 劳动经济学. 3 版. 上海：复旦大学出版社，2008.

（二）人力资本投资的特征

为了提高劳动力质量，必须增加提高劳动者文化素质和劳动技能的费用支出，即人力资本投资。在现代经济发展过程中，人们日益发现，增加人力资本投资是提高劳动者的整体素质，激发劳动者的能动性和创造性，提高企业劳动生产率，增强企业竞争力的关键；也是加速社会生产力发展，提高综合国力，即经济、科技、军事等实力的重要前提。因此，有必要研究人力资本投资的特性及其对生产力的促进作用。与物质投资相比，人力资本投资有以下特性：

1. 投资范围的广延性

物质资本投资一般由社会和生产单位支付，而人力资本投资却要由个人、家庭、企业和社会共同支付，具有广延性。

2. 潜在的生产性

物质资本投资一般都是生产性投资，而人力资本投资的表象特征是一种文化消费，但实际上它增加了劳动者的科学文化知识和工作能力，通过提高劳动力素质，提高了未来的生产能力。

3. 周期长

物质资本投资的周期相对较短，而人力资本投资时间较长，并日趋延长。从普通教育开始，一直到职业教育、在职培训、进修等，形成了终生教育。

4. 长效性

物质资本投资一般只对一次生产过程发生作用，即使机器设备的投资也只在其服役期限内发生作用。而人力资本投资不仅使劳动者本人终生受用，同时，它所形成的文化科技素质还会惠及他人，并世代传授，不断提高、升华。

5. 开拓性

物质资本投资只能使机器设备按原定的性能和生产能力进行加工生产，而人力资本投资的对象是人，劳动者接受了更多的知识后，会提高创造力，再设计、生产出更多、更好的机器设备和产品。

6. 投资效益的非实体性

物质资本投资的结果必定形成某种产品实体，而人力资本投资的产出是无形的。它所形成的人的更高质量的劳动能力，包含在劳动者身体内部，因而本次投资一般不可能立即形成具体的产品和利润，这就容易使人们忽视人力资本投资的作用。

7. 高增值性

物质资本投资所能够产生的经济效益在投资前已经计算出来，是基本确定的，而人力资本投资所能产生的经济效益无法估量。据研究，不同文化水平的人提高劳动生产率的能力也不同。如小学、中学和大学文化程度的劳动者，提高劳动生产率的能力分别为43％、108％和300％。所以，人力资本投资是高效益的生产性投资。

小思考

如何理解“十年树木，百年树人”？

三、人力资本投资的主要形式

一般而言，人力资本投资的形式可以归结为以下四种：

（一）普通教育

普通教育是人力资本投资的重要方式。无论是政府还是社会团体、劳动者个人或其家庭，无论其投资主体是谁，用于普通教育的费用均属于人力资本投资。从传统的学校教育体系来看，小学至高等院校构成了在教学内容、教育层次上相互沟通、相互衔接的教育体系。初等和中等普通教育的目标着重于人的一般认识能力的发展，是此后其他教育的基础。高等教育虽然属于普通教育的范畴，但已经具有鲜明的专业性，其基本任务与主要作用是探索、鉴别、传授和发展一个民族或一个社会已有的最高文化科学成就与精神财富，获得对自然界、社会生产和社会发展规律的认识。通过普通教育投资，会形成并增强人力资本的知识含量。通过劳动者接受学校教育的年限和学历构成，可以清楚地判断和比较一个国家或地区在某一特定时期的人力资本存量。

一个国家的劳动力市场运行效果如何，乃至国家经济竞争力的高低，越来越取决于其劳动力的技能水平。在全球化条件下，劳动者接受并掌握适当的教育和技能是一个国家参与全球竞争和利用技术进步成果的必不可少的条件。为此，需要通过特定指标了解劳动者的教育和技能水平状况。在我国第七次人口普查中，对人口受教育程度的衡量主要采用四个等级：具有大学（指大专以上）文化程度的人口；具有高中（含中专）文化程度的人口；具有初中文化程度的人口；具有小学文化程度的人口。除此之外的人口为文盲人口（15 岁及以上不识字的人）。

（二）在职培训

在职培训是与普通教育具有同等重要意义的人力资本投资方式。接受正规的学校教育后，人力资本投资并没有停止，它恰恰是在另一种意义上的开始。如果说普通教育的目标在于促使人的一般认知能力的发展，那么在职培训则以直接地培养和训练人的职业能力为其主要目的。在职培训就是在相应层次普通教育的基础上，使劳动者获得与发展从事某种职业所需要的知识、技能与技巧。

（三）健康保健

用于健康保健、增强体质的费用是人力资本投资的第三种方式。寄寓人力资本的载体只能是人，人的心理和生理素质状况如肌肉力量、五官感觉及灵敏程度等，是人力资本借以发挥作用的自然基础。健康的程度对于决定各种方式的人力资本投资及其价值起着极其重要的作用。

（四）劳动力流动

劳动力流动费用本身并不能直接形成或增加人力资本存量，但是，通过劳动力流动实现了人力资本的优化配置，调整着人力资本分布的稀缺程度，它是实现人力资本价值和增值的必要条件。此外，通过流动使一定量人力资本从对个人和社会较少收益的部门、地区和职业进入对个人和社会较多收益的部门、地区和职业，其流动费用的效益不言自明，它能使定量人力资本产生更大的经济价值和收益。

除了以上四种人力资本投资方式外，关于获取劳动力市场的工资和职业信息、企业雇佣员工考核评价费用等，也都可以视为人力资本投资。实际上，人力资本投资的方式有很多，从广义上来说，为了形成和增强劳动力的生产性，增加未来的效用，任何直接针对改善或提高劳动者的职业技术能力结构、知识结构、分布结构、利用水平的费用支出，都可以视为人力资本投资。①

小思考

根据亲身经历，分析你做过哪些人力资本投资？

第三节　大学教育投资的经济分析

教育投资是人力资本投资最重要的方式。曾有学者采用实证研究方法，通过探寻中国城镇居民提高受教育层次对教育投资边际收益率的影响，来证明教育是人力资本投资并因此而受益的重要手段。该研究发现，高中学历比初中学历受教育年限增加 3 年，年教育收益率为 3.45%，大专学历比高中学历受教育年限增加 3 年，年教育收益率为 5.8%，本科学历比高中学历受教育年限增加 4 年，年教育收益率为 8.39%，硕士学历比本科学历受教育年限增加 3 年，年教育收益率达到 10.54%。这个研究结果表明，随着受教育层次的增加，年教育投资边际收益率明显上升。与此同时，由于教育投资增加了受教育者在劳动力市场上的稀缺性和需求，因此也提高了他们的市场议价能力，从而增加了工资收入。②

根据《中华人民共和国义务教育法》，我国目前实行 9 年义务教育，全国人大代表提出的关于在全国普及 12 年义务教育的提案还在进一步论证之中。由于大学教育投资在个人、家庭以及社会的人力资本投资中数量较大，对大学教育投资进行经济分析具有非常重要的现实意义。

---

① 张抗私，周鹏，姜广东．当代劳动经济学．北京：经济科学出版社，2000．

② 樊明．人力资本理论问题及新解释．中国劳动关系学院学报，2021（5）：46－56．

一、大学教育投资的成本分析

上大学的总成本包括货币成本与非货币成本。货币成本由两部分组成：直接成本与间接成本（或机会成本）。

直接成本是学杂费、书本费等，是接受大学教育直接发生的费用；间接成本，也称机会成本，是由于上学而无法去工作而放弃的收入。直接成本与间接成本分布于整个大学时期，是一个预期值。一般说来，非货币成本是指由于上大学所承受的心理成本。由于读书是一件很艰苦的事，枯燥乏味，考试还要面临很大的压力，所以有人把它当作一种负效用。当然，不排除有些人将学习视为一种享受。由于非货币成本是一种主观感受，很难进行量化，所以，在下面的分析中我们将省略对非货币成本的分析。

二、大学教育投资的收益分析

上大学的总收益也包括经济收益和非经济收益。经济收益是指从终生收入来看，上大学的人一生得到的收入总量高于没有上大学的人一生得到的收入总量部分。但是，这种收入的超出部分是建立在对未来预期的基础上，是一个预期值，因为一个人并不知道大学毕业以后或者没有读大学的收入到底如何。非经济收益包括由于上大学而得到的社会地位的提高、知识面的扩展所带来的生活兴趣的广泛等。由于非经济收益很难准确计量，我们同样将省去对它的分析。

案例分析

剑桥大学研究表明高等教育投资回报率可期

英国剑桥大学官网发布的一项研究报告显示，越来越多的人意识到，接受高等教育几乎是获得较高社会地位和较高收入的必经之路，可以最大程度增加年轻人的职场竞争力。高等教育是年轻人日后获得较高经济地位的最重要选择。

剑桥大学教育学院教授安娜·维格诺斯（Anna Vignoles）表示，他们进行的“教育与收入”长期跟踪项目显示，教育是目前改善社会流动性和促进经济增长的重要因素。大学为人们提供了改变生活的机会，人们可以增长知识、提高技能。总体来说，个人、社会和经济都是高等教育的赢家。

为了解高等教育投入与产出的关系等问题，维格诺斯及其同事根据英国的教育数据集，将教育和收入联系起来进行研究。这项研究主要基于两个数据集：一是跟踪300万学生的在校表现，包括他们接受高等教育时所选的大学和学科；二是他们毕业10年后的税务记录。他们从2013年开始研究这些数据，目前阶段性成果已在相关期刊陆续发表。核心结果显示，接受过高等教育的人平均收入远远高于未接受过高等教育的人的所得。因此，维格诺斯认为，高等教育学历在劳动力市场上具有重大竞争力。

资料来源：剑桥大学研究表明高等教育投资回报率可期．中国社会科学网，2018-07-01.

▶**思考题：**

以自己为例，做一次大学教育的成本—收益分析。

三、大学教育的投资决策模型

大学教育的投资决策是通过对成本和收益进行比较做出的，可以用模型表示，如图 5-4 所示。

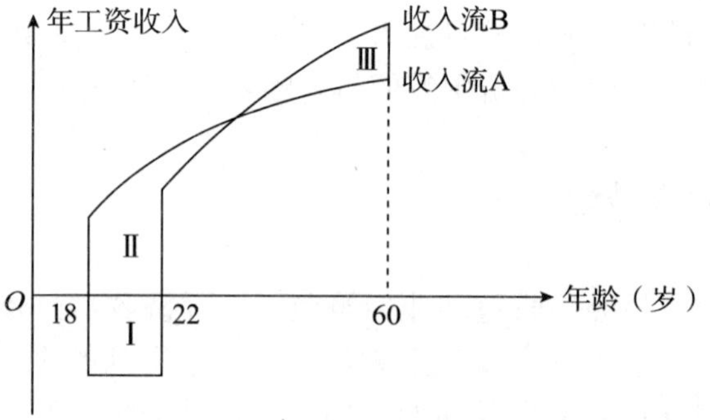

图 5-4　大学教育的投资决策模型

在图 5-4 中，横轴为年龄，纵轴为年工资收入。图中清楚地显示了两类人收入流的差异。其中收入流 A 反映了未上大学的人的终生收入流，它代表了 18 岁高中毕业后不是去上大学而是立即工作的人的收入情况；收入流 B 反映了上大学的人的终生收入流，它代表了 18 岁上大学到 60 岁退休的人的收入情况。

根据前面的分析可知，上大学的成本包括直接成本与机会成本，上大学的收益为因上大学而带来的收入增量即接受大学教育和不接受大学教育的收入流的差额。经过折现后，只有上大学的收入增量大于或等于上大学的成本，人们才会选择接受大学教育。当然，这里仅反映了经济收益，没有反映非经济收益。在图 5-4 中，收入流 A 为高中毕业生的收入流曲线，相当于高中毕业生整个职业生涯的收入总和；收入流 B 为大学毕业生的收入流曲线，相当于大学毕业生整个职业生涯的收入总和；Ⅱ为大学教育的机会成本，即因接受大学教育而放弃的收入；原点以下的部分Ⅰ为大学教育的直接成本；Ⅲ就是大学教育投资收益增加值部分。那么，从成本—收益的角度判断，只有当Ⅲ≥Ⅰ+Ⅱ时，人们才会选择大学教育投资。

知识要点提醒

从以上分析中，我们还可以提出几点与大学教育决策有关的结论：

其一，在其他条件不变时，若大学教育的直接成本（Ⅰ）下降，对上大学的需求将增加；反之，若直接成本上升，对大学教育的需求将下降。

其二，在其他条件不变时，如果大学毕业生年收入比高中毕业生年收入超出部分（Ⅲ）扩大，则要求上大学的人数增加。

其三，年龄是影响决策的因素之一。由于年轻人未来工作时间长，因而其总收益的现值要大于老年人，因此，多数大学生是年轻人。也就是说，收入流的长度会对教育投资决策产生影响。

第四节　在职培训投资的经济分析

人力资本投资在一定程度上可以看作是个人和企业双方的投资行为，个人侧重投资于正规教育，企业则侧重投资于在职培训。在职培训这一人力资本投资方式可以提高员工的工作熟练程度、技术等级以及对工作的热爱和责任感，标志着员工人力资本的技能存量，对企业劳动生产率的提高发挥着积极的作用。

一、在职培训的成本分析

企业在职培训的成本主要包括直接成本和机会成本。直接成本包括雇员在培训期间的工资和举办培训活动所需要的各种费用，如聘请培训师和租用场地的费用等。机会成本由两部分组成：一部分是由于受训人员参加培训要花一定的时间和精力，从而使自己的生产率受到影响；另一部分是由于利用有经验的员工和使用一定的机器从事培训活动而不能使其进行正常的生产经营活动所造成的损失。两者都会影响企业目前的生产经营活动，给企业带来一定的损失。

二、在职培训的收益分析

在职培训的收益是培训后企业员工劳动生产率的提高，具体表现为：培训后员工的边际劳动产品价值高于培训前员工的边际劳动产品价值的部分。加里·贝克尔认为，在职培训（无论是有组织的还是个人自发的）始终是大多数职业的有机组成部分，它能增加人力资本的存量，提高劳动生产率，为企业创造更多的利润，为国家创造更多的财富，同时受训者也会由于生产技能和知识水平的提高而增加其个人收入。因此，在职培训对国家、企业和个人都颇有裨益。

三、在职培训的主要类型

根据工人在培训中所学到的职业技能是否对提供培训的企业以外的其他企业同样有用，在职培训可以分为两种基本类型：一类是**一般在职培训**，即工人在培训中所获得的技能具有普遍性，在劳动力市场中的其他企业也能用得上。也就是说，培训所获得的技能对多个雇主同样有用。例如教授基本阅读技能、指导秘书如何打字及如何使用文字处理软件等，这些技能不仅对提供培训的企业有用，而且对其他企业也有用。另一类**是特殊在职培训**，即工人在培训中所获得的技能具有特殊性，在劳动力市场中的其他企业用不上。也就是说，工人在培训中所获得的技能只对提供培训的企业有用。

四、在职培训的成本与收益分析

一般在职培训和特殊在职培训的成本及收益的承担者和享受者有着很大的区别，所以，在进行在职培训的成本与收益分析时，我们把一般在职培训和特殊在职培训区分开来。

1. 一般在职培训的成本与收益分析

一般在职培训由工人承担成本并享受收益。

假设员工在接受培训之前，其边际劳动产品价值为 VMP_0，按照边际劳动产品价值（VMP）等于工资率（W）的原则，该员工的工资应为 W_0，如图 5－5 所示。如果经过一段时间的培训以后，该员工的边际劳动产品价值提高为 VMP_2，企业应支付的工资率就必须相应地提高到 W_2。这是因为一般培训的技能可以适用于所有的企业，如果企业支付给员工的工资率小于其边际劳动产品价值，那么受训员工就会离开其现在所在的企业，而流向愿意付给其工资 W_2 的企业。所以，假定所有其他就业条件都相同，一般在职培训之后，企业为了能留住工人，支付的工资必须等于 VMP_2。因此，经过一般培训使工人技能提高的收益是由工人本人而不是企业获得的。

那么，应该由谁来支付培训的成本呢？如果是由企业来支付培训的成本，企业为了补偿培训期间所付出的成本，在培训结束后，支付给员工的工资率就要小于 VMP_2。但这又是不可能实现的，因为根据上述分析，只要企业支付给员工的工资率小于 VMP_2，受训员工就会离开其所在的企业。因此，企业是不愿意承担员工一般培训的成本的，一般培训的成本只能由工人自己承担而不是由企业承担。

如果由企业提供一般培训，而又由受训员工承担培训成本，那么受训员工应该以怎样的方式来支付成本呢？比较合理的一个办法是员工在接受培训期间接受一个比本来能获得的工资更低的工资。可以用图 5－5 来说明这一问题。在图 5－5 中，员工没有接受培训时的边际劳动产品价值为 VMP_0，相应的工资率为 W_0；在培训期间 t 内，由于受训人员参加培训要花费一定的时间和精力，从而使自己的生产率受到影响，其边际劳动产品价值下降为 VMP_1，此时由雇主支付的工资率也相应地下降为 W_1，W_0-W_1 部分就是培训的成本，即由员工承担的培训成本。在培训结束后的服务期内，由于员工的边际劳动产品价值因培训而上升为 VMP_2，雇主支付给员工的工资率也相应地上升为 W_2，W_2-W_0 的差额部分为培训的收益，即由员工获得的培训收益。①

因为经过一般培训使工人技能提高的收益是由工人本人而不是企业获得的，所以一般在职培训的成本也是由工人而不是企业支付的。

① 曾湘泉. 劳动经济学. 3 版. 上海：复旦大学出版社，2008.

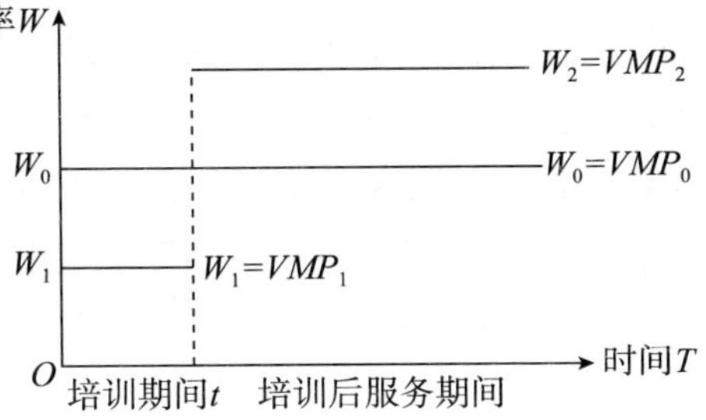

图 5-5 一般在职培训的成本与收益

2. 特殊在职培训的成本与收益分析

特殊在职培训的成本与收益分析可以分为两种情况:

(1) 企业承担成本并享受收益。

由于接受特殊培训的员工只能在本企业发挥更大的作用，一旦他们被雇主解聘或辞职而去其他企业任职，那么他们能拿到的工资率就和接受培训前没有什么区别。所以，员工是不愿意为特殊培训支付费用的。如果员工在培训后能留在企业工作很长时间，那么以下的工资设计就是可行的：雇主可以在培训期间和服务期间都统一按培训前的工资率 W_0 向员工支付工资。这就意味着，雇主既承担了特殊培训的成本，又获得了特殊培训的收益。

如图 5-6 所示，培训期间，企业支付的工资 W_0 高于受训员工的边际劳动产品价值 VMP_1，这个差额就是特殊培训的成本，由雇主承担；在培训结束后的服务期内，企业支付的工资 W_0 低于受训员工的边际劳动产品价值 VMP_2，这个差额就是特殊培训的收益，由雇主获得，从而补偿了培训的成本。

(2) 企业和员工分担成本并分享收益。

如上所述，当由企业承担特殊培训的成本并获得特殊培训的收益时，应该是企业先垫付成本，之后才能获得收益。如果员工在培训结束后出现流动的情况，或者说只为企业服务很短的时间就辞职去其他企业了，这显然对员工没有任何损失，可是企业特殊培训的成本就收不回来了。因此，还是有必要重新设计有关特殊培训成本的承担和收益的获得方案。解决的途径可以通过图 5-6 加以说明。

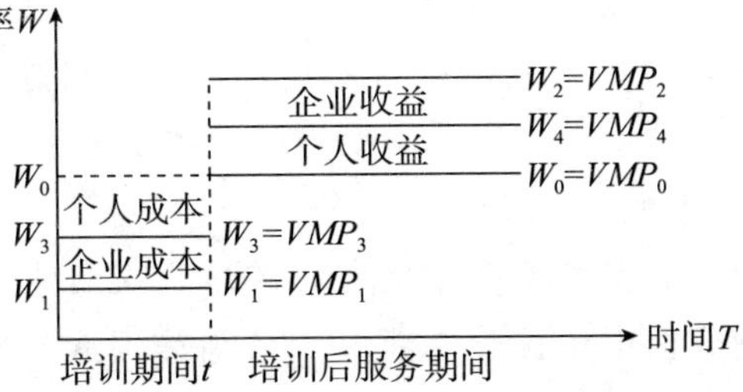

图 5-6 特殊在职培训的成本与收益

如图 5-6 所示，企业可以在培训期间向员工支付一个折中的工资率 W_3，这个工资率既低于其培训前的边际劳动产品价值 VMP_0，又高于其培训期间的边际劳动产品价值 VMP_1。其中，W_3-W_1 部分是企业承担的培训成本，W_0-W_3 部分是员工个人承担的培训成本。同样，在培训结束后的服务期内，也可以向员工支付一个折中的工资率 W_4，这个工资率既低于其培训后的边际劳动产品价值 VMP_2，又高于其培训前的边际劳动产品价值 VMP_0。其中，W_2-W_4 部分是企业获得的培训收益，W_4-W_0 部分是员工个人获得的培训收益。

在特殊培训的条件下，员工的辞职率要低于普通培训条件下员工的辞职率，因为受训员工承担了一部分培训成本，而且由此得到的特殊技能还不被其他企业接受。同样，企业也不愿意解聘员工，因为此类员工的离去会给企业带来损失。至于双方各自承担多少成本与分享多少收益，可通过双方协商解决。

实例分析

我国企业员工培训存在的问题

我国目前企业员工培训还不尽如人意，不能真正彰显培训所应具有的人力资本提升的内在价值。这主要表现为以下几个方面：

1. 培训管理体系不够顺畅

培训管理体系是指结合公司人力资源实际，从培训需求分析、计划制订、组织与实施、效果评估的基本流程来阐述怎样把培训管理工作做到位。现在很多民营企业员工培训课程的制订只是由培训管理部门临时兴起，组织安排，欠缺培训的管理制度，多数民营企业在员工培训上，管理要求也较模糊。这些在培训计划制订、实施过程中出现的问题，都使得培训管理体系不够顺畅，难以取得好的效果。

2. 员工参与培训动力不足

有的企业员工在参与培训时，积极性不高，这主要表现在：培训的方式过于简单枯燥，让员工的感受很差，培训效果也并不理想，真正能掌握的内容不多；培训时间安排的不合理让员工身心疲劳，紧张的工作之余还要花时间集中恶补专业技能知识也并不科学。

3. 师资队伍质量参差不齐

调研报告数据显示：19.9%的企业已经建立健全内训师队伍及其管理体系，但另有45.3%的企业表示，师资管理体系尚未健全，仍在继续建立，31.1%的企业只有少量的专/兼职内训师，仍有3.7%的企业没有内训师，需要聘请外部讲师。可见，我国企业员工培训的师资队伍质量参差不齐，需要企业进一步建设并完善。

4. 培训文化建设相对滞后

我国中小民营企业缺乏完整的企业文化，在培训文化上也比较单薄，体现在短期的企业战略规划上。影响我国中小民营企业员工培训的因素有很多，员工培训方案大多是短期的、紊乱的，更难以确保员工培训的规范性、连续性。

资料来源：程慧纹. 我国企业员工培训的问题、成因与对策. 科教导刊，2019 (31).

▶**思考题：**

1. 请查阅欧美国家的相关资料对比分析，说明我国企业员工培训中存在的主要问题。
2. 联系我国国情，设计一个企业员工培训方案。

第五节　中国的人力资本投资

一、中国人力资本投资状况

本节仅以人力资本投资中最为重要的两种投资形式——教育投资和职业培训为例，分析一下我国的人力资本投资现状。

（一）中国教育投资的现状及问题

增加对教育的投资是增加我国人力资本存量水平和提高人力资本质量的基本途径，这一人力资本开发方式的有效性将直接影响到其他人力资本投资方式的效率。我国对各级教育的投资总量在逐年增长。但是，深入分析后会发现，我国的教育投资虽然总量呈上升趋势，但是在投资的相对量和投资的结构等方面还存在诸多问题。

1. 教育投资的总量呈现上升趋势

从图 5-7 可以明显地看出，1993—2019 年，我国教育投资总量呈现出逐年上升的态势。1993 年，我国教育经费的总支出为 1 059.9 亿元，其中国家财政性教育经费 867.8

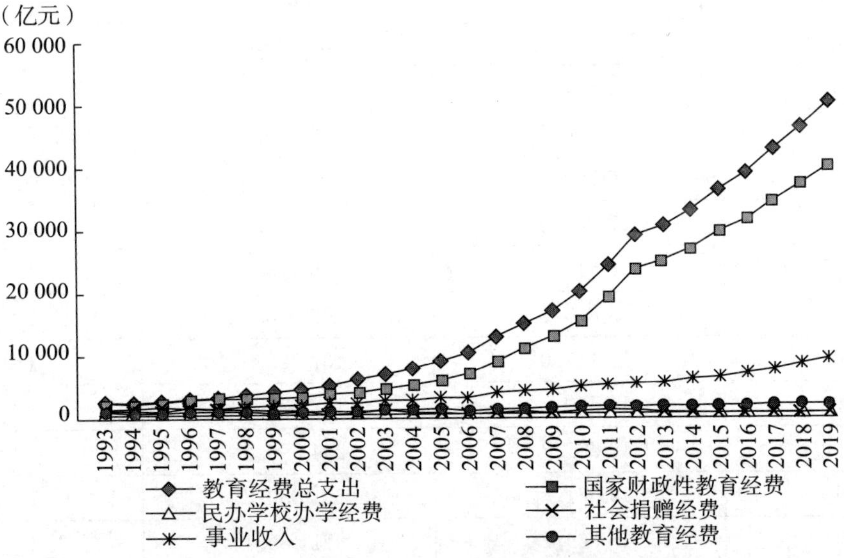

图 5-7 1993—2019 年中国的教育经费情况

资料来源：中华人民共和国教育部发展规划司. 中国教育统计年鉴 2010—2019. 北京：人民教育出版社；国家统计局. 中国统计年鉴 2010—2021. 北京：中国统计出版社.

亿元，民办学校办学经费 3.3 亿元，社会捐赠经费 70.2 亿元，事业收入 87.1 亿元，其他教育经费 31.5 亿元。到 2019 年年底，我国教育经费的总支出已上升为 50 178.1 亿元，是 1993 年的 47 倍，26 年来呈现出稳步上升的态势。其中国家财政性教育经费 40 046.5 亿元，民办学校办学经费 220.1 亿元，社会捐赠经费 101.4 亿元，事业收入 8 723.5 亿元，其他教育经费 1 086.6 亿元。与 1993 年相比，教育经费总支出的各构成项目也都有了快速增长。而且，除了社会捐赠经费与民办学校办学经费时高时低以外，其他各项经费支出一直呈现稳步上升的态势。

2. 教育投资的相对量还处于较低水平

如果以全国教育经费总支出作为教育投资，以全社会固定资产投资额作为物质资本投资，从 1993 年到 2018 年的 20 多年间，我国的教育投资总体上远远落后于物质资本投资。也就是说，与物质资本投资相比，教育投资的相对量还处于较低水平，如表 5-1 所示。

表 5-1 1993—2018 年中国教育投资与物质资本投资的比较

年份	教育投资（亿元）	物质资本投资（亿元）	教育投资与物质资本投资的比例
1993	1 059.9	13 072.3	1∶12
1994	1 488.7	17 042.1	1∶11
1995	1 877.9	20 019.3	1∶11
1996	2 262.3	22 913.5	1∶10
1997	2 531.7	24 941.1	1∶10
1998	2 949.1	28 406.2	1∶10
1999	3 349.0	29 854.7	1∶9
2000	3 849.1	32 917.7	1∶9
2001	4 637.7	37 213.5	1∶8
2002	5 480.0	43 499.9	1∶8
2003	6 208.3	55 566.6	1∶9
2004	7 242.6	70 477.4	1∶10
2005	8 418.8	88 773.6	1∶11
2006	9 815.3	109 998.2	1∶11
2007	12 148.0	137 323.9	1∶11
2008	14 500.7	172 828.4	1∶12
2009	16 502.7	224 598.8	1∶14
2010	19 561.8	251 683.8	1∶13
2011	23 869.2	311 485.1	1∶13
2012	28 655.3	374 694.7	1∶13
2013	30 364.7	446 294.1	1∶15

续表

年份	教育投资（亿元）	物质资本投资（亿元）	教育投资与物质资本投资的比例
2014	32 806.4	512 020.6	1∶16
2015	36 129.2	561 999.8	1∶16
2016	38 888.4	606 465.7	1∶16
2017	42 562.0	641 238.4	1∶15
2018	46 143.0	645 675.0	1∶14

资料来源：中华人民共和国教育部发展规划司．中国教育统计年鉴 2010—2019．北京：人民教育出版社；国家统计局．中国统计年鉴 2010—2021．北京：中国统计出版社．

表 5－1 中的数据显示，在 1993—2018 年的 20 多年中，我国教育投资与物质资本投资的比例最高达到 1∶16，最低也有 1∶8。虽然 1993—2002 年教育投资与物质资本投资的比例有逐渐下降的趋势，但从总体上看，教育投资还是远远落后于物质资本投资。而且自 2002 年后，教育投资与物质资本投资的比例又快速回升。据调查，每增加 1 亿元人力资本教育投资，可带来次年近 6 亿元 GDP 的增加额。而每增加 1 亿元物质资本投资，仅能够带来 2 亿元 GDP 的增加额。可见，我国的教育投资和物质资本投资的比例还不够合理，教育投资与物质资本投资相比还处于较低的水平。如果教育投资增长速度远远落后于物质资本投资增长速度，就会缺乏理想的人去推动物质资本和高新技术，从而降低物质资本的效率，进而使经济不能实现应有的增长。

3. 政府对教育的投资还有待提高

在中国，政府的教育支出占整个社会教育支出的绝大部分，所以，政府对教育的投资力度对于整个社会的教育投资水平起着决定性作用。如果以预算内教育经费作为政府对教育的投入进行计算，虽然我国政府教育投入的绝对数在逐步增长，全国预算内教育经费总量由 1993 年的 644.4 亿元增至 2018 年的 31 992.7 亿元，但政府教育经费支出占 GDP 的比例依然很低（见表 5－2）。据统计，虽然国家预算内教育经费占 GDP 的比例已由 1993 年的 1.9%升至 2018 年的 3.6%，但是，这个比例不仅低于我国教育法提出的 4%的要求，更低于 5.5%的世界平均水平。在 1993—2018 年的 20 多年中，中国各级政府的教育支出占 GDP 的比重大部分年份低于 3%。相比之下，美国教育投资占 GDP 的比重却是 5.4%。即使相对于发展中国家，中国政府在教育上的投资也低于平均水平，我国政府对教育的投资力度还有待提高。

表 5－2　1993—2018 年中国预算内教育经费与国内生产总值的比较

年份	预算内教育经费（亿元）	国内生产总值（亿元）	预算内教育经费占国内生产总值的比例（%）
1993	644.4	35 333.9	1.9
1994	884.0	48 197.9	1.9
1995	1 028.4	60 793.7	1.8

续表

年份	预算内教育经费（亿元）	国内生产总值（亿元）	预算内教育经费占国内生产总值的比例（%）
1996	1 211.9	71 176.6	1.8
1997	1 357.7	78 973.0	1.8
1998	1 565.6	84 402.3	2.0
1999	1 815.8	89 677.1	2.0
2000	2 085.7	99 214.6	2.1
2001	2 582.4	109 655.2	2.4
2002	3 114.2	120 332.7	2.6
2003	3 453.9	135 822.8	2.5
2004	4 027.8	159 878.3	2.5
2005	4 665.6	183 217.4	2.5
2006	5 795.6	211 923.5	2.7
2007	7 654.9	249 529.9	3.0
2008	9 685.5	300 670.0	3.2
2009	11 419.3	340 506.9	3.3
2010	13 489.6	401 512.8	3.4
2011	16 804.6	472 881.6	3.6
2012	—	540 367.4	—
2013	21 818.5	568 845.2	3.8
2014	22 576.0	636 138.7	3.5
2015	25 861.9	685 505.8	3.8
2016	27 700.6	744 127.2	3.7
2017	29 919.8	827 121.7	3.6
2018	31 992.7	900 309.5	3.6

注：因四舍五入原因，“预算内教育经费占国内生产总值的比例”与两项之比略有差异。

资料来源：中华人民共和国教育部发展规划司．中国教育统计年鉴 2010—2019．北京：人民教育出版社；国家统计局．中国统计年鉴 2010—2021．北京：中国统计出版社．

4. 教育投资的地区差距较大

在我国教育投资相对不足的情况下，我们还需面对的一个更为严峻的现实是地区间投入差距逐渐拉大，尤其是东西部差距逐渐拉大。表 5－3 显示了 2018 年我国各地区的教育投资情况，表中的数据充分说明了我国地区间存在的教育投资差距。把各省的教育经费依据大小进行排序，可以发现，排名前十位的省份绝大部分是东部发达地区，而排名后十位的省份绝大部分是西部欠发达地区。而且，排名第一的广东省的教育投资竟然是排名最后的宁夏回族自治区的 18.2 倍。这说明我国地区间的教育投资差距很大，西部地区的教育投资要远远落后于东部地区。

表 5-3 2018 年中国各地区的教育投资情况 单位：万元

地区	教育投资	地区	教育投资	地区	教育投资
北京	1 352.5	浙江	2 400.9	海南	377.7
天津	635.2	安徽	1 501.2	重庆	1 021.6
河北	1 739.0	福建	1 254.8	四川	2 076.8
山西	913.4	江西	1 315.3	贵州	1 273.3
内蒙古	775.9	山东	2 634.9	云南	1 454.4
辽宁	975.9	河南	2 429.4	西藏	256.3
吉林	686.6	湖北	1 457.8	陕西	1 137.5
黑龙江	761.2	湖南	1 630.1	甘肃	740.5
上海	1 341.3	广东	4 268.4	青海	264.0
江苏	2 827.6	广西	1 283.7	宁夏	234.7
新疆	952.3				

资料来源：中华人民共和国教育部发展规划司. 中国教育统计年鉴 2019. 北京：中国统计出版社，2020.

（二）中国的职业培训投资状况

人力资本投资并不会随着正规教育的完成而终结，在职培训与正规教育一样，是人力资本投资的重要途径。据国外有关资料测算，一个大学毕业生所学知识仅占其需要的职业技能知识的10%左右，大量知识和技能是靠走上工作岗位后的再教育或称在职培训完成的。从理论上说，在职培训与学校教育一样，都能够增加人力资本存量，提高人力资本质量水平，只不过它们各有侧重。学校教育侧重于知识的提高，而在职培训则更侧重于职业技能的提高。那么，我国的职业培训投资状况如何？

1. 职业培训投资总量太少

尽管在职培训能够通过提高人力资本含量的方式加速经济增长，然而，由于我国企业用于在职培训方面的投资总量太少，投资效益不高，所以其对经济增长所发挥的作用也就十分有限。据统计，美国工商企业每年用于在职培训的经费已达 2 100 亿美元，超过中等教育及高等教育的经费；英国每年用于在职培训方面的费用约为 330 亿英镑；而我国在这方面的投资无论从绝对量还是相对量来看，都明显太少。据统计，在我国的国有企业当中，对人力资本的投资有 30%以上只是象征性地拨一点培训费，年人均培训经费仅在 10 元以下；20%左右企业的培训费人均在 10 元和 30 元之间。大多数亏损企业已经基本停止了人力资本投资，部分有能力的企业也放弃岗位前或中长期的教育培训。而据日本有关资料统计，员工每经过一次培训，文化水平就能提高一个等级，员工提出革新建议一般能降低 10%～15%的成本。而受过良好教育和培训的管理人员因为能够创造和灵活运用现代管理技术，则有可能降低 30%的成本。

2. 职业培训投资存在结构性差异

当前，我国企业对员工的职业培训投资不仅总量很少，而且呈现极不平衡的局面，存在显著的结构性差异。从比较宏观的角度来看，处于第二产业的企业比处于第三产业的企业更注重员工培训，东部地区的企业比中西部地区的企业更注重员工培训。从比较微观的角度来看，技能水平和职位等级高的员工更能获得大量的培训投资，处于企业生产和技术部门的一般员工获得的培训投资明显偏低；国有企业大量投资于员工的一般培训，不注重企业特殊培训，而外资企业则刚好相反，侧重于特殊培训，不注重一般培训；技术资本密集或者技术进步较快的企业比传统劳动密集型企业更注重员工培训。将员工的工作类型综合起来考虑可以发现，制造业企业中占绝大部分的生产部门和技术部门的员工获得的培训投资明显偏少。可见，当前我国企业对员工的人力资本投资没有促进低技能员工向高技能员工的转变，因此，也没有改善企业内部现有的技能分布格局。

二、中国人力资本投资的政策选择

（一）教育投资方面

1. 加大教育投资力度

在经济取得高速增长的情况下，加大政府的教育投资力度，使其在绝对量和相对量两方面均得到显著的提高，尤其要注重教育投资相对于物质投资和相对于 GDP 的均衡增长。要保证政府的教育投资总额占到 GDP 的一定比例，保证教育投资和物质投资的平衡发展，争取把我国的财政性教育经费占 GDP 的比重较快地提高到世界平均水平 5.5%以上，并向发达国家靠拢。

2. 调整教育投资结构

要切实改善我国目前教育投资结构失调的状况，继续加大国家对基础教育和职业教育的投入，增加对中西部地区和农村地区的教育投入。国家在资金投入上，要向基础教育、职业教育以及中西部地区和农村地区倾斜，用更为平衡的投资组合政策来提高经济增长率，并尽量降低投资的不平等。

3. 为教育投资创造条件

由于中国大多数省份公共教育体系投入水平很低，所以政府应该为市场力量发挥作用创造条件。中国政府需要考虑并调整投资以及一系列其他政策：其一，开放和改革劳动力市场，发展人力资本和教育的借贷市场，减少阻碍劳动力流动的限制；其二，政府绝不是教育资源的唯一途径，要认识到私人部门教育融资的作用。政府可以考虑逐步取消对私人部门投资教育的种种限制，吸引多种形式的教育投资涌入这个高回报的领域。依靠私人部门的融资将在很大程度上提高人力资本形成的未来收益，又不需要增加税收负担。

（二）职业培训方面

1. 政府适当介入

结合一些发达国家的经验，政府的适当介入是必需的。当前，政府介入可以有三方面作用：一是扮演人力资本投资主体的角色，直接向员工尤其是低技能员工提供培训投资；二是制定企业培训税收政策，用强制性的企业培训税来促进企业的培训投资，如法国实行的培训税政策；三是实施相应的劳动力市场政策，促进企业与员工建立稳定的雇佣关系，为企业自愿地提供培训投资创造先决条件。从短期看，政府直接扮演培训投资主体的角色可能比较有效。但从长期看，实施合适的企业培训税收政策和劳动力市场政策，促进企业的人力资本投资，则更为可取。

2. 将企业塑造成为职业培训的主体

从长期来看，企业、行业作为技能劳动者的主要使用者，应该在提高劳动者素质方面发挥主体作用。企业应该结合生产的实际需要，建立科学的培训需求预测机制，制定与企业总体发展相适应的培训规划。通过强化培训管理、加大投入，保证培训工作的健康发展。通过建立名师带徒、技师研修和企业培训师等三项制度，逐步形成全面、科学、合理的企业培训工作体系。

3. 充分发挥各类培训机构的作用

各类职业培训机构要在提高劳动者素质，促进就业，加强技能人才培养等方面充分发挥基础作用。职业培训机构要主动与企业结合，建立校企合作的新型培训模式，要按照企业岗位需要和国家职业标准要求，进一步规范办学方向和培养标准，开展多形式、多层次、多品种的培训。通过企业、院校和社会各方面的共同努力，健全和完善以企业培训为主体、职业院校为基础、校企合作为纽带、政府推动与社会支持相结合的高技能人才培养体系，逐步形成现代企业职工培训和职业培训制度。

（三）健康保健方面

尽管健康投资行为在很大程度上属于个人选择范畴，但无论在理论还是实践上我们都强调政府对健康领域的公共支持的作用。深化公共卫生管理体制改革、建立健全公共卫生体系是政府的重要职责。预防保健、健康教育、计划免疫、改水、改厕等公共卫生服务是符合成本—收益原则和公平原则的。一个健全的、可持续发展的公共卫生体系应该包括应急指挥体系、应急预案、公共卫生信息系统、疾病预防控制体系、医疗救治体系、卫生执法监督体系、公共卫生临床沟通系统、社区防控体系建设等。政府应逐步建设和规范公共卫生财政制度，在公共财政和公共产品的秩序框架内，加大对公共卫生服务和公共卫生基础设施建设的投入。强化政府公共卫生管理职能，转变公共卫生管理传统观念，逐步整合区域内卫生资源，实现全行业管理体制和公共卫生管理的法制化。

本章小结

劳动力素质是指在长期的劳动过程中形成、不断改善和发展的人的各种能力。从劳动经济学角度进行归纳，具体地说，劳动力素质是指劳动者所具有的身体素质、文化技术素质和思想道德素质的总和。人力资本投资，是指所有有利于形成与改善劳动力素质结构、提高人力资本利用效率的费用与行为。人力资本投资分为四种主要方式：其一，普通教育；其二，职业技术培训；其三，健康保健；其四，劳动力流动。

大学教育人力资本投资费用包括直接成本与间接成本两部分。直接成本是由接受大学教育直接发生的费用，包括学杂费、书费等。间接成本，也称机会成本，是指因上大学而放弃的可能的工资收入。大学教育的收益也包括经济收益和非经济收益。经济收益是指从终生收入来看，上大学的人一生得到的收入总量高于没有上大学的人一生得到的收入总量的部分。非经济收益包括由于上大学而得到的社会地位的提高、知识面的扩展所带来的生活兴趣的广泛等。

职业培训投资的成本也划分为直接成本和机会成本。直接成本包括：雇员接受培训期间的工资、培训物质条件的费用等；机会成本包括接受培训的人员在培训期间对产量的影响，其他培训参与人员的时间消耗等。职业培训的收益是培训后企业员工劳动生产率的提高，具体表现为培训后员工的边际劳动产品价值高于培训前员工的边际劳动产品价值的部分。职业培训的形式有两种：一般在职培训和特殊在职培训。它们之间的差别在于工人学到的任何职业技能对工人接受培训的企业以外的其他企业用处如何。如果培训对其他企业也同样有用，那么不管这种技能的性质究竟是什么，它都是一般培训。一般培训的目的是提高工人的生产率，这种被培训的技能具有普遍性。如果它只是使提供培训的企业的生产率提高，它就要被当作特殊培训，即它的价值在某些方面是专门属于那个企业的职业的，对其他企业的工人生产率毫无价值。

关键术语

劳动力素质　人力资本　人力资本投资　一般在职培训　特殊在职培训

习　题

1. 试述劳动力素质的构成要素及影响劳动力素质的主要因素。
2. 什么是人力资本投资？其特点是什么？
3. 人力资本投资的方式有哪些？
4. 如何进行大学教育的人力资本投资决策？
5. 一般在职培训和特殊在职培训的区别是什么？应该怎样安排它们的成本和收益？
6. 目前我国人力资本投资存在哪些问题？应采取什么样的措施来解决？

即学即用

我国企业提升人力资本的对策建议

1. 优化内部环境，建立吸引人才的机制，并合理配置人力资本

我国大部分企业还没有人力资本的理念，相反，是把员工作为一种有限的资本，这部分企业领导者因为对此理解不足，缺少对企业管理中人力资本管理也有着极其重要的地位的认识及理解，不能从战略的角度来管理企业资本。缺乏对企业资本的正确认识，企业便不再严格要求内部从事人力资本的管理人员，由此，很多企业的人力资本管理工作便处于相对落后的状态。通过提高我国企业对人力资本的认识和理解来改变现阶段企业发展缓慢甚至停滞不前的局面，我国企业必须从根本上转变企业人力资本认知的观念，把企业人力资本管理的工作提升到企业规划的层面，提升企业人力资本存量以及提高企业人力资本的利用率，企业也能更有优势去招贤纳士，有识之士也更愿意留在企业中去实现自己的抱负，这在很大程度提高了企业人力资本的存量，也能让企业在市场竞争中有更强的竞争力。

2. 合理进行人力资本投资并进行有效管理，以提高投资收益

企业人力资本是企业提高市场竞争力的关键。对于如何提高企业人力资本，一是通过招贤纳士来提高企业人力资本的存量，二是通过企业自身对在职员工的培训来提高人力资本质量，这要求企业经营者对企业人力资本有一定的认知，首先要企业经营者转变对企业人力资本的看法，认识到进行人力资本的投资也是对企业进行升级改造，正确认识对企业员工的在职培训也是一种投资方式，同时，好的企业在职培训是以企业的发展蓝图作为依据，紧密联系企业的发展途径来提高员工的能力及思想，在职培训也要依据企业发展的不同阶段制订不同的培训计划，通过这一方式有效培训员工的专业知识，同时通过培养员工有较强的主人翁意识来增强企业员工的凝聚力，企业人力资本投资也和其他物质资本投资一样需要考虑效益问题，因此，在进行人力资本投资时也需要加强有效的管理，以提升企业人力资本投资的产出效益，有了企业的有效管理，企业人力资本产出的效益便能有较大的改变。

3. 营造提升人力资本的企业环境

企业通过企业人力资本投资以及管理来提升企业人力资本的存量，需要有良好的企业文化作为保障，尤其是企业的核心文化，为了保障企业文化对企业资本产生正向反馈，可充分利用管理来增强企业文化，并通过企业环境进行有效管理。企业在发展过程中会逐渐形成专属于自己企业的企业文化，企业文化也是基于企业的基本情况以及企业蓝图形成的，所以在飞快发展的社会中，不同的企业会形成其独特的企业文化，可借鉴其他企业的企业文化来规划自己，但绝不能盲目地照搬照抄，属于自己的和适合自己的才是最好的，企业文化也会深刻地影响着员工的行为。企业文化作为一个企业的核心竞争力，起关键作用的是企业文化所造就的企业人力资本，所以需要重视企业文化对企业资本的影响，在特定时期，良好的企业文化能保障一个强有力的企业竞争力。

资料来源：冯新霞．企业人力资本投资研究．中国集体经济，2021（28）．

▶思考题：

你认为哪些方法可以提升企业人力资本投资？

第六章
劳动就业与失业

本章要点

就业与失业的定义；失业率的计算；就业结构变动规律及配第-克拉克定理；失业的类型和成因；菲利普斯曲线。

导入案例

推动实现更加充分和更高质量就业

2021 年 6 月，人力资源和社会保障部印发《人力资源和社会保障事业发展“十四五”规划》（简称《规划》）。《规划》全面贯彻十九届五中全会精神、细化落实《中华人民共和国国民经济和社会发展第十四个五年规划和 2035 年远景目标纲要》中关于人社领域的目标任务，是未来五年人社事业发展的重要指导性文件。

《规划》明确了“十四五”时期人社事业发展的指导思想和基本原则，提出坚持以习近平新时代中国特色社会主义思想为指导，以推动人力资源和社会保障事业高质量发展为主题，以深化人力资源和社会保障政策改革创新为主线，坚持党的领导，坚持以人民为中心，坚持新发展理念，坚持深化改革，坚持系统观念，坚持依法行政。《规划》展望了 2035 年人社事业发展远景目标，提出“十四五”时期人社事业发展的六大主要目标，并从支撑主要目标实现、突出人社领域发展重点出发，提出了 19 项量化指标。

《规划》部署了“十四五”时期人社事业发展六个方面重点任务，包括：推动实现更加充分更高质量就业、健全多层次社会保障体系、激发人才创新活力、深化企事业工资收入分配制度改革、构建和谐劳动关系、提高基本公共服务能力和质量等。在重点任务中设置了 13 个专栏，部署了一系列具有创新型、突破性的重大政策、重要改革举措、重点行动计划。

为统一思想、形成合力，深刻理解和准确把握规划的重要内容，6 月 30 日，人力资源和社会保障部组织召开了《人力资源和社会保障事业发展“十四五”规划》实施动员部署视频会。会议强调了《规划》的重要意义，解读了《规划》的基本精神和主要内容，要求各级人社部门提高站位，服务大局，切实抓好《规划》实施工作，全面完成《规划》提出的各项目标任务，推进“十四五”时期人力资源和社会保障事业高质量发展，在全面建设社会主义现代化新征程中作出积极贡献。

资料来源：人力资源和社会保障事业发展“十四五”规划. 人力资源和社会保障部网站.

在市场经济条件下，劳动者和用人单位通过市场交换，形成劳动就业关系。在劳动力市场运行过程中，劳动力供求不均衡或表现为劳动力供大于求的形式，即存在失业；或表现为供小于求的形式，即劳动力短缺。困扰当前世界各国经济的主要问题是失业问题。本章将分析就业与失业的构成类型和变化，介绍失业与通货膨胀之间的关系，并考察中国的劳动就业问题与应对措施。

第一节　就业与失业的界定

一、就业的定义

劳动就业在社会经济发展和个人家庭生活中都具有十分重要的作用。**就业**一般是指在法定劳动年龄内、具有劳动能力的人，通过劳动力市场和用人单位经过双向选择，依法从事某种有报酬或收入的社会劳动。

按照国际劳工组织（International Labor Organization，ILO）的规定，凡是在规定年龄内，具有以下情况之一的都属于就业者：（1）正在工作中，指在规定的时间内正在从事有报酬或收入之职业的工作人员；（2）有职业，但是临时没有工作的人，例如由于疾病、事故、劳动争议、休假、旷工，或因气候不良、设备损坏、故障等原因而临时停止工作的人；（3）雇主和个人经营者，或在规定的时间内为家庭企业或农场工作不少于正常工作时间 1/3 的无报酬家庭工作人员。

在国际劳工组织的劳动力市场指标体系中，经常通过以下三个指标对国家或地区的就业水平进行衡量。

1. 就业与人口比

就业与人口比指标用于测定就业总人数在全部工作年龄人口中所占的比例。工作年龄人口通常是指有可能参加广义上的工作的人口。就业与人口比是联合国（The United States，简称 UN）最低限度国家社会数据集（联合国的一个重要社会统计指标）中的三个劳动力市场测定标准之一，其作用是表明有多少人口参加生产性的劳动力市场活动。该指标在定义上与劳动力参与率相近，但就业与人口比体现的劳动力市场变化趋势更为清楚，原因在于其更有可能受到国内不断变化的经济条件的影响。

2. 城市非正规部门就业

城市非正规部门就业指标主要测量在城市非正规部门就业的人员占一个地区就业人员总数的比例。从部门的规模和发展来看，目前非正规部门正在成为大多数发展中国家以及部分发达国家经济和社会生活的重要组成部分。在人口增长率高和城市化程度高的国家，非正规部门经常能吸收城市地区大量新增劳动力。设立该指标的目的是了解和掌握这种新的劳动力市场情况。很重要的一点是，非正规部门就业在大多数情况下没有被纳入关于失业率以及与时间有关的不充分就业等其他指标。2003 年第 17 次国际劳工统计大会通过的《关于非正规就业统计定义的指导方针》对非正规就业的定义是："如果雇员的劳动关系在法律或者实际意义上不受国家劳工法规、收入所得税制度、社会保护以及一定的员工利益所要求的社会保障或权利而建立起来的话，他们就被认为是非正规的就业。"①我国将非正规就业也称为灵活就业。2018 年 4 月 30 日，国际劳工组织发布的报告指出，全球目前有 20 亿名劳动者属于非正规就业，占全球就业总数的 61%以上。而我国的灵活就业人数也是一个不小的数字。其中，工业和信息化部所属的中国信息通信研究院发布的《中国数字经济发展与就业白皮书（2019 年）》显示，2018 年，中国互联网平台雇用 598 万名正规就业者，同时还带动提供共享服务的劳动者 7 500 万人。

3. 非全日制工人

20 世纪 90 年代以来，非全日制工作在不少国家有很大增长。其原因不仅在于妇女越来越多地加入劳动力队伍，同时也是由于社会需要为那些不能或不愿意从事全日制工作的、年龄较轻或较大的劳动者提供就业机会。关于非全日制工作的定义，无论是联合国或国际劳工组织目前都还没有明确标准，只能由各国根据各自情况划分哪些属于全日制工作，哪些属于非全日制工作。经济合作与发展组织（Organization for Economic Co-operation and Development，简称 OECD，经合组织）出于成员国统计指标的需要，将非全日制工作的标准定为每周工作少于 30 小时。

我国借鉴国外标准对就业进行划分，并逐步与国际接轨。目前，根据劳动统计指标的解释，劳动力资源的范围为：在劳动年龄内（16 周岁以上），有劳动能力，实际参加社会劳动和未参加社会劳动的人员。劳动力资源不包括在押犯人、在劳动年龄内丧失劳动能力的人员以及 16 周岁以下实际参加社会劳动的人员。劳动力资源也可划分为经济活动人口和非经济活动人口，如图 6-1 所示。

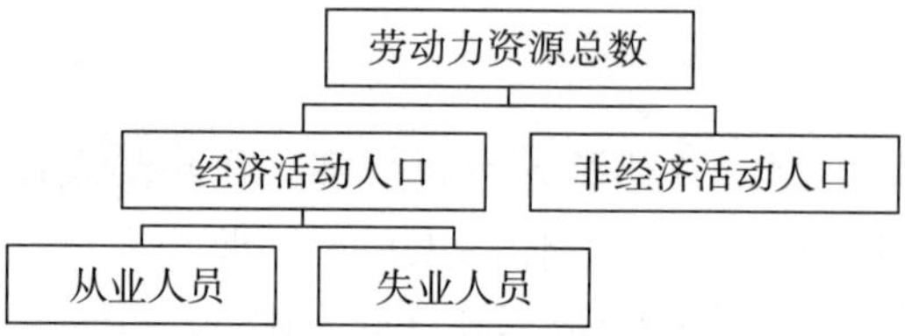

图 6-1 中国对劳动力资源范畴的分类

经济活动人口包括参加或要求参加社会经济活动的从业人员和失业人员。它相当于图 6-1 中的劳动力范畴。从业人员指从事一定社会劳动并取得劳动报酬或经营收入的人员。从业人员按其就业身份分组包括：（1）职工（含"三资"企业从业人员）；（2）再就业的离退休人员；（3）私营业主；（4）个体户主；（5）私营企业和个体从业人员；（6）乡镇企业从业人员；（7）农村从业人员；（8）其他从业人员（包括现役军人、民办教师、宗教职业者等）。而失业人员是指在劳动年龄内，有劳动能力，在调查期间无工作并以某种方式正在寻找工作的人员。

① 见 2003 年 1 月第 17 次国际劳工统计大会通过的《关于非正规就业统计定义的指导方针》中关于非正规部门、非正规企业和非正规部门劳动者定义的相关内容。

非经济活动人口指在劳动年龄内，有劳动能力、未参加或不要求参加社会经济活动的人口，包括：(1) 16 周岁以上在校学生；(2) 待学人员；(3) 离退休不再要求就业的人员；(4) 家务劳动者；(5) 无就业愿望的其他人员。

二、失业的定义与度量

国际社会通用的**失业者**的统计标准为：(1) 在规定时期内没有工作、能够参加工作、积极寻找工作（就业申请、就业登记等）的人；(2) 在规定时期内被临时解雇、正在等待重新被雇佣，或者由于疾病妨碍其寻找工作的人。

就业、失业和非劳动力这三个范畴的关系如图 6－2 所示。

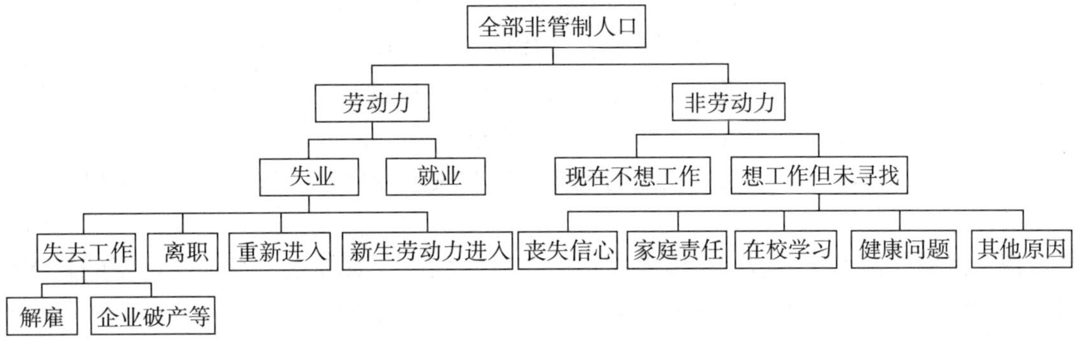

图 6－2　非管制人口的就业、失业和非劳动力范畴分类

在市场经济条件下，一般用失业率指标来衡量失业总水平的高低。所谓**失业率**，就是失业人数占劳动力总数的百分比，也就是失业人数同失业人数和就业人数之和的比。用公式表示为：

$$失业率(\%)=\frac{失业人数}{就业人数+失业人数}\times 100\% \tag{6-1}$$

按照国际劳工组织的规定，失业率指标可以衡量一国未被利用的劳动力情况。失业率指标和就业与人口比指标结合在一起，提供了进行国家间劳动力市场状况对比的最基本的信息，可有效测度各国的就业政策所取得的成效。但按照上述公式计算出来的失业率只考虑了失业人数的比重，而没有将失业持续时间考虑进去，所以不能完全客观真实地反映社会失业状况。为了更真实地反映一国经济中的失业水平，经济学家引入了**年失业率**的概念。

$$年失业率(\%)=该年度有失业经历的人占劳动力总数的比例\times\frac{失业的平均周数}{52} \tag{6-2}$$

由式 (6－2) 可见，年失业率所反映的失业程度取决于两方面因素，一是失业人数所占的比重，二是实际的失业周数。由于两方面因素所占比例不同，对社会造成的影响也不同。同是 5%的年失业率，如果有 5%的工人一年有 52 周（即全年）失业，则比 15%的工人一年有 5%的时间（约 2.5 周）失业更加严重。因为在前一种情况下，极少数人经受长期失业的巨大痛苦，而在后一种情况下，则是一部分人群承受短期失业的痛苦。

经济学家发现在现代经济中，失业的发生率较高，但持续时间或短或长，如果仅强调失业率的数字可能会片面夸大失业的严重性，或者不能对失业状况做出真实的评价。而年失业率的测算考虑了失业持续时间的因素，所以能更真实地反映出经济中的失业水平，但是由于年失业率的统计十分复杂和不便，所以目前衡量失业水平的指标大多还是采用失业率。

此外，提供失业人员的更详细的信息对分析研究以及制定更有针对性的就业政策均有一定帮助。因而美国的《当前人口调查》对失业人员作了进一步的划分，包括（1）失去工作者：暂时性离职并有期望被召回的、非自愿失业并开始寻找工作者；（2）离职者：辞职人员、自愿解除雇佣关系并开始寻找工作的人员；（3）完成暂时性的工作以后，开始寻找新工作的人员；（4）重新进入者：以前曾经工作过，但在重新寻找工作之前退出了劳动力市场；（5）新进入者：以前从没有工作过，第一次进入劳动力市场。

为了更好地分析一国或某一地区的失业状况与失业原因，经济学家还采用以下指标来衡量失业。

青年失业。设立这一指标是因为青年失业对于各个国家都是一个十分重要的政策性问题。国际上一般将“青年”一词定义为年龄在 15～24 岁的人员，而“成年人”是指年龄在 25 岁以上的人员。该指标以四种方式显示青年失业状况：（1）青年失业率；（2）青年失业与成年人失业之比；（3）青年失业人数与总失业人数之比；（4）青年失业在青年人口中所占的比例。对青年失业指标包含的四个方面内容必须进行综合分析和比较，才能得出正确结论。如果孤立地看待其中任何一项，都可能形成不正确的结论。例如，一个国家的青年失业率可能比成年人失业率高，但青年在失业总人数中所占的比例却不一定很高。之所以将青年失业在青年人口中所占的比例单独列出，主要原因在于承认大多数青年人是从劳动力队伍以外的某个身份（学生、刚刚达到就业年龄等）进入失业状况这种现实情况。因此，只有综合分析四种情况，才能全面反映青年在劳动力市场面临的问题。

长期失业。与其他情况相比，长期失业是最难解决的问题。持续失业的时间越长，情况也就越严重，因而有必要设立专门指标对之进行监测。如果一名劳动者在一整年或更长时间内连续失业，即被视为处于长期失业状况，因而应受到特别的重视。长期失业指标包括两项内容：一是连续失业一年及更长时间的劳动者人数占劳动力总数的比例；二是连续失业一年及更长时间的劳动者人数与失业总人数之比。国际上关于长期失业者失业持续时间的准确数据均通过家庭调查获得。

按受教育程度划分的失业。设立该指标的目的是了解因受教育多寡而造成的不同失业情况。发达国家的普遍规律是，受教育水平越高，失业率越低。但发展中国家则不是这种情况。在这些国家，受教育水平较高的人也可能找不到工作。该指标对制定就业和教育政策有重要意义。因为通过该指标了解失业人员的受教育和技能水平情况，将有助于政府部门制定针对性更强和更为有效的对失业人员的职业培训计划和创造就业计划。

国际上对该指标通常按失业者的学业年限进行分类统计，包括受教育一年以下、小学以下、小学、中等教育和高等教育五类。统计结果是具有这五类教育水平的失业者人数与失业总人数的各自比例。这种教育水平分类是国际劳工组织在联合国教科文组织《国际教育分类标准》10 个教育等级的基础上做出的。

我国在计划经济时期，城镇劳动就业实行“统包统配”，因而不存在失业问题。1978 年以后大量知识青年返城，开始统计“城镇待业”数据。1993 年在《中国统计年鉴》中“城镇待业”指标改称为“城镇失业”，正式设立失业统计。国家统计局于 1995 年开始对失业统计做出较大改进，逐步建立了双系统的失业统计体制，即以就业服务机构登记为依据的失业登记制度，以城镇劳动力抽样调查为基础的劳动力调查制度。自 2018 年起，国家统计局定期发布全国城镇调查失业率和 31 个大城市的城镇调查失业率，即通过劳动力调查或相关抽样调查推算得到的城镇失业人口占城镇就业人口和失业人口之和的百分比。

知识要点提醒

长期以来，我国对失业率的统计主要采用登记失业率，对失业的统计仍仅限于城镇户籍人口。**城镇登记失业人员**，是指在法定劳动年龄内，有劳动能力，有就业要求，处于无业状态，并在公共就业服务机构进行失业登记的城镇常住人员。**城镇登记失业率**，是指报告期末城镇登记失业人数占期末城镇从业人员总数与期末城镇登记失业人数之和的比重。

为准确及时反映全国的就业失业状况，自 2018 年开始，国家统计局正式向社会公开发布城镇调查失业率，**城镇调查失业率**指根据全国月度劳动力调查数据统计推算得到的城镇失业人口占城镇就业人口与失业人口之和的百分比。据此，我国的就业人口和失业人口定义与国际劳工组织的标准一致，调查失业率具有国际可比性。

三、就业量的决定因素及理论

由第三章和第四章的分析可知，劳动力供给曲线是一条向右上方倾斜的曲线，劳动力需求曲线是一条向右下方倾斜的曲线。在西方经济学研究中，以马歇尔为代表的早期新古典经济理论将微观劳动力市场分析引申到宏观就业分析中，并以此来解释宏观的就业量决定问题，即社会总就业量仍然由劳动力的总供给曲线与劳动力的总需求曲线的交点决定。然而，在现实的劳动力市场中，却存在着“企业招不到人”和“求职者找不到工作”同时发生的情况。因此，除了劳动力需求和供给因素以外，劳动力资源的配置情况可能也是影响就业量的一个重要因素。

在现实生活中，劳动者的数量和质量两方面的因素均会影响劳动力供给。人口规模、劳动力参与率、劳动者每周或每年工作时间决定着劳动者的数量。人口是社会经济活动的主体，是劳动力资源再生产的基础，其规模是劳动力供给量的决定性因素，人口与劳动力数量之间的关系，可以通过劳动力参与率进行分析。劳动者的身体素质、文化和技能素质决定着劳动者的质量，劳动者的质量是通过劳动力与其他生产要素相结合的生产效率体现出来的。高质量劳动者的生产效率高，单位时间内的有效劳动供给多，反之亦然。

由于劳动力需求派生于产品和服务需求，因此主要由宏观经济发展水平和结构决定。经济越发达，增长速度越快，对劳动力的需求就越多，就业就越充分。反之，如果经济发展缓慢甚至衰退，就将减少对劳动力的需求，就业水平下降。因而从总体上看，就业水平取决于国民收入水平，而国民收入水平又取决于总需求状况。一旦总需求不足，就会引起失业率的上升。因此，只有保持稳定、持续的经济增长率，才有利于创造新的就业岗位，吸纳劳动力就业。为此，各主要工业国家政府均十分重视采取各种手段调节国民经济活动总水平，扩大投资规模，提高投资率，以便直接或间接地扩大社会经济对劳动力的需求量，增加就业机会。实践证明，促进经济发展是创造就业岗位的最有效的措施。从美国的就业状况看，20 世纪 90 年代以来，正是由于美国保持了较高的经济增长率，才使得其国内失业率一直低于西欧国家。

经济越发展，劳动力需求越多，反之，劳动力需求越少。但是经济发展与劳动力需求增长并不总是同步的，劳动生产率水平及技术的有机构成等因素，会影响到劳动力需求曲线的位置及其弹性的大小，因此经济学家常用就业弹性指标来衡量经济总量对就业的影响（参见第四章）。

此外，制度和政策因素由于可以影响劳动力资源因而也是就业的重要影响因素。国家通过制定和出台有利于就业的各项经济政策，如投资政策、税收政策、货币政策、社保政策等，会对就业产生很大的影响。各国政府在采取措施解决就业问题的过程中都普遍重视采用各种经济政策减轻企业负担，鼓励企业提高投资率，从而刺激企业扩大劳动力需求。同时，改革社会保险制度，变消极救济为积极促进就业，提高劳动力供给意愿。

有关劳动力供给、劳动力需求之间的关系及其对就业量的影响的理论变化较大。在凯恩斯主义出现以前，传统的西方经济学从“供给自身创造需求”的萨伊定律出发，认为通过价格机制的自发调节可以实现充分就业。1929—1933 年的经济危机对这一理论造成了沉重的打击。在这一背景下，英国经济学家约翰·梅纳德·凯恩斯于 1936 年出版了著名的《就业、利息和货币通论》，提出了新的就业决定理论。他认为，在一国或一地的国民经济中，任何一个时期都有唯一的决定性就业量，它是全体厂商在它们的效用最大化（在市场经济体制下，可以说就是利润最大化）前提下提供给该国或该地区居民的。这一就业量是与整个国民经济生产水平同时被决定的。他认为除了自愿性失业和摩擦性失业以外，还有非自愿失业，即工人愿意接受现行货币工资，但仍找不到工作。他把这种非自愿失业的原因归结为有效总需求不足。因此，他认为市场机制本身往往不能使国民经济保持充分就业。只有政府对市场进行干预，刺激需求，扩大就业，才能实现充分就业的目标。

然而，20 世纪中后期以后，西方国家在经济发展中出现了凯恩斯学说难以解释的“滞胀”现象，货币学派和供给学派兴起。货币学派的代表人物、美国经济学家米尔顿·弗里德曼（Milton Friedman）提出了自然失业率概念，指出在市场机制自发调节下达到总需求与总供给平衡时的失业率，是不会受到货币因素的影响而变动的，这种自然失业率在现代社会始终存在，即使政府强行扩大总需求，将实际失业率降至自然失业率水平以下，不久也会回到自然失业率水平。因此，他主张发挥市场自动调节作用以解决失业问题。

供给学派认为，促进经济增长、实现充分就业的最好方法是刺激供给，认为凯恩斯的理论和政策建议在经济衰退时期是可行的，但在通货膨胀时期，总需求已明显超过总供给，在供给不足成为经济的主要问题的情况下，应该把主要力量放在刺激生产上，鼓励个人和企业进行生产储蓄，更努力工作和更积极投资，扩大供给，填补总需求与总供给之间的缺口。

四、就业结构变动规律

美国经济学家伊兰伯格和史密斯指出，“值得记住的是，劳动力市场的主要结果与就业条件（工资、劳动报酬水平、工作条件）及就业水平有关。在分析这些结果时，通常必须区分构成整个劳动力市场的各种职业、技术和人口群体。同样值得记住的是，任何劳动力市场的结果，程度不等地受制于供给和需求。”[①] 在实际工作中，考察三大产业就业结构的变化规律及其状况具有重要的理论意义和现实意义。

就业结构一般是指社会劳动力在国民经济各产业部门、各行业、各地区、各领域的分布和构成。在存在社会分工的条件下，劳动力总是在不同的部门、行业、地区中按一定比例分布，这一比例是否合理对于经济的发展方向、速度和活力都有着重要影响。因此，分析和揭示就业结构的变动规律，对及时调整就业结构，以适应产业变化的要求，提高就业效益具有重要意义。

就业的产业结构是研究就业结构的最重要的内容。按照国际通行的产业分类法，国民经济整体可分为三大产业。英国经济学家科林·克拉克（Colin Clark）是第一位从劳动力结构的角度研究产业就业结构变动的人。他通过实证研究发现了劳动就业的产业结构变动规律：随着经济的发展和人均国民收入水平的提高，劳动力从第一产业逐渐向第二、第三产业转移。克拉克认为，英国古典经济学家配第在其代表作《政治算术》中曾对此问题做过描述，因而他十分谦虚地将这一规律称为配第定理，人们为了纪念他的贡献，将这一规律称为**配第-克拉克定理**。

通过实证研究，人们发现，世界各主要经济发达国家就业结构的历史变动情况都充分地证明了这一规律。具体表现在：（1）第一产业的就业人数在就业总人数中的比例明显地呈下降趋势，第二产业占用的就业人数在就业总人数中的比例呈上升趋势，并逐渐成为吸收劳动力就业的主要产业；（2）第二产业成为吸收劳动力就业的主要产业，在维持相当长的时期之后，其就业人数的比重逐渐下降，同时，第三产业逐渐成为吸收劳动力就业的主要产业。就业产业结构的这种变化主要是以下原因造成的：（1）生产力的不断进步带来劳动生产率的提高。这使得较少的劳动可以生产出较多的产品来满足人们对物质资料的需求，使得第一产业出现剩余劳动力并逐步向第二产业和第三产业转移。

---

① 罗纳德·伊兰伯格，罗伯特·史密斯. 现代劳动经济学——理论与公共政策（第六版）. 北京：中国人民大学出版社，1999：29.

(2) 社会消费水平日益提高。人们的需求总是由低级向高级发展，当基本的物质资料满足人们的需求后，人们又提出对精神产品的需求。与此相适应，消费结构也在发生变化。为满足人类的消费需要，社会生产所提供的产品资料随着社会消费水平的提高而按照生存资料、发展资料和享乐资料的顺序发展，于是工业、为生产和生活服务的部门就应运而生，客观上要求一部分社会劳动者从事第二产业和第三产业的劳动，而且随着社会消费水平的提高，从事第二产业和第三产业的劳动力还会不断增加。(3) 人口和劳动力的自然增长。除劳动力的产业转移外，人口的增长，特别是城镇新成长的大量劳动力，有相当一部分将进入第二产业和第三产业就业。

即学即用

2020年我国劳动就业数量变动状况

2020年，我国在统筹疫情防控和经济社会发展上取得重大战略成果，国内生产总值比上年增长2.3%，是全球唯一实现经济正增长的主要经济体，但经济增速的下行，部分行业复工复产受到影响，以及人口结构趋势性变化的持续，对我国劳动力就业状况产生了重要影响。

一、登记失业率有所上升，失业保险申报便利化

2020年末城镇登记失业率为4.2%，比2019年末上升0.58个百分点，改变了2014年以来持续下行的趋势。登记失业率上升，一方面是因为新冠疫情对就业造成冲击，岗位需求减少，失业人数增加；另一方面是因为新冠疫情背景下，国家开通失业保险线上申领，提高了失业人员进行登记的积极性。

二、调查失业率有所上升，青年失业问题值得关注

受新冠疫情对复工复产的影响，2020年上半年调查失业率同比明显升高，其中2月份达到6.2%。随着疫情逐步得到控制和稳定，以及政府推出系列稳就业政策措施，调查失业率有所下降。

青年失业率有所上升。2018年以来，16～24岁人口城镇调查失业率持续上扬，2018年月平均调查失业率为10.8%，2019年上升到11.9%，2020年达到14.2%。近年青年失业率居高不下的原因一是青年作为劳动力市场的脆弱群体，受近年经济增速下行和新冠疫情影响，就业压力加大，二是与近年高校毕业生持续增加有一定关系。2020年高校毕业生为874万人，同比增加40万人；2021年高校毕业生规模首次突破900万人，达到909万人，数量再创新高。

三、全国就业人员规模下降明显，人口红利消退加速

2020年末全国就业人员75 064万人，比2019年末减少2 407万人，就业人员规模在近年呈现加速下降之后，出现断崖式下降。究其原因，一是劳动年龄人口加速下降。2020年全国16～59岁（含不满60周岁）的劳动年龄人口为87 905万，比2019年末下降了1 735万人，这是2012年首次出现下降后，连续第10年下降，并且下降幅度较大。二是全国就业人员占人口比重继续下降。2020年为53.17%，比上年下降2.16%。三是失业人员增加，劳动力参与率降低。新冠疫情使部分行业遭受重大冲击，就业机会减少，导致部分人员“丧失信心”而退出劳动力市场；部分高校毕业生因为就业压力大，选择慢就业，或是毕业离校后再次复习考研和考公务员；同时，因为计划生育政策变化，生育二胎的家庭增多，部分女性选择在家全职照顾家庭。

四、就业供求结构矛盾突出，部分群体求职难度加大

一线劳动者用工短缺现象日益突出，公共就业服务机构的求人倍率（岗位空缺与求职人数的比率）呈现加速上升态势。根据中国人力资源市场信息监测中心对部分城市的公共就业服务机构市场供求信息进行统计分析的数据显示，进入2020年以来，劳动力市场中的求人倍率总体呈现加速上升态势。新冠疫情引发2020年一季度求人倍率出现较大波动，市场用人需求和求职人员均有所下降，且求职人数下降幅度大于需求人数。进入二季度以后，随着求职人数回升，求人倍率有所回落，但仍高于去年同期。此后，随着复工复产的恢复，用人需求有所增加，且高于求职人数增加，求人倍率持续上升。由于公共服务机构服务对象主要为普通一线劳动者，因此求人倍率上升反映了相关岗位用工短缺现象有所加剧。

资料来源：李洪坚. 2020年中国职工就业状况研究报告//中国职工状况研究报告(2021). 北京：社会科学文献出版社，2021.

第二节　失业类型及其成因

减少失业、稳定就业岗位，是当今世界各国政府普遍面临的社会经济任务。为了稳妥地解决失业问题，需要明确失业产生的原因，以便“对症下药”。20世纪以来，经济学家对失业的类型和成因进行了长期广泛而深入的研究和分析，根据失业原因的不同，他们将失业分为多种类型。当然，这些类型之间并非完全互斥，它们之间存在着一定的交叉。

一、摩擦性失业

摩擦性失业（frictional unemployment）是指因劳动力市场运转存在摩擦或不完善而造成的失业。其产生的主要原因是：劳动力市场的动态属性；信息的不完善；求职者与拥有职位空缺的雇主之间相互寻找、洽谈需要时间等。

在劳动力市场运行中，即使劳动力规模不变，每个时期都会有人进入劳动力市场寻求就业，而另一些就业者或失业者退出劳动力市场；有人辞职寻找其他工作；企业之间需求的随机波动引起一些企业解雇工人，同时另一些企业增雇工人；由于不可能迅速获悉或评价有关求职者特征和职位空缺性质的信息，失业者和潜在雇主之间的工作匹配需要时间。所以，摩擦性失业不是由于缺乏需求造成的，而是由于寻找工作、达成就业协议的时滞引起的。它是竞争性劳动力市场的一个自然特征，是一种不可避免的正常性失业。

摩擦性失业的水平取决于流入和流出劳动力市场的人数，以及失业者找到新工作的速度。这个速度是由现行制度决定的，制度的变化会影响摩擦性失业的水平。例如，失业保险金的提高会延长失业者求职的时间，从而提高失业率。而通过建立劳动力供求信息库，就业服务机构就可以帮助求职者和雇主减少寻找时间，提高失业者迅速就业的可能性。

针对摩擦性失业产生的原因，经济学家们认为应加强劳动力市场的情报工作，加快劳动力市场的信息传递速度并加大其扩散范围，疏通信息渠道，就可以在某种程度上减少劳动力寻找工作的时间，使其尽快就业，从而降低摩擦性失业。

二、结构性失业

结构性失业（structural unemployment）主要是由于经济结构（包括产业结构、产品结构、地区结构等）发生了变化，而现有劳动力的知识、技能、观念、区域分布等未能及时调整，导致与市场需求不匹配而引发的失业。

结构性失业与摩擦性失业既有区别又有联系。如果从都有足够的工作岗位可以容纳劳动者的意义上讲，结构性失业和摩擦性失业基本一致。然而结构性失业是指空缺职位所需要的技能与失业者所具有的技能不符合，或空缺职位不在失业者居住的地区所造成的失业，所以，引起结构性失业的最直接原因是失业者在短期内不能掌握新工作所需要的技术，或是失业者无力支付学习技能或转移到新地区的费用，从而不能填补职位空缺。此外，结构性失业主要集中在那些没有什么职业技能的普通劳动者身上和居住在经济上缺乏吸引力从而工作机会少的地区的劳动者身上，并且结构性失业的持续期一般要比摩擦性失业长。

因此，缓解结构性失业的措施主要有：一是加强劳动力市场的情报工作，使求职人员及时、准确地了解劳动力市场的供求情况；二是由政府提供资金，向愿意从劳动力过剩地区迁移到短缺地区的失业者提供迁移、安置费用，帮助失业者流动后实现就业；三是组织各种培训，使劳动者的知识更新与技术发展同步，以适应经济发展的需要；四是提供各种职业指导，努力做好职业供求预测。

小思考

试分析目前我国结构性失业的基本特征及解决对策。

三、季节性失业

季节性失业（seasonal unemployment）是由于某些部门的生产经营活动受季节变化影响，具有间歇性生产特征所导致的定期性失业。例如，有些行为或部门对劳动力的需求随季节的变化而波动，如受气候、产品的式样、劳务与商品的消费需求等季节性因素的影响，使得某些行业出现劳动力闲置，从而产生失业，主要表现在农业部门或建筑部门，或一些加工业，如制糖业。

造成季节性失业的主要原因是：一些部门或行业对劳动力的需求随季节的变化而波动，如农业、建筑业、旅游业等；一些行业随季节的不同会产生购买高峰或低谷，如汽车业、服装业等，从而影响作为产品派生需求的劳动力需求，造成季节性失业。这种因季节性原因引起的劳动力需求波动是有规律的，也是可以预测的，失业也是可预知的，所以是一种正常的失业。失业保险金和高工资补偿作用的存在，使得部分劳动者仍愿意就业于这些季节性产业。由于在生产淡季，雇主一般只雇佣少量技术骨干，而大量解雇非熟练工人，所以季节性失业对非熟练工人的影响要大于熟练技术工人。

季节性失业虽然是一种正常的失业，但它也给社会带来了一些不良影响。因为劳动力的季节性失业不利于劳动力资源的有效利用和劳动者生活水平的提高，为了减少季节性失业的影响，经济学家主张政府要加强季节性失业期的预测工作，以利于季节性工人尽早做出就业淡季的工作安排。此外，他们建议政府规定一个合理的失业补助期限，并给予一定的补助，以减轻季节性工人的生活困难。

四、周期性失业

周期性失业（cyclical unemployment）又称为总需求不足的失业，是在经济周期的萧条阶段由于劳动力总需求不足而引起的短期非自愿失业。它表现为实际总需求低于充分就业水平，一般出现在经济周期的萧条阶段。由于周期性经济波动不可克服，所以周期性失业也不可避免，且导致的失业人口众多并分布广泛，是一种最普遍、最严重、影响范围也最广的失业。有专家认为，当前中国经济仍处于高速发展的阶段，中国目前及未来几十年出现严重经济衰退和周期性失业的概率相对较低。

当经济繁荣时，劳动力需求量大，大量的失业被迅速吸收，社会失业率趋于正常失业状态；当经济不景气时，劳动力需求减少，失业率迅速上升。所以，失业率会随经济的周期循环而产生周期性波动。由于人们对经济危机到来的时机、持续时间、影响的深度和广度缺乏足够的认识，因此，这种失业难以预测和防范，也缺乏有效的手段来控制周期性失业的规模。经济学家普遍认为，在经济处于低谷、消费需求和投资需求不足的情况下，应实施增加总需求的宏观经济政策，如提高政府支出水平、减少税收、增加货币供给等，以刺激有效需求，扩大就业。

应用实例

人社部：目前就业形势稳定恢复，稳中向好

2021年，是中国共产党成立100周年，同时也是“十四五”的开局之年，就业作为最大的民生工程、民心工程和根基工程，受到了社会各方面的广泛关注。

人力资源和社会保障部表示，今年以来，人力资源和社会保障部会同各有关部门出台了一系列政策措施，包括出台延续实施部分减负稳岗扩就业政策举措等，扎实做好高校毕业生、农村转移劳动力、城镇困难人员等群体的就业工作，密集开展了一系列服务

活动，对高校毕业生也有专项服务活动。在这些措施下，目前就业形势稳定恢复、稳中向好，主要体现为八个字："一增、一降、一升、一稳"。

"一增"是指城镇新增就业稳步增长。"一降"是指调查失业率稳步下降。"一升"是指劳动力市场活跃度上升。"一稳"是指重点群体就业基本稳定。

与此同时，当前全球疫情仍然在持续演变，外部环境更趋复杂严峻，国内经济恢复仍然不稳固、不均衡，一些中小企业和部分行业仍然面临较多困难，部分群体就业压力依然较大。下一步，将突出重点、分类施策、精准发力，扎实做好就业工作。概括来说，就是做好"1+4"的工作。

"1"就是要认真抓好《"十四五"就业促进规划》的贯彻实施，确保"十四五"就业工作开好局、起好步。

"4"就是要从四个方面着力：一是强政策。落实就业优先政策，细化实化失业保险稳岗返还、以工代训等减负稳岗扩就业的政策措施，支持企业稳定岗位。二是拓渠道。加强创业政策的支持，强化创业孵化示范基地、返乡创业园等载体建设，支持和规范发展新就业形态，鼓励创业带动就业和多渠道灵活就业。三是重帮扶。做好高校毕业生离校后的服务承接，落实未就业毕业生实名服务。加强劳务品牌建设，推进农村劳动力转移就业，开展易地扶贫搬迁安置区就业帮扶行动，稳定脱贫人口务工规模。四是优服务。出台提升就业服务质量文件，持续开展"金秋招聘月"等专项行动，保持网络招聘热度不减、线下招聘有序开展，推进职业技能提升行动，促进市场供需匹配。

资料来源：人社部：目前就业形势稳定恢复 稳中向好. 人民资讯，2021-08-30.

五、隐性失业

隐性失业（disguised unemployment）也被称为"亚失业"，是指劳动者具有劳动能力并在职工作，但因工作量不足而难以获得社会认可的正常收入，虽有工作岗位但未能充分发挥作用的失业；或是根据劳动统计规定不能纳入失业人员统计，从而不以官方公布的失业人口形式表现出来的隐蔽性失业。20世纪30年代经济大萧条时期，西方经济学家琼·罗宾逊夫人首次提出"隐性失业"这一概念，其原意是指城市工人在危机时期为避免失业而被迫接受一些知识、技能和经验都得不到充分利用的工作。从世界各国的情况看，隐性失业有两种类型：

第一种类型指的是在业劳动力从事不能充分发挥其能力的工作或从事那种劳动生产率低于他能达到的标准的工作。这种失业隐藏在企业内或农村中，所以也可称为在职失业。例如，有些国家的政府为了实现政治和社会的稳定，通过各种优惠措施鼓励企业在经济危机和经济衰退时采取缩减工时、降低劳动生产率等办法，使本该被解雇的工人继续被雇佣，尽管从效率上讲，一部分人明显多余。

第二种类型指的是社会上有一部分人因种种原因，放弃寻找工作的努力，这种失业不以社会上存在的失业人口的形式表现出来，又可称为潜在失业，例如丧失信心的工人，即由于劳动力市场情况恶化或个人年龄及缺乏技能等原因，就业可能性渺茫，从而主动放弃就业申请，没有明显地寻找工作的努力，在劳动统计中没有计入劳动力中，也不计入失业率。西方经济学家将这些未统计进失业的潜在劳动力资源称为就业储备人口。他们只是暂时成为非劳动力人口，一旦经济形势好转，他们将随时进入劳动力市场。因此，这部分人口实际上也应属于失业人口。

应用实例

中国“新失业群体”浮出水面

近年来，人们所说的失业人员往往指的是下岗者，但事实上，目前还存在另外一个日益增大的失业群体，他们是城市里的年轻失业者，他们在初中、高中甚至更低学历毕业后加入失业行列，他们大多是受到“小皇帝”一般呵护的独生子女，他们在应试教育中成长，他们被劳动学研究专家和社会学家们称为“新失业群体”。随着老失业群体的逐渐衰老和过世，以及新失业群体比例的增加，中国未来失业人员的主体和结构将发生重要变化。这不仅涉及一个政策的衔接问题，更有可能引发社会保障制度的重大变革。

虽然现有的资料没有关于新失业群体总体规模的精确数据，但在已有的一些小范围调查中发现，在一些中等城市中，新失业群体的绝对人数已经超过老失业群体。老失业群体达到峰值，意味着失业社会保障目标群体规模已经大体确定；而对我国未来社会保障制度构成挑战的将是新失业群体。

资料来源：中国“新失业群体”浮出水面. 南方周末，2005 - 01 - 06.

第三节　失业与通货膨胀

一、菲利普斯曲线

西方经济学家们在研究通货膨胀变化的过程中，发现通货膨胀和失业率之间存在着一定的联系。随着研究的深入，经济学家们对这个问题逐步达成共识。1958 年 11 月，新西兰经济学家菲利普斯（A. W. Phillips）发表了《1861—1957 年英国失业和货币工资变化率之间的关系》一文。他对 1861—1957 年近一百年间英国的失业率和货币工资变化率之间的统计资料进行整理，得出一个重要结论，即在长期内，失业率和货币工资增长率之间存在一种稳定的负相关关系。由此他绘制出一条表示失业率与货币工资变化率存在交替关系的曲线，这就是著名的**菲利普斯曲线**。①

在图 6 - 3 中，纵轴为货币工资变化率。货币工资能升不能降的刚性特点使得此处货

① A. W. Phillips，“The Relation between Unemployment and the Rate of Change of Money Wages in the United Kingdom，1861—1957”，*Economica*，November 25（1958），pp. 283 - 299.

币工资变化率实际上是指货币工资的增长率。横轴为失业率。整条曲线上部比较陡峭，下部平坦，凸向原点。曲线上陡下平意味着在货币工资变化率很高而失业率已较低时，如 B 点，若要进一步降低失业率，则货币工资变化率必须有很大提高。反之，在货币工资变化率较低而失业率较高的情况下，如 A 点，若要进一步降低失业率，则货币工资只需要较小幅度的变化即能达到目的。图 6－3 中的 e 点位于横轴上，它反映了货币工资变化率既不上升也不下降的均衡状态，此时劳动力市场处于均衡的失业状态，这一点所代表的失业率就是人们所说的自然失业率。

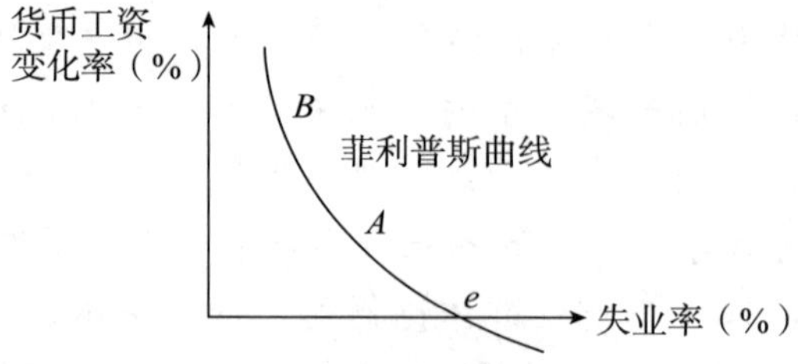

图 6－3　货币工资变化率与失业率的交替——菲利普斯曲线

在此以后，许多经济学家的研究表明，由于厂商以人工成本确定价格水平，当工人的货币工资增加的幅度超过劳动生产率的增长幅度时，就会导致单位产量的人工成本上升和产品价格上涨，从而引起物价的持续上升，即通货膨胀。正是由于货币工资的变化方向与物价水平的变化趋于一致，加之通货膨胀率对经济学家研究经济政策更为重要，所以后来的经济学家大都将货币工资变化率改为通货膨胀率。两者虽然有差异，但变化方向是一致的，失业与通货膨胀之间也存在着同样的负相关关系。即在一个经济体内，失业率与通货膨胀率之间存在一种交替关系，失业率越低，该经济体支付的工资总额就会越高，从而通货膨胀率就会越高。反之，通货膨胀率低时，失业率就会升高。

菲利普斯曲线作为现代西方国家政府制定宏观经济政策的依据，在被用于应付经济动荡时，有其方便灵活之处，这就是，当政府认为通货膨胀已成为经济不稳定的主要因素时，可以用提高失业率的办法来降低通货膨胀率；当政府认为失业已成为经济不稳定的主要因素时，则可以用提高通货膨胀率的办法来降低失业率。

菲利普斯曲线本身并没有为同时解决社会的失业问题和通货膨胀问题提供有效的对策，但从失业率和通货膨胀二者存在交替关系这一点来看，可以引申出一种新的经济管理思想，即既不要追求同时消除失业和通货膨胀，也不要追求达到零失业率条件下的通货膨胀或者零通货膨胀条件下的失业率，而只需把失业率和通货膨胀率二者控制在社会可以接受的界限内即可。

二、长期菲利普斯曲线

长期以来，流行的菲利普斯曲线理论认为，失业和通货膨胀之间一直存在着一种稳定与互换的负相关关系。简而言之，在一个经济体内，失业率与通货膨胀率之间存在一种交替关系，失业率越低，该经济体支付的工资总额就会越高，从而通货膨胀率就会越高。

反之，通货膨胀率低时，失业率就会升高。

但是，自 20 世纪 60 年代末 70 年代初开始，人们发现菲利普斯曲线的位置开始右移，一些国家还出现了正斜率的菲利普斯曲线现象。在美国的经济生活中日益显现出与菲利普斯曲线相矛盾的迹象，在经济滞胀中失业率和通货膨胀率同时升高，这些变化促使许多经济学家对菲利普斯曲线进行更深入的研究和分析，并做出了一些理论上的修正。其中美国著名的经济学家埃德蒙·费尔普斯（Edmund Phelps）与货币学派的代表人物米尔顿·弗里德曼引入了预期的因素，共同对传统的菲利普斯曲线理论提出挑战。

2006 年 10 月 9 日，瑞典皇家科学院将当年的诺贝尔经济学奖授予费尔普斯，以表彰他在加深人们对于通货膨胀和失业预期关系的理解方面所做的贡献。费尔普斯最著名的研究成果是 20 世纪 60 年代后期提出的“以预期为基础的微观经济学”，其中阐述了就业决定因素和价格—工资之间的动因，他发现了通货膨胀率与失业率之间更准确的相互作用，并提出了新的理论体系——无加速通货膨胀的失业率。这一理论体系对菲利普斯曲线的反驳是：鉴于失业率是一个现实的经济学变量，而通货膨胀率是一个名义变量，菲利普斯曲线表现的是两者间的关系，因此，该曲线无法成为经济综合均衡中的一个根本特点。无加速通货膨胀的失业率理论试图说明，从长远的角度来看，菲利普斯曲线所阐述的通货膨胀率与失业率间的互换并不存在。政府的货币政策在 20 世纪 70 年代前一直由低失业率目标所驱动，从而导致对通货膨胀预期的变化。而更为正确的政府政策指导应该是，设定一条失业警戒线，失业率只要在这一界线之下，政府的货币政策乃至更广的经济政策，都可以完全不用考虑就业的因素。弗里德曼从自然失业率的假设出发，结合适应性预期学说，对通货膨胀和失业之间的关系进行了论述，如图 6－4 所示。

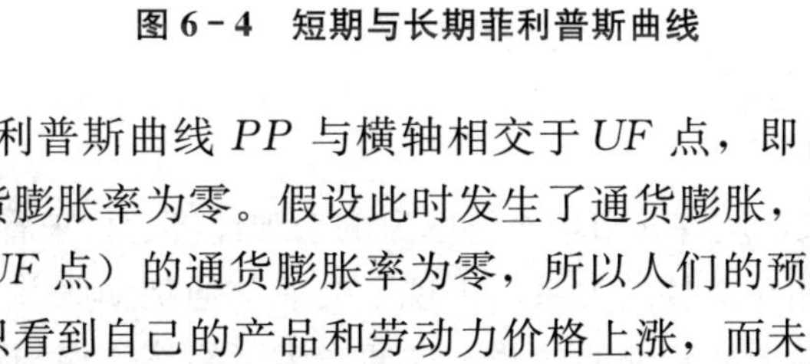

图 6－4 短期与长期菲利普斯曲线

在图 6－4 中，菲利普斯曲线 PP 与横轴相交于 UF 点，即自然失业率点（假设为 6%），在这一点上通货膨胀率为零。假设此时发生了通货膨胀，货币工资随之上升。短期内，由于过去（在 UF 点）的通货膨胀率为零，所以人们的预期通货膨胀率为零。这样，厂商和劳动者都只看到自己的产品和劳动力价格上涨，而未能及时观察到整个社会的产品和劳动力价格的上涨。劳动者把货币工资的提高当作了实际工资的上升，因而增加劳动力供给；厂商会因产品价格上涨而扩大生产量，使劳动力需求增加。劳动力供给与需求的同时增加必然降低失业率。这样，失业率从 UF 点沿图中 PP 曲线向左上方移动。假设通货膨胀率为 2%，那么失业率将会停留在 PP 曲线上对应于 2%通货膨胀率的 A 点处。该点对应的失业率假设为 4%，此时的失业率显然低于 UF 点。

弗里德曼认为，短期内存在着通货膨胀率与失业率的替换，可以通过提高通货膨胀率的办法把失业率降低到自然失业率以下。然而，弗里德曼认为，这仅仅是短期现象。在长期，经济不会停留于A点。因为在长期中厂商和劳动者会发现，相对于市场而言，自己的产品和劳动价格并未真正上升，因为通货膨胀使一切价格都上升2%，因此厂商会使生产规模恢复到原有水平，劳动力供给也将回到原来的状态，这样失业率会恢复到原有水平。虽然失业率恢复到UF点，但此时的通货膨胀率已从0变到了2%，也就是说，经济会从A点移动到B点，这意味着短期菲利普斯曲线已经移动到$P'P'$的位置。在B点，如果政府还想把失业率维持在低于UF的水平（例如4%），那么必须要达到4%的通货膨胀率。因为现有的（即在B点）通货膨胀率已为2%，要使失业率保持在4%，现在的通货膨胀率必须为4%，这意味着经济将沿着$P'P'$曲线向左上方移到C点。根据以上分析，C点仅仅是短期现象，而在长期中，经济会从C点移到D点。在D点，失业率仍然为原有的UF，但通货膨胀率已上升为4%。这样可以得到一条位于自然失业率上的垂直线，这就是长期菲利普斯曲线。如图6－5所示，这条垂直的菲利普斯曲线表明，在长期中，不存在通货膨胀率与失业率的替换关系，提高通货膨胀率并不能降低失业率。失业率在长期中所处的水平就是自然失业率水平。虽然在短期中可以把失业率人为地维持在低于自然失业率的水平，但必须以不断恶化的通货膨胀作为代价。而在长期中，与稳定的通货膨胀率相对应的唯一失业水平是自然失业率。把失业率降低到自然失业率之下的努力将不会成功。一个国家不能长期处于自然失业率之下并且保持通货膨胀的稳定，而只会发生通货膨胀的螺旋上升。

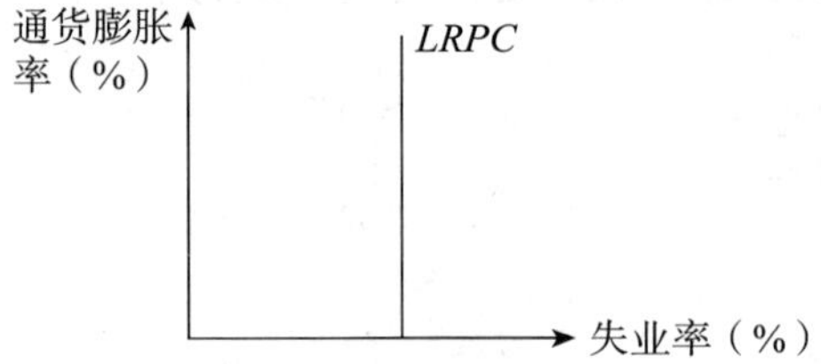

图6－5　长期菲利普斯曲线

三、滞胀的劳动经济分析

20世纪70年代以来，从许多市场经济国家的宏观经济运行来看，即便在短期内，失业与通货膨胀也不表现为相互交替的关系，出现了失业与通货膨胀并发的症状。菲利普斯曲线变成了斜率为正且向右上方延伸的曲线。这便产生了经济停滞与通货膨胀并存的滞胀现象。对于滞胀产生的原因，当代宏观劳动经济分析给出了多种答案。其中英国经济学家约翰·希克斯从劳动力市场的部门结构入手对滞胀做出的解释比较为人接受。

希克斯认为，在国民经济的各行业和各部门中，有的行业或部门处于扩张或兴旺状态，有的则处于停滞或衰退状态。一般说来，扩张性行业或部门的劳动生产率增长较快，而处于停滞或衰退中的行业或部门的劳动生产率则增长缓慢，或处于停滞甚至下降状态。

在扩张性行业中，劳动力的工资率会因经济状况较好和劳动生产率增长较快而上升。处于停滞或衰退行业中的工会和工人，由于攀比心理，会通过各种方式要求增加工资，而并不考虑本行业劳动生产率的增长情况如何。雇主既迫于工会的压力，又唯恐那些有经验的技术工人离开，不得已答应提高工资的要求。这样一来，就整个社会而言，货币工资率的增长速度将大于劳动生产率的增长速度，导致通货膨胀。另外，劳动力成本的上升引起劳动力需求的下降，特别是停滞或衰退行业的雇主们会感到工资成本太高，商品的竞争力很差，难以维持生产，于是有可能缩小生产规模，减少雇佣量，或用新技术、新设备来替代劳动力并提高劳动生产率。这样就会进一步加剧失业状况。

在工资膨胀、物价膨胀、劳动生产率增长缓慢的情况下，国民经济中便会出现工资与物价螺旋上升的局面，最终使整个国民经济处于经济停滞与通货膨胀并存的困境。这就是经济学家常说的滞胀。

第四节　中国劳动就业的基本状况与应对措施

《中华人民共和国国民经济和社会发展第十四个五年规划和2035年远景目标纲要》明确提出，要“实施就业优先战略。健全有利于更充分更高质量就业的促进机制，扩大就业容量，提升就业质量，缓解结构性就业矛盾”。2021年8月27日，国务院印发《“十四五”就业促进规划》，明确指出“十四五”时期要以习近平新时代中国特色社会主义思想为指导，深入贯彻党的十九大和十九届二中、三中、四中、五中全会精神，统筹推进“五位一体”总体布局，协调推进“四个全面”战略布局，坚持稳中求进工作总基调，立足新发展阶段，完整、准确、全面贯彻新发展理念，构建新发展格局，统筹发展和安全，以实现更加充分更高质量就业为主要目标，深入实施就业优先战略，健全有利于更加充分更高质量就业的促进机制，完善政策体系、强化培训服务、注重权益保障，千方百计扩大就业容量，努力提升就业质量，着力缓解结构性就业矛盾，切实防范和有效化解规模性失业风险，不断增进民生福祉，推动全体人民共同富裕迈出坚实步伐。为实现这一目标，正确地把握我国当前劳动就业的总体特点，分析存在的主要问题，并积极探索促进就业稳定增长的对策建议，具有特别重要的战略意义。

一、中国劳动就业的基本状况

当前，中国的就业形势依然十分严峻，劳动力市场供大于求的状况尚未发生实质性改变，就业的结构性失衡突出，就业质量的提升迫在眉睫，劳动力市场具有“总量剩余，结构失衡，质量较低”的总体特点。

（一）劳动就业总量压力依然严峻

根据2021年国务院印发的《“十四五”就业促进规划》目标，“十四五”时期城镇新增就业5 500万人以上，城镇调查失业率控制在5.5%以内。劳动力总量压力巨大，仍是当前中国劳动力市场面临的主要问题之一。人力资源和社会保障部预测，在“十四五”期间，城镇就业压力依然较大，需要在城镇就业的高校毕业生等新成长劳动力预计每年将超过千万人。同时在工业化、城镇化进程中，仍然会有相当数量的农村剩余劳动力需要转移就业。促进高校毕业生、农民工等重点群体就业任务依然十分艰巨，规模性失业风险不容忽视。“十四五”时期就业领域也出现了许多新变化、新趋势。人口结构与经济结构深度调整，劳动力供求两侧均出现较大变化，产业转型升级、技术进步对劳动者技能素质提出了更高要求，人才培养培训不适应市场需求的现象进一步加剧，“就业难”与“招工难”并存，结构性就业矛盾更加突出，将成为就业领域的主要矛盾。

“十四五”期间[①]，中国面临劳动力总量巨大、结构性矛盾突出的就业难题。但是，面对普遍的“民工荒”现象及农民工“涨薪潮”的爆发，有部分学者对于中国劳动力市场供大于求的判断产生了质疑，认为“刘易斯拐点”已经到来，中国经济已经进入劳动力短缺阶段。

刘易斯拐点[②]，即劳动力过剩向劳动力短缺的转折点，是指在工业化过程中，随着农村富余劳动力向非农产业的逐步转移，农村富余劳动力逐渐减少，最终枯竭。刘易斯拐点来源于诺贝尔经济学奖获得者、发展经济学的领军人物、美国经济学家威廉·阿瑟·刘易斯的二元经济发展模式。根据刘易斯的二元经济发展模式，一国的经济发展可以分为两个阶段：一是劳动力无限供给阶段，此时劳动力过剩，工资取决于维持生活所需的生活资料的价值；二是劳动力短缺阶段，此时传统农业部门中的剩余劳动力被现代工业部门吸收完毕，工资取决于劳动的边际生产力。由第一阶段转变到第二阶段，劳动力由剩余变为短缺，相应的劳动力供给曲线开始向上倾斜，劳动力工资水平也开始不断提高。经济学把连接第一阶段与第二阶段的交点称为“刘易斯拐点”。可见，刘易斯拐点的到来具有两大标志：一是传统农业部门中的剩余劳动力被现代工业部门吸收完毕，劳动力供给短缺；二是劳动力由剩余变为短缺引起工资的上涨。从中国劳动力市场供求关系看，目前正处于刘易斯拐点，就业的总量压力依然严峻。

1. 中国传统农业部门中的剩余劳动力还远没有被现代工业部门吸收完毕

在中国目前的经济结构中，第一产业的产值占 GDP 的比重为 7.7%，但是第一产业所占的就业比重是 23.6%。从世界经济历史的角度看，第一产业的产值比重和就业比重不断下降是一个国家经济走向现代化的基本规律和趋势。在亚洲国家，如日本和韩国，即便是强调土地的精耕细作，在第一产业比重没有下降到 5%、劳动力就业比重没有下降到 10%之前，还是农村劳动力向城市的快速转移时期。[③] 所以，在中国第一产业就业比重向 10%的转变过程中，还将有大量农村剩余劳动力向城市转移。目前，所谓的“刘易斯拐点”到来的判断是以既定的城乡二元户籍制度、公共服务制度和社会保障制度为基础做出的。区域、城乡发展差距的存在，特别是农民工只能在城市就业、不能在城市定居的体制性障碍，农民工子女就学难、居住难、看病难、利益要求没有表达的正常渠

① 人力资源和社会保障部.“十四五”就业促进规划. 人力资源和社会保障部网站.

② 中国已经进入“刘易斯拐点”. 深圳商报，2011-01-06.

③ 三问“刘易斯拐点”. 解放日报，2010-09-12.

道，加上最近几年国家惠农政策的实施等等，促使许多农民工选择回到农村，形成了城镇的劳动力供给短缺现象。但随着劳动力流动的体制性障碍不断消除，城乡一体化劳动力市场的建立，城市化速度的加快，农民工规模还将不断扩大，亿万农村剩余劳动力还在转移过程中。可见，我国传统农业部门中的剩余劳动力还远没有被现代工业部门吸收完毕，劳动力供给短缺也还远没有到来。

2. 当前普遍的农民工“涨薪潮”并不意味着劳动力供给已经由剩余变为短缺

不可否认，近几年中国农民工的工资得到了快速上涨。人力资源和社会保障部劳动工资研究所2016年发布的农民工薪酬课题报告显示，2008年前，我国农民工工资一直在低位徘徊，珠三角等地甚至出现过10年间月均工资只涨了68元的情况；此后几年，农民工工资出现了“补涨”的态势，每年均有相应的涨幅，比如，2012—2015年涨幅分别为11.8%、13.9%、9.8%和7.2%。课题报告提供的数据显示，在“十二五”期间，农民工月平均收入年均增长了12.7%，从“十一五”时期末（2010年）的1 690元上涨至“十二五”时期末（2015年）的3 072元。[①]“十三五”期间农民工工资水平不断提高，根据农民工监测调查报告，2021年全国农民工月均收入4 432元，比上年增长8.8%。其中，外出农民工月均收入5 013元，比上年增长10.2%；本地农民工月均收入3 878元，比上年增长7.5%。但农民工工资的上涨主要是劳动力市场由以前的供给远大于需求向供给和需求逐渐趋于平衡的转变引致的，只能说明中国劳动力市场供给大于需求的差距在逐步缩小，并不意味着劳动力供给已经由剩余变为短缺。另外，中国农民工工资的上涨除了受劳动力供求关系变化的直接影响，还受到以下两个因素的间接影响：其一，受农民工在城市生活成本不断上涨的推动。近十几年来，我国城镇生活水平不断提高，生活费用增加，住房费用上涨，导致劳动力再生产费用上升，因此，农民工在城市生活费用的增加必然会推动农民工工资上涨。其二，受农民工在和企业雇主之间的权益博弈中力量不断增加的推动。一直以来，由于农民工来自各地，力量分散，素质较低，权益意识淡薄，在和企业雇主之间的权益博弈中整体处于弱势地位，其经济诉求也被长期压制了。现在，随着劳动力市场的完善，相应法律制度的建立健全，农民工素质的提高和权益意识的提升，农民工有了更多的话语权，在劳资协商中的地位逐步加强，因此也推动了农民工工资的上涨。综上分析，我们认为，农民工“涨薪潮”并不是因劳动力供给已经由剩余变为短缺引致的。

（二）就业的结构性矛盾日益突出

在劳动力市场整体供过于求的背景下，中国的城镇登记失业率和失业人数呈上升态势（见图6-6）。统计资料表明，1997—2000年，城镇登记失业率一直保持在3.1%的水平，2001年城镇登记失业率猛增至3.6%。2002—2016年，城镇登记失业率始终在4%～4.3%之间徘徊。2017—2019年，城镇登记失业率一度下降到4%以下。但受突发公共卫生事件影响，经济发展受到极大影响，失业率开始上升。据统计，2020年城镇调查失业率为5.2%，城镇登记失业率上升为4.24%，创历史新高。特别需要指出的是，

① 今年农民工工资涨幅约10%～15%上涨空间还有多大. 搜狐网，2016-12-10.

在城镇调查失业人口中，年轻人的失业状况堪忧。2018 年以来，16～24 岁人口城镇调查失业率一路飙升，2018 年月平均调查失业率为 10.8%，2019 年上升到 11.9%，2020 年达到 14.2%。最新统计数字显示，16～24 岁人口城镇调查失业率在 2021 年 9 月上升至 14.6%，比 2018 年同期上升了 3.8 个百分点。

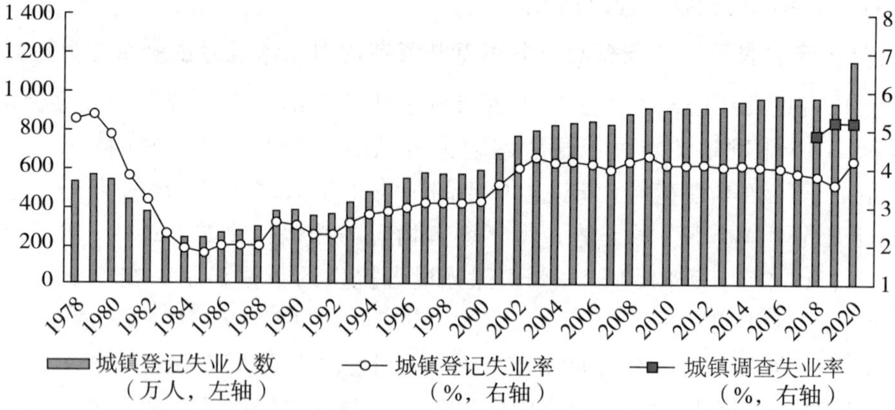

图 6-6　1978—2020 年中国城镇登记失业人数与失业率

在关注失业问题的同时，我们还面临人口红利消失带来的困扰。**人口红利**是经济发展的一个理论概念，是指一个国家的劳动年龄人口占总人口比重较大，少儿和老龄人口对劳动人口的比率即抚养率比较低，为经济发展创造了有利的人口条件，整个国家的经济呈现劳动力供给充足、高储蓄率、高投资和高增长的局面。在这个时期，如果有其他好的制度条件、有利于经济增长的政策，那么经济增长可以得到一个额外的源泉，这个额外的部分就叫做人口红利。人口学家所称的人口红利期是指人口总抚养比小于 50%，即 14 岁及以下少儿人口与 65 岁及以上老年人口之和除以 15～64 岁劳动年龄人口的比值小于 50%。进入人口红利区为人口机会窗口打开，退出人口红利区为人口机会窗口关闭。红利在很多情况下是和债务相对应的，如果人口总抚养比超过 60%，则进入人口负债期。

2013 年 1 月，国家统计局公布的数据显示，2012 年我国 16～59 岁劳动年龄人口在相当长时期里第一次出现了绝对下降，比上年减少 345 万人，这意味着我国人口红利趋于消失，导致未来中国经济要过一个“减速关”。2020 年末，全国就业人员 75 064 万人，比 2019 年末减少 2 407 万人，就业人员规模在近年呈现加速下降之后，出现断崖式下降，其中一个主要原因是劳动年龄人口加速下降。2020 年全国 16～59 岁（含不满 60 周岁）的劳动年龄人口为 87 905 万，比 2019 年末下降了 1 735 万人，这是 2012 年首次出现下降后，连续第 10 年下降，并且下降幅度较大。2020 年末，16～59 岁人口数占总人口数的比例为 62.3%，比 2019 年下降了 1.7%。

当前我国面临的最主要的问题是就业的结构性矛盾进一步加剧。自 2009 年 6 月部分地区的部分企业开始出现“用工荒”现象以来，我国劳动力市场持续存在着部分企业招工难与部分劳动者就业难并存的矛盾。目前，“用工荒”在地区分布上开始向内地蔓延，在人员构成上呈现出技能人才和普通工人双双短缺的特点。综合分析，中国就业的结构性矛盾集中表现为以下三个方面：

一是低端职位劳动力供给短缺。当前中国“用工荒”的一个主要表现是“普工荒”，即对那些技术要求不高、对体力要求高的低端职位普通工人的短缺，比如体力工人、清洁工、餐厅服务员、护理人员等。从全国范围看，中国的“普工荒”问题存在较大的地区差异性。相对而言，东部省份比较严重。根据国家统计局对 15 个省（区、市）的 1 100 家企业的调研，浙江和广东的企业反映普通工人招工困难的比例分别达到 65.2% 和 60.3%，江苏、山东、上海、北京等其他东部省份的企业反映普通工人招工困难的比例都在 40%左右。而位于中西部的湖北、湖南和四川的企业反映普通工人招工困难的比例也在 10%左右。

二是中高级技术人才短缺。当前中国“用工荒”的另一个主要表现是“技工荒”，即中高级技术人才，比如车、铣、钻、电工种的高级技工，电子工程技术人员，标准化、计量、质量工程技术人员，计算机工程技术人员，运输车辆装配工，机械设备维修工等的短缺。中国东部和中西部省份都存在比较严重的“技工荒”问题。根据国家统计局对 15 个省（区、市）的 1 100 家企业的调研，东部和中西部省份企业认为技术工人招工困难的比例分别为 72.9%和 80.9%；从缺工企业的信息反馈看，约 20%的企业认为农民工数量不少但符合工作要求的不多是造成该企业缺工的主要原因，可见，中高级技术人才短缺的趋势没有根本改变。

三是高校毕业生就业困难。近几年来，我国大学生毕业人数呈现出大幅上涨的趋势，如图 6－7 所示。官方数据显示，从 2001 年开始，中国普通本专科招生人数和毕业生人数一路上升。2001—2020 年，全国普通本专科招生人数从 268.3 万增长到 967.5 万，20 年间增长了 2.6 倍，同期毕业生人数从 103.6 万增长为 797.2 万，20 年间增长了 6.7 倍。2021 年 11 月 19 日，教育部与人社部作出研判，2022 届高校毕业生规模预计达 1 076 万人。因此，应届大学毕业生成为当下就业工作的重点群体。在经济下行压力大的不利环境下，高校毕业生就业困难主要表现为就业质量持续下降，就业稳定性不足，工资与农民工趋同。根据清华大学发布的《2020 年毕业生就业质量报告》，当年毕业参加工作 3 803 人，其中灵活就业人员的比例猛增，达到 991 人，占毕业总人数的 26.1%，其中本科 424 人，硕士 455 人，博士 112 人；三方就业 2 812 人，占毕业总人数的 73.9%，其中本科 237 人，硕士 1 675 人，博士 900 人。

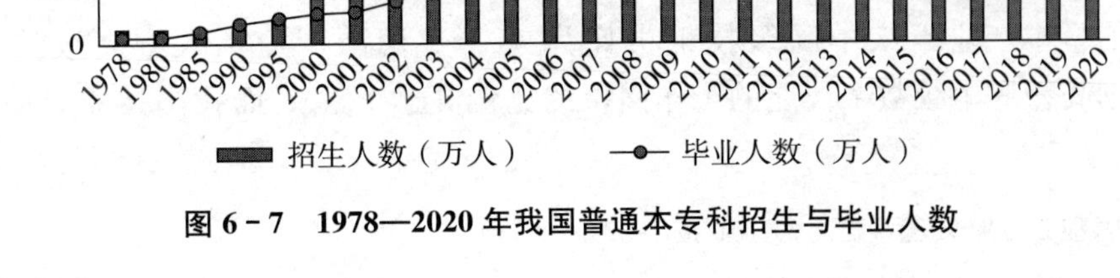

图 6－7　1978—2020 年我国普通本专科招生与毕业人数

（三）劳动力素质亟待提升

劳动力素质是经济增长质量的关键因素。目前，相对于经济新常态、供给侧改革以及产业结构升级对高技能人才队伍提出的新要求，我国高技能人才队伍存在着较大的差距，人才总量不足，难以满足国家发展和市场要求。截至 2020 年年末，全国技能劳动者数量仅占就业人员的 26%，特别是高技能人才只占到技能人才的 28%[①]，掌握“高、精、尖”技术的高技能人才数量更少。而西方发达国家特别是一些制造业强国，高技能人才的数量占到技能劳动者总数的 40%以上。同时，人才结构不合理，缺乏拔尖的领军人才且年龄断层，后继无人。与发达国家相比，中国劳动力受教育水平和技能水平仍然较低，劳动力素质远不能满足产业结构升级的要求，这种状况如不加快解决，势必对中国产业结构调整的进程形成基础性障碍。

1. 劳动者整体文化程度偏低

2014 年和 2019 年的统计数据比较显示（见图 6－8），在全国就业人员中，具有小学水平及未上过学的人员所占比重从 20.0%下降为 17.9%，具有初、高中文化水平的人员所占比重从 63.9%下降为 59.3%，而具有高等教育水平的人员所占比重从 16.1%上升为 22.8%。由此可见，我国劳动者的整体文化水平在逐步提高。但是，由于具有小学、初中和高中文化程度的就业人员仍占全国就业人员的 77.2%，同国际平均水平和发达国家相比，还有很大的差距。

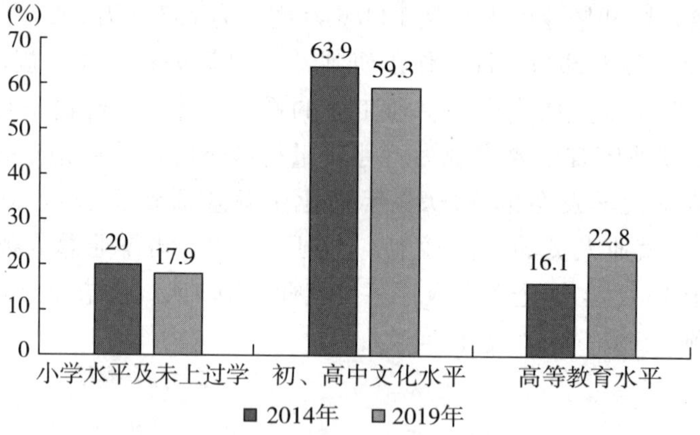

图 6－8　2014 年和 2019 年全国就业人员受教育程度比较

2. 劳动者整体技能水平偏低

中华全国总工会第八次全国职工队伍状况调查显示，在普通职工中有技术等级的仅占 27.0%，而早在 40 多年前，德国的技术人员比重已达到 21.5%（1980 年）。据不完全统计，目前日本产业工人中高级技工占比为 40%，德国产业工人中高级技工占比为 50%，美国高级和中级数字技能的工作岗位的比例高达 71%，而我国技能劳动者占就业

① 我国技能劳动者已超过 2 亿人. 人民日报，2020－12－19.

人口总量的比重仅为26%，高技能人才占技能人才总量的比重为28%，与发达国家相比仍然存在较大差距。

（四）新生代农民工就业问题日益突出

根据国家统计局发布的《2020年农民工监测调查报告》，2020年全国农民工总量达到28 560万人，比上年减少517万人，下降1.8%。[①] 其中，新生代农民工已经成为外出农民工的主体，形成了一个庞大的就业群体。

1. 新生代农民工群体特点的变化

中华全国总工会发布的《关于新生代农民工的研究报告》显示，新生代农民工与第一代农民工有着明显的差异，具体可以概括为以下几个典型特征：一是新生代农民工具有一些普遍而鲜明的群体性特点，即年龄小、未婚、受教育水平相对较高。中华全国总工会第八次全国职工队伍状况调查显示，“90后”职工大幅增加，“00后”也逐渐进入职工队伍。这意味着，这一群体具有与其所处特定年龄阶段相关的一系列特征，需要在外出务工期间解决从恋爱、结婚、生育到子女上学等一系列人生问题，眼界开阔、知识比较丰富、对新技术和新思想的接受能力很强。二是新生代农民工希望在务工地长期稳定生活的愿望更加强烈，他们期待身份的认同。据中国青少年研究中心发布的新生代农民工研究报告，在新生代农民工中，有55.9%的人准备将来“在打工的城市买房定居”。另据一项调查，对于关于“未来发展的打算”这一问题，选择“回家乡务农”的，在新生代农民工中只占1.4%。新生代农民工对务工城市的心态已从过客心理向期盼在务工地长期稳定生活转变；对职业角色的认同已经由农民向工人转变，对职业发展的定位已经由亦工亦农向非农就业转变；外出就业的动机也从“改善生活”变为“体验生活，追求梦想”。三是新生代农民工的维权意识更强，维权方式更多。新生代农民工对劳动权益的诉求，已从单纯要求实现基本劳动权益向追求体面劳动和发展机会转变，其维权意识日益增强，维权方式也由被动表达向积极主张转变。新生代农民工拥有更为强烈的城市情结，自主意识、权利意识增强。

2. 新生代农民工就业中的深层次矛盾

当前，中国新生代农民工就业中存在着诸多问题，并暴露出以下几个方面的深层次矛盾：一是新生代农民工素质相对较低，不利于经济发展方式的转变。2020年，在全部农民工中，未上过学的占1%，小学文化程度占14.7%，初中文化程度占55.4%，高中文化程度占16.7%，大专及以上占12.2%。大专及以上文化程度农民工所占比重比上年提高1.1个百分点。在外出农民工中，大专及以上文化程度的占16.5%，比上年提高1.7个百分点；在本地农民工中，大专及以上文化程度的占8.1%，比上年提高0.5个百分点。[②] 因此，农民工尤其是新生代农民工素质较低的问题已经成为我国要实现由“中国制造”向“中国创造”的历史性跨越的最主要障碍。新生代农民工已经并将越来越成为我国产业工人的主力军，如果他们的文化教育水平和职业技能长期滞后于城市劳动力市

①② 国家统计局. 2020年农民工监测调查报告.

场的需求，必将制约我国产业升级和经济结构调整。二是新生代农民工就业的高流动性，不利于国家形成稳定成熟的、不断积累经验和技术的产业劳动力资源。新生代农民工中较普遍存在频繁跳槽的现象，工作单位的频繁更替、职业规划的不清晰、脚踏实地精神的欠缺，使得新生代农民工对工作过的每个行业、岗位只能作蜻蜓点水式的了解，学到的每项职业技能始终只能停留在"学徒期"的水平，长此以往，只能是专项技能不精，行业经验不足，职位升迁渠道不畅，创业的人力、物力积累薄弱，不仅阻碍其长期稳定在城市生活的目标的实现，也不利于国家形成稳定成熟的、不断积累经验和技术的产业劳动力资源。三是新生代农民工成为参与职工群体性事件的主体，不利于社会的稳定。研究表明，社会成员年龄越小、社会耐受力越低、心理失落感越强，对相关劳动法律的认知程度越高，社会公平感越强烈，参与相关群体性事件的可能性越大。而新生代农民工恰恰是这样的群体。从近年来发生的职工群体性事件来看，新生代农民工的确已经成为参与的主体。

（五）就业质量的提升迫在眉睫

就业质量是指某个国家、地区或行业等范围内的劳动者整体工作状况的优劣程度，一般通过社会保险参保率、劳动合同签约率、平均工资等统计指标来反映。① 中国劳动者的就业质量主要从以下两个方面进行分析：

首先，农民工的就业质量问题突出。一是农民工签订劳动合同状况改善不明显。根据 2017 年中华全国总工会开展的第八次全国职工队伍状况调查，被调查职工的劳动签订率达到 90.8%，比 2012 年提高了 2.4 个百分点，而《2016 年农民工监测调查报告》数据显示，2016 年与雇主或单位签订了劳动合同的农民工比重仅为 35.1%，比上年下降 1.1 个百分点。其中，外出农民工与雇主或单位签订劳动合同的比重为 38.2%，比上年下降 1.5 个百分点；本地农民工与雇主或单位签订劳动合同的比重为 31.4%，比上年下降 0.3 个百分点。二是农民工工作时间偏长。根据国家管理规定，劳动者每周工作时间是 40 小时，但农民工的工作时间远远超过了这个标准。数据显示，农民工年从业时间平均为 10 个月，月从业时间平均为 24.9 天，日从业时间平均为 8.5 个小时，均与上年持平。日从业时间超过 8 小时的农民工占 64.4%，周从业时间超过 44 小时的农民工占 78.4%。② 三是农民工参保率偏低，参保门类缺失。近年来，农民工参加社会保险的水平有所提高，但总体水平仍然较低。国家统计局发布的《2017 年农民工监测调查报告》显示，我国农民工总量达到 2.8 亿人，超过全国人口总量的 1/5。而在 2014 年时，农民工平均各项社会保险的参保率不足 20%，参保率最高的是工伤保险，参保率为 29.7%。③

其次，灵活就业人数急剧增长。在中国，**灵活就业**是指没有稳定的劳动场所、没有稳定雇主、没有稳定收入、没有稳定劳动时间的换取报酬的经济性活动。灵活就业主要指以下几种类型的就业：第一类是非全日制就业；第二类是派遣就业；第三类是微型企

---

① 国福丽. 国内就业质量研究述评：涵义、量化评价及影响因素. 中国集体经济，2008（24）.

② 国家统计局. 2016 年农民工监测调查报告.

③ 戴秀英委员：农民工参保率低 能否允许社保跟着走？人民日报，2019-03-03.

业的就业。灵活就业人员大多为弱势群体，他们的劳动权益容易受到侵害。灵活就业的显著特点是劳动合同签订率较低，合同的期限较短，劳动报酬低且不稳定，社会保障缺失。最近几年，中国灵活就业人数呈现急剧增加的态势。以灵活就业中的劳务派遣工为例，2008 年以来受国际金融危机的影响，严峻的就业形势及企业的市场竞争压力导致劳务派遣非常流行。2009—2017 年，我国劳务派遣工人数整体呈现上涨态势，已从2 700 万人增长为 3 600 万人，增长率达 33.3%。① 因此，劳动者就业质量面临灵活就业人数急剧增加的现实挑战。

二、解决中国就业问题的应对措施

（一）坚持就业优先战略，实施更加积极的就业政策

劳动就业作为民生之本，受到党和政府高度重视。2017 年党的十九大报告中提出，坚持就业优先战略。2018 年中央经济工作会议首次提出，要“实施就业优先政策”。2019 年的《政府工作报告》，把就业优先政策与积极的财政政策和稳健的货币政策共同列入宏观调控三大政策。2021 年 12 月召开的中央经济工作会议高度重视就业问题，在新华社发布的会议通稿中共有 8 处提及“就业”：要解决好高校毕业生等青年就业问题，健全灵活就业劳动用工和社会保障政策；要在推动高质量发展中强化就业优先导向，提高经济增长的就业带动力；要继续做好“六稳”“六保”工作，特别是保就业保民生保市场主体，市场主体承载着数亿人的就业创业；要抓好重点群体就业，落实落细稳就业举措。其中首次提及健全灵活就业劳动用工和社会保障政策。2022 年《政府工作报告》明确指出，要“强化就业优先政策。大力拓宽就业渠道，注重通过稳市场主体来稳就业，增强创业带动就业作用。”

解决新时代就业问题的基本方略是：坚持就业优先战略，实施更加积极的就业政策，创造更多就业岗位，着力解决结构性就业矛盾。

坚持就业优先战略，就是将扩大就业作为经济社会发展的优先目标，选择有利于扩大就业的经济发展战略，实现经济发展与扩大就业良性互动。实施更加积极的就业政策，要适应经济发展新常态，协调就业政策与财政、金融、产业等政策，不断完善促进就业的政策体系。要围绕解决结构性就业矛盾、鼓励劳动者自主创业、提高就业质量，加强就业政策与教育、劳动关系、社会保障等政策的衔接，提高政策的针对性和有效性；加强对灵活就业、新就业形态的支持，促进劳动者自主就业；强化政策落实，确保取得实效。

（二）加快转变经济发展方式，坚持经济结构战略性调整

（1）加快转变经济发展方式，实现全要素生产率增长。一般来说，经济发展有几个转折点：第一步是依靠资源发展，土地等自然资源的丰裕程度在一定程度上能够推动经济发展；第二步是进入现代经济增长时代，资本积累推动了经济的增长；第三步是随着

---

① 2019—2025 年中国劳务派遣行业现状分析及投资前景评估报告. 智研咨询，2019.

资本积累的再增加，依据边际产量递减法则，回报就会递减，从而转到全要素生产率的增长，即靠技术和人力资本的增长，这样才可能实现经济增长的可持续性。我国的资源禀赋结构，也就是我国的劳动力廉价的比较优势到目前为止还没有发生根本性改变，也不会在近期改变。通过贸易显示出来的结论是：我国资本密集型产业还不具备国际竞争的地位。所以，我国目前所面临的，应该是从劳动资本投入型经济增长转向全要素驱动型增长，从过度依赖资金、自然资源和环境投入，以量的扩张实现的增长转向更多依靠提高劳动力素质和技术进步，以提高效率获取经济增长。

（2）坚持经济结构战略性调整，有效促进就业增加。《中华人民共和国国民经济和社会发展第十四个五年规划和2035年远景目标纲要》已明确提出，要坚持新发展理念，在质量效益明显提升的基础上实现经济持续健康发展，增长潜力充分发挥，国内生产总值年均增长保持在合理区间、各年度视情提出，全员劳动生产率增长高于国内生产总值增长，国内市场更加强大，经济结构更加优化，创新能力显著提升，全社会研发经费投入年均增长7%以上、力争投入强度高于“十三五”时期实际，产业基础高级化、产业链现代化水平明显提高，农业基础更加稳固，城乡区域发展协调性明显增强，常住人口城镇化率提高到65%，现代化经济体系建设取得重大进展。[①] 在“十四五”期间，中国劳动年龄人口依然保持在9亿人左右，每年新增大学毕业生群体将超过900万人，因此，要采取综合措施，增强高质量新型城镇化的带动效应，强化就业优先的发展导向，进一步提高资源配置效率，引导资金脱虚向实振兴实体经济，强化就业优先的产业发展导向，为劳动力就业提供坚实的实体产业支撑。运用中国国家统计局网发布的资料，通过分析中国不同行业产业政策对各行业就业需求的弹性系数，可以得出如下初步结论：就业需求弹性系数大于0的行业，主要集中在制造业、建筑业、信息传输业、住宿餐饮业和居民服务业等行业。就业需求弹性系数小于0的行业，主要集中在电力煤气、交通运输、公共管理和社会组织、卫生社会保障和社会福利业、文化体育和娱乐业等行业。就业需求弹性系数等于0的行业，主要集中在采矿业、金融业、教育事业、科学研究、技术服务和地质勘查业等行业。从增加就业弹性的角度出发，中国的产业政策应该强化和提升原材料工业，促进传统工业的新型化；以产业链关键环节为重点，加快生产性服务业和居民服务业的发展；支持战略性产业和新兴产业群的发展，培育新的经济增长点，以有效促进就业的增加。[②]

（三）加大人力资本投资，提升劳动者基础素质和技能水平

在新兴工业化国家和地区的经济成长过程中，劳动力素质提高是经济增长的一个重要推力。同时，农业劳动力向产业工人转移，也要求必须提高劳动力素质。为此，需要关注教育，增加教育投入，促进人力资本积累，从整体上提升劳动者教育水平和技能水平。

（1）加快教育改革，提升劳动者基础素质。首先，要加大教育投资力度。作为准公共产品，教育培训的收益外溢效应非常明显，政府对教育培训投资具有不可推卸的责任。

---

① 全国人大财政经济委员会，国家发展和改革委员会. 中华人民共和国国民经济和社会发展第十四个五年规划和2035年远景目标纲要. 北京：中国计划出版社，2021.

② 汝信，陆学艺，李培林. 2011年中国社会形势分析与预测. 北京：社会科学文献出版社，2010：35.

要保证政府的教育投资总额占到 GDP 的一定比例，保证教育投资和物质投资的平衡发展。争取把我国的财政性教育经费占 GDP 的比重较快地提高到世界平均水平 5.5%以上，并向发达国家靠拢。其次，要改革大学教育模式。应该本着“厚基础、宽口径”的素质培养目标设置专业，甚至可以实行在低年级打通专业，同时通过与企业联合建立实习实训基地、增加实习实训课时等措施，切实提高学生的实践能力和实际工作能力。

（2）加强职业培训，提高劳动者就业技能。尤其要充分发挥政府在职业培训中的重要作用。当前，政府可以有三方面作为：首先是扮演人力资本投资主体的角色，直接向员工，尤其是低技能员工提供培训投资；其次是制定企业培训税收政策，用强制性的企业培训税来促进企业的培训投资，如法国实行的培训税政策；最后是实施相应的劳动力市场政策，促进企业与员工建立稳定的雇佣关系，为企业自愿地提供培训投资创造先决条件。

（四）推进劳动力市场制度创新，实现劳动者平等就业

（1）统筹城乡劳动力市场，实现农民工平等就业。要加大和加快制定有利于劳动者权益保护的各种劳动力市场政策。首先是推动户籍制度的改革，主要是逐步放开城镇劳动力市场，准许人口自由流动和转移，解决长期在城市就业、居住的农民工的户籍问题，真正实现城乡统筹的劳动力市场。其次是推动城乡统一的社会保障制度的建立。就目前而言，面向农民工群体的社会保障制度的建立仍然近似空白，部分地区虽然出台了与农民工有关的一些政策措施，但由于农民工得不到基本的身份认同，政策的可操作性受到诸多限制，初步效果仍不理想。现阶段最迫切需要解决跨地区、跨城乡转移、接续社保关系的问题，以保证农民工的社会保险待遇和合法权益在流动就业时不受到侵害。

（2）规范劳务派遣行为，实现劳务派遣工平等就业。《劳动合同法》及《劳动合同法实施条例》虽填补了我国劳务派遣的立法空白，但仍存在缺陷，亟待完善。首先，应当明确劳务派遣的用工范围。《劳动合同法》规定劳务派遣一般在“临时性、辅助性或替代性”的工作岗位上实施，但并未界定“三性原则”，也未明确劳务派遣适用于哪些行业，为企业滥用劳务派遣提供了“合理理由”。所以，应尽快出台关于临时性、辅助性和替代性岗位的司法解释，明确岗位的范围，并且明确规定对违反“三性原则”进行操作的企业和个人的法律责任。其次，为了遏制劳务派遣无序扩大化，岗位也应该设立上限。可以借鉴其他国家的一些做法，如对不同行业规定派遣工不得超过一定的比例，考虑到劳务派遣本质上只是补充性质的用工模式，这一比例应该远低于正式员工的比例，以保障派遣工和有合同关系职工的利益，取缔以劳务派遣的方式取代合同关系职工的非法现象。[①] 最后，应当加强对劳务派遣行为的规范。鉴于目前劳务派遣乱象丛生的现实，应当尽快建立全国统一的劳务派遣操作规范。应当在《劳动合同法》的基础上，统一劳务派遣合同的内容及格式，明确派遣三方的权利、义务和责任。

---

① 黄其蔚. 劳务派遣扩大化的动因分析及其规制. 社科纵横，2010（1）.

本章小结

按照国际劳工组织的规定，凡是在规定年龄内，具有以下情况之一的都属于就业者：（1）正在工作中，指在规定的时期内正在从事有报酬或收入之职业的工作人员；（2）有职业，但是临时没有工作的人；（3）雇主和个人经营者，或在规定的时期内为家庭企业或农场工作不少于正常工作时间的三分之一的无报酬家庭工作人员。关于什么是失业，现代市场经济国家一般接受以下看法：凡是统计时被确认有工作能力，但没有工作，而且在此以前四周内曾做过专门努力寻找却没有找到工作的劳动力，都被统计为失业者。此外，暂时被解雇正等待恢复工作的人，和正等待到新工作岗位报到，但等待时间达到三十天以上才可报到的人也属于失业者。

就业结构一般是指社会劳动力在国民经济各产业部门、各行业、各地区、各领域的分布和构成。在就业结构的研究中，就业的产业结构最受关注。按照国际通行的产业分类法，国民经济整体可分为三大产业。劳动就业的产业结构变动规律是：随着经济的发展和人均国民收入水平的提高，劳动力从第一产业逐渐向第二、第三产业转移。这就是配第-克拉克定理。世界各主要经济发达国家就业结构的历史变动情况充分证明了这一规律。

根据失业原因的不同，可以将失业分为以下几种类型：摩擦性失业、结构性失业、季节性失业、周期性失业和隐性失业。英国经济学家菲利普斯经过研究得出一个重要结论：在长期内，失业率和货币工资增长率之间存在一种稳定的负相关关系。由此可绘制出一条表示失业率与货币工资变化率之间关系的曲线，这就是著名的菲利普斯曲线。后来的经济学家大都将货币工资变化率改为物价变化率。两者虽然有差异，但变化方向是一致的，失业与通货膨胀之间也存在着同样的负相关关系。菲利普斯曲线作为现代西方国家政府制定宏观经济政策的依据，被用于应付经济动荡。

中国自改革开放以来，创造了大量的就业岗位。目前存在的主要问题是：劳动力供给大于需求，就业总量压力依然严峻，就业的结构性矛盾日益突出，劳动力素质亟待提升，新生代农民工就业问题日益突出，就业质量的提升迫在眉睫。解决中国就业问题的应对措施是：坚持就业优先战略，实施更加积极的就业政策；加快转变经济发展方式，坚持经济结构战略性调整；加大人力资本投资，提升劳动者基础素质和技能水平；推进劳动力市场制度创新，实现劳动者平等就业。

关键术语

就业　经济活动人口　非经济活动人口　失业者　失业率　年失业率　城镇登记失业人员　城镇登记失业率　城镇调查失业率　配第-克拉克定理　摩擦性失业　结构性失业　季节性失业　周期性失业　隐性失业　菲利普斯曲线　刘易斯拐点　人口红利　就业质量　灵活就业

习　题

1. 失业率是什么？失业率和年失业率的区别是什么？
2. 中国失业问题日趋严重的原因主要有哪些？
3. 就业量决定的影响因素和主要理论有哪些？
4. 就业结构变动有哪些规律？
5. 长期菲利普斯曲线的主要内容是什么？有什么政策意义？
6. 用劳动经济学的基本原理分析滞胀现象。
7. 改革开放以来我国应对失业的政策主要有哪些？

案例分析

从灵活就业最新报告中分析灵活用工发展空间

近日，正式发布的《2020年白领秋季跳槽及职业发展调研报告》指出，新就业形态是社会发展“应时之需”，企业灵活用工已成趋势。

报告称，在灵活用工岗位的就业选择上，占比最高的是个人微商、卖保险、电商、摆地摊等产品销售类，达32.7%；有28.5%的个人采用设计作图、稿件撰写、视频编辑、翻译等技能输出型工作形式，还有17.7%通过实体店铺经营、股票/期货/基金/虚拟货币投资等投资经营类副业增加收入。

报告同时指出，副业种类丰富、工作自由，对于体验过灵活用工岗位的白领来说，有32%的白领认为可以“转副为正”，另外有部分白领未给予明确答案。

通过以上数据我们可以得出结论：新型灵活用工岗位也成为不少职场人的选择。灵活用工是新一轮科技革命和产业变革的产物。正是互联网、大数据、人工智能等新一代信息技术推动了传统就业方式向灵活用工模式转变，改变了劳动关系的从属性特征。灵活用工平台的发展是劳动力市场机制与数字技术相结合的产物，这一平台将借助新经济发展和数字技术进一步扩大发展空间，为劳动者创造更加自由的工作模式。

伴随大量灵活用工平台的兴起，灵活用工模式逐步被用工单位与劳动者所接受，大量束缚市场劳动力的组织结构将得到有效改善，劳动者工作效率提升明显。我们相信，在大力发展灵活用工后，更多新型工作会被创造出来，帮助劳动者实现自身价值的最大化。

资料来源：从灵活就业最新报告中分析灵活用工发展空间. 职由人灵活用工平台，2020-11-05.

▶思考题：

1. 试分析灵活用工的特点。
2. 解析灵活用工对解决就业难问题的作用。

第七章
劳动力流动

本章要点

劳动力流动的类型；劳动力流动的原因；影响劳动力流动的因素；微观劳动力流动决策的分析方法；劳动力流动的宏观经济意义。

导入案例

中国人口流向逆转，农民工纷纷返乡

在一个周日的下午，深圳富士康观澜工厂周围庞大的社区静得出奇。正常情况下，在这样的休息日，工人们会三五成群，去商店买竹席、电风扇、人字拖和洗发水等物品。

很多曾经在深圳及其他工厂密集城镇打工的农民工已经返回老家，再也不肯出来。距离深圳超过 670 公里、人口 968 人的贵州小村炳花村，就这样迎来了返乡村民。

莫旺清（音）18 岁那年离开炳花村，去沿海的工厂打工。他在很多工厂工作过，比如电子元件厂、墙板厂。现年 36 岁的他在一年前回到了老家。沿海工厂的工作岗位正在消失，他感觉家乡的机会快要来了。西部大开发的热潮给贵州省带来了高速铁路和高速公路，刺激了当地的经济增长。在广西打工时，莫旺清曾看到工厂附近的当地人经营养鱼场。他说，“我觉得自己也能开一个，贵州这边的水要清得多、水质好得很，很适合养鱼。”现在他的养鱼场已经开办起来，他还计划在炳花村开一家餐厅，供应自己养的鱼。他期待游客们能涌向这个被崇山激流环绕的边远乡村。

国家统计局没有追踪返乡农民工的情况，但贵州省做了统计：2015 年 120 万人返回该省，远远高于 2011 年 52 万的返乡规模。在“雁归兴贵”新政的扶持下，贵州省政府正为回乡农民工提供免费的创业培训，为他们创办的企业提供税收减免和低息贷款。旅游业是政策优先帮扶的领域。旅游网站“篝火”的董事长孙哲说：“从上世纪 80 年代开始，中国农村长期依赖于制造加工业，现在我们认为应该通过服务业和旅游业振兴中国农村经济。”“篝火”旨在帮助都市人体验贵州的传统乡村生活。

“做农民工很辛苦，赚的钱不多，家人也不在身边。”施文建（音）说。他曾在浙江省的一家布料印染厂工作，两年前返回贵州，与妻子和 5 岁的儿子、7 岁的女儿重聚。现在，他在黔腊坊生态农业体验休闲园养殖散养鸡。这个生态农业园是贵州省罗甸县的一个有机农场和旅游度假项目，距离他父母的家只有70公里。“我的父母年纪都太大了，所以我回来照顾他们，现在我随时都能去看看老人。”他说。

中国社科院4月发布的一项调查发现，目前农村有半数人口不想搬去城市，理由包括他们年龄渐长、需要照顾父母和孩子、不适应城市生活等。计划进城的人中，有三分之二表示他们打算日后回乡。“我准备多存钱，几年后回家自己做生意，开家服装店什么的。”25岁的张驰（音）说。他家在西安郊区，目前在东莞一家玩具厂工作。“在我小时候，这里确实比老家发达多了，但现在不同了，农村生活也很好。”

中国国务院已发布相关指导文件，鼓励农民工、大学生和退伍军人回乡创业。相关政策措施包括简化公司注册手续、降低相关税费，并为回乡人员的企业设立特殊投资区。

资料来源：中国人口流向逆转，农民工纷纷返乡. 商业周刊，2016-08-06.

在劳动力市场运行过程中，受各种因素的影响，总会存在一部分劳动力在不同的地理区域和不同的工作岗位之间迁移和流动的现象。它是一个社会实现劳动力资源合理、有效配置的必备前提条件，也是劳动力市场实现劳动力供求均衡的重要运行机制。从经济学的角度看，通过劳动力的自由流动可以将劳动力要素合理地配置于社会生产率最高或劳动力边际产出最大的产业和部门，使劳动者个人、企业以及社会都取得最大收益。同时，由于劳动力流动通常会使劳动力要素得到更有效的利用，增加未来收益，所以劳动力的流动也被认为是一种人力资本投资行为而为世人所关注。本章将在概述劳动力流动的成因、影响因素的基础上，对劳动力流动进行经济分析，并阐述当前中国劳动力流动面临的挑战与应对措施。

第一节　劳动力流动的概念与分类

一、劳动力流动的概念

劳动力流动是劳动力市场机制运行的重要体现，它既是人口社会流动的重要组成部分，也是人口社会流动的最核心部分。在现代社会，人口流动和劳动力流动不仅具有重要的社会经济意义，同时具有极为重要的政治意义。所以政治学、社会学和经济学都十分关注人口流动和劳动力流动问题。

社会学所研究的劳动力流动侧重劳动力的社会分化和社会流动。所谓社会流动是指人们的地位、位置的变化，更精确地说，它是指个人或群体在社会分层结构与地理空间结构中位置的变化。社会学家更侧重于研究人们在社会分层结构中位置的变化。

经济学研究的**劳动力流动**一般是指有劳动能力的人相对于劳动力市场条件的变化，在地理空间上的位移、职业的更换或工作岗位的变换，即劳动者在企业间、职业间、产业间以及地区间的工作岗位转移。按照中国户籍管理规定，又可具体细分为劳动力流动和劳动力迁移（migration of labor force）：劳动力流动一般指劳动者从户籍所在地流出，暂住在非户籍所在地就业；而劳动力迁移则是指劳动者从原户籍所在地通过户籍合法化的转移，流往新的户籍所在地就业。

早在 19 世纪末期，E. G. 雷文斯坦就对人口的迁移和流动进行了早期有意义的研究。1932 年，英国经济学家希克斯指出："区域间的经济利益差异，其中主要是工资差异，是劳动力迁移的首要动因。"芝加哥大学教授沙斯特德（Sjaastand）于 1962 年发表了题为《劳动力迁移的成本与收益》的经典论文，集中阐述伴随人口与劳动力迁移的主要经济成本与收益。1979 年诺贝尔经济学奖获得者、美国芝加哥学派经济学家西奥多·W. 舒尔茨则在 20 世纪 50 年代就提出并倡导人力资本论，明确提出由教育、保健、人口流动等投资所形成的人的能力提高和生命周期的延长，也是资本的一种形式。他的迁移成本—收益理论，明确地将劳动力迁移看作是能够带来某种经济收益的投资行为。

2012 年 7 月 4 日，时任美国总统奥巴马在白宫的美国独立日归化入籍典礼上说："236 年美国的发展历史很明显地告诉我们，移民者让美国更加强大。可以说，美国的发展史就是一部移民史，也是一部劳动力流动史。"回顾美国的发展史，这显然是他发自内心的话。美国作为一个典型的移民国家，自 1776 年成立以来，经济与高科技的快速发展充分证明了人口与劳动力迁移对一国经济发展的重要作用。19 世纪，欧洲由于革命与战争变得混乱不堪，美国则相对稳定。由于美国立国不久，需要大量劳动力进行建设，同时又发现了金矿从而引发了淘金潮，于是欧洲人、黑人、华人等都大量涌入。到了 19 世纪末期，美国已经发展成为世界上最强大的国家之一。自由宽松的政治环境、发达而且迅速成长的经济、广袤的国土、相对安宁的国内气氛，这些都成为美国吸引大量移民的因素。进入 20 世纪之后，美国继续迅速发展，而世界其他地方则战争不断，美国在发展的过程中接纳了来自世界的无数移民，特别是在两次世界大战中，美国接收了一批又一批世界顶级的科学家，这些移民有力地推动了美国的发展。

二、劳动力流动的类型

在社会经济活动与企业生产中，存在着不同类型的劳动力流动现象。为了引导劳动力在不同的地区、产业、行业之间合理地流动，改革开放以来，伴随着经济全球化的发展，中国的国际移民数量持续增长。2016 年移民大数据显示：中国作为全球排名第四的移民输出国，移民人数已经超过 520 万人。2019 年联合国经社部发布关于全球国际移民存量的报告显示，中国境内（不包括香港、澳门特别行政区及台湾）以约 1 073.23 万的输出移民成为继印度（1 800 万）和墨西哥（1 200 万）后的世界第三大移民输出国，较 2015 年，新增移民输出存量 57.06 万人，增幅约 5.62%。[①] 从输出目的地分布来看，2019 年中国境内输出移民的目的国名列榜首的是美国（288.93 万人），其次是日本（78.48 万人）以及加拿大（69.15 万人）。中国的国际移民中有相当一部分是富裕阶层和知识精英，毋庸置疑，这些中国人口和劳动力的流动给美国、日本等国带去的是大量的财富和高级技能。

---

① 王辉耀，苗绿. 中国国际移民报告（2020）. 北京：社会科学文献出版社，2021.

要想提高劳动力在企业不同岗位之间流动所产生的经济效益，有必要对劳动力流动进行科学的考察和分类，确立对劳动力流动结构类型的科学认识，以利于比较全面地把握劳动力流动的理论。

（一）自愿流动与非自愿流动

根据劳动力的流动意愿，可以将劳动力流动划分为自愿流动和非自愿流动。

自愿流动一般指劳动者本人因为各种原因而调动、辞职、终止合同等，主动离开原工作岗位流动到其他工作岗位或其他经济单位的行为。

非自愿流动又称被迫流动，指劳动者被企业用人单位解聘、解雇、开除而造成的劳动力流动。非自愿流动又可分为企业原因造成的劳动力流动和个人原因造成的劳动力流动。前者是指因企业经营不善、亏损、破产、倒闭等出现的解聘、解雇等。后者是指因个人过失而导致的解聘、解雇、开除等。

（二）拉入型流动和推出型流动

根据流入地和流出地的状况对劳动力流动的影响，可以将劳动力流动划分为拉入型流动和推出型流动。

拉入型流动一般是指某地区或某岗位由于具有较高的工作生活条件、收入水平和较多的就业机会，从而形成一种较大的拉动力，吸引劳动力流入。

推出型流动一般是指原工作地点或工作岗位的工作、生活条件较差、收入水平较低或就业机会少，从而形成一种推动力，导致劳动力外流。

（三）水平流动和垂直流动

根据劳动力流动的方向，又可以将劳动力流动分为水平流动和垂直流动。

水平流动是指劳动者在同一地位等级或同一技术等级的不同岗位之间的横向移动。如某企业的工程师去研究机构做研究员；办公室秘书改行当图书管理员等等。这种流动发生后，他们的社会地位、知识水平和技术熟练程度的要求大致相同或变化不大。

垂直流动也称上下流动，是指劳动者在高低不同层次的工作岗位间的纵向移动，垂直流动包括向上流动和向下流动两类。例如公司一般职员上升为部门经理；车间主任上升为厂长。反之，则为向下流动。

在现代社会中，劳动者向上流动的一个重要条件，就是要具备较高层次的工作岗位所要求的知识和技能。

（四）城乡流动、 地区性流动与国际性流动

根据劳动力流动所跨区域的不同，可以将劳动力流动分为城乡流动、地区性流动和国际性流动。

发达国家的经济发展，无一不经历过劳动力的城乡流动。中国改革开放以来，农村劳动力不断向城市流动，同时，城市科技人员向小城镇或乡镇企业流动，这些都属于劳

动力的城乡流动。我国中西部地区和内陆地区的劳动力向东南沿海地区的流动则属于劳动力的地区性流动。国际劳务输出输入以及国际移民等形成的劳动力流动就是国际性流动。

（五）政治原因、经济原因、社会原因引起的流动

从劳动力流动的原动力因素考察，又可以将劳动力流动划分为三类：由于政治原因引起的流动、由于经济原因引起的流动和由于社会原因引起的流动。

由于政治原因引起的劳动力流动一般是指因政府决策、政治动乱、战争爆发、边境冲突、国际条约等政治原因而引起的大规模的人口迁移和劳动力流动。例如，1948 年 5 月 14 日以色列国正式宣布成立后，大量的阿拉伯人口逃离了新成立的犹太人国家，巴勒斯坦人将此次流亡称为“大灾难”，联合国估计有 711 000 名巴勒斯坦难民流亡。以色列与阿拉伯国家之间未解决的冲突以及巴勒斯坦难民的问题一直持续至今。而大量来自阿拉伯国家的犹太人难民使得以色列的人口剧增了两倍。在接下来几年里将近 850 000 名塞法迪犹太人从阿拉伯国家逃离或遭驱逐，其中约有 600 000 人迁移至以色列，其他人则移民至欧洲和美国。再如，2020 年阿富汗政权更迭，引发了国内的难民问题。据统计，截至 2020 年，阿富汗人口约为 3 290 万人。有媒体称，到 2020 年底，阿富汗境内有 350 万人流离失所，世界各地有近 300 万阿富汗难民，其中一半在巴基斯坦。[①] 再如，2022 年 4 月 20 日，联合国难民署表示，自 2 月 24 日俄乌冲突以来，已有超过 500 万名乌克兰人为躲避战争逃往境外，造成了前所未有的难民危机。难民的进一步大量涌入，可能会给东道国的公共资源带来负担，加剧劳动力市场压力并引发社会紧张局势。

1968 年至 20 世纪 70 年代末，我国大约有 2 300 万城市知识青年上山下乡，同期，从农村招工 2 500 万人，以满足城市经济对劳动力的需求。“文化大革命”结束后，大批知识青年返城，仅 1979 年，全国就需要安置 1 538 万劳动力就业，从而造成了中外历史上罕见的城乡劳动力大对流。

由于经济原因引起的劳动力流动一般是指因经济政策变更、收入差异、技术进步、经济周期波动而引起的劳动力流动，它是最普遍、最重要的一种流动。例如，1956 年我国组织了新中国成立后第一次大规模移民，在山东、河南、北京、天津、上海等地组织 40 万移民大军，有计划、有步骤地向东北、西北和西南地区移民。仅在黑龙江和内蒙古地区就开荒 243.8 万亩。1958 年后，由于“左倾”冒进，盲目追求高速度，全国“大办工业”“大炼钢铁”，大量农村劳动力迁往城市，国家职工剧增，人浮于事，劳动生产率急剧下降。1961 年，国家采取“调整、巩固、充实、提高”的方针，精简城市职工，动员城市青年去农村，遣返原农村劳动力。这一时期，约有 600 万劳动力加入了这次劳动力流动潮，占当时劳动力总数的 2.5%，占城市劳动力的 13.4%。改革开放以来，我国经济社会持续发展，为人口的迁移流动创造了条件，人口流动趋势更加明显，流动人口规模不断扩大。根据 2021 年官方公布的第七次全国人口普查结果，2020 年全国人口共

---

① 再次上演难民大出逃，却使邻国遭了殃！阿富汗急需资金救国. 薪火视频，2021-10-20.

141 178 万人，人户分离人口为 49 276 万人，其中，市辖区内人户分离人口为 11 694 万人，流动人口为 37 582 万人，其中，跨省流动人口为 12 484 万人。与 2010 年相比，人户分离人口增长 88.52%，市辖区内人户分离人口增长 192.66%，流动人口增长 69.73%。在流动人口中，最主要的劳动力流动人群是农民工。《2020 年农民工监测调查报告》显示，2020 年全国农民工总量 28 560 万人，占全国流动人口的 76.0%。

由于社会原因引起的劳动力流动通常是指因为婚姻、年龄的增长、风俗习惯和社会文化背景等引起的劳动力流动，这是一种自然的可预期的流动。

以上是从不同的角度进行观察对劳动力流动所做的分类。当然，上述五个方面的劳动力流动分类实际上存在着多重交叉和相互重叠。在现实经济生活中所发生的劳动力流动也往往是多种流动类型的组合。例如，农村劳动力向城市的流动，既是一种城乡流动，又是一种地区性流动；它既可能是劳动力的水平流动，又可能是劳动力的垂直流动。又如，当考察国际移民形成的劳动力流动现象时，我们会发现，它既可能是经济、政治或社会原因而引起的流动，同时，在很大程度上，它也是拉入型流动和推出型流动合力作用的结果。

第二节 劳动力流动的原因与影响因素

劳动力流动作为一种社会经济现象，在人类社会的早期经济活动中就已经产生。但是劳动力流动真正成为一种普遍的、客观必然的社会经济现象，却是资本主义诞生，特别是工业革命以后的事了。正如马克思所说："大工业的本性决定了劳动的变换、职能的更动和工人的全面流动性。"①

一、劳动力流动的原因

劳动力流动的原因十分复杂，概括起来看，在社会经济发展中，受客观的经济环境变化等诸多因素的影响，主要有以下四个原因导致劳动力流动。

（一）产业结构的变动

人类经济社会的历史发展，是沿着农耕时代、初期工业化、现代工业化和现代信息化的轨迹在运行。用经济学的术语表达，即是一个不断发展递进的产业结构变动过程。随着社会经济的持续发展，生产工具不断革新，生产日益社会化，旧的生产形式和产业部门不断被淘汰，原来在这些部门中工作的劳动力面临着职业转换。同时，新兴产业的涌现又提供了新的就业机会，不断地把原来分布于传统产业部门的劳动力纳入新的生产过程。因而经济的发展和产业结构的变动推动了劳动力的全面流动。

---

① 马克思，恩格斯. 马克思恩格斯全集：第 23 卷. 北京：人民出版社，1972：534.

知识要点提醒

根据配第-克拉克定理（参见第六章），在社会经济发展过程中，由于农业劳动生产率的提高和工业化速度的加快，农业劳动力不断向第二产业、第三产业转移；传统产业的衰落和新兴产业的迅速成长加快了劳动者职业的更替和转换的速度，而生产社会化程度的进一步提高，第三产业的大幅度发展又为劳动者提供了更广阔的流动空间，这样就促使劳动力在三大产业间加速流动。由此可见，产业结构变动是就业结构变动的直接诱发因素，就业结构的变动主要通过劳动力流动来完成，而劳动力的流动也成为完成产业结构调整变动的重要基础条件。

自改革开放以来，中国三大产业就业结构的变化也证实了这一点。统计资料表明，1978—2020 年，我国的三大产业就业结构已从 70.5∶17.4∶12.1 转变为 23.6∶28.7∶47.7。进入 21 世纪后，中国城镇化进程明显加快，城镇化率每年大约提高 1 个百分点，并在 2011 年首次超过 50%，达到 51.85%。2020 年我国城镇化率已达到 63.89%。在今后的中国经济发展中，伴随着三大产业就业结构的进一步转变，劳动力流动的规模在今后一段时期仍将持续扩大。

（二）科学技术的发展

随着社会化大生产的发展，社会分工日趋复杂和专业化，同时科学技术也持续向前发展，科技转化为直接生产力的速度大大加快。这种不断加速的科学技术进步，既为劳动力流动提供了可能，也对劳动力流动提出了新的要求。这是因为科技进步一方面创造了许多新的就业岗位和就业机会，另一方面又淘汰了一部分旧的工作岗位。工作岗位的淘汰与更新客观上要求劳动力必须流动，否则就会出现职位空缺和失业并存的现象。

同时，随着市场竞争的加剧和科学技术的进步，部门或企业的资本有机构成和劳动生产率不断提高，对劳动力的需求量相对减少有时甚至是绝对减少，所以会相应地释放出一部分劳动力。与此同时，新兴产业层出不穷，又创造出无穷的新的工作岗位，从而自然地会形成劳动力自发或者被动地向新的工作区域、新的产业行业和新的工作岗位流动。此外，技术密集型产业由于其产品的技术含量大，产品附加值高，所以该产业的劳动力价格较高，待遇较好，从而吸引了大批合格劳动力的进入，也加剧了劳动力的流动。

（三）国家及区域之间经济发展的不平衡

在不同的国家和地区，由于资源分布和自然条件以及其他因素的差异，存在着经济发展不平衡的状况。经济落后的国家和地区由于受经济发展水平的限制，就业机会很少，劳动力供给又常常大于需求，使得劳动力就业比较困难。而发达国家与经济发达地区的经济发展速度快，劳动力需求量大，本地供给相对不足，所以需要从外地输入劳动力，这样就促使发展中国家和不发达地区的剩余劳动力向发达国家和经济发达地区流动。

相比而言，发达国家和经济发达地区的劳动生产率较高，劳动力价格，即工资收入水平普遍高于发展中国家和经济不发达地区。这种收入差距就成为吸引发展中国家和经济不发达地区劳动力流向发达国家和经济发达地区的强大动力。此外，经济发达地区个人发展的机遇较多，也是劳动力流入的一个重要原因。改革开放以来，中国东部沿海开放地区与中西部内陆地区的经济差距明显拉大，中西部落后地区的劳动力大批向经济发达的沿海地区流动，就是区域经济发展不平衡导致劳动力流动的例子。所以，一般而言，发达国家和经济发达地区属于拉入型流动地区，而发展中国家和经济不发达地区属于推出型流动地区。

事实上，在现实经济和社会生活中，由于内在及外在因素的相互作用和影响，发展的不平衡并不仅限于地区之间，在各部门、各企业间同样存在着经济、技术发展的不平衡。这种不平衡对所需要的劳动力的数量和质量不断提出新的要求，推动着劳动力的全面流动。也正是这种不平衡，使得劳动者由经济效益差的部门或企业流向经济效益好的部门或企业。

例如，在我国经济结构调整、体制转轨的过程中，城乡和部门的收入差距呈现出拉大的趋势。据统计，1978—2020 年，城镇居民人均可支配收入从 343.4 元增长为 43 833.8 元，增长了 126.65 倍，农村居民人均可支配收入从 133.6 元增长为 17 131.5 元，增长了 127.23 倍。城镇居民人均可支配收入与农民人均纯收入之比基本在 2.57∶1 和 2.56∶1 之间徘徊。图 7-1 显示，2001—2020 年，城乡居民收入差距如同一把张开的剪刀呈现逐渐拉大之势。无疑，在经济发展不平衡加大、收入差距扩大的背景下，产业和地区收益的比较差异作为劳动力流动的重要驱动因素，会进一步吸引农村劳动力向城市和沿海地区转移。

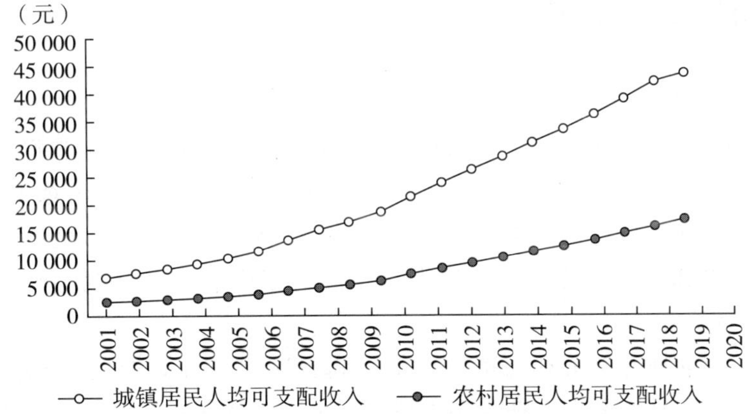

图 7-1　2001—2020 年城乡居民收入变化

资料来源：国家统计局. 中国统计年鉴 2021. 北京：中国统计出版社，2021.

（四）同质劳动力的工资收入差距

在社会经济生活中，同质劳动力，即从事同样工作的劳动者在不同的国家、不同的地区，不同的产业、行业或企业工作所获得的工资报酬存在差异，这是引起劳动者在国家间、地区间，产业、行业和企业之间流动的一个非常重要的经济性因素。当一个国家或某一地区发生较大的社会变革、经济结构和产业结构调整时，收入差距更加明显，此时劳动力流动的个人原因就往往产生于工资收入差距。

这是因为，在现代经济社会中，劳动者获得某种劳动能力与他本人以及家庭的人力投资密切相关。当劳动者从事同质劳动而不能获得基本相等的工资收入时，也就意味着个人的人力资本投资的收益在减少，从资本收益的角度看，也就是出现了人力资本投资亏损。此时，为弥补亏损，受利益驱动因素的影响，一部分劳动者就会产生移动或迁徙的愿望，以求在不同的国家、地区、产业、行业或企业获得最大的人力资本投资收益。

改革开放以来，中国的劳动力流动规模巨大，其中主要是农村劳动力向城市流动，这也是由于农村与城市间存在较大经济差距等原因造成的。长期以来，农民工多流往东南沿海地区，特别是珠三角地区。然而，自 2004 年东南沿海地区初显“用工荒”迹象以来，“用工荒”现象持续扩大。尽管其原因十分复杂，但其中的一个主要原因是我国已开始产业转移和企业转型升级，中西部地区作为产业转移的承接地区开始加快经济发展，对劳动力的吸纳能力不断提升，工资收入水平也在抬升，在这种背景下，劳动者选择在本地区就业既可以增加工资收入，又能与家人共同生活，节省生活开支，总收入不减少甚至有所增加。所以，“用工荒”实际上也是同质劳动力存在工资收入差距所导致的一种劳动力流动选择的结果。

以上是宏观经济运行过程中产生劳动力流动的客观原因，也是国家在制定引导劳动力流动的政策时需要重点考虑的因素。

二、影响劳动力流动的因素

在社会、经济各种因素的影响下，劳动者是否选择流动，流动到什么地区、什么岗位，取决于劳动者的家庭抉择和个人选择。一般而言，劳动者会根据自己的兴趣、爱好、专长和人力资本投入产出目标等需要，对当下从事的职业、岗位同市场上可供选择的其他职业、岗位做出比较性评价。如果其他职业或岗位能使其更有效地发挥个人才能并得到更大的经济收益和心理满足，劳动者就有可能辞去现有工作而选择新的工作，从而形成现实的劳动力流动。

研究表明，并非所有的劳动力都同样愿意选择流动。什么样的劳动力流动倾向强、流动性比较大呢？概括起来看，在现实生活中，劳动者的年龄、受教育程度、迁移距离、家庭因素等均对劳动者的流动抉择具有比较重要的影响。

（一）劳动者的年龄

国内外实证研究发现，年龄是影响劳动力流动的一个重要因素。在劳动者的年龄与流动率之间，明显存在着反比关系。劳动力的年龄越小，流动性就越大，反之亦然。

20 世纪以来，全球化加速发展，以人口为代表的生产要素跨境流动日益频繁。根据联合国发布的国际移民相关统计数据，2019 年全球移民规模突破 2.7 亿人，而在 1990 年、2000 年和 2010 年该数据分别是 1.55 亿、1.78 亿和 2.14 亿。在 2.7 亿移民人口中，超过七成的国际移民正处于劳动年龄，日益增长的国际劳工流动规模表明全球经济的相互联系日益紧密。在海外投资移民中，年龄普遍为30～40岁，很多人拥有熟练的专业技能。之所以会出现劳动者越年轻，越容易产生流动的现象，主要出于以下三个原因：

第一，年轻人入职时间短，辞职的机会成本相对较低，而通过流动可能获得的收益则较大。新进入劳动力市场的年轻人都会经历一个职业磨合期。一部分年轻人对所从事的工作心理准备不足，一旦感到工作不满意，就会转向寻找别的工作。由于他们这时刚刚进入劳动力市场，工资和福利都比较低，资历浅，晋升机会少，流动的机会成本很低，辞职要考虑的其他因素不多。而他在流动后获得收益补偿的时间较长，这意味着他从流动这种人力资本投资活动中可能获得的收益可观。所以年轻劳动者比较容易做出流动抉择，因而流动较为频繁。

当年轻人从事若干职业或岗位后，逐渐找准了职业定位，他们才会安下心来，从事固定的职业，加入稳固的雇员队伍。同时，随着年龄的增长，他们逐渐成家立业，家庭责任增加、资历加深、收入呈上升态势、晋升机会增多等因素都会影响劳动者的流动抉择。由于年长的劳动力流动的机会成本显然较高，所以年长劳动力一般更关心职业的稳定，流动的意愿开始下降。

第二，年轻人在地区流动、职业或岗位变动过程中所付出的心理成本相对较小。在当今社会，人脉关系对劳动者的工作职业生涯发展，乃至家庭生活都具有非常重要的意义。当年轻人初入职场时，他与周围的各种社会关系还远未形成比较广泛而稳固的联系，此时的辞职流动带来的心理损失相对较小。然而，随着年轻人从业时间的延长，职场经验不断丰富，各种人脉关系逐步编织成网，社会联系变得日趋紧密，他对周围的工作、生活环境相当熟悉和适应，这时如果要进行流动，就意味着可能失去许多人脉关系，甚至会失去许多原有的客户。而劳动者到了新的地区和新的职场，一切都基本要从头开始。显然，年长劳动力由于流动而付出的心理损失会相应增多，因此，他们辞职流动的抉择会十分谨慎，并且更多地倾向于选择固守原有的工作地区，成为用人单位的忠诚雇员。更有趣的是，研究者还发现，即使在同一年龄群体内部，流动的情况也有所不同：未婚者比已婚者更倾向于在地区间流动，已婚但未生育者比已婚且有孩子者的流动性更强。这里面也有一个心理成本的问题。

第三，年轻人消费欲望较高，通过职业、岗位的调整提高个人收入的动机强烈。总体而言，年轻人的工作收入相对较低，但一方面，他们因交友、成家而产生的消费需求较多，他们的吃、穿等消费欲望也比较强烈，花销较大；另一方面，在当今知识技术日新月异、不断变迁的背景下，年轻人也必须加强自身修炼，因而，他们在业余学习、进修、强化培训等方面的开支也比较多。诸多因素叠加，就使得年轻人改善个人经济状况的愿望和动机更为强烈，这也是促使年轻人在职场上比较频繁流动的原因之一。

（二）劳动者的受教育程度

对于劳动者来讲，特别是对于同一年龄组的劳动者来讲，个人的受教育水平是判断劳动力流动率的一个重要指标。国内外劳动力市场的研究都表明，受教育水平与劳动力的流动率成正相关关系。受教育水平越高，流动率越高；受教育水平越低，流动率越低。研究者的调查证实，教育对农村劳动力的流动具有显著的、积极的作用。在其他条件相同的情况下，个体受教育程度越高，外出务工的概率越高。教育成为影响农村劳动力收入的重要因素之一。劳动者的受教育程度越高，流动率越高，一方面是因为他们见多识广，容易接受新事物，适应性较强；另一方面是因为受教育程度高的人在职业、岗位方面的选择范围显然要比受教育程度低的人大许多。受过高等教育的劳动者的职业选择范围更广，而低层次的劳动者就业范围相对较窄，从而影响流动的选择性。还有一点不容忽视：劳动者受教育程度越高，其获得高收入的工作岗位的可能性就越大。与其他经济行为相同，劳动者做出迁移流动抉择并选择具体的流向，实质上是对流动成本及其收益进行比较权衡后的结果。流动者在迁移之前已经有了一个迁移的预期收入。调查数据表明，流动者迁移后的实际工资收入不仅大于迁移的预期收入，而且流动者的预期收入和实际收入均因文化程度的不同而呈递增状态，而且平均预期收入与实际收入具有很强的相关性，所以，对劳动力流动的分析又进一步证明了人力投资的重要性。

（三）劳动者的迁移距离

流动的地域性距离是劳动者在做出流动抉择时必须考虑的又一个重要因素。一般来说，距离的远近与劳动力的流动率成反比关系。距离越近，流动率越高；距离越远，流动率越低。这主要是因为距离的增加使得流动的成本上升。流动之后探望朋友和亲戚的交通费用、流动的心理成本等，显然也会随着流动距离的增加而上升。因此，在其他条件相同的情况下，人们会更多地选择近距离的流动，而放弃远距离流动。

此外，劳动者在做出流动的地区抉择时，总是力图将流动的迁移成本和心理成本降至最低水平。这时，最佳的选择就是流动到已有朋友或亲属先期迁入的地区，这种连锁迁移的现象不仅表现在国际移民中，同时也表现在国内地区间的劳动力流动中。例如，2018 年加拿大华裔数量近 177 万人（具体数字为 1 769 195 人），占全国总人口的 5.1%，排在所有族裔的第七位。据统计，近 90%的华人居住在多伦多、温哥华、蒙特利尔、卡尔加里、埃德蒙顿、渥太华和温尼伯等 7 大城市。其中，多伦多当仁不让排名第一，70 万华裔以 11.13%的比例仅次于南亚裔（12.59%），居大多伦多区少数族裔的第二位；温哥华排名第二，数量接近 50 万人（加上留学生、陪读家长、工签和探亲人员，总数很可能达到 60 万）。多伦多和温哥华两地的华裔占加拿大华裔总数的 68%，可见其分布异常集中。在美国，根据联邦人口调查局 2018 年发布的最新数据，亚裔总人口已达 2 140 万，而华裔以 508 万人居首（包括 193 642 名台胞）。这 508 万华人在美国的居住很有规律，主要集中在加利福尼亚州、纽约和大都会城市。中国哪些省份的人在美国最多呢？排名前十位的分别是：福建长乐、连江、福清等；河北石家庄藁城、衡水等；辽宁沈阳、抚顺、铁岭地区；吉林；广东台山、广州、江门等；上海；北京；河南郑州、开封、洛阳、信阳等；江苏连云港及周边地区；山东青岛、烟台、威海地区。又如，在北京近郊，也曾经遍布着“浙江村”“新疆村”“四川村”等等。这些事实都说明，在劳动力进行流动区域选择时，只要该地区有了先期流动的亲朋，使得后续的劳动力流动到那里，首先可以较好地解决居住等生活问题，同时又可以通过众多亲朋获得各种有关求职、生活、子女教育的信息，此时，流动的迁移成本和心理成本大大降低，就足以打消远距离流动的顾虑了。

(四)劳动者的家庭规模与移民决策

家庭规模对劳动者的流动抉择也有一定的影响作用。一般来说，家庭规模与劳动力的流动率成反比关系。家庭规模越小，流动率越高；家庭规模越大，流动率越低。这是因为随着家庭规模的扩大，劳动力流动将要付出的潜在成本也会随之增加。我们会发现，在年龄、教育背景等其他因素相同的条件下，单身工人比已婚工人更容易做出辞职流动的决定，因为他可以仅根据个人的意愿做出选择。当然，如果家庭成员中夫妇二人仅有一人工作，他（或她）做出流动的抉择也相对容易，如果他（或她）的工资收入较低，则选择流动的概率也会很高。但是，当家庭规模扩大，且夫妇二人都从事工作时，如果配偶双方的工资都很高，这时要做出劳动力流动的选择就相对困难，因为要衡量及比较的东西太多：一是在迁移过程中要放弃的家庭收入相对较高；二是要使夫妇双方都通过流动获得比以往更好的工作，这种求职的难度肯定会增大，而且若配偶一方不能在目的地找到如愿的工作，就会使家庭的总收入受损；三是夫妇双方的人脉关系都会由此而减少，此时所付出的心理成本会大大增加；四是家庭中若存在学龄儿童，父母往往会考虑孩子的教育等问题，因为熟悉的就学环境和学龄同伴明显有利于孩子的身心健康。当然，如果拟迁入的地区有良好的教育环境，这时夫妇双方选择流动的冲动就会增强。《中国国际移民报告（2020）》显示，2019 年中国国际移民群体已成为全世界排名第三的海外移民群体。中国移民的前十大目的地国为美国、日本、加拿大、澳大利亚、韩国、新加坡、意大利、英国、孟加拉国和西班牙，移民总量为 6 800 811 人，与 2015 年移民总量 6 320 642 人相比，四年间增长了 480 169 人，增长率为 7.6%。数据分析表明，80%以上的申请人移民发达国家的首要原因是子女教育。他们认为中国的教育水平落后于西方发达国家，培养出的学生缺乏想象力和创造力。同时，由于相对本国学生来说，许多国家对国际留学生的学费极高，几年下来其差价已经与移民所需要的花费持平，因而他们选择投资移民。

当然，在劳动者做出流动的最终选择时，以上四个影响因素也会发生交互作用。因此，劳动力是否选择流动在很大程度上是在进行投入产出效益的比较，同时也是心理成本付出的一个较量。

小思考

基于中国国情，根据劳动力流动的原因，提出引导劳动力合理流动的建议。

第三节 劳动力流动的经济分析

劳动者流动受各种因素影响，但最根本的原因是劳动者预计通过流动可以提高其生活水平或生活质量。然而，流动是有代价的，劳动者不仅要面临向新环境转移的货币成本，而且要面临相应的心理成本。从这种意义上讲，流动是一种对人力资本的重要投资。既然是投资，就必须考虑其经济合理性，也就是流动成本与收益的比较。只有流动的预期收益大于成本，流动的发生在经济上才是合理的。

一、微观的劳动力流动决策

（一）劳动力流动的成本

劳动力流动的成本包括直接转移成本、机会成本和心理成本，其具体含义如下：

（1）直接转移成本。这是劳动者为了实现流动而直接支付的各种费用。例如在地区间流动中，劳动者获取流动信息的费用、流入地与流出地之间的交通费用、劳动者在流入地的安家费用、寻找新工作的费用，均属于劳动力流动的直接转移成本。影响该项费用的主要因素是劳动力流出地与流入地之间的距离。距离越远，流动的直接转移成本就越高。此外，流入地的物价水平也会影响直接转移成本。

（2）机会成本。劳动者在流动过程中，由于放弃原有的工作，从而失去原有工作可能获得的收入、福利以及资历和未来的晋升机会，这些构成了劳动力流动的机会成本。机会成本是流动成本的主要部分，直接影响劳动者的流动决策。很显然，劳动者流动的机会成本的存在决定了劳动者倾向于流向收入更高的职位、职业、单位或地区。

（3）心理成本。劳动者离开原来熟悉的工作、生活环境，离开亲朋好友所付出的精神上的代价即为劳动力流动的心理成本。它包括新的工作、生活环境的压力以及不同社会文化背景的压力等等。心理成本并不是实际支出的费用，只是流动者本身的一种主观心理感受，表现为一种负效用。虽然心理成本很难直接衡量，但它却客观存在，并成为影响劳动力流动决策的一个很重要的非经济因素。心理成本随着年龄的增大而增加，这是人们的共识。

应用实例

重塑乡村活力　给留守儿童更多关爱

伴随着农村劳动力向城镇转移，我国出现了“留守儿童”现象，即父母双方外出务工或一方外出务工另一方无监护能力，致使不满16周岁的未成年人留在乡村生活。农村留守儿童群体具有两大特征：一是家庭教育缺失。留守儿童普遍面临父母缺位、亲情关怀和家庭教育不足的困境，容易对自我价值观、人生观和世界观的形成产生消极影响。

二是留守儿童低龄化与留守周期延长。很多年轻父母在子女幼时就外出务工，代之以更为长期的祖辈监护。在社会快速发展变迁中，这一群体还面临着一些环境上的新变化。比如，年轻人离乡发展，地区撤点并校，造成了村庄空心化和乡村教育上移，致使留守儿童的生活圈子缺乏活力。

党和政府历来高度重视留守儿童问题，出台了多项政策措施给予关心关爱。2016年，国务院印发《关于加强农村留守儿童关爱保护工作的意见》，各地陆续建立完善关爱留守儿童的工作机制与体系，如建立农村留守儿童关爱保护工作部际联席会议制度；组织"小候鸟进工地"等活动；在全国广泛建立农村留守儿童关爱阵地，向农村留守儿童和困境儿童提供课后辅导、生活救助、心理疏导、情感抚慰等关爱服务。截至2021年6月底，全国范围内已建立了5.6万名乡镇（街道）儿童督导员、67.5万名村（居）儿童主任的基层儿童工作队伍。

由于全社会关爱保护儿童的意识普遍增强，儿童成长的环境大大改善、安全更有保障，儿童留守现象明显减少。根据民政部的统计数据，截至"十三五"末，全国共有农村留守儿童643.6万名，比"十三五"初期下降了28.6%。

中国农业大学人文与发展学院院长叶敬忠表示，从长远来看，留守儿童问题的根本解决还有赖于乡村的全面振兴。值得欣慰的是，"十四五"规划纲要对新发展阶段优先发展农业农村、全面推进乡村振兴作出总体部署。随着乡村振兴战略全面实施，我国大力推动农业农村优先发展，重塑乡村的经济、社会和文化活力，财政投入和扶持政策向农村地区倾斜，越来越多的农村地区蓬勃发展，更多的农村孩子会在父母身边健康成长，留守儿童问题必将得到缓解。

资料来源：重塑乡村活力 给留守儿童更多关爱（新视点）. 人民日报，2021-07-09.

现代人力资本投资理论认为，劳动力流动所花费的代价是对人力资本的一项重要投资，其目的是为了获得流动后的长期收益。

（二）劳动力流动的收益

劳动力流动的收益包括直接收益、间接收益和心理收益，其具体含义如下：

（1）直接收益。劳动力流动的直接收益包括劳动者在新的岗位上相对于原来收入的提高和晋升机会的增多。这种直接收益是影响劳动力流动的重要因素，它构成劳动力流动收益的主要部分。相当部分的单位和地区就是通过直接提高收入水平，并保持与其他单位和地区的收益差距来吸引劳动力流入，以满足其对劳动力的需求。

（2）间接收益。一般是指由于新的工作生活环境所提供的各种便利而引起的劳动者部分开支的节省。流入地齐全的公共服务设施、较多的社会福利和完备的社会保障体系等，都有可能为劳动者提供间接的收益，并改善劳动者的生活质量。

（3）心理收益。这主要是指流动所带来的非经济效用。它包括新的满意的工作和生活条件及环境、新工作所带来的社会地位的提高、与家人分离后团聚的欢乐、新的良好的人际关系、社会文化生活等。这些都能使劳动者在精神上获得较高程度的满足，获得心理上的收益。

（三）劳动力流动的经济决策

我们可以通过人力资本投资模型更好地理解自发的劳动力流动。这种模型将自愿流动当成一种投资来看待，即劳动者为在今后一段相当长的时间内获得收益而在早期承担这种投资的成本。如果与流动相联系的收益现值超过了与之相联系的货币成本和心理成本的总和，那么我们就可以认为劳动者要么会决定更换工作，要么会决定进行地理上的迁移，或者两者兼而有之。如果贴现之后的收益并不比成本高，那么流动就没有任何经济意义，流动也不会发生。所以，劳动力流动的经济界限是流动的净收益的现值不小于零。所谓**劳动力流动的净收益**是指流动收益现值减去流动成本现值后的差额。这个差额就是劳动力流动决策的依据和动力。

为了从经济的角度更好地分析劳动力流动的决策依据，我们可以根据净收益现值的定义“净收益现值＝收益现值－成本现值”，将净收益现值用公式（7－1）表示为：

$$NPV=\sum_{t=1}^{T}\frac{B_{jt}-B_{ot}}{(1+r)^t}-C \qquad (7-1)$$

其中，NPV＝劳动力流动的净收益现值；

B_{jt}＝第 t 年时从新工作（j）中所获得的效用；

B_{ot}＝第 t 年从原工作（O）中所获得的效用；

T＝在新工作（j）上的预期工作年限；

r＝贴现率（一般为市场利率）；

C＝流动造成的效用损失；

$\sum$＝求和符号，在这里是指从第 1 年到第 T 年这一时期中每一年净收益现值的总和。

显然，劳动者从新工作中获得的效用越大，流动造成的效用损失越小，对新工作稳定性的期望值越高，从事新职业的时间越长，流动净收益的现值就越大，流动的效益也越高，劳动者流动的可能性就越大；反之，流动的效益越低，流动的可能性越小。当流动的净收益现值为负值时，劳动者就会选择不流动。因此，劳动力自愿流动的决策模型为：

$$NPV\geqslant 0 \qquad (7-2)$$

十分明显，如果 $NPV<0$，即流动的净收益现值小于零，说明劳动力流动这种投资在经济上得不偿失，流动不仅无法改善劳动者的经济条件，反而使其境况更糟。根据经济人趋利避害的本性，流动不可能发生。如果 $NPV=0$，在这种情况下流动的意义并不显著，或者说毫无意义，但流动还是有可能发生。当 $NPV>0$ 时，流动收益大于流动成本，劳动者可以通过流动获得更多的经济效益，改善自身的经济条件。因此，从经济上分析，只有当 NPV 不为负值时，即流动所带来的收益现值等于或超过其投入的费用时，劳动力流动才是合理的，流动才可能实际发生。

在现实生活中，劳动力的自愿流动并不都是基于经济动机，个人偏好、工作意向、攀比心理、生活方式、健康状况、居住条件、家庭和朋友关系、为后代生活的考虑等非经济因素都有可能成为劳动力流动的原因。但是在绝大多数情况下，流动是劳动者为了提高其生活水平或生活质量的结果，劳动者的流动决策更多地受经济因素的影响。所以，我们建立的劳动力自愿流动的决策模型有其重要的现实意义。

二、劳动力流动的宏观经济意义

自工业革命以来，社会化大生产飞速发展，社会生产过程技术基础不断变革。随着经济全球化的日益扩展，资本在世界范围内流动，劳动力流动作为社会经济结构不断变迁的内在客观要求，给社会经济活动和企业发展都带来了深刻的影响，具有深远的意义。具体表现如下：

（一）有利于劳动力市场竞争，创造更多的就业机会

流动是劳动者选择职业、企业选择劳动力的重要机制。通过劳动力流动，可以使劳动力供求双方充分选择，获得工作职位的最佳匹配，使宝贵的人力资源得到更加充分的利用，从而创造更多的就业机会。

从国际社会看，美国是一个典型的靠移民者发展起来的国家。自 1776 年宣布独立以来，美国先后共经历了三次移民浪潮。源源不断的移民不仅给美国带来了大量的人口，为美国经济的发展提供了充足的劳动力，同时也带来了丰富多彩的多元文化，这种多元文化对美国社会经济的发展具有深刻的积极影响。

2012 年，时任美国国家经济委员会首席副主席的贾森·弗曼（Jason Furman）和副主席丹尼尔·格雷特（Daniel Grayt）通过白宫博客曾发布一篇题为《移民对于美国经济的建立和发展的十个促进作用》的文章。文章开篇写道：美国是一个移民之国，如果没有从全世界各地奔涌而来的移民们一代又一代扎根在这里，美国的奋斗与成功将会是一个不可能实现的梦想。我们应该回顾一下世世代代的移民们为美国经济的建立以及美国发展成为世界经济的巨擘而做出的伟大贡献。文章称，移民者拥有的企业为美国的劳动者提供了大量的就业机会，推动了美国经济的发展。

中国在市场经济发展过程中，逐步建立并发展了劳动力市场，劳动力的自由流动极大地激发了劳动者的创造性，就业岗位不断增加。据统计，1978—2020 年，我国城乡就业总量增长了 86.95%，42 年总计增加 34 912 万就业人口，其中城镇增加 36 757 万就业人口。我国现阶段劳动力大规模流动的主要原因是各地区的经济发展不平衡，劳动力的流动对促进人口流入地区与流出地区的经济和社会发展等都具有积极意义。

（二）有利于技术创新，不断提升社会生产率

劳动力流动使工作职业具有竞争性，这不仅促进了劳动力素质的提高，改善了劳动者的地位，而且形成了对劳动者的竞争压力，这在很大程度上保证了劳动力市场的活力与效率。劳动力的自由流动会消灭各种劳动力的短缺或剩余，使劳动力市场出清。

劳动力的自由流动也促成了统一工资法则的实现，使得工资率等于劳动的边际生产率，从而使劳动力市场在配置稀缺劳动力资源时具有效率与生机。同时，流动和迁移会使企业和员工在较大范围内寻求最佳搭配，这也会促进社会生产率的提高和人们安居乐业。

以美国为例，可以说，移民者促进了尖端科技和前沿企业的发展。美国风险投资协会的数据显示，有25%的风险投资者支持的美国企业是由移民者建立的，其中包括：谷歌、易趣、雅虎、太阳微系统以及英特尔。而且，移民者成为重要的工程师、科学家和创新者。根据美国联邦人口调查局的数据，美国只有16%的居民具有本科以上学历，而移民者中有33%是工程师，27%是数学家、数据分析人员和电脑技术研究人员，此外，还有24%是物理学家。

（三）有利于人力资源合理调配，促进经济增长

在社会产业结构不断调整的过程中，一方面，劳动力流动可以使劳动者及时地从衰落的产业、部门和地区流向不断兴起、发展迅速的产业、部门和地区，能够使这些产业、部门和地区在全国甚至更大的范围内按照经济发展的需要配置劳动力，并能够有效地保证所需的劳动力质量，从而促进经济增长。另一方面，劳动力流动可以有力地促进商品消费需求的提高，而内需的增长又会进一步促进经济增长。例如，根据美国小型企业管理局的调查，移民者创业的概率比本土居民大约高30%。同时，大量的移民又会提高输入国的消费力，从而促进国内经济发展，增加GDP。

即学即用

“用工荒”怎么破？深圳光明区建空闲劳动力库，鼓励劳动力有序流动

疫情影响下，劳动力流动严重受阻，如何帮助企业应对阶段性“用工荒”难题？深圳市光明区探索推出一条纾解之策，拟集全区相关职能部门之力，扶持辖区企业共渡难关。

2021年2月13日，深圳光明区人力资源局出台《关于应对疫情支持空闲劳动力优化配置的若干措施》。据了解，该措施共包括建立空闲劳动力库、人力资源余缺调剂体系、用工需求动态对接平台、分类服务保障机制等四个方面的内容，所含具体对策共九条。据介绍，这也是深圳市各区中率先推出的保障企业用工措施。

“当前，复产复工已经启动，企业正在逐步有序复工。因疫情影响，复工企业的员工难以及时返岗；同时，部分企业尚未复工复产，员工居家待岗，造成社会空闲劳动力增多，供需不适配。”光明区人力资源局相关负责人表示，该局以问题为导向，探索推出上述措施，旨在更好地助力企业复产复工，促进居民充分就业。

据悉，光明区将采用线上线下相结合的方式，通过光明区政府在线、“深圳光明”微信公众号等数据平台，与各街道、社区建立紧密沟通机制，精准查找区内空闲劳动力信息，建立相关就业需求库。在此基础上，分类收集区内已复工或准备复工企业，特别是疫情防控重点物资企业的用工需求，针对求职人员的意愿进行有效对接和适配。

具体而言，光明区将创新建立人力资源余缺调剂体系，鼓励未复工企业特别是餐饮、旅游、住宿、建筑、交通运输、教育培训、影视剧院等短期未有复工计划的行业企业，组织富余劳动力向疫情防控物资生产企业有序流动，通过互助合作用工、中短期上岗等方式调配人力资源，缓解用工矛盾；同时，鼓励防护用品生产等短期用工需求激增的企业采取非全日制用工等方式，吸纳留居深圳的待岗待业人员。

此外，对于受疫情影响较为严重，短期内不具备开工条件、涉及裁员的企业，光明区将加强监测，协调其提前与用工需求迫切的企业进行沟通对接，帮助下岗员工重新就业。在此期间，光明区人力资源局将建立分类服务保障机制，充分保障重新上岗员工的合法权益。

资料来源：陈蓉，张钦."用工荒"怎么破？深圳光明建空闲劳动力库，鼓励劳动力有序流动. 南方都市报，2020-02-14.

第四节 中国劳动力流动面临的挑战与对策

在经济开放发展的国度中，伴随着现代经济部门的不断扩张和传统经济部门的不断萎缩，必然会出现生产要素由传统经济部门向现代经济部门的转移，劳动力作为最具创造性和能动性的生产要素，也必然随之产生流动。改革开放以来，中国大规模的劳动力流动为经济腾飞提供了丰富的劳动力，为城市化、现代化顺利发展奠定了基础，为我国综合国力的提升做出了巨大的贡献，但同时也面临着一系列挑战。

一、中国劳动力流动的基本状况

在市场经济国家，劳动力流动是工业化和城镇化发展中十分普遍的社会经济现象，它一般是指劳动者为了改变就业形式或改善收入状况而进行的跨地域、跨产业部门、跨企业或跨工作地从事社会劳动的行为。经济体制改革以来，随着产业结构的调整，我国劳动力也在产业之间、城乡之间不断流动。

（一）流动劳动力的规模

随着市场经济的发展，我国流动人口（其中绝大多数是劳动力，特别是农村劳动力）作为当代中国的一个独特人口群体，其规模、结构和作用都发生了根本性的变化。

1982 年以来的历次人口普查数据表明，我国流动人口一直呈增长趋势：1982 年和 1990 年流动人口分别为 1 154 万人和 3 750 万人，占全国总人口的 1.14%和 3.28%。进入 21 世纪后，我国经济急剧变革并加速发展，劳动者的社会流动机会大大增加，社会流动速度日益加快，社会流动规模不断扩大，我国进入了一个前所未有的大流动时代。统计数据表明，我国流动人口数量持续增加，并呈现出加速度态势。2000 年全国流动人口总量破亿，增长到 1.02 亿人，2010 年攀升至 2.21 亿人，2020 年更是高达 3.76 亿人。

同时，流动人口占总人口的比重大幅度提高。流动人口占全国总人口的比重分别从2000年的8.05%提升至2010年的16.48%和2020年的26.63%。图7-2清晰地显示出1982—2020年我国流动人口的变动情况。

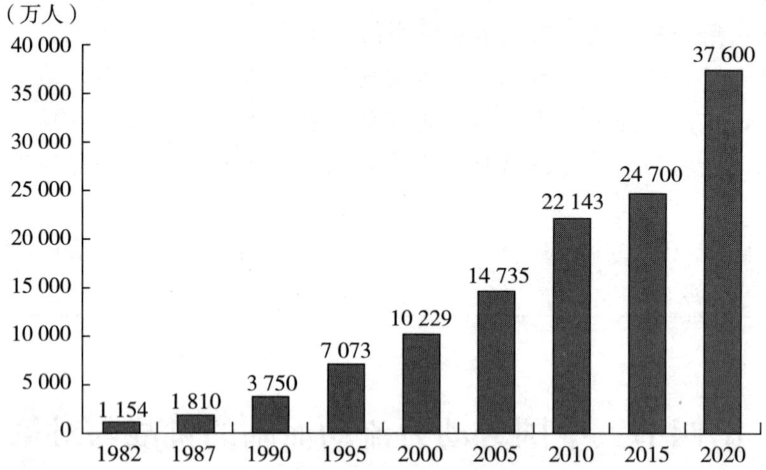

图7-2　1982—2020年中国流动人口规模

资料来源：国家卫生和计划生育委员会流动人口司. 中国流动人口发展报告2016. 北京：中国人口出版社，2016；国家统计局. 中国统计摘要2021. 北京：中国统计出版社，2021；国务院第七次全国人口普查领导小组. 2020年第七次全国人口普查主要数据. 北京：中国统计出版社，2021.

（二）流动劳动力的基本结构

调查显示，我国目前流动人口主体为农民工[①]（约占全国流动人口总量的76.0%），以下主要考察2012—2020年农民工基本结构的变化情况。

根据国家统计局发布的《2020年农民工监测调查报告》[②]，这一时期全国农民工总量从26 261万人增长为28 560万人，增加了2 299万人，上升了8.75%。

对农民工的年龄状况进行考察，这一时期全国农民工平均年龄从37.3岁增长为41.4岁，提高了4.1岁。从年龄结构看，40岁及以下的农民工所占比重从59.3%下降为49.4%，下降了9.9个百分点；50岁以上的农民工所占比重从15.1%上升为26.4%，提高了11.3个百分点。

从性别结构看，这一时期在全部农民工中的男性占比从66.4%下降为65.2%，下降了1.2个百分点，女性占比从33.6%上升为34.8%，上升了1.2个百分点。其中，外出农民工中女性占比从31.7%下降为30.1%，下降了1.6个百分点。而本地农民工中女性占比则从37.2%上升为39.2%，上升了2个百分点。

---

① 农民工指户籍仍在农村，年内在本地从事非农产业或外出从业6个月及以上的劳动者。

② 国家统计局. 2020年农民工监测调查报告. 中国政府网，2021-04-30.

二、中国劳动力流动的基本特征

自 1978 年经济体制改革以来，我国人口和劳动力的变动呈现出从低流动性向高流动性快速转变的特征，流动人口占总人口的比重从 1982 年的 0.7%快速增长至 2010 年的 16.5%，2020 年升至 26.6%。对劳动力流动进行全面考察，主要具有以下基本特征。

（一）劳动力流动方向与产业集聚方向重合

国际经验表明，人口流动迁徙一般表现出人口向江河港口、沿海地区及交通枢纽城市集中的轨迹。由于这些城市规模大，产业集聚效应明显，市场网络发达，对人口的吸纳能力非常强大，随着产业在大城市周边聚集，这些地区逐步形成城市带、都市群，成为人口主要集聚区。

改革开放以来，中国经济快速增长的同时，产业集聚也呈现出快速发展的态势，产业集聚的中心地带主要是东部沿海地区。从表 7-1 可以看到，1985—2020 年，GDP 在全国排名前五的省份占全国 GDP 的比重基本在 38%～46%区间徘徊。2005—2020 年，排名全国 GDP 前五位的省份中，只有河南省不属于东部地区。2020 年，广东、江苏、山东、浙江 4 个东部省份占全国 GDP 的比重达到 34.6%，显示出我国产业生产在东部沿海地区高度集聚的基本状态。

表 7-1　1985—2020 年各省份 GDP 排名

年份排名	1985	1990	1995	2000	2005	2010	2015	2020
1	上海	江苏	江苏	广东	广东	广东	广东	广东
2	江苏	山东	广东	江苏	山东	江苏	江苏	江苏
3	辽宁	广东	山东	山东	江苏	山东	山东	山东
4	山东	辽宁	浙江	浙江	浙江	浙江	浙江	浙江
5	四川	上海	四川	河北	河南	河南	河南	河南
合计占比	40.02%	38.46%	42.87%	43.51%	44.53%	46.08%	42.78%	39.98%

资料来源：国家统计局网站。

（二）流动劳动力受教育水平提高

劳动力流动受人力资本能力的影响很大，正如在许多国家都观察到的那样，与未迁移的同类人相比，迁移者的受教育程度一般较高，这也是迁移选择性的结果。因此，人力资本差距会导致不同的迁移结果，受教育程度高的人对改善当前处境的愿望比较强烈，对劳动力市场的信息更加敏感。同时，受教育程度高的人在劳动力市场的回报也更明显，从迁移中获得的收益也更大。

官方公布数据显示，“十三五”期间，劳动年龄人口平均受教育年限从 10.2 年提高到 10.8 年，技能劳动者总量由 1.3 亿人增至 2 亿人。改革开放以来，流动人口的受教育水平也不断提高。根据《中国流动人口发展报告 2018》提供的流动人口动态监测数据，1982—2017 年，我国流动人口的平均受教育年限从 5.6 年逐步提高到 9.6 年（见图 7-3）。2012—2017 年，流动人口中初中及以下人口所占比例持续下降，从 73.1%下降为 67.1%，同期，高中及以上人口所占比例持续升高，从 26.9%逐步上升为 32.9%。

另据国家统计局自 2011 年历年发布的《农民工监测调查报告》，农民工受教育水平也呈现出不断提高的态势。2011—2020 年，全国农民工中具有高中、大专及以上文化程度的人数占比从 23.0%增长为 28.9%，同期，具有初中文化程度的人数占比从 61.1%下降为 55.4%。

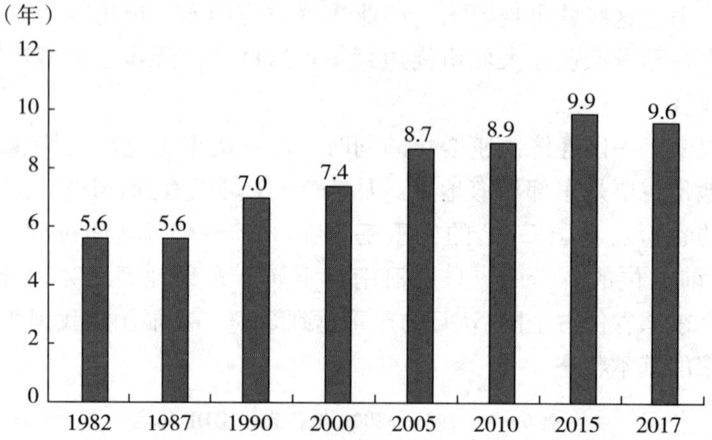

图 7-3　1982—2017 年流动人口平均受教育年限

资料来源：国家卫生健康委员会. 中国流动人口发展报告 2018. 北京：中国人口出版社，2018.

（三）劳动力流动就近化、居住稳定性持续增强

改革开放以来，我国劳动力流动的总体方向是从中西部地区流向沿海地区，从农村跨省进入大中城市，但近年来，劳动力流动人口中的主体人员农民工的流向出现了跨省流动减少、流动半径缩小的趋势。

《农民工监测调查报告》数据显示，2010—2020 年，全国农民工总量从 24 223 万人增长为 28 560 万人，但年增长速度从 2010 年的 5.4%逐步下降到 2018 年的 0.6%和 2019 年的 0.8%。2020 年，受新冠疫情的影响，全国农民工总量为 28 560 万人，比 2019 年减少了 517 万人，增速为−1.8%（见图 7-4）。

图 7-5 也清楚地反映出近年来农民工跨省流动呈现出的下降趋势。2010—2020 年，外出农民工跨省年流动规模从 7 717 万人下降为 7 052 万人，占全国农民工总量之比也从 50.3%下降为 41.6%。2020 年在省内就业的外出农民工 9 907 万人，比上年减少 10 万人，与上年基本持平。省内就业农民工占全部外出农民工的比重为 58.4%，比上年提高 1.5 个百分点。分区域看，东部、中部、西部和东北地区省内就业农民工占外出农民工的比重分别比上年提高 1.6、1.3、1.8 和 1.0 个百分点。

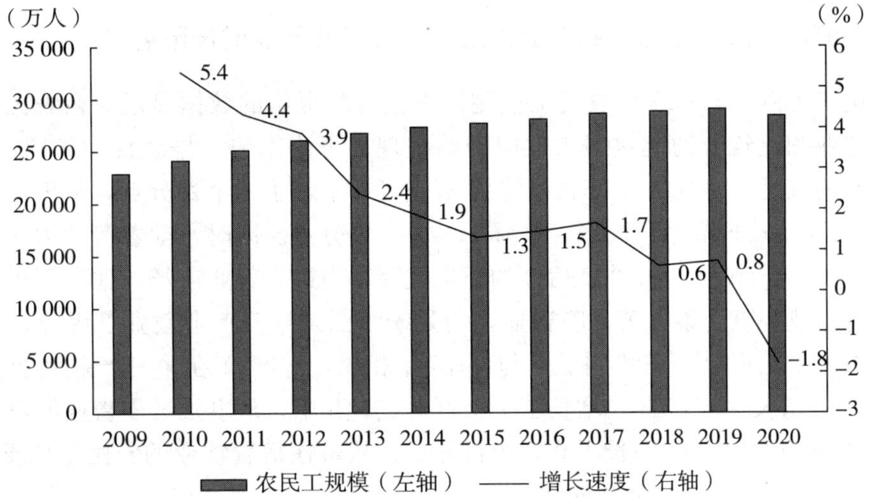

图 7－4　2009—2020 年农民工规模与增长速度

资料来源：国家统计局. 农民工监测调查报告（2009—2020 年）. 国家统计局网站.

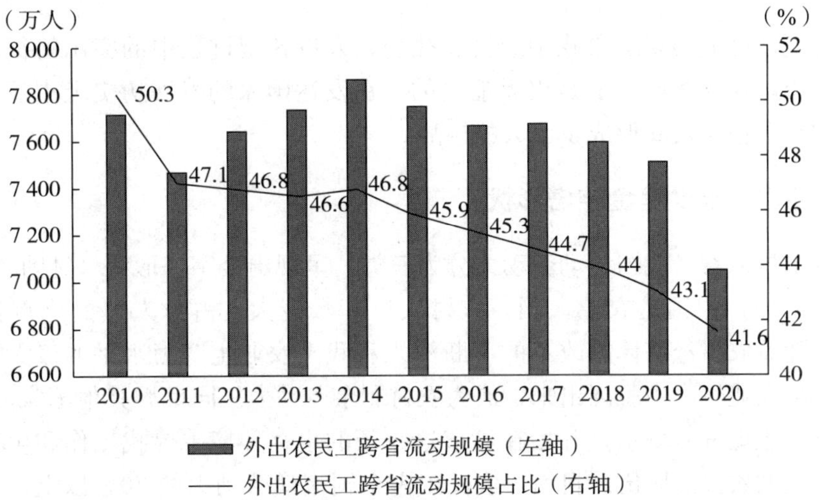

图 7－5　2010—2020 年外出农民工跨省流动规模及占比变动状况

资料来源：国家统计局. 农民工监测调查报告（2010—2020 年）. 国家统计局网站.

根据国家卫生健康委员会对全国流动人口的动态监测调查，2012—2016 年流动人口的居留意愿整体较为平稳，在 60%左右小幅波动，流动人口愿意在当地长期居留的比例 2012 年为 60%，2014 年下降到 56%，随后，2015 年和 2016 年，连续两年流动人口居留意愿保持上升趋势，从 2015 年的 57%上升到 2016 年的 61%。2017 年的调查显示，4 成左右的流动人口在流入地居住 5 年及以上，超过 2 成的流动人口在流入地居住已满 10 年。在 15 岁及以上的流动人口中，打算在现居住地继续居留的占 83.2%，有返乡打算的仅为 1.9%。随着年龄的增长，流动人口愿意在现居住地长期居住的比例呈现逐渐上升而后下降的趋势。[①]

① 国家卫生健康委员会. 中国流动人口发展报告（2018）. 北京：中国人口出版社，2018.

（四）流动人口从业仍以制造业为主，第三产业就业增长迅猛

以农民工为例，《2020年农民工监测调查报告》提供的数据显示，在农民工中，虽然从事制造业和建筑业的比重最大，但开始呈现出下降态势。据统计，2015—2020年，从事制造业的农民工比重从31.3%下降为27.3%，下降了4个百分点，从事建筑业的农民工比重从21.1%下降为18.3%，下降了2.8个百分点。同时，随着劳动力流动人口的代际转变，大量“80后”和“90后”的新生代劳动力进入就业市场，他们不再像父辈那样多从事建筑业等脏、累、苦、险行业，而是纷纷涌入第三产业就业，因此，在第三产业就业的农民工比重上升态势明显。与2015年相比，2020年在第三产业就业的农民工比重从44.5%增长为51.5%，增长了7个百分点。其中，从事批发零售业的农民工比重从11.9%增长为12.2%，增长了0.3个百分点，从事住宿餐饮业的农民工比重从5.3%增长为6.5%，上升了1.2个百分点。①

三、中国劳动力流动面临的挑战

劳动力流动已成为现阶段我国经济、社会、人口转型过程中的突出特征，这样大规模的劳动力流动在人类历史上是史无前例的，在发达国家的发展历史上也从未有过，对中国社会的长期稳定发展形成了巨大的挑战。

（一）劳动力流动呈金字塔形状

从人群结构来看，我国流动劳动力分为三类，呈现出金字塔形状（见图7-6）。第一类是低端劳动力，中国是农业大国，农村人口基数庞大，占总人口的比重长期维持在70%左右，随着农村经济体制改革的不断深入和我国农业生产力水平的极大提高，越来越多的农民从农业生产中脱离出来，成为农村剩余劳动力。同世界其他国家的情况类似，这类人群离开土地进入城镇，开始在城市这一新的生存环境中寻找工作和生存机会，形成了规模庞大的农民工队伍。目前，农民工占全国流动劳动力的70%以上，他们大多数只有初中文化水平，没有受过专门的职业技能培训，集中在低薪或高危的行业，收入水平较低，构成劳动力流动金字塔的最底层。第二类为中端劳动力，由半技术及技术型劳动力构成，其人员大多具有初、中级专业技能，其中相当一部分人持有城镇户口，中端劳动力主要满足直接投资于大中城市的制造业和服务业对劳动力的需求。第三类是高端劳动力，它是由专业人士组成，其从业人员普遍具有大学以上文凭或相关专业资格证书，由这类人员所构成的劳动力市场主要满足对中、高层管理人才和技术人才的需求。

低端劳动力供大于求和高端劳动力供不应求并存的状况使劳动力市场呈现出底部大、头部小的金字塔形结构，这一结构既反映在劳动力供给方面，也反映在分化后从业人员的工资水平方面，低端劳动力的工资水平极低，高端劳动力的工资水平较高。金字塔形

---

① 国家统计局. 农民工监测调查报告（2015，2020）. 国家统计局网站.

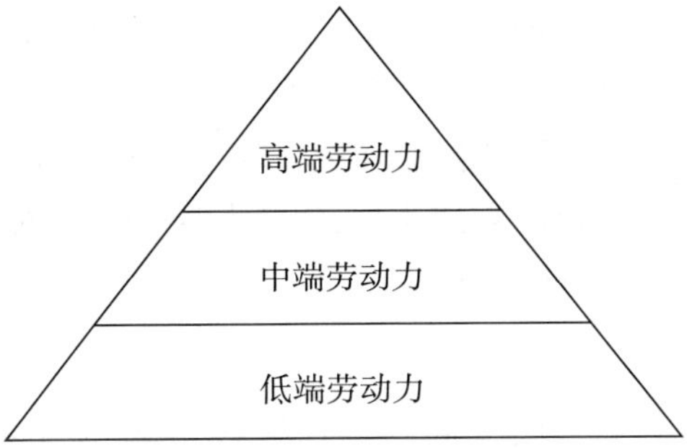

图 7-6　劳动力流动金字塔

劳动力市场的另外一个重要特性是高端劳动力对中端劳动力的排斥、中端劳动力对低端劳动力的排斥，即自下而上流动的道路是极其狭窄的。

（二）劳动力市场流动壁垒仍十分突出

2010 年诺贝尔经济学奖获得者皮萨里德斯（Christopher A. Pissarides）强调，劳动力市场的流动存在三大壁垒，一是住房成本过高，二是社会福利不能转让或者受让，三是劳动力教育水平不足。在我国，这三大壁垒也对劳动力市场流动产生了较大的影响。

1. 住房成本

住房是人类生存的基本条件，对于外出务工人员来说，住房也是影响流动过程的一项重要因素，但近年来，我国大中城市的住房价格快速攀升，居住成本不断提高，对劳动力有效流动造成了一定影响。根据国家统计局公布的数据，2019 年城镇居民人均住房建筑面积为 39.8 平方米，农村居民人均住房建筑面积为 48.9 平方米。而据国家统计局公布的《农民工监测调查报告》显示，2020 年，进城农民工人均居住面积仅为 21.5 平方米。如果分城市规模看，农民工所在城市规模越小，人均居住面积越高。2020 年，进城农民工在 500 万人以上城市居住的人均居住面积为 16.9 平方米，而在 500 万人以下城市居住的人均居住面积均超过 20 平方米。流动人口，特别是农业流动人口居住面积小、环境质量差，这也是以往大量研究中都已经发现的问题，国家和地区相关部门也对此表示关注，并提出相应的对策，各地针对农民工住房问题进行了一系列尝试，以求解决该问题，包括政府建设面向农民工的低租金住房、将进城务工人员纳入城镇住房保障体系等，但实际获得廉租房服务的流动人口屈指可数，流动人口的住房成本已成为生活中的最大开支。

2. 社会保障

随着我国城镇社会保障体系框架的基本建立，流动人口参加社会医疗保险的比例持续上升。2017 年全国流动人口动态监测调查报告的数据显示，超过五成的流动人口办理了个人社会保障卡。92.5%的流动人口至少参加了一种医疗保险，其中，参加新型农村合作医疗保险的比例最高，达到 70.5%，其次分别为城镇职工医疗保险（30.6%）、城镇居民医疗保险（4.6%）和城乡居民合作医疗保险（3.9%）。

值得注意的是，不同地区的农民工社会保障状况差异较大，中西部地区的农民工参保比例明显低于在东部地区务工的农民工。由于这些流动劳动力灵活性很强，频繁辗转于全国各地，因此他们对社会保险关系的顺利转移接续有着迫切的需求。虽然国家制定出台了相关政策，但在跨地区转移社会保险关系时，在实际操作层面仍然存在一些问题，如各地社会保险政策不统一，管理方式不一致，社会保险机构效率低下，社会保险关系转移接续不畅等，使得退保现象依然存在。

3. 教育培训

虽然流动人口受教育水平有所提高，但《2020 年农民工监测调查报告》的数据显示，全国农民工中仍有 55.4%是初中文化程度，更有 14.7%仅为小学及以下文化程度。同时，流动人口的就业技能培训状况并不乐观。《2017 年农民工监测调查报告》的数据显示，农民工中接受过农业技能培训的占 9.5%，接受过非农职业技能培训的占 30.6%，农业和非农职业技能培训都参加过的农民工仅占 7.1%。其中，本地农民工接受农业或非农职业技能培训的占 30.6%；外出农民工接受农业或非农职业技能培训的占 35.5%。因此，流动人口的劳动技能总体上与产业结构升级以及城镇化发展进程的需求之间存在着不小的差距，亟待提高。

（三）户籍制度对劳动力流动影响巨大

长期以来，我国的户籍制度将人们的身份固定化，对城市户口与农村户口两种不同身份的人采取了不同的就业态度，形成城乡分割的二元劳动力市场，农民被排斥于城市之外，致使进城务工人员整体上处于边缘地带，难以实现由农民到市民的角色转换，在就业、社会保障、教育等诸多方面均缺乏必要的政策支持和市民待遇。

2014 年国务院公布了《关于进一步推进户籍制度改革的意见》，提出取消农业、非农业户口之分，建立城乡统一的户口登记制度。2015 年第 663 号国务院令公布《居住证暂行条例》，在全国范围内凡设区的城市建立居住证制度，以居住证为载体，条件性地在流入城市对流动人口赋予公共服务和权利。自此，作为城乡分割标志的旧户籍制度宣告结束。但是，长期以来对外来流动人口已经形成了“形式上平等，实质不平等”，特别是农民工在劳动力市场上已形成的就业劣势地位在短期内难以根除。

（四）劳动力市场出现结构性矛盾

根据刘易斯经济发展理论，具有劳动力无限供给特征的发展中国家要经历一个长期的二元经济发展过程（Lewis，1954）。劳动力供给大于需求的就业压力则贯穿整个发展时期。二元经济发展到按现行的工资率，现代部门的劳动力需求超过农业部门可以转移出的劳动力供给时，就到达一个重要的转折点，即刘易斯拐点（参见第六章）。当前，我国已经处于刘易斯拐点，同时劳动力市场也存在着结构性矛盾。

“十三五”期间，面对错综复杂的国际形势、艰巨繁重的国内改革发展稳定任务特别是新冠疫情的严重冲击，党中央、国务院始终坚持以人民为中心，将就业摆在经济社会发展优先位置，创新实施就业优先政策，推动就业工作取得积极进展。全国城镇新增就业 6 564 万人，城镇调查失业率均值控制在 5.2%，劳动年龄人口平均受教育年限从 10.2

年提高到10.8年，技能劳动者总量由1.3亿人增至2亿人，就业形势总体稳定，就业结构持续优化，就业质量不断提升。

“十四五”时期是我国全面建成小康社会、实现第一个百年奋斗目标之后，乘势而上开启全面建设社会主义现代化国家新征程、向第二个百年奋斗目标进军的第一个五年。但是，“十四五”时期就业领域也出现了许多新变化新趋势。人口结构与经济结构深度调整，劳动力供求两侧均出现较大变化，产业转型升级、技术进步对劳动者技能素质提出了更高要求，人才培养培训不适应市场需求的现象进一步加剧，“就业难”与“招工难”并存，结构性就业矛盾更加突出，成为就业领域的主要矛盾。

（五）农村人口空心化带来更多挑战

农村人口空心化是指农村青壮年劳动力大量流入城市，导致农村人口下降和农村青壮年人口比例下降，农村剩余人口大多数是老人、妇女和儿童。中国农村人口空心化是20世纪90年代以后出现的新现象，对于中国这样一个人口大国而言，农村人口空心化对社会转型和现代化将造成持续的挑战。

城乡差距的扩大，必然使农村受到良好教育的新一代年轻人口向城市迁移，这是农村人口在一定的政策条件和社会经济条件下自主选择的结果。农村人口空心化伴随着农村人口的高度老龄化，由于农村人口向城市迁移的行为具有明显的年龄选择性，因此这个过程实际上是农村年轻人离开老人进入城市的过程。年轻人口外出打工之后，老年人承担起了更多的种地任务，并没有从儿女外出打工中增加多少收益，更严重的是他们失去了子女在家时的日常生活照料，只能自我养老。因此，未来当这些老年人丧失劳动能力之后面临的最大挑战就是生活照料及养老问题。

同时，农村人口迁移过程对农业生产转型和农村土地制度也带来巨大挑战。随着农村人口空心化的加剧，农村劳动力进一步老龄化，农村有效劳动力的人均耕地面积进一步增加。然而，人均耕地面积增加并不等于人均实际占有耕地的增加，其原因在于随着农村人口流出农村，许多耕地得不到有效利用，“人去地荒”的情况越来越多。土地抛荒的具体原因多种多样，重要原因之一在于农村青壮年人口陆续离开土地之后，农村的土地市场和土地流转制度不完善，导致土地接续耕种难以进行，使外出务工农民在签订土地权利转移的契约方面存在难以逾越的障碍。可以预计，随着农村新增劳动力进一步流出和大龄劳动力的老龄化，在土地制度没有相应调整的情况下，农村土地抛荒的情况将更加严重。因此，如何根据农村人口下降和人口空心化的进程，适时调整和完善现有的农村土地制度，以实现农村土地资源的有效利用是中国农村未来面临的重要问题。

四、应对劳动力流动挑战的措施

（一）加快产业结构升级和产业结构的梯度转移

按照产业结构调整和转移的一般规律，当发达地区的经济发展到一定程度时，一些低层次的诸如劳动密集型产业，就会因当地劳动力成本的急剧上升而不再具有竞争优势，必须进行产业结构升级或向欠发达地区进行产业结构的梯度转移。因此，我国应顺应产业结构发展规律，东部沿海地区应加快产业结构的升级换代进程，加大企业的资本和技术投入，重点发展高附加值的产业，将劳动密集型和低附加值的产业转移到内地，从而减少东部企业对低成本和青年农民工劳动力的依赖，实现持续发展。同时，发挥中西部劳动力资源丰富的比较优势，降低劳动力的转移成本，通过政府有意识的引导，利用土地、税收、财政补贴等经济杠杆和市场经济的价格机制作用，促使产业发展进行空间上的优化，引导劳动力有序流动、合理分布，形成人口流动与生产力布局相协调的格局，缓解农民工地域结构矛盾，进而有利于国家形成合理的产业发展格局。

（二）加强对流动劳动力的教育培训

农村劳动力素质较低是制约农村劳动力就业的长期因素，国家要建立有效的激励机制，增加对人力资源的投入和开发。首先，政府要大力普及义务教育，尤其是要加强农村地区的基础教育，推进农村义务教育课程改革，着力提高农村义务教育质量，提高农村劳动力的整体科学文化水平。其次，应重视发展职业教育，扩大农村职业教育招生规模，面向市场整合现有教育资源，加大政府对中等职业学校和实训基地建设的投入。最后，应加强农民工的职业技能培训。必须将提高农民工的就业稳定性和就业质量作为重要目标，逐步形成“市场引导培训，培训促进就业”的新机制，制定农村劳动力就业培训的总体规划，重点培养技能适用型和技术熟练型农民工。大幅度增加政府对农民工培训的投入，提高培训补贴标准，扩大培训覆盖面。建立政府、企业、农民工培训经费共担机制，企业不能只顾眼前利益，将农民工永远视作临时工，应该根据企业发展的状况，制订人力资源的教育和培训计划，提高农民工的技能，促进企业长远发展。通过强化技术技能培训，努力提高农村劳动力的文化素质和职业技能，增强转移劳动力的市场竞争能力，以适应劳动力需求结构变化的要求。

（三）进一步完善户籍制度改革

我国应进一步完善户籍制度改革，彻底剥离依附在户籍制度上的就业权、居住权、教育权、社会保障权、社会参与权、医疗服务权、公共设施权和福利服务权。要鼓励各地积极探索农民工在就业准入、劳动福利、工资报酬、工作时间、社会保障、子女就读等方面享有与城镇居民同等的待遇，积极探索建立城乡平等的就业制度的途径和渠道，为统一的全国劳动力市场创造条件，有序推进农业转移人口市民化。从长期看，要在劳动力转移就业的市场准入、政府投入、劳动保护、社会保障和管理体制等方面加快改革和实践的步伐，消除农村劳动力转移的体制性障碍，探索建立全国统一的、开放的、竞争有序的劳动力市场，促进劳动力有序、稳定转移。

（四）健全社会保障制度

健全的社会保障制度必须覆盖到城乡各类职工，使全体劳动者都能依法享受社会保险，这是维护劳动者合法权益的基本要求。必须尽快、尽早地把占我国人口绝大多数的农民纳入社会保障体系之中，进一步加快城市化步伐，缩小城乡社会保障制度的差距，根据我国区域特点建立相应的社会保障制度，应尽可能做到社会保障、社会福利、社会救济等诸多方面社会成员人人平等。同时，社会主义市场经济是法制经济，社会保障的管理也应依法进行。2010 年出台的《中华人民共和国社会保险法》是国家社会保障方面的基本法律，是规范社会保障行为、制定单项保险政策的基础和依据。它以法律形式明确了社会保障的范围、资金筹集办法和管理体制，规范了社会保险中国家或政府的责任，并确立了基本养老保险全国统筹目标，这意味着不同地区的企业缴费率将统一，有助于推动实现劳动力跨地区自由流动及全国范围内优化配置人力资源，解决养老保险关系跨地区转移难题。

（五）完善针对流动人口的城市住房制度

政府应增加廉租房建设，有条件的地方和企业通过多种形式提供低租金房屋，让更多的流动劳动力享有申请廉租房的资格。在流动劳动力集中的开发区和工业园区，可以建设集体宿舍。使住房公积金覆盖范围扩大到包括流动人口在内的城镇各类就业群体。同时针对流动人口不同的选择，逐步建立住房公积金的转接、转移和提取制度。

本章小结

经济学研究的劳动力流动一般指劳动力相对于劳动力市场条件的变化，有劳动能力的人在地理空间上的位移、职业的更换或工作岗位的变换，即劳动者在企业间、职业间、产业间以及地区间的工作岗位转移。劳动力流动的原因是：产业结构的变动；科学技术的发展；区域经济发展的不平衡；国家经济发展水平的差异；经济周期引起的波动；国际资本流动的影响；劳动者与工作匹配的意愿。

劳动力流动的影响因素有：第一，劳动者的年龄。在年龄与流动率之间，明显存在着反比关系。第二，劳动者的受教育程度。较高的受教育水平确实使得劳动力有较高的流动率。第三，劳动者迁移的距离。一般来说，距离的长短与劳动力的流动率成反比。第四，劳动者的家庭规模与移民决策。随着家庭规模的扩大，流动的潜在成本也成倍增加。

劳动力流动的成本包括直接转移成本、机会成本和心理成本；劳动力流动的收益包括直接收益、间接收益和心理收益。劳动力流动的经济界限是流动的净收益现值不小于零。所谓流动的净收益是指流动收益现值减去流动成本现值后的差额。这个差额就是劳动力流动决策的依据和动力。从宏观上分析，劳动力流动对雇主、雇员和整个经济可能也会产生某些负面作用，同时，劳动力流动也具有一些深远的意义。

当前，我国地区间的劳动力流动主要表现为农村劳动力向城市转移，但这种转移并非一帆风顺，农村劳动力常常受到城市原有的以户籍制度为基础的一系列政策的限制。因此，要加快培育建立全国统一的、开放的、竞争有序的劳动力市场，促进劳动力合理、有序、稳定地转移。

关键术语

劳动力流动　自愿流动　非自愿流动　拉入型流动　推出型流动　水平流动　垂直流动　劳动力流动的成本　劳动力流动的收益　劳动力流动的净收益　农村人口空心化

习 题

1. 简述劳动力流动的原因。
2. 劳动力流动可以划分为哪些类型?
3. 分析劳动力流动的影响因素。
4. 怎样进行劳动力流动的经济决策?
5. 农村劳动力流入城市对城市就业的影响是什么?
6. 从中国现实出发，分析引导劳动力有序流动的对策。

应用实例

十六大以来关于城乡就业政策的演变

2002 年 11 月 8 日，中共十六大报告：统筹城乡经济社会发展，建设现代农业，发展农村经济，增加农民收入。

2003 年 10 月 14 日，中共十六届三中全会公报：统筹城乡发展；建立有利于逐步改变城乡二元经济结构的体制；统一城乡劳动力市场；形成城乡劳动者平等就业的制度。

2005 年 10 月 11 日，中共十六届五中全会公报：促进城乡区域协调发展；统筹城乡经济社会发展，推进现代农业建设，全面深化农村改革，大力发展农村公共事业，千方百计增加农民收入。

2005 年 12 月 31 日，2006 年中央一号文件：统筹城乡经济社会发展，扎实推进社会主义新农村建设，妥善处理工农城乡关系；构建新型工农城乡关系，统筹城乡经济社会发展，实行工业反哺农业、城市支持农村和“多予少取放活”的方针；建立有利于逐步改变城乡二元结构的体制，实行城乡劳动者平等就业的制度；形成城乡统一的要素市场。

2007 年 10 月 15 日，中共十七大报告：统筹城乡发展，推进社会主义新农村建设；建立以工促农、以城带乡长效机制，形成城乡经济社会发展一体化新格局。

2008 年 10 月 12 日，中共十七届三中全会公报：大力推动城乡统筹发展；以工促农、以城带乡；破除城乡二元结构，形成城乡经济社会发展一体化新格局；统筹城乡经济社会发展，构建新型工农、城乡关系；建立健全以工促农、以城带乡长效机制；推进城乡基本公共服务均等化，实现城乡、区域协调发展；促进公共资源在城乡之间均衡配置、生产要素在城乡之间自由流动，推动城乡经济社会发展融合；统筹城乡产业发展，统筹城乡基础设施建设和公共服务；统筹城乡劳动就业，统筹城乡社会管理。

2012 年 11 月 8 日，中共十八大报告：推动城乡发展一体化；加大统筹城乡发展力度，增强农村发展活力，逐步缩小城乡差距，促进城乡共同繁荣；加快完善城乡发展一体化体制机制，着力在城乡规划、基础设施、公共服务等方面推进一体化，促进城乡要素平等交换和公共资源均衡配置，形成以工促农、以城带乡、工农互惠、城乡一体的新型工农、城乡关系。

2013 年 11 月 12 日，中共十八届三中全会公报：健全城乡发展一体化体制机制；必须健全体制机制，形成以工促农、以城带乡、工农互惠、城乡一体的新型工农城乡关系，让广大农民平等参与现代化进程，共同分享现代化成果。

2017 年 10 月 18 日，中共十九大报告：建立健全城乡融合发展体制机制和政策体系，加快推进农业农村现代化。

2020 年 10 月 29 日，中共十九届五中全会公报：健全城乡融合发展机制，推动城乡要素平等交换、双向流动，增强农业农村发展活力。

2021 年 3 月 11 日，“十四五”规划：健全城乡融合发展体制机制，建立健全城乡要素平等交换、双向流动政策体系，促进要素更多向乡村流动，增强农业农村发展活力。

资料来源：依据历年文件整理。

▶**思考题：**

分析新型城镇化对我国农村劳动力流动可能产生的影响。

第八章

劳动力市场歧视

本章要点

劳动力市场歧视的主要类型；劳动力市场歧视的理论解释；发达经济体在消除劳动力市场歧视方面的政策实践；我国的农民工歧视现象。

导入案例

地域就业歧视获赔

23 岁的闫女士是河南人，两年前毕业于国内某大学法学专业，大学毕业后，她先是在老家河南工作了两年，后又来到浙江杭州发展。2019 年 7 月，浙江喜来登度假村有限公司通过智联招聘平台向社会发布了一批公司人员招聘信息，其中含有“法务助理”和“董事长助理”两个岗位。2019 年 7 月 3 日，闫女士通过智联招聘手机 APP 就喜来登公司发布的这两个岗位分别投递了求职简历。简历中包括了闫女士的姓名、性别、出生年月、户籍所在地、现居城市等个人基本信息，其中户口所在地填写为“河南南阳”，现居城市填写为“浙江杭州西湖区”。

2019 年 7 月 4 日 14 点 28 分，闫女士收到了公司的回复，称她不适合上述两个岗位，不适合原因一栏只写了“河南人”三个字。经过慎重考虑，她决定起诉浙江喜来登度假村有限公司，理由是该公司招聘人员存在地域歧视行为，违反了《就业促进法》第三条“劳动者就业，不因民族、种族、性别、宗教信仰等不同而受歧视”，以及第二十六条“用人单位招用人员，职业中介机构从事职业中介活动，应当向劳动者提供平等的就业机会和公平的就业条件，不得实施就业歧视”之规定，对方严重侵害了她的人格权。

2020 年 5 月 15 日，该案在浙江省杭州市中级人民法院宣判，法官认为公司侵犯了闫女士的平等就业权，应赔偿闫女士精神抚慰金及合理维权费用损失共计 10 000 元；向闫女士进行口头道歉并在《法制日报》公开登报赔礼道歉。

资料来源：女孩因“河南人”求职被拒案二审宣判：当事人获赔 1 万. 北青网，2020 - 05 - 17.

劳动力市场歧视一般是指“具有相同生产率特征的劳动力仅仅由于其所属的人口群体不同而受到不同的对待”，或者说，“当雇主为既定生产率特征支付的价格（即工资）

根据人口群体的不同而表现出系统性差别的时候，就可以认为劳动力市场中存在歧视”①。这里必须强调系统性差别，因为只有不同群体之间的工资出现系统性差别时——这种差别与不同群体之间的特征差异无关，才能用这种差别来表明存在歧视。如果不同群体之间的工资差别只是个别现象，则在理论上无法判断劳动力市场是否存在歧视。

劳动力市场歧视是一个全球性现象，不但存在于西方发达国家，也存在于发展中国家。正如国际劳工组织在2007年出版的报告《工作平等：应对挑战》中所指出的，虽然近年来全球在消除就业领域歧视方面取得了一定的成绩，但目前就业领域的各种不平等以及歧视现象仍然普遍存在。各种不平等和歧视现象的存在既会威胁到政治和社会的稳定，也会对投资和经济增长造成不良影响。因此，世界各国都把消除劳动力市场歧视现象作为劳动力市场规制的重要内容。

第一节 劳动力市场歧视概述

当前，我国劳动力市场中的歧视现象已经引起了政府的高度关注。2008年1月1日，促进公平就业的两部法律——《劳动合同法》和《就业促进法》正式实施，必然会促进企业规范用工行为，促进消除我国的劳动力市场歧视现象。

一、劳动力市场歧视的主要类型

劳动力市场中的歧视通常可以分为以下四种类型：

（一）工资歧视

由于非经济性（即与个人劳动生产率没有关联）的个人特征的影响，在从事相同工作时，某个群体获得的工资始终高于或低于其他群体，这种歧视被称为**工资歧视**或收入歧视。毫无疑问，这里的工资差别是由劳动生产率以外的因素决定的。

（二）就业歧视

就业歧视是指，在其他条件相同的情况下，某个群体在进入劳动力市场时受到较大的限制，他们始终面临“最后被雇佣、最先被辞退”的命运，因而表现出超出正常水平的失业率，例如美国劳动力市场中的黑人。

（三）职业歧视

当某个群体完全有能力或资格从事某些职业而又被人为地限制从事这些职业时，就称劳动力市场存在**职业歧视**。职业歧视一般也被称为工作岗位歧视。在谈论职业歧视时，

---

① 罗纳德·伊兰伯格，罗伯特·史密斯. 现代劳动经济学——理论与公共政策（第六版）. 北京：中国人民大学出版社，1999.

必须区别职业资格准入这种现象，即某些职业的进入要求劳动者具备相应的职业或从业资格证书（例如从事律师、教师等职业要求劳动者必须拥有相应的资格证书）。如果某些劳动者因为没有职业资格证书而被限制或禁止从事这些职业，即使这些劳动者完全有能力从事这些职业，也无法说明存在职业歧视。

（四）人力资本投资歧视

人力资本是决定工资收入的重要因素，享受正规教育或接受职业培训是提升劳动者人力资本含量的重要途径。在劳动力市场中，某些群体由于个人特征的限制很少有机会享受正规教育或接受职业培训，这种歧视就是**人力资本投资歧视**。例如美国的黑人劳动者往往只能享受到较少的或质量较差的教育和培训。

前三种歧视由于是劳动者进入劳动力市场后遭遇的，因而也被称为“后劳动力市场歧视”；后一种歧视，尤其是正规教育方面的歧视，一般在劳动者尚未就业时就已经存在了，因而被称为“前劳动力市场歧视”。

二、劳动力市场歧视的主要表现形式

劳动力市场中普遍存在着性别歧视、种族歧视、身份歧视等几种主要的歧视现象。

（一）性别歧视

性别歧视是劳动力市场最主要的一种歧视现象。所谓**性别歧视**就是指，男性劳动力与女性劳动力之间存在系统性的工资差别——女性劳动力获得的工资始终低于男性。[①] 这种工资差别很难完全用男性与女性劳动力之间的能力差别来解释[②]，因为尚无研究表明，男性与女性在工作能力之间存在系统性的差别——虽然男性在很多职业方面存在性别优势，但女性同样在很多职业方面存在性别优势。根据《2020中国女性职场现状调查报告》，从职位分布上，女性职场人在职能类岗位的占比要明显多于男性，财务/会计/审计、人力资源、行政/后勤/文秘等职能类岗位基本被女性包揽。

应用实例

2020中国女性职场现状调查

“职业性别”不平衡，男性多在技术岗，女性多在职能岗

从职位分布上，依然能看到职业也是存在性别属性的，女性职场人在职能类岗位的占比要明显多于男性，财务/会计/审计、人力资源、行政/后勤/文秘等职能类岗位基本被女性包揽，而生产/加工、技术岗位又是男性的天下。在选择职业时，男女两性就被输送到两种截然不同的职业发展轨道上，存在明显的性别分歧。

---

① 这并不意味着个别女性劳动力的工资就一定低于男性，而是从整体上看，女性劳动力的工资水平低于男性。

② 也就是说，女性与男性劳动力之间的职业、教育水平、年龄及工作经验等因素的差异并不能完全解释两者之间的工资差别，因此可以认为这种工资差别部分是由于劳动力市场中的歧视导致的。

职场女性遭受的不公正多源于性别

职场充满挑战，职场人都或多或少遇到过不公平的对待。调研显示，58.25%的女性遭遇了“应聘过程中被问及婚姻生育状况”，27%的女性遭遇了“求职时，用人单位限制岗位性别”，8.02%的女性曾遭遇“职场性骚扰”，还有6.39%的女性曾遭遇“婚育阶段被调岗或降薪”，而遭遇这些不公的男性屈指可数。综上所述，职场女性遇到不公正待遇与工作能力毫无关系，仅因生理上的性别属性而产生。

生育是女性职业发展的主要瓶颈

追究造成职场中性别不平等的主要原因，63.98% 的职场女性认为“生育是女性摆脱不掉的负担”，38.97%的男性认同这一原因。其次是“根深蒂固的封建思想”，分别有51.81%的女性和43.92%的男性选择了这一原因。在其他次要原因上，更多的女性将性别不平等现象归因于社会制度与男权文化，更多的男性将性别不平等现象归因于社会分工与生理性别使然。而社会分工、生理性别等因素正是带有刻板印象的一种思想，也是我们致力于纠正的观念。

职场女性福利仍显不足，政策支持还需加码

虽然对女性投资可以获得实际的好处，但职场中企业对女性员工提供的福利和政策依然有些不足，30.31%的受访者所在企业没有任何针对女性员工的政策和福利。哪怕是作为刚需的产假、哺乳假也仅有6成企业满足；设立有缓解哺乳期妈妈困难的母婴室设施的企业更是寥寥无几。

资料来源：2020中国女性职场现状调查报告出炉：几乎半数女性职场人在基础岗位任职. 智联招聘，2020-03-07.

（二）种族歧视

在西方国家，种族歧视长期以来一直是各国社会学家、经济学家和社会舆论普遍关注的热点。在劳动力市场中，与性别歧视一样，不同种族的工人之间也存在系统性的工资差别，而且这种差别也难以用工人的边际生产率差异来解释，这就是所谓的劳动力市场中的**种族歧视**。

2015年3月，时任美国总统奥巴马在出席“塞尔玛”民权大游行纪念活动时发表演讲指出，美国历史上的种族歧视依然压在美国黑人身上。尽管美国在反对种族歧视方面取得较大成果，但美国白人和黑人之间的不平等依然存在，尤其在就业市场上。

美国国家教育研究院在《社会力量》上发表了一份研究成果，指出拥有名牌大学文凭的非裔美国人与拥有相对较低文凭的美国白人的面试机会相等。美国《高等教育内幕》网站指出，毕业于哈佛、斯坦福及杜克等名牌大学的学生极有可能找到薪资高的好工作。然而，根据求职者肤色的不同，拥有的工作机会也不尽相同。

欧盟基本人权委员会（FRA）发布报告称，欧洲一直主张人权、言论和宗教信仰自由，但欧盟地区种族歧视问题现在依然很严重，这一问题相对比较缓和的是英国。报告指出，遭受种族歧视的主要是少数族裔，可以说生活在欧盟地区的各少数族裔无一例外地都受到歧视，受歧视处处存在，如居住、上学、看病、找工作和就餐等。一项调查显示，欧盟27个成员国中，有51%的穆斯林认为在宗教信仰和肤色问题上受歧视最严重，平均每个穆斯林在过去一年中都受到8次种族歧视，从年龄上看，16～24岁的人比其他年龄段的人受歧视更多和更严重；开放社会研究所（OSI）进行的一项调查也显示，受歧视最严重的是罗姆人，其次是来自北非撒哈拉地区的人，经济危机发生后，他们受到的歧视更严重了。有89%的人受种族歧视后并没有报警，其中43%的人不相信警察局。报告还表示，居住在欧洲的穆斯林在意大利和马耳他遭受到最严重的歧视，其次是德国和西班牙，然后是芬兰和丹麦。报告称，少数族裔很难融入当地社会，尽管他们居住了很多年，但当地人还认为他们是“异族”，各少数族裔认为社会根本没有接纳他们。

在澳大利亚，40%的亚裔移民曾遭到歧视，其中马来西亚人尤其经常受到攻击，其次为印度人和斯里兰卡人。澳大利亚人也很容易对中东背景的人抱有偏见。值得关注的是，近年来澳大利亚对华裔的歧视有所上升。根据2021年初澳大利亚发布的《2020年社会凝聚力》调查报告，数据显示，数万名受访的澳大利亚人中，有47%的人对澳籍华人存在负面看法。而在华人受访者中，有59%的人认为澳大利亚有严重的种族主义歧视，39%的人表示，他们亲身遭受过歧视。针对这一现象，中国外交部发言人汪文斌做出了正面回应，对在澳大利亚的中国公民表示了关切，并向澳大利亚政府提出建议，务必解决好澳大利亚国内的种族主义歧视问题，采取切实可行的办法，加强国民教育，维护在澳大利亚华人的安全和权益。

（三）身份歧视

所谓**身份歧视**，就是指在劳动力市场中，一些劳动者往往由于其特定身份的限制而无法进入某些职业，或者只能从事某些低收入的工作；在不同身份的劳动者之间存在系统性的工资差别——例如中国的农民工。改革开放以后，大量的农村剩余劳动力进入城市成为农民工。但是，农民工进入城市后，不但就业机会受到限制，而且他们的收入及社会保障等与城镇本地劳动力之间存在着显著的差距。这些都说明，农民工在城镇劳动力市场中的就业受到严重的歧视。

即学即用

试分析我国劳动力市场歧视的主要表现形式。

第二节　劳动力市场歧视的理论解释

经济学家对歧视问题进行了大量的分析和实证研究，并形成了一些重要的理论和模型，包括歧视偏好模型、统计性歧视模型及非竞争性歧视模型。但必须明确的是，到目前为止关于劳动力市场歧视现象的解释尚未形成统一的理论，这是因为：第一，经济学家对歧视现象的研究起步比较晚。虽然对歧视的经济分析最早可以追溯到1922年英国经济学家弗朗西斯·埃奇沃思（Francis Y. Edgeworth），但是有关这一领域的最早的书籍则是美国经济学家加里·贝克尔于1957年出版的《歧视经济学》（*The Economics of Discrimination*）。第二，歧视是劳动力市场甚至整个社会中比较复杂的现象，它可能表现为各种假象，并以各种不同的形式出现。第三，导致歧视的根源广泛而且复杂，往往超出了经济学的研究范围。经济学的分析建立在理性假设的基础之上，而歧视则更多地表现为非理性的行为，经济学往往在解释非理性行为方面存在严重的不足。尽管如此，我们还是有必要对经济学家们曾经提出的一些重要理论和模型进行阐述。

一、歧视偏好模型

首先是建立在个人偏见基础上的歧视偏好模型。美国经济学家加里·贝克尔在歧视偏好模型（taste for discrimination model）中把歧视看成是歧视者的一种偏好或“爱好”，即如果一个人具有歧视偏好，为了与一些群体为伍而不与其他群体为伍，他将愿意直接地或间接地牺牲一部分收入来为此支付成本，或者为此放弃某些收入。无疑，贝克尔的歧视偏好理论是建立在负效用基础上的，即歧视者会因歧视而承担额外的成本。根据个人偏见的来源，贝克尔进一步将歧视分为三个类型，即雇主歧视、顾客歧视和雇员歧视。

（一）雇主歧视

雇主歧视是指雇主对具有某种特征的劳动力存在偏见，因而在雇佣劳动力时倾向于选择自己偏好的群体，或者将较好的职业分配给这些群体，或者向他们支付较高的工资。雇主歧视理论面临的最大挑战在于：歧视性雇主似乎追求的是效用的最大化（减少雇佣有偏见的劳动力可以增进雇主的效用），而不是利润最大化。但是，根据新古典经济学理论，在完全竞争的市场中，企业只有实现利润的最大化才能获得正常的收益，凡是无法实现利润最大化的企业将受到惩罚，并且最终将被淘汰出市场。因此，在新古典劳动经济学的理论框架内，雇主歧视是根本不可能存在的。

在现实中，那些可以不必为了维持生存而追求利润最大化的雇主往往是那些具有垄断力量的企业。由于垄断企业可以获得超额利润，因此这些企业的所有者或管理人员有能力同时也有动力去追求利润最大化以外的其他目标——例如效用最大化。有证据表明，在受到管制、存在垄断的市场上，歧视现象更多。一项研究发现，在受到管制的银行业中，相互竞争的银行在某一区域中的数量越少，则女性雇员在该行业总就业人员中所占的比例就越小。另外一项研究则发现，当政府解除对某些行业的管制之后，这些行业之间的竞争加剧，那些在该行业中受到偏爱的群体所获得的工资奖励将被削减。因此，对雇主歧视存在的解释只能从劳动力市场的非竞争性入手。

（二）顾客歧视

顾客歧视是指消费者在消费时存在偏见，他们更倾向于接受某种群体所提供的服务，或者购买某些企业或群体所生产的产品。一般而言，顾客歧视更容易发生在那些与顾客直接接触的服务行业中，而在那些与顾客不直接接触的工作场所——例如工厂的生产车间，顾客歧视出现得则较少。例如在美国，爱好棒球的球迷往往更倾向于由退休的白人棒球运动员提供教练服务，而中国的大部分患者则对年轻的中医存在歧视，更愿意选择年老的中医为其提供服务。

顾客歧视将会导致那些不被消费者偏好的劳动力群体处于不利的就业地位，他们必须接受较低的工资或降低服务及产品的价格——例如，一项考察顾客歧视对收入差距影响的研究指出，在控制了白人自雇劳动者与黑人自雇劳动者的其他特征后[①]，黑人男子获得的收入仍然比白人男子的收入低19%左右。这可以看作是顾客歧视对不同劳动力群体收入差距作用的结果。

除了影响收入差距，顾客歧视还会导致职业场所的相互隔离，尤其是在那些与顾客有较高程度接触的职业中。受消费者偏见的影响，一些雇主往往会选择雇佣特定的劳动力群体，并为这些群体支付较高的工资。因此，顾客歧视还会强化雇主歧视。与那些不受影响的雇主相比，受影响的雇主必须向有偏见的顾客收取更高的服务价格。在理论上，歧视性顾客将会因为雇主收取较高的商品或服务价格而改变自己的偏见。但是，由于他们在这些商品或服务上的消费可能占总消费的比例很小，因此尽管歧视为这些顾客带来了额外的成本，也不足以改变他们的行为，顾客歧视仍会继续存在下去。

（三）雇员歧视

雇员歧视是指在工作场所中，某种类型的劳动力群体不愿意与另外一种劳动力群体相互合作、共事。例如，在美国，如果白人雇员存在歧视性偏好，不愿意与黑人雇员合作，那么他们就会退出或者不进入那些雇佣黑人雇员的企业，而雇主为了挽留或者吸引这些存在歧视性偏好的白人，就必须支付给他们较高的工资来补偿他们的歧视性偏好。许多研究发现，不同种族混合的企业中的白人青年往往比那些将不同种族隔离开的企业中的白人青年的收入高很多。这种收入差距可能就是雇主对雇员歧视偏好的补偿。

然而，如果雇主本身是非歧视性的，那么他们为什么还要支付更高的工资来留住或吸引那些具有歧视性偏好的白人雇员呢？或者说，如果雇主追求利润最大化，雇员歧视又怎么会存在呢？一种可能的解释是，白人男性在美国劳动力队伍中占据较大的比例，离开这些劳动力，任何雇主都不可能维持正常的生产和经营活动。而另外一种解释则是，美国企业在传统上一直雇佣白人男性，企业中早已形成了一套与晋升相关的潜规则，而雇佣黑人的历史则比较短（例如，美国在南北战争结束后黑人才真正获得解放）。一旦企业开始雇佣黑人，白人男性就必须针对企业内部出现的一大批新的竞争者重新进行自我调整，而且这种调整会导致白人男性的士气下降。如果他们的生产率或对企业的献身精神因而下降，对企业而言这种损失无疑是巨大的，因此企业可能会选择适应这些白人男性的歧视性偏好。换言之，放任雇员歧视的存在对雇主的成本可能非常高，但是要遏制这种歧视，成本可能也同样高。

迎合雇员歧视的方法之一就是在工作场所进行人为的隔离，尽量使不同群体的雇员之间不发生直接的联系。尽管在一个企业中对雇员实行隔离缺乏经济上的可行性，但是仍然可以按照职位来进行。因此，无论是雇员歧视模型还是顾客歧视模型，都有助于解释这样一个事实，即雇主只雇佣妇女或只雇佣男性来承担某一职位的工作，即使其他雇主可能会只雇佣相反性别的雇员来承担相同职位的工作。

---

① 例如排除了两者之间的职业、受教育水平、年龄及工作经验等差异对收入差距的影响。

二、统计歧视模型

如果群体特征成为企业雇佣决策的组成要素，那么统计歧视就有可能出现。**统计歧视**的定义是："将一个总体的平均特征视为该群体中每一个个体所具有的特征，并断言个体属于平均特征而不具有个别特征。如果说这个群体确实具有这些特征，从一定意义上说，这种判断是正确的、真实的和客观的，但是由此断定群体中的许多个体，这种判断就不正确了（即产生了歧视）。"① 关于统计歧视的一个最典型的非劳动力市场案例就是汽车保险。一般来说，保险公司对年轻男性司机收取的保险费率要比女性司机高得多，这种费率差异就是基于累计的真实证据——也就是说在统计的意义上，年轻男性司机群体比女性司机群体更容易发生安全事故。然而，许多年轻男性司机与女性司机的平均事故率几乎持平甚至更低，但是这些男性司机仍然因歧视而需要缴纳较高的保险费。

很容易理解为什么统计歧视会在劳动力市场中发生作用。一般而言，雇主总是希望雇佣生产率最高的工人来填补其空缺的工作岗位。然而在现实中，雇主往往很难在雇佣之前知道某个求职者的实际生产率究竟是怎样的。在理论上，由于劳动力的生产率与教育水平、年龄、过去的工作经历等密切相关，因而企业人事部门会试图搜集求职者的这些信息，甚至对每位求职者进行测评，以判断他们的潜在工作能力。但是，一方面，雇主在获取求职者的个人特征信息时面临较高的成本，而且搜集到的信息是有限的；另一方面，雇主也很难凭借求职者的个人信息和测评成绩等有限信息准确判断出他们雇佣的求职者是否具有最高的生产率——这些因素只不过是关于求职者实际生产率的一种并不完全的"指示器"，它们在某种程度上只不过为决策提供了一些辅助性信息。虽然求职者个人的真实生产率往往很难准确判断，但是在实践中雇主常常发现具有某一特征的求职群体可能比其他群体具有更高的平均生产率，例如在总体上，白人男性求职者的平均生产率高于黑人男性求职者。因此，雇主常常用种族、年龄、性别等表征群体特征的因素来决定雇佣哪位个体求职者，这种利用群体平均特征代替群体内个体特征来判断个体生产率的过程就是统计歧视。产生统计歧视并不是因为雇主的歧视偏好，而是因为关于求职者真实生产率的信息严重不对称，雇主获取这些信息的成本较高，为了降低雇佣风险，雇主只能利用求职者所属群体的一般特征来对其潜在的生产率进行评估。

统计歧视模型可能为劳动力市场中的学历歧视提供了较好的解释。智联招聘《2021年春招市场行情周报》第三期针对 2021 年 3 月 4—10 日就业市场现状进行监测并发布报告，有 76.4%的受访者表示在职场和求职过程中遭遇过用人单位的歧视，50.2%为学历歧视，44.8%为年龄歧视，婚育和性别歧视占比也均接近 2 成。为什么在劳动力市场中学历低的求职者的受歧视感更为强烈？根据统计歧视模型，这是因为雇主由于很难了解求职者的真实能力，因而将求职者的学历与其能力挂钩，认为学历较高的群体平均而言可能具有更高的生产率，从而倾向于只雇佣学历更高的求职者。

统计歧视模型有两个重要含义：一是同一群体中的每一个成员之间的相似性越低，则雇主运用群体信息作为甄别手段所产生的成本就越高，也就是说，统计歧视给雇主带

---

① 坎贝尔·R. 麦克南，斯坦利·L. 布鲁，大卫·A. 麦克菲逊. 当代劳动经济学. 北京：人民邮电出版社，2004.

来的损失就越严重。例如，虽然雇主可能认为某群体的平均生产率较低，但是在该群体中有一半求职者的真实生产率非常低，而另一半求职者的真实生产率却非常高，那么雇主就有可能因为统计歧视而放弃雇佣那些真实生产率非常高的求职者。二是两个群体之间的相似性越强，统计歧视的代价也越高。例如，如果黑人与白人青年获得相同质量的教育，那么雇主因统计歧视而只雇佣白人就会犯更多的错误——可能雇佣了较多不合格的白人，或者没有雇佣合格的黑人。在理论上，那些因为统计歧视而犯错误的雇主会在竞争中被对手取代。但是，没有足够的理由认为统计歧视会在一段时期后消失。这可能是因为在现实中获取求职者详细信息的成本非常高昂，雇主只能通过统计歧视来最小化其雇佣成本，也就是说采取统计歧视的雇主最终会受益。

应用实例

学历歧视："不好意思，本科是双非学历我们不要，哪怕你是清北博士也不行"

大学生就业竞争越来越激烈。数据显示，2020 年毕业的大学生总数超过 900 万。因此，大学毕业容易，就业难，已经成为应届大学毕业生的一种压力来源。正因为大学生就业难越来越严重，因此，选择考研的大学生越来越多。

每年的考研大军中，有一部分考研者之所以选择决战考研，就是因为自己本科学历的竞争力不足。比如，很多考研党的本科文凭是二本学历或三本学历。因此，他们希望通过自己的发愤图强，在考研时脱颖而出，一下子考上名校，最好能够考上 211 大学或 985 大学。他们觉得，本科学历层次低，本科高校名气不大，如果能在研究生考试中考上 985 大学，尤其是能够考上清华北大，就业的时候，肯定就能够扭转颓势，改变命运。

真的是这样吗？一部分考研人士没有想到，即便是自己辛辛苦苦考上 985 大学研究生，甚至从清华北大博士毕业。但是，当他们拿着 985 名校的研究生学历去应聘时，仍然会有意无意地遭遇到"学历歧视"。清华大学博士生陈同学经历七个月的奔波与等待后，却没有拿到一个心仪单位的录用通知。而且十次求职中有八次，他居然连第一道的"简历关"都过不了。原因很简单，因为他的本科并非 985、211 高校。作为清华的博士生，居然在求职时栽在了本科学历上，这种"狠挖出身"的招聘要求也被毕业生们无奈地称作"学历查三代"。

对此，教育部曾明确提出，严禁发布含有限定 985 高校、211 高校等字样的招聘信息，严禁发布违反国家规定的有关性别、户籍、学历等歧视性条款的需求信息。为了彻底扭转"唯名校""唯学历"问题，《深化新时代教育评价改革总体方案》指出，党政机关、事业单位、国有企业要带头建立以品德和能力为导向、以岗位需求为目标的人才使用机制，并且在招聘公告和实际操作中不得将毕业院校、学习方式作为限制性条件。在我国加快建设学习型社会、努力实现更高质量和更充分就业的进程中，若要坚决杜绝"第一学历"现象，还需要教育部门、人力资源部门和社会各界的共同努力。

资料来源："不好意思，本科是双非学历我们不要，哪怕你是清北博士也不行". 卿晨说教育，2021-04-23.

三、劳动力市场分割理论

前面的很多模型都反映了主流劳动经济学的观点，这些观点基本上都以新古典主义经济学原理为基础，都假设劳动力市场是充分竞争的。但是，我们在前面已经指出，劳动力市场歧视在新古典理论框架内是不可能存在的。

首先，从雇主的角度看，歧视意味着更高的成本，而那些没有歧视行为的雇主将具有更低的生产成本。在竞争性的劳动力市场中，由于竞争机制的作用，这些雇主的低成本优势将逐渐淘汰那些对劳动力进行歧视的雇主，即长期而言，竞争性劳动力市场中的雇主歧视现象最终将会消除。

其次，从雇员的角度看，他们的歧视偏好意味着某种类型的雇员或者选择与同一群体的雇员共事，或者选择与自己不偏好的群体共事——除非他们能获得雇主额外的补偿。很显然，在竞争的劳动力市场中，雇主可能会选择雇佣属于同一群体的雇员以避免支付额外的补偿成本。因此，竞争必将导致两个结果：一是在同一群体内部同工同酬；二是不同群体相互隔离，即不同群体分布在不同的企业中。除非不同的群体在不同的雇主处获得不同的工资（即存在雇主歧视），否则劳动力市场中并不存在雇员歧视——在竞争性的市场中，雇主歧视不可能存在。

最后，从顾客歧视的角度看，即使某些顾客具有歧视偏好，但是现实中大量的工作岗位并不一定和顾客直接接触。因此，顾客歧视的存在很难获得支持。

但是，现实并非总是如此，劳动力市场的歧视现象总是持续地存在着。20 世纪 70 年代以后，一些经济学家逐渐认识到劳动力市场并不像传统理论所描述的那样是完全竞争的，他们认为，不完全信息、劳动力流动障碍、社会习俗及制度的影响已经使这些竞争模型失去了生命力。因此，他们放弃了居于主流地位的竞争—均衡分析范式，转而强调劳动力市场的分割属性，他们逐渐形成了所谓的劳动力市场分割（labor market segmentation）学派，他们的理论被称为劳动力市场分割理论。

劳动力市场分割的概念最早可以追溯到美国经济学家约翰·穆勒（John Mill）的非竞争群体假说。穆勒在考察 19 世纪的农业与非农业劳动力市场时指出，许多重要的非农业劳动力市场都是由非竞争群体组成的。在这些群体内部，劳动力供求等市场性力量基本上不发挥任何作用，工资水平及劳动力配置是由行会、地方法律及习俗等因素决定的；而在这些非竞争群体外部，由于社会的、职业的以及空间的转移障碍，工人们在劳动力市场间的流动非常困难，甚至是完全不可能的；特别是技能低下的手工劳动者及其子女，由于缺乏提高工作技能的机会，只能长期“蜷曲”在低收入的就业领域。穆勒的非竞争群体学说最早从劳动力市场分割的角度描述了歧视产生的原因——劳动者因为制度及习俗的影响只能长期“蜷曲”在低收入的就业领域。

劳动力市场分割理论有两个重要的模型被用于解释劳动力市场中的歧视现象，即内部劳动力市场模型与二元劳动力市场模型。在其他一些教科书中，这些模型被纳入非竞争歧视模型的范畴。

（一）内部劳动力市场模型

美国经济学家彼得·多林格（Peter B. Doeringer）与迈克尔·帕雷（Michael J. Piore）认为，**内部劳动力市场**一般存在于大型企业内部，具有高度的组织性，是正规的劳动力市场。它通常有自己独特的工资决定机制，借助于一套正式的内部政策及非正式的规范和传统等手段来实现企业内部员工的晋升。在内部劳动力市场中，劳动力资源的配置并不完全受竞争机制的支配，内部晋升、层级制度、企业规则甚至企业文化都有很重要的影响；而在外部劳动力市场中，劳动力资源的配置通过竞争机制实现，工资和就业由市场力量决定。两个市场之间的劳动力流动只能发生在特殊的工作层面，即内部劳动力市场的“入口处”。图 8-1 描述了内部劳动力市场与外部劳动力市场之间的关系。

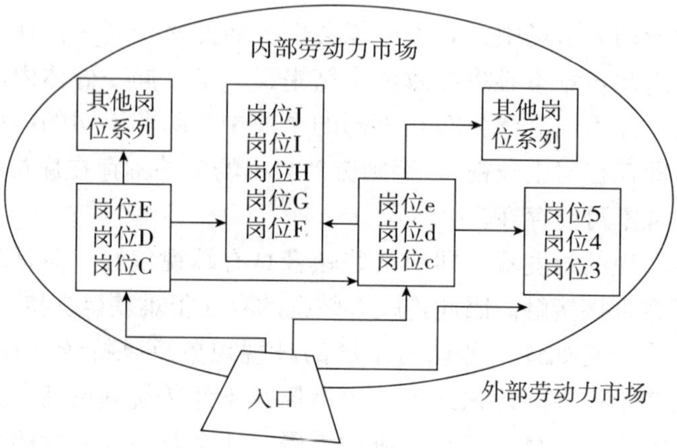

图 8-1　内部劳动力市场与外部劳动力市场

知识要点提醒

内部劳动力市场有以下三个基本特征：一是内部劳动力市场具有高度的组织性和管理性，工资和劳动力配置并不受外部竞争的影响，而是受到企业内部一整套规则的管理和控制；二是内部劳动力市场对外部只提供有限的就业机会，外部劳动力只能从内部劳动力市场的“入口处”，以数量有限的低级职位进入内部劳动力市场，而其他空缺的高级职位则由内部人以晋升的形式填充；三是内部劳动力市场存在一系列的工作阶梯。[①] 当企业内部较高级别的岗位出现空缺时，企业通常会以内部晋升或调任的方式来填补空缺。外部劳动力市场的求职者一般只能从工作阶梯的最底层，即内部劳动力市场的“入口处”进入企业或内部劳动力市场。

---

① 所谓工作阶梯是指企业根据技术难易程度和工作重要程度而设立的不同等级的岗位。

（二）二元劳动力市场模型

迈克尔·帕雷最先明确提出了**二元劳动力市场模型**，该理论认为：（1）以劳动报酬为分界线可以将劳动力市场划分为两个区间，即一级市场和二级市场；（2）一级市场中的工资较高，工作条件优越，就业稳定，安全性好，管理规范，具有较多的培训及升迁机会，而二级市场中的就业条件则大为逊色——工资低、工作条件差、就业不稳定、缺乏培训与晋升的机会；（3）一级市场与二级市场具有不同的工资和就业决定机制；（4）在二级市场上，良好的教育和培训无助于提高劳动者的报酬，劳动者也无法向一级市场流动。

从帕雷的描述中，我们可以看出一级劳动力市场中的工资相对较高，就业较为稳定，工作环境好，晋升机会较多，而二级劳动力市场中的工资相对较低，就业不稳定，工作条件差，职业发展机会较少，而且教育和经验对工资的影响较小。二元劳动力市场模型的一个关键假设是，受制度、习俗等因素的影响，劳动力在两个市场之间的流动是非常有限的，二级劳动力市场中的工人往往被打上了不稳定、不受人欢迎的标签，这导致他们向一级市场的流动几乎是不可能的。

大量的研究表明，20 世纪 60 年代由于工人在种族、性别、教育水平以及所处产业等方面的差异，美国的工人始终处于被分割的、不同的群体中。这些不同群体所处的劳动力市场在就业条件、晋升机会、工资水平等方面都表现出明显的差异，这些差异正是造成社会两极分化的原因之一。

劳动力市场分割理论能够更好地解释劳动力市场中的拥挤现象。在分割的劳动力市场中，内部劳动力市场与一级劳动力市场构成了非拥挤部门，而外部劳动力市场和二级劳动力市场则构成了拥挤部门。由于劳动力供给过于拥挤，导致拥挤部门中与劳动力市场需求相对应的劳动力供给过多，从而使得工资率相对较低，如图 8－2 所示。

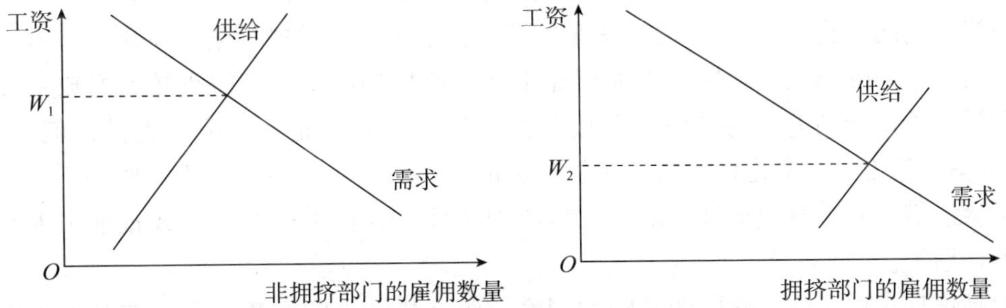

图 8－2　非拥挤部门与拥挤部门的工资差异

第三节　当局消除劳动力市场歧视的政策和经验

为了消除劳动力市场中存在的各种歧视现象，不同国家和地区相继出台了一些有关的法律、政策，并通过相应的组织机构对劳动力市场进行干预。本节主要介绍美国、日本、中国香港等经济体在消除劳动力市场歧视方面发挥的政策规范与引导作用。

一、美国政府的政策和经验

对于美国而言，1963年颁布的《公平工资法》与1964年颁布的《民权法案》（第七章）是政府关于消除劳动力市场歧视最重要的两部法律。

（一）《公平工资法》

在20世纪60年代以前，性别歧视受到一些所谓的保护性劳动立法的公开认可。这些法律不但对妇女的工作总时间加以控制，而且禁止她们在夜间工作、搬运重物，以及在怀孕期间工作。虽然并非每个州都执行了所有规定，但这些法律在客观上使得妇女无法获得许多类型的工作。1963年颁布的《公平工资法》不但推翻了所有这些针对妇女的不公平的法律，而且规定对于运用相同技术并在相同条件下完成工作的男性和女性分别支付不同工资的做法是非法的。

然而在实践中，《公平工资法》还存在一些严重的不足。例如，它对就业机会均等、晋升机会均等等方面均没有进行更多规定。虽然它在消除工资差别方面发挥了重要作用，但是它同时也抑制了市场机制的作用——较低的工资可能帮助妇女获得更多的就业机会。

（二）《民权法案》 第七章[①]

《公平工资法》的一些缺陷在1964年《民权法案》第七章的规定中得到了一些纠正。新的法律规定，任何雇主“因为任何个人的种族、肤色、宗教信仰、性别或祖籍来源等原因而拒绝雇佣之或解雇之，或在工资、待遇、工作条件或就业优惠权利等方面对个人进行歧视”均属于违法行为。《民权法案》还提到了工会活动的问题。从历史上看，少数族裔成员很难获准加入技术性工人的行业工会。这种排斥不仅使得少数族裔成员无法获得工会学徒培训计划的支持，而且无法获得通过工会的职业介绍中心提供的就业机会。《民权法案》第七章的规定使得劳工组织过去的许多做法成为非法行为，例如不允许个人加入工会组织，对工会成员进行隔离，拒绝向某些工人提供就业机会或批准工人参加学徒培训计划等。

但是这种提倡非歧视性雇佣实践的国家政策在描述上的宽泛导致它在某些方面产生了局限性。首先，美国《民权法案》第七章在法律上没有追溯力，它只适用于那些发生在1965年7月2日之后的歧视性行为。其次，法律允许在它对非歧视性行为做出的一般规定之外可以有例外的情况，即“在宗教信仰、性别或祖籍来源确实是企业业务正常进行所必需的职业资格要求的情况下”，可以出现例外。但是在实践中，这种情况只能运用于一些有限的场合（比如宗教组织中的某些工作、绝大多数患者都是男性或女性的医护中心等）。最后，《民权法案》第七章允许雇主在工资和其他雇佣条件方面实行区别对

---

① 曾湘泉．劳动经济学．北京：中国劳动社会保障出版社，2005.

待——简而言之，只要这种差别是按照某个真正的资历体系来执行的，就不存在歧视。此外，由于现有劳动力队伍存在不均衡问题，该项法律没有提出任何促使他们保证向某一群体提供优先对待的要求。在现实中，这些局限性给该法律的执行和实施带来了很大的困难。

在过去的若干年中，联邦法院已经制定了两套歧视标准，即差别待遇歧视标准和差别结果歧视标准。当某人宣称其雇主实施了歧视性雇佣行为的时候，法院就可以运用这两套标准进行判断。如果个人因为他们的种族、性别、肤色、宗教信仰或祖籍来源而受到不同对待（例如被雇主支付了不同的工资或福利），并且可以明显地看出存在一种故意的歧视，那么根据《民权法案》第七章的规定，就可以说存在差别待遇歧视。

由于认识到过去的歧视会对当前产生影响，政府制定了有关差别结果的歧视规定。在这种判断方法中，歧视是一种结果而不是一种动机。如果有些人事政策看上去似乎是属于中立性质的，但是实际上却导致因种族、性别等方面的原因而出现差别性结果，那么这些人事政策也会受到《民权法案》第七章的禁止，除非这些差别是与工作绩效联系在一起的。例如，雇主可能会将各种测试和求职者所达到的教育水平作为甄选工具，但是这些测试必须能够有效地反映求职者未来的工作绩效。按照美国最高法院的解释就是，“测试必须是以完成工作的人为对象进行的，而不能以抽象的人为对象”。工作申请表可以询问求职者是否曾经有过被判有罪的经历，而不能询问求职者是否曾经有过被捕的经历——美国少数族裔的被捕率一般较高，但是法院认为，对于雇主而言，重要的是求职者是否有曾被判有罪的事实而不是他们是否曾经被捕。此外，婚姻状况不能作为甄选工具，除非它被统一地应用于男女两种性别的求职者中，并且确实与工作绩效有明显的关系。在解释《民权法案》第七章的时候，美国联邦法院一般采取这样一种态度，即那种将过去歧视的影响继续保持下去的所谓中立性人事管理实践实际上构成了当前歧视。

美国法院将差别结果作为衡量歧视的一个标准之后，雇主的人事甄选工具就受到了非常严峻的挑战。如果对某个求职者是否具备工作资格进行判断的成本非常高，那么雇主们在选择筛选工具时往往会存在这样一种动机：依靠求职者所属群体的一般特征进行筛选，而不是根据个人的特点进行筛选。尽管这种策略可以降低雇佣成本，但是它也会常常引起我们前面所讨论的统计歧视问题。由于采纳了这样一种观点，即对求职者进行判断时必须以他们的个人能力为依据，而不能以他们所属群体的一般特征为依据，因此，法院对造成统计歧视的制度发起了强有力的攻击。这种做法的一个直接结果就是企业人力资源管理成本更高了，并由此引起了学术界的广泛关注。

案例分析

美国有关性别歧视的经典判例

Cleveland Bd. of Ed. V. LaFleur（1974）

本案中的原告是几位公立学校处于孕期的女教师，被告是俄亥俄州克利夫兰市（Cleveland，Ohio）和弗吉尼亚州切斯特菲尔县（Chesterfield County，Virginia）的教育局。

克利夫兰市教育局规定怀孕的教师必须（1）在生产前五个月开始休不带薪产假；（2）在开始休产假前两周提交申请；（3）孩子三个月大，并且下个学期开始后才可以提交重回岗位的申请。

切斯特菲尔县教育局规定怀孕的教师必须（1）在生产前四个月停止工作；（2）在生产前六个月提交申请；（3）想要重回岗位需被重新认证是否合格。两个法规都要求她们在回归岗位前提供医师证明来证明自己身体健康，可以重新工作。

原告诉被告的这两条强制不带薪产假的法令违宪。

美国最高法院判定这两条强制不带薪产假法令均违反了美国宪法第十四条修正案的正当程序条款。因为：（1）要求必须在生产前四个月或五个月就停止工作过于武断，与州保持教育连续性的利益并无正当联系。只需要求怀孕女教师告知怀孕的事实，就足以满足州保持教育连续性的利益。（2）法令违反了宪法正当程序条款，因为其做出了结论性的推断，认为只要是怀孕4～5个月的女性就无法继续工作。而最高法院认为女性在怀孕时是否能够继续工作存在很大的个体差异，武断地划定怀孕至某个时段后就不允许继续工作是违宪的。

资料来源：百度文库。

二、日本政府的政策和经验

《全球性别差距报告》的评价指标主要由以下四项组成：（1）经济活动的参与度与机会；（2）政治的参与度与权限；（3）教育的到达程度；（4）健康与生存率。根据世界经济论坛发布的《全球性别差距报告》，2017 年日本的性别差距在参与排名的 144 个国家和地区中居第 114 位，2021 年日本的性别差距在参与排名的 156 个国家和地区中居第 120 位，在世界发达国家中仍然垫底。

早在 1985 年，日本就制定了有关消除劳动力市场歧视最重要的法律《男女雇佣机会均等法》，其中对在招聘、录用、岗位分配、晋升等方面的男女平等做了详细的规定和要求。该法于 1986 年 4 月正式实施，并于 1997 年、2006 年和 2016 年进行了三次修改，始终以禁止性别歧视、保护女性权利为主旨。此外，1991 年，日本还制定了《育儿休业法》；1993 年制定了《零短工劳动法》；2003 年制定了《下一代培育支援对策推进法》；2015 年制定了《女性活跃推进法》。这一系列法律的制定，主要就是为了改善女性的就业环境。

《男女雇佣机会平等法》作为日本政府关于消除劳动力市场歧视最重要的法律，是以日本《宪法》第 14 条为基本理念，特别是批准废除了有关男女差别的条文。该法明确规定，禁止在教育培训、福利卫生、退休退职和解雇等方面存在男女性别差别待遇。该法律主要有以下几个要点：

第一，关于就业机会与劳动待遇方面的均等。该法规定雇主的责任是：（1）招聘、录用员工时必须向女性提供与男性均等的机会，在工作岗位安排与提升方面要努力做到与男性均等；（2）在退休、解雇方面禁止设置与男性不同的条件，禁止以婚姻、妊娠等作为解雇女性员工的理由；（3）在福利方面禁止与男性差别对待。此外，各都、道、府、县设立机会均等调停委员会，对有关纠纷进行调停。

第二，关于女性员工劳动保护规定的修改。这方面的主要内容有：（1）废除对担任管理职务、技术职务女职员在制度时间以外，以及节假日进行工作的限制规定；（2）废除担任政府部门认可的职种的女性员工在深夜进行工作的限制规定；（3）允许女性妊娠、产期以外参加部分政府行政部门认可的低危险及有害的工作岗位。

第三，有条件地放宽与产假相关的待遇。

案例分析

日本的女性歧视与“必要之恶”

日语中所谓的“必要之恶”，意为：虽然希望没有，但由于组织等运作上或社会生活上的需要，不得已而为之的事物。中文可直译为“必要之恶”，亦谓“必要的恶”。其所对应的英语表述为 necessary evil。2018 年，一个被视为“必要之恶”的招生丑闻，将日本的女性受歧视问题再度摆到了世人面前。

2018 年 8 月 2 日，日本《读卖新闻》以独家报道的形式刊登文章，揭露拥有百年历史的东京医科大学，为控制女生的录取人数，暗箱操作，对女性考生一律予以减分。据调查，东京医科大学的这种做法并非今年才有，而是从 2011 年前后就开始了。当时，该校医学科的女生录取率达到了 38%；其考取了国家医师资格的毕业生，日后大多会在系统内的医院工作。但是，由于担心女医生会因为结婚或育儿离职，造成人手短缺，所以院方对聘用女医生是有所顾忌的。在紧急手术比较多、工作时间不规律的外科，甚至有“三个女性才顶一个男性”的说法。为规避上述问题，东京医科大学竟故意降低女生的录取比例。该校的有关人士甚至认为，这可谓是一种“必要之恶”，乃业内的默契做法。

事实证明，类似在招生阶段就歧视女生的做法并非个案。12 月 10 日，日本医学三大名校之一的顺天堂大学被迫承认，近两年，在招生考试中，故意拔高了女生的录取分数线。因为校方认为女生比男生的交流能力强、成熟早，在面试中容易得分，故需加以抑制。与此同时，北里大学也承认，该校的医学部在 2018 年的招生补录阶段，不是依据成绩的高低，而是优先联系男性考生。12 月 14 日，作为日本教育主管部门的文部科学省，公布了对全国 81 所设置了医学部、医学科大学进行紧急调查的最终结果。明确指出，除上述三校外，圣玛丽安娜医科大学也存在着歧视女性的现象。

颇具讽刺意味的是，背地里如此歧视女性的这些学校，竟然还能获得国家支持女性走上社会、发光发热的资金补助。以东京医科大学为例，该校 2013 年入选国家支持“女性活跃”事业，三年间，共领取了超过八千万日元的补助金。而顺天堂大学则在 2017 年度获得了“东京都推进女性活跃大奖”的优秀奖。如此扭曲的现象，揭示了日本政府提倡建设“女性活跃”社会的必要性与艰巨性。

当然，也有许多清醒的看法。社会学者、东京大学研究生院综合文化研究科的濑地山角教授就指出：在日本，连许多人认为平等的教育领域也存在性别差距；这种性别差距是结构性的。进而，他还谈道，东京大学的女生比率只有两成；教育最终成为影响经济领域管理职位的性别比例及工资差距的重要原因。

日本媒体对“必要之恶”的揭露与批判，尤其值得称道。媒体人鸟集彻在“文春在线”上发文，特意指出了医学界不应歧视女性的三个理由。其一是，可以令女性发挥自身优势的腹腔镜手术及机器人手术等在不断增加。其二，有研究显示，经女医生治疗的患者死亡率相对较低。其三，“女医生难以发挥战斗力”，是劳动环境的问题。这些见解比较深刻且到位。与之相对，一些日本人所谓的男女平等，不过如东京医科大学有关人士般，只是冠冕堂皇的说辞而已，其真正的想法却是“女性歧视乃必要之恶”。

资料来源：日本的女性歧视与“必要之恶”. 澎湃新闻，2019-03-08.

三、中国香港特别行政区的政策和经验

在中国香港特别行政区也有一系列旨在消除劳动力市场歧视的反歧视条例，并有相应的法定机构监督其执行，该机构被称为平等机会委员会。平等机会委员会具体负责执行反歧视条例，包括《性别歧视条例》《残疾歧视条例》《家庭岗位歧视条例》。该委员会致力于消除基于性别、婚姻状况、怀孕、残疾及家庭岗位而出现的歧视行为。

平等机会委员会的主要工作内容包括以下几个方面：

第一，教育及推广。为了让公众更好地认识平等机会及歧视问题，该委员会经常举办相应的座谈会及供各界人士参与的讲座；制作多种推广和加强公众对平等机会委员会角色认识的宣传册；通过平等机会委员会的社会参与资助计划，资助社会机构举办推广平等机会的活动；就个别的平等机会课题制作教材资料，供人力资源从业人员、社会工作者、教师及相关团体的负责人等使用，并协助培训人员进行有关平等机会问题的培训；定期在电视、电台及报纸上推广平等机会的信息；与相关机构建立伙伴关系以推广平等机会政策及管理常规。

第二，条例贯彻和指导。平等机会委员会负责制定为贯彻《性别歧视条例》《残疾歧视条例》《家庭岗位歧视条例》等实施的雇佣实务守则，以协助雇主及雇员了解其本身的法律责任，并为制定防止歧视的程序及制度提供指导。此外，该委员会还会在有需要时对上述条例提出修订建议。

第三，调整和研究。平等机会委员会委托有关机构开展研究工作，以增加对歧视问题的认识及监测社会人士对有关问题的态度转变。该委员会可根据研究调查的结果，策划其活动及工作，公众亦可查阅已出版的调查报告。

第四，调查及调解。根据反歧视条例，任何人如果认为受到了歧视，可以亲自或通过代表以书面形式向平等机会委员会提出投诉，寻求补偿。平等机会委员会就其法定权力执行《性别歧视条例》《残疾歧视条例》《家庭岗位歧视条例》。凡在平等机会委员会权力范围内的投诉，委员会都会做出调查。在调查过程中，平等机会委员会会认真研究每宗案例的事实。平等机会委员会首先会以调解方式解决问题，令双方达成协议。平等机

会委员会职员会担任沟通协调人，以便双方进行调解。平等机会委员会尽力协助双方了解导致投诉的症结，找出可以达成协议的要点和解决方法，尝试解决纠纷。

小思考

请思考中国政府在消除劳动力市场歧视方面还应该做出怎样的应对。

第四节　中国的农民工就业歧视现象

人力资源和社会保障部2021年发布了《人力资源和社会保障事业发展“十四五”规划》，其中第六章第四节是“加快农民工服务保障工作”，提出的主要任务包括：不断提升农民工平等享受城镇基本公共服务水平、落实农民工与城镇职工平等就业制度、实施农民工素质提升工程、健全农民工劳动权益保护机制、加快农民工工作信息化建设、提高农民工基层服务能力、发挥农民工在乡村振兴中的作用和加强农民工工作宣传。

一、农民工的就业状况

（一）工资收入增长缓慢

人力资源和社会保障部劳动工资研究所2016年发布的农民工薪酬课题报告显示，2008年前，我国农民工工资一直在低位徘徊，珠三角等地甚至出现过10年间月均工资只上涨68元的情况；此后几年，农民工工资出现了“补涨”的态势，2020年农民工月均收入4 072元，比2019年增加110元，增幅为2.8%。

值得注意的是，很多地区的农民工工资均以各地的最低工资标准作为参照，从近年来全国最低工资标准的调整幅度来看，农民工工资还有较大的上涨空间。根据国家统计局发布的2020年全国平均工资来看，2020年全国城镇非私营单位就业人员平均工资为97 379元，全国城镇私营单位就业人员年平均工资为57 727元，外出农民工年均收入为48 864元。也就是说，即便在工资持续上涨的情况下，农民工在法定工作时间获取的收入大致只有该年城镇非私营单位就业人员平均工资的一半。由此来看，农民工工资确有较大提升空间。

收入低、劳动强度大、工资增长缓慢、流动率偏高，是中国制造业一线工人面临的四大问题。中国制造业工人，特别是农民工的工资长期被压低。与收入压低相对应的是农民工超时劳动，而且很难依法获得额外补偿。在许多地区，加班加点已经成为农民工增加收入的主要来源。湖北省的调查显示，若减去加班工资、高温补助等津贴和福利，实际上有近1/3的职工工资徘徊在最低工资标准附近。

造成农民工收入被克扣的原因很复杂，既包括市场性的因素——例如制造业属于充分竞争的产业、劳动力供大于求，也包括其他一些因素——例如在制造业私营经济占主导地位，劳动关系不规范，工会组织力量薄弱，很难通过集体谈判与集体合同等手段来有效地保护劳动者的权益。

（二）工资拖欠问题久拖不决

收入保障是劳动者最基本的权益。但是，农民工工资拖欠问题当前在中国仍然没有得到彻底解决。近年来，各地各部门按照党中央、国务院部署，治欠力度不断加大。中华全国总工会在2020年积极参与根治欠薪冬季攻坚行动，为32.48万职工追回被拖欠工资35.08亿元。人社部劳动保障监察局局长李新旺指出，2021年前三季度，各级人社部门向公安机关移送涉嫌拒不支付劳动报酬罪案件1 943件，公安机关立案1 525件。向社会公布重大欠薪违法案件1 247件，将599个失信主体纳入拖欠农民工工资“黑名单”实施联合惩戒。当前，受新冠疫情及外部环境不确定性影响，部分行业企业欠薪隐患显现，一些地区房地产开发项目上游欠款可能引发下游欠薪的风险增大，校外培训机构规模裁员减员带来的欠薪纠纷也不容忽视。

（三）职业伤害发生率较高

农民工由于文化程度不高，劳动技能缺乏，就业渠道相对狭窄，进入城镇后主要在二、三产业内从事脏、累、差的工作，以建筑业、制造业等劳动强度较大、职业风险较高的工作种类居多，其次是从事餐饮、家政、保洁、保安等商业服务业，职业层次较低，特定的工作类型导致农民工存在较大的职业伤害和职业健康隐患。

在采矿业、建筑业、制造业和交通运输业从业的农民工属于职业伤害的高危人群，原因是农民工普遍年富力强，健康风险意识较为缺乏，而部分企业只顾眼前利益，注重经济效益，轻视安全生产，忽视安全生产培训。工人违章作业、管理人员违章指挥以及企业组织施行不安全行为，目前仍然是导致我国企业事故多发的主要原因。

应急管理部公布的数据显示，2001—2019年近20年间，我国事故起数和死亡人数一直在稳步下降。全国生产安全事故起数、死亡人数从历史最高峰2002年的107万余起、13万余人，降至2020年的3.8万余起、2.74万余人，按可比口径累计分别下降85.1%和70.9%；重特大事故从2001年的140起、2 556人降至2020年的16起、262人，累计分别下降88.6%和89.7%。近年来安全生产工作不断加强、整体水平明显提高。

安全生产形势总体稳定，但仍然复杂严峻。当前，安全生产仍处于爬坡过坎期，高危行业领域风险点多面广，城市安全风险大，农村安全隐患突出，新行业新业态安全风险凸显，安全生产工作艰巨繁重，容不得丝毫松懈和半点马虎。特别是岁末年初，人流物流增加，道路运输和水上运输事故易发多发；矿山企业增产冲动大，超能力、超定员生产，违规承包、以包代管问题突出；建筑施工企业赶工期、抢进度现象增多；加上新冠疫情变化和外部经济环境冲击，不确定因素增多，各类安全风险隐患加大。

统计数据显示，2018年以来建筑业事故总量同比上升4.3%，自2009年起建筑业事故起数开始超过煤矿，已连续9年为工矿商贸事故最多行业，主要事故类型为坍塌、高处坠落、塔吊和升降机倒塌事故。2017年建筑行业事故起数和死亡人数同比“双上升”，2001年以来连年发生重大事故，特别是2016年江西丰城发电厂“11·24”特别重大事故导致 73 人死亡。应急管理部分析认为，建筑业安全生产事故的主要原因有：一是施工现场管理混乱，不按方案施工，违章指挥违规操作。二是建设项目安全生产主体责任不落实，如建设单位项目组织管理混乱，盲目压缩工期，安全投入不足；工程总承包单位施工管理职责缺失，对分包单位缺乏有效管控；施工单位安全生产管理机制不健全，习惯性违章指挥、违规作业、违反劳动纪律；监理单位现场监督巡检不力，对关键工序等风险控制点失管失控。三是政府有关部门监督检查职责落实不到位，对存在的风险和隐患没有及时督促企业管控整改。

应急管理部警示，当前我国经济保持稳中向好态势，截至 2017 年底，全国建筑企业和建筑业从业人员连续 5 年保持增长，特别是 2018 年 6 月份以来建筑业开工率上升，施工旺季与投资增速加快叠加，建筑业安全生产系统性风险在今后一段时期内仍然较高。

即学即用

国务院：农民工欠薪案件 2022 年春节前动态清零

人社部劳动保障监察局局长李新旺介绍，针对拖欠农民工工资问题，国务院根治拖欠农民工工资工作领导小组将进行五件事——开展一次专项行动，公布一批典型案例，发布一批欠薪“黑名单”，出台一个部颁规章，制作一期涉罪节目。

“两节”临近，针对建设领域工资结算高峰期欠薪纠纷易发的特点，国务院根治拖欠农民工工资工作领导小组办公室将印发《关于开展根治欠薪冬季专项行动的通知》（以下简称《通知》），决定从 2021 年 11 月 1 日至 2022 年春节前，在全国开展为期三个月的专项行动。

《通知》要求，对查实的欠薪问题要在 2022 年春节前全部办结。针对突出的欠薪隐患，专项行动将以房地产开发建设工程、校外培训机构及其他欠薪易发多发行业企业为重点，对欠薪问题实施集中专项治理。

《通知》明确，要深入企业和工地，全面主动排查欠薪隐患。广泛公布并有效疏通维权渠道，优化“全国根治欠薪线索反映平台”，建立高效、便捷的绿色通道，严格落实首问负责制。分类精准处置举报投诉线索，快立、快办、快结，采取领导包案、挂牌督办、提级办理等措施，有效处置复杂疑难欠薪案件，集中解决一批“执行难”问题。综合运用行政处理、刑事处罚、信用惩戒、媒体曝光等手段，严惩顶风作案的恶意欠薪行为。借助专项行动固本建制，全面检查建设领域特别是政府、国企项目，工资专用账户、实名制、总包代发、工资保证金等制度落实情况，清查项目审批、工程款拨付、资金监管等环节，促使长效制度落实落地。

此外，国务院根治拖欠农民工工资工作领导小组将公布 10 个重大欠薪案件，再适时发布一批欠薪“黑名单”。同时，抓紧出台有关欠薪“黑名单”惩戒的部颁规章，进一步强化欠薪失信联合惩戒。另外，配合专项行动，制作一套欠薪入罪专题节目，拟在央视播出。

资料来源：国务院：农民工欠薪案件 2022 年春节前动态清零. 腾讯网，2021－11－15.

二、农民工的就业歧视现象分析

根据前面的分析，在分割的劳动力市场中，二级市场中的劳动者处于不利的就业地位，劳动力市场中的歧视主要集中在二级市场。因此，要研究某个群体的就业歧视，首先要考察在分割的劳动力市场中该群体主要在哪一级市场中就业。如果该群体主要集中在二级市场，那么就可以判断该群体在劳动力市场中受到比较严重的歧视。

（一）农民工就业的产业分析

目前我国农民工就业主要集中在制造业，批发、零售、贸易及餐饮服务业，建筑业及社会服务业。《2020 年农民工监测调查报告》显示，第二产业的农民工比重为 48.1%，比上年下降 0.5 个百分点。其中，从事制造业的农民工比重为 27.3%，比上年下降 0.1 个百分点；从事建筑业的农民工比重为 18.3%，比上年下降 0.4 个百分点。从事第三产业的农民工比重为 51.5%，比上年提高 0.5 个百分点。其中，从事批发和零售业的农民工比重为 12.2%，比上年提高 0.2 个百分点；从事住宿餐饮业的农民工比重均为 6.5%，下降 0.4 个百分点。在第三产业其他行业中，从事卫生和社会工作，公共管理、社会保障和社会组织的比重有所增加。由此可以看出，由于我国劳动力市场在产业层面的分割，进入城镇的农村劳动力被限制在由竞争性产业所构成的二级劳动力市场中。

（二）农民工就业的职业分析

如果劳动力市场是完全竞争的，劳动力可以自由流动，那么受教育程度相同的农民工与城镇本地劳动力应该具有相同的职业分布——从城镇本地劳动力与农民工的职业分布差异看，由于劳动力市场存在分割、户籍、知识结构和知识水平的限制，农民工在进入城镇劳动力市场后，往往只能处于职业金字塔的底层，多年来，农民工进城基本上是在制造业，批发、零售、贸易及餐饮服务业，建筑业及社会服务业就业，主要从事的是条件较差、层级较低的职业。

（三）农民工就业的所有制分析

改革开放以来，中国经济持续快速的发展不但带动了就业总量的增长，而且导致了就业结构的巨大变化。图 8－3 显示了改革开放以来中国就业在所有制结构方面的巨大变化。

从所有制的角度看，我国的就业结构变化主要表现出两个特点：一是国有经济部门不再是劳动力就业的唯一渠道。1996 年之后国有部门的就业规模持续下降，私营部门的就业规模目前已经超过了国有企业。二是新增就业机会主要来自非国有经济。在国有经济部门就业持续下降、非国有经济部门就业吸纳能力不断上升以及城镇劳动力市场面临巨大就业压力的条件下，大批农民工进入城镇劳动力市场后，在不同所有制单位中究竟是如何分布的呢？

由于无法直接获得农民工在不同所有制企业之间的分布数据，我们只能推测，只有

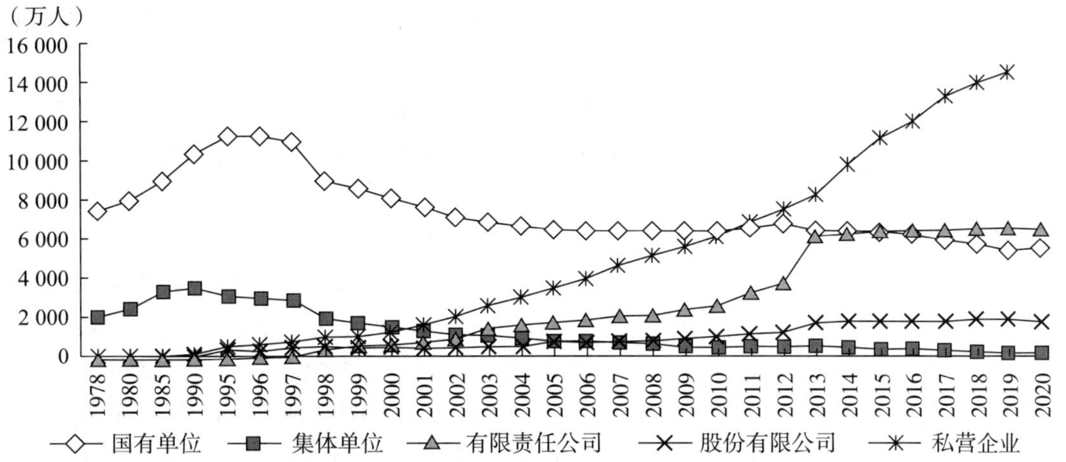

图 8－3　1978—2020 年不同所有制类型企业中的就业总量

资料来源：国家统计局. 中国劳动统计年鉴（1978—2020）. 北京：中国统计出版社.

少量农民工进入了国有经济部门，绝大多数农民工主要在私营部门就业。① 毫无疑问，与国有企业相比，私营企业的就业条件更差——从劳动力市场分割的角度看，前者构成了一级劳动力市场，后者在更大程度上属于二级劳动力市场。② 因此，我们可以判断，从所有制的角度看，农民工的就业主要集中在二级劳动力市场。

三、农民工就业歧视的计量研究

对歧视进行计量研究的一般方法是先确定哪些因素（包括受教育水平、工作经验、年龄、工作时间、地区、职业、行业及企业规模等）是影响不同劳动力群体之间工资差异的主要因素，然后判断工资差异在多大程度上可以分别由人力资本差异及非人力资本差异来解释。一般而言，非人力资本差异所导致的工资差异就被认为是歧视所导致的结果。因此，非人力资本因素对工资差异的贡献就反映了歧视的程度。

对工资歧视进行计量研究一般采用奥克扎卡（Oaxaca）分解法。该方法采用就业歧视系数 D 来表征歧视的程度。

D 由以下方程确定：

$$D=\frac{W_u/W_r-(W_u/W_r)^0}{(W_u/w_r)^0} \qquad (8-1)$$

其中，W_u/W_r 代表观察到的城镇劳动力与农民工工资水平的比率；$(W_u/W_r)^0$ 代表在没有歧视的条件下城镇劳动力与农民工之间的工资比率。

---

① 国有企业的就业总量在改革开放以来持续下降，在国有企业大规模减员的条件下，农民工不可能有更多的机会进入国有企业就业，因此可以判断，大部分进入城镇的农民工更多的是在私营企业就业。

② 当然，这并不是说所有的私营企业都属于二级劳动力市场。私营企业的情况比较复杂，部分规模较大的、管理规范的私营企业的确提供了较好的就业条件，这样的私营企业毫无疑问应该属于一级劳动力市场。但是，我国当前私营企业的数量在更大程度上表现为中小型占绝对优势，在这些规模更小、管理并不规范的私营企业中，就业条件一般都比较差，它们更多地从属于二级劳动力市场。事实上，目前大部分农民工主要在中小型私营企业就业。

由于 $(W_u/W_r)^0$ 是未知的，所以为了得到 D 需要首先计算出 $(W_u/W_r)^0$。如果不存在歧视，农民工与城镇劳动力应该具有相同的工资结构。也就是说，在人力资本特征相同的条件下，两者的工资水平相等。但是，如果劳动力市场中存在歧视，则在控制劳动力的人力资本特征变量后，农民工获得的工资仍然低于其在没有歧视的劳动力市场上获得的工资。

根据中国社会科学院人口与劳动经济研究所、北京大学社会学系、澳大利亚国立大学及美国贝茨学院等在2000年进行的一项调查研究①，城镇劳动力的小时平均工资比农村劳动力高出约0.58元，两者相差近21%；而在城镇劳动力与农民工的工资收入差距中，只有24%的部分能够被个人特征差异所解释（例如是由两者之间的人力资本差异导致的），而其余76%的收入差距只能归因于劳动力市场中的歧视。2009年吉林大学数量经济研究中心研究人员张世伟、郭凤鸣所做的一项研究结果则表明，城镇劳动力工资率是农民工工资率的1.79倍。两类劳动力工资差异的69.77%、14.01%和12.99%分别是由个体特征差异、农民工进入市场前受到的教育歧视和进入市场后受到的户籍歧视导致的。②

本章小结

劳动力市场歧视是一个全球性现象，它不但存在于西方发达国家，也存在于亚洲的发展中国家，其中性别歧视、种族歧视、身份歧视是三种最常见的歧视现象。当具有相同生产率特征的劳动力仅仅由于其所属的人口群体不同而受到不同的对待，或者当雇主为既定生产率特征支付的价格根据人口群体的不同而表现出系统性差别的时候，就可以认为劳动力市场中存在歧视。劳动力市场歧视通常可以分为四种类型，即工资歧视、就业歧视、职业歧视和人力资本投资歧视。

歧视是劳动力市场甚至整个社会中比较复杂的现象，它可能表现为各种假象，并以各种不同的形式出现。导致歧视的根源广泛而且复杂，往往超出了经济学的研究范围。因此，到目前为止，关于劳动力市场歧视现象的解释尚未形成统一的理论。关于劳动力市场歧视的解释主要有歧视偏好理论——主要包括雇主歧视、顾客歧视和雇员歧视、统计歧视理论，以及非竞争性理论。劳动力市场分割理论主要有两种模型，即内部劳动力市场模型和二元劳动力市场模型，这一理论主要强调劳动力市场的非竞争性，因而属于非竞争性理论的范畴。从劳动力市场非竞争性的角度可以更好地解释歧视现象。

在中国经济转型期间，农民工在城镇劳动力市场中遭受到了较大的歧视。本章从劳动力市场分割理论入手，研究了农民工在城镇劳动力市场中的分布特征，并对歧视程度进行了计量研究。

① 蔡昉，都阳，王美艳．劳动力流动的政治经济学．上海：上海人民出版社，2003．

② 张世伟，郭凤鸣．中国城镇劳动力市场中城镇工和农民工工资差异的决定．中国农村经济，2009（2）．

关键术语

劳动力市场歧视　工资歧视　就业歧视　职业歧视　人力资本投资歧视　性别歧视　种族歧视　身份歧视　雇主歧视　顾客歧视　雇员歧视　统计歧视　内部劳动力市场　二元劳动力市场

习　　题

1. 劳动力市场歧视的含义是什么？包括哪几种类型？
2. 雇主歧视、顾客歧视和雇员歧视的区别和联系是什么？
3. 统计歧视的含义是什么？它会给雇主带来哪些损失？
4. 你认为在现实中反歧视的法律和政策能够取得预期的效果吗？为什么？

案例分析

已婚未孕等于职场被拒？

2021 年，有网友在人民网地方领导留言板留言称，自己在某酒店应聘过程中，被酒店经理要求写一份“一旦怀孕就主动辞职”的书面保证。该网友表示，“女性找工作受到了不公正待遇。”针对该留言，重庆市两江新区社会保障局回复称，“我局已向该单位进行了劳动保障法律法规宣传，要求该单位依法维护劳动者权益。”

一直以来，生育压力与求职之间的矛盾，是职业女性不得不面对的现实问题。职场对于已婚未孕女性的歧视早就不乏先例，许多企业在人员招聘环节当中，往往存在严重的就业性别歧视问题。有些单位在招人环节会对已婚未孕者重点设防，一些单位甚至采取限制生育或缩短孕期、产期、哺乳期等“强制”措施，这加剧了职业女性的担忧和焦虑。在鼓励生育三胎的政策下，一边是鼓励女性生育，一边是对女性就业的歧视，保护妇女的合法权益迫在眉睫。但现在居然有企业要求应聘者写“一旦怀孕就主动辞职”的保证书，这就是典型的、赤裸裸的“性别歧视”和“就业歧视”，“一旦怀孕就主动辞职”背后的隐性歧视更需重视。

近几年我国出台了一些保护女职工合法权益的法律，特别是在孕期、产期、哺乳期等阶段，给予职业女性更多的关心和关爱，两会前后更是出现了延长产假的热议。我国《劳动法》第十三条明确规定，妇女享有与男子平等的就业权利。在录用职工时，除国家规定的不适合妇女的工种或者岗位外，不得以性别为由拒绝录用妇女或者提高对妇女的录用标准。2019 年人社部、教育部等 9 部门联合发布的《关于进一步规范招聘行为促进妇女就业的通知》中也明确要求，依法禁止招聘环节中的就业性别歧视。有这些严肃的法制法规作保障，给广大女性求职者吃下了一颗“定心丸”，就业性别歧视现象按理说应该不会屡屡出现。但在实际操作中，个别企事业单位招聘中，“就业性别歧视”现象仍然时有发生。今年 31 岁的黄娟（化名）是广西南宁人，2008 年结婚后，丈夫在长沙的湖南路桥公司上班，她在南宁一家房地产公司任职。两人一直维持两地分居的生活，近期，婚后一直未育的黄娟决定离开南宁，到长沙找工作，“希望跟丈夫在一起安定下来”。作为园林设计师的黄娟，在3个月的时间内，被多家公司以各种理由拒绝，“尽管我后来对面试单位承诺，如果计划怀孕，会提前一年跟公司报备，但在了解我随夫迁居长沙后，不乏直接以我结婚多年未生育入职后很快怀孕概率很高为理由拒绝我的。”职场中一些女性因担心公司就业歧视，在未婚未育时，将自己的婚育情况填写为已婚已育。不管政策如何三令五申地禁止，填写婚育状况依然是很多企业的规定动作。而婚育与否的信息，或多或少关联着企业的用人考量。这也不难理解，企业总是希望以小的成本创造最大的利益。如果求职者正准备结婚或者打算生育，势必要顾虑她未来休产假以及产假期间岗位接替的问题。

为了降低人力成本，尽量避免人员浪费，公司招人往往先青睐于年轻的未婚未育或者已婚已育的女性。所以，现实中常常见到的是，不管女性多么优秀，多么符合岗位要求，只要她大龄未婚或者已婚未育，在很多企业那里，一律被视为避之不及的“不稳定因素”，可能连最基本的简历关都过不了。

▶思考题：

《2020中国女性职场现状调查报告》显示，近30%的女性在求职时，都曾遭遇过用人单位以各种名目拒绝或限制女性求职的情况。可见，“就业性别歧视”现象还是相当普遍。目前我国实行鼓励女性生育的三胎政策，已婚未育或者未婚未育的女性是否享有平等就业权？请结合劳动力市场歧视谈谈你的看法，并提出解决该问题的意见。

第九章
工资与收入分配

本章要点

工资的基本概念；工资的不同形式；西方工资决定理论；收入分配的衡量指标；我国收入分配存在的问题及其原因。

导入案例

2021年诺贝尔经济学奖得主关于最低工资的研究

在2021年诺贝尔经济学奖得主之一戴维·卡德所有的研究当中，他和已故的经济学家艾伦·克鲁格合作的关于最低工资的研究是劳动经济学实证研究中最著名的研究之一。

在经济学界，最低工资制度一直饱受争议。尽管最低工资的倡导者们一直强调这个制度可以为劳动者提供必要的保障，但很多持自由放任观点的学者却一直对此表示反对。他们认为，最低工资增加将使得企业人工成本提高，由此导致企业减少雇佣，最终减少劳动力市场需求，从而造成失业率上升。根据这个逻辑，最低工资虽然可以保障一部分人的权益，但它事实上以牺牲其他人的就业权益为代价，因此，从社会整体的角度看，它可能是不合算的。

经济学界围绕最低工资问题在理论层面争论了很长时间，而现实中的最低工资究竟是否会产生人们所担忧的提升失业率的后果却一直未被证实或者证伪。因为从理论上讲，实施最低工资法，就是对一个地区劳动力市场的一次干预。如果要考察这个干预给劳动力市场带来的影响，最好的办法就是比较有干预的现实情况和没有干预的“反事实”情况，但显然，这两个情况不可能同时存在。

因为在现实中，所谓的经验研究也只能根据某个地区的最低工资法出台前后，就业率的变化来提供一些相关的证据。但很显然，这些证据不能令人信服，因为在干预发生前后，有很多因素发生变化，它们都可能影响就业率，其中最低工资的影响到底有多大，可能谁也说不清。直到卡德和克鲁格的研究出现，这个问题才得到了比较确定的解答。

卡德和克鲁格的研究是基于一次自然实验，利用倍差法完成的。1992年，新泽西州的最低小时工资从4.25美元提高到5.05美元，但与此同时，与新泽西州相邻的宾夕法尼亚州则没有进行相应的调整。在这种情况下，新泽西州和宾夕法尼亚州的劳动力市场就分别构成了干预组和对照组。卡德和克鲁格分别搜集了新泽西州最低工资法出台前，两州的快餐店雇佣状况，以及劳动经济学家们关心的其他一些变量。很显然，由于两州的情况是有差别的，因此这些变量在事先就有一定的差异。但在新泽西州最低工资法出台后，这个差异就发生了变化。这个“差值的差”，就可以视为由最低工资法所带来的因果效应。

卡德和克鲁格发现，最低工资法的实施使得新泽西快餐店的平均工资显著增加，同时它并没有带来显著的失业率上升，即没有导致就业的下降。这个证据表明，最低工资法可能带来的负面影响，或许要比理论预计小得多。由于这个发现在相当程度上违背了当时劳动经济学家们的共识，因此甚至卡德和克鲁格本人也都对此表示吃惊。随后，他们又进行了一系列研究，试图找出这种“异常现象”的原因，并得出了几种可能的解释：一种解释是，当企业遭遇最低工资制度后，企业可以通过更高的价格将增加的成本转嫁给消费者，因此它们并没有必要减少雇佣。另一种解释是，如果有企业主导了一个地区的劳动力市场，那么它就可以利用市场力量将工资保持在最低水平。此时，最低工资的增加就会激励更多的人参加工作，从而造成劳动力供给的增加。在供求两方面因素的综合作用下，最终的均衡就业数量就可能是上升的。

卡德和克鲁格的学术研究成果在1994年发表之后，立即在经济学界引起了震动。其原因之一是因为它动摇了最低工资有负面影响这个劳动经济学领域的长期认识，但更重要的是，这个研究引入了一次研究方法的革命。从此之后，“倍差法”这个在公共卫生领域已经被使用了两百年的方法终于进入了经济学领域。

资料来源：因果推断：利剑和2021诺贝尔经济学奖三剑客的故事. 经济观察报，2021-10-12.

工资是劳动者劳动的报酬，是劳动者收入的重要组成部分，在市场经济条件下主要由劳动力市场上的供求关系决定，是社会财富的初次分配。工资不仅是劳动力市场的基本构成要素，也是各个国家经济发展不同时期的热点问题。工资形式多种多样，不同形式的工资具有不同特点，其对工资分配的影响也是不同的。随着市场经济的发展，有关工资分配的理论也在逐步完善，无论是早期的工资理论还是现代工资理论均表明，市场在收入分配过程中起到了基础性的作用，但是由于其本身的局限性，难以解决收入分配过程中出现的不公平。当前我国社会经济中普遍出现的城乡间、地区间、行业间收入差距不断扩大的问题，其很重要的一个原因就在于市场失灵，解决这一问题需要政府的适当干预。工资与收入不断增长是社会成员生活水平逐步提高的重要保障，也是社会经济发展程度的重要衡量指标，其分配是否公平关系到整个国家、社会的稳定、和谐。基于以上考虑，本章着重对工资的分配形式、工资的相关理论以及收入分配问题进行系统的探讨。

第一节　工资及其相关概念

一、工资及其相关概念

在市场经济条件下，工资问题的复杂程度远大于计划经济下的工资问题。为了科学地对工资问题进行分析，我们首先必须明确一些基本概念。

（一）工资、薪水与薪酬

在现实经济生活中人们通常会使用到工资、薪水和薪酬这几个概念，并且一直以来把它们作为同一含义的不同表述来看待，这其实是一种误解。

英语里与“工资”含义最为接近的词是 wage。据《韦氏英英词典》（以下简称《韦氏》）2004 年 12 月第 1 版的解释，wage 是指根据合同并以小时、天数或计件为基础支付的劳动或服务报酬。又据《牛津现代高级英汉双解词典》（以下简称《牛津》）1997 年第一版的解释，wage 指能够维持生活的报酬，一般用在周薪（weekly wage）和最低工资（minimum wage）表述中。再看和我们语境比较接近的香港、台湾地区，在劳资关系法案中，工资主要用在建筑、餐饮、服务业用工和家庭用工劳资关系中。因此，国外和港、台地区所使用的工资（wage）主要有两个含义：（1）它是指因劳动或服务而产生的报酬，而不包括因管理、资本、技术等因素而产生的收入；（2）它的使用一般限于蓝领阶层，也就是我们常称的生产操作人员。

薪水也被称作薪资。这个词目前还没有出现在国内法律文件中，只在《现代汉语词典》里有收录：“薪水”即是工资。和薪水直接对应的英文是 salary。同样，根据《韦氏》和《牛津》两部权威辞书的解释，salary 是指按月发放年俸，限指白领阶层收入。从台湾、香港地区法案中查找，薪资也主要用来表述政府职员、公司白领雇员的收入。从对比中可以看出，中国大陆“薪水”的范畴比 salary 要广，包括了普通雇员的劳动报酬。

现在，我们会经常听到薪酬这个概念，它常常出现在现代人力资源管理文献中，通常被作为工资或薪水的同义词，但这种认识是错误的。据《韦氏》和《牛津》词典注录，salary 和 compensation 两词虽然都有薪水、薪资的意思，但是 compensation 一般用来指雇员一揽子整体性薪资，即除了上面所说的薪水外，还包括种种奖励、红利、福利以及其他收入等。前者一般被译为薪水，后者被译为薪酬，目前国外资料都采用这一说法。

通过上述分析，我们可以得出这样的结论：对工资、薪水和薪酬三者进行区分十分有必要，因为它们对应着不同层次劳动力的价值，而不同层次劳动力的价值不仅在数量大小上，而且在劳动力价值构成上也是不同的。工资只适用于简单、易度量的劳动力商品，它所代表的主要是劳动力商品市场的交换价格；薪水代表的是拥有一定技能和知识的劳动力商品价格，这个时候劳动力对企业增长的知识贡献度已经得到部分认同，雇员获得了比单纯劳动力商品价格高一些的收入；而薪酬所对应的劳动力实际上已经不再是普通意义上的劳动力，而是包含了较强资本性的劳动力——有人干脆就把它称为人力资本。认清这一点，对于完善收入分配制度理论研究体系无疑十分有益。

（二）工资与福利

1. 福利

随着经济、社会的发展，企业支付给劳动者的报酬除了以货币形式支付的基本工资外，还增加了大量的福利。福利不是以劳动者为企业工作的时间为计算单位的。它一般包括非工作时间付薪、向劳动者及其家庭提供的服务（如儿童看护、家庭理财咨询、工作期间的餐饮服务等）、健康及医疗保健、人寿保险以及法定和企业补充养老金等。与工资相比，福利具有以下两个方面的重要特征：一是工资采取的往往是货币支付和现期支付的方式，而福利则通常采取实物支付或者延期支付的方式；二是工资在企业成本项目中属于可变成本，而福利，无论是实物支付还是延期支付，通常都有类似固定成本的特点，因为福利与劳动者的工作时间之间并没有直接的联系。

一般来说，福利可以分为两种：法定福利和企业福利。法定福利是根据国家政策而支付的福利，这种福利具有强制性和保障性的特点，例如，基本养老保险、失业保险、医疗保险等。企业福利是企业根据自身情况而支付的福利项目，也被称为非法定福利，这种福利具有非个性化和激励性的特点。例如，美国的401K计划、日本的企业年金制度和中国的企业补充养老保险制度等。近年来，企业福利在企业的激励计划中得到越来越广泛的应用。

2. 福利与基本工资的选择

福利支付对雇员来讲，存在以下几个方面的影响：（1）由于国家对货币工资征税，雇员为避免或减少纳税，愿意雇主以一部分福利代替基本工资，从而获得更多的实际收入。（2）雇员对福利的偏好并非绝对的。尽管福利有免交税收的好处，但是与货币工资相比，实物支付的效用通常小于同等价值的现金支付。因为实物支付使雇员失去了挑选的机会，而在现金支付时，他们可以根据自己的偏好去合理安排其用途。同样，以延期支付形式发放的福利项目也没有现期支付的基本工资效用大，因为它实际上限制了雇员的现期消费。所以，对雇员来讲，只有当收入水平较高时，雇员才会为减少纳税而更愿意接受用福利来替代部分货币工资的做法。

对于雇主来讲，同样的支出更愿意用于现金支付，因为现金支付更能满足雇员的当前需要，从而提高其生产率。

（三）工资水平、工资率、工资、劳动报酬和收入

工资水平是指根据需要，用某种时间状态从某个角度所考察的某一领域雇员工资率的高低。

所谓工资率，是指劳动者每一单位的劳动时间可以获得的报酬量。在计件工资形式下，还可以指每生产一件产品所带来的报酬量。在市场经济条件下用工资率来反映工资

水平，它与计划经济条件下的平均工资概念不同。平均工资反映的是部分人群的平均工资水平，反映不出人群内部的工资差别；工资率反映的是单个劳动者的工资水平。在完全竞争条件下，只有劳动力同质的劳动者之间的工资率是相等的，不同质的劳动者的工资水平是不同的，其差异可以用不同工资率反映出来。在工资率概念中的时间单位，可以是小时、日、周，也可以是月或年。在比较工资水平高低的时候，一定要注意到计酬单位的区别。

工资是工资率与工作时间的乘积，因此工资的多少取决于工资率和工作时间两方面的因素。工资率越高，工作时间越长，则工资也越多。显然，工资与工资率的区别在于：工资中加入了工作时间的因素，它不能反映市场工资水平的高低。但是在实际生活中，人们往往出于习惯，在说法上还是用工资来指代工资率，这种情况需要注意。

劳动报酬是指劳动者因提供劳动而获得的所有报酬的总和，它包括工资和福利。其中福利包括雇主以实物形式或货币延期支付形式支付给雇员的各种报酬，如带薪假期、退休金等。

收入是指在某个时期内（通常是 1 年），劳动者个人或家庭凭借各种资源（劳动力资源、资本或土地资源）所获得的全部报酬。它包括劳动所得和非劳动所得。后者主要是指来自投资的红利或利息、来自房屋租赁的收入、来自政府的转移支付（如实物、福利、失业救济金）等。

关于工资率、工资、劳动报酬和收入之间的关系，我们可以用图 9－1 来说明。

工资率 ×工作时间= 基本工资

+福利（实物或延期支付）

= 劳动报酬

+非劳动所得（利息、红利、房租、政府转移支付）

= 收入

图 9－1　工资率、工资、劳动报酬和收入之间的关系

（四）名义工资与实际工资

在研究工资水平的时候，我们不仅要了解劳动者货币收入量的大小，还要了解这些货币量代表多少实际财富。因此，一般地讨论货币工资水平是远远不够的，人们必须联系一定量的货币可以购买到的用于个人消费的商品和劳务量来研究这个问题。这就提出了名义工资与实际工资的问题。

名义工资又称货币工资，是指雇主以货币形式支付给雇员的工资。实际工资则是指货币工资在某一时期所代表和反映的实际商品量和劳务量，它可用来说明名义工资的实际购买能力。通常情况下，价格调整是通过物价指数的变动完成的，因而实际工资和名义工资的关系就可以表示为：

实际工资＝名义工资÷物价指数

其中，物价指数一般用消费者价格指数来表示。由于实际工资是经过消费者价格指数调整后的货币工资，而现实生活中物价一般呈上涨趋势，因此在现实生活中，实际工资水平总是低于名义工资水平。

对实际工资的研究在理论上和实践上都具有重要的意义。首先，区分货币工资和实际工资有利于我们把握真正的工资水平。货币工资并不等于实际工资，二者之间的差别取决于物价水平，物价水平变化越大，货币工资与实际工资之间的差别就越大。所以有可能出现货币工资水平上升而实际工资水平反而下降的情况，这一点在进行工资水平比较时要特别注意。其次，劳动者的劳动供给决策是根据实际工资的变动做出的。企业所面临的劳动力供给是随实际工资率的变动而变动的，不是随货币工资率的变动而变动，劳动力市场上很可能会出现货币工资水平上升不一定能带来劳动力供给增加，而货币工资水平下降也并不一定能减少劳动力供给的现象。因此，企业在制定工资政策、确定企业工资水平时，必须对实际工资有正确的了解。工会在进行工资协商谈判时，应当特别注意考察物价变动对实际工资水平的影响。政府在制定宏观经济政策时，也不能停留在对货币工资的掌握上，更重要的是要把握市场实际工资水平。

二、激励工资

激励工资是指工资中随着雇员工作努力程度和劳动成果的变化而变化的工资形式。激励工资也和业绩直接挂钩，有时人们把激励工资看成是可变工资。激励工资最常见的形式有计时工资、计件工资、奖金、利润分享与团队激励等。只要员工今后的工作绩效能达到方案规定的标准，就可以得到相应的激励工资，它会影响雇员将来的行为。

（一）计时工资

计时工资是以劳动者实际工作时间为依据来计算并支付报酬的一种工资形式。作为工资计算依据的时间通常是以小时、日、周、月或年为单位。工作时间乘以预先规定的单位工作时间的工资率标准，即为劳动者应得的计时工资。计时工资是一种广泛使用的支付方式，是最基本的激励工资形式之一。其计算公式为：

计时工资＝工资标准×实际有效工作时间

根据计算的时间单位的不同，计时工资的具体形式有：

小时工资制：小时工资＝小时工资率×实际有效工作时间
日工资制：日工资＝小时工资率×标准工作日小时数
周工资制：周工资＝日工资率×标准工作周日数

计时工资的基本特征是：劳动量以劳动的直接持续时间来计量。因为时间是劳动的自然尺度，故其适用性强、适用范围广。

计时工资的适用范围主要是：（1）产品数量标准不易精确确定、产品（服务）数量难以度量的行业和职业；（2）机械化、自动化程度较高，劳动作业速度及劳动成果不由个人决定，而是主要地取决于机械性能的产品的生产行业和企业；（3）产品质量重于数量，质量要求严格且要求雇员个人素质高的产品的生产行业；（4）产品、经营项目和生产条件多变且便于监督控制的企业等。

对于雇员而言，实行计时工资其基本工资收入比较稳定；对于企业来说，由计时工资的特征所决定，企业对劳动过程的控制与管理成本较大，雇员低效率的风险主要由企业承担。

（二）计件工资

计件工资是以完成工作的数量或合格产品的件数为依据来计取报酬的一种工资形式。在单位产品或单位工作量的工资标准一定的情况下，工作量越大，产品生产件数越多，劳动者的报酬也越高。这种工资形式能使劳动者更直观地看到工资收入与劳动成果之间的联系，所以具有较强的激励作用。其计算公式为：

计件工资＝计件工资率(计件单价)×合格产品数量

计件工资的显著特点是：将劳动报酬与劳动成果最直接、最紧密地联系在一起，能够直接、准确地反映出劳动者实际付出的劳动量，使不同劳动者之间以及同一劳动者在不同时间上的劳动差别在劳动报酬上得到合理反映。因此，计件工资能够更好地体现按劳分配原则，但是其适用的范围比较有限，主要适用于：（1）产品数量、质量可以准确计算检验，并能以此反映工人的劳动量的产品的生产行业和企业；（2）产品数量和质量主要取决于工人的勤奋和努力的行业和企业；（3）产品品种比较单一且大批量生产的行业和企业等。

计件工资由其自身特点决定，基本工资的高低取决于合格产品的数量，按计件工资制付薪可以吸引能力强的劳动者，激发劳动力队伍的高努力水平，使得工资与绩效直接挂钩，使歧视程度降到最低。尽管有这些好处，为什么计件工资在劳动力市场中没有被广泛地采用呢？最明显的理由是，当企业的生产取决于团队努力而非个人努力时，由计件工资产生的激励作用就会大打折扣。比如，对在汽车生产线上工作的某一工作者实行计件工资制，对工人的生产率几乎没有什么影响。因为生产线流动的速度取决于所有在生产线上工作的工人的生产率，必然存在相互推诿和“搭便车”的行为。此外，对企业来说，产品数量统计、质量检验、定额标准、生产组织和劳动组织等的管理成本较大。因此，计件工资制在劳动者的工资能够直接与自己的生产率挂钩时，才能最佳运行。

应用实例

顺丰快递的计件工资制

1993 年，顺丰速运诞生于广东顺德，初期只是进行广东与香港之间的快递业务。1996 年，顺丰开始涉足国内快递市场。作为国内快递行业中首家拥有自有全货机的公司，截至 2018 年 12 月 31 日，顺丰拥有 66 架全货机，9 个枢纽级中转场，49 个航空、铁路站点，143 个片区中转场，330 个集散点。2 000 多个营业网点覆盖了国内 31 个省份，近 200 个大中城市及 900 多个县级市或城镇。

顺丰发展到今天的独有秘诀之一就是它的计件工资。顺丰是快递业较早使用计件工资的公司，这也是顺丰的快递员流失率相对较低的重要原因之一。顺丰的每个快递员每个月的收入都是可以预期的，并且非常稳定，可以随着他的个人努力不断增长。除了基本工资，其他全部根据工作业绩提成。这样的制度保证了顺丰一线员工的高收入，并以此支撑着顺丰以快为核心的高服务质量。顺丰快递员的基本工资并不高，试用期一个月 1 800 元，过了试用期保底工资为 1 500 元，派一件东西最低提成 1.5 元，具体提成数额与派件重量有关，收一件东西最低提成 2 元，按运费的 6.5%计。其大部分收入根据工作业绩提成，每个月的收入都是可以预期的，并且非常稳定。

计件工资制体现了多劳多得，有效地调动了快递员的工作积极性，让所有人都能够看到自己报酬的上升路线。在顺丰，一个做得好的快递员是不愿意当仓管、组长甚至经理的。而且每一个顺丰的快递员其实就是第一线的市场人员。他们非常有动力去发展新的优秀客户，这与其高激励的计件工资制度有直接的联系。

资料来源：顺丰速运公司的计件工资案例研究. 百度文库，2016－04－25.

（三）奖金与利润分享计划

企业往往会对生产效率较高的劳动者予以奖励，除了实行计时工资与计件工资外，还以奖金、利润分享等多种方式支付。奖金通常用于对已完成的超额、超标准的绩效进行奖励，或对预定的绩效目标进行激励。奖金在实践中经历了多种形式的发展，如最初的绩效加薪，一次性奖金（或者叫绩效奖金），个人特别奖励，针对个人、团队的激励计划，按时期进行划分的长、短期激励计划，对有特殊贡献员工的激励计划等。如今，奖金在高中层管理者、销售人员等中间应用非常普遍。

利润分享计划是指根据对某种企业在市场中的绩效的衡量结果（通常是指利润这类财务指标）来向劳动者支付报酬的一种奖励形式。根据利润分享计划，所有或者某些劳动者按照一个事先设计好的公式分享所创造利润的某一百分比，劳动者根据公司整体业绩获得年终奖或股票，或者以现金或延期支付的形式得到红利。在传统的利润分享计划中，企业中的所有人都按一个事先设计好的公式，立即分享所创造出的利润的某一百分比。其特点是：劳动者会拿到现金奖励而不必等到退休时再支取，但是当时必须按照国家税法的规定缴纳收入所得税。这种利润分享计划的设计和执行几乎不需要劳动者一方的参与，比较容易实施。而现代的利润分享计划则将利润分享与退休计划联系在一起。其做法是，企业将利润分享基数用于为某一养老金计划注入资金，经营状况良好时持续注入，经营状况不佳时则停止注入。利润分享计划所面临的难题是“搭便车”问题。因为单一劳动者的工资只与其生产效率有关，而利润分享计划中的个人所得还取决于其他人的努力。如果所有人都“搭便车”，那么整个劳动力队伍就没有生产效率，也就没有利润可以分享。

三、工资确定的影响因素

工资确定历来是劳动经济学关注的一个焦点问题，在竞争性市场经济条件下，工资作为劳动力的市场价格是通过在劳动力市场上供需双方的相互作用来决定的。供求关系是决定工资水平的一个重要因素。但是，由于劳动力市场受非经济因素的影响很大，所以供求关系并不是决定工资水平的唯一因素。实际上影响工资水平的因素很多，而且比较复杂。概括起来大致有劳动者自身因素、企业经营管理因素与外部因素三大类。

（一）劳动者自身因素

1. 工作努力程度

一般认为，个人的努力程度是工资水平调整和变动的基本原因，薪酬设计便是对员工这种劳动及其努力程度的报酬的一种制度安排。事实证明，在同等职位上，工资水平的差异主要源于工作努力程度以及由此所决定的劳动成果或工作绩效的不同。当前人们经常听到对收入分配差距过大的批评和担忧，实际上这种批评主要针对与工作本身及员工努力程度不相关的因素，如劳动力市场分割、垄断、寻租、劳动力市场歧视等。在组织内部，拉开与劳动或工作付出有关的工资差距，仍是我国工资改革的主要方向。

2. 人力资本水平

人力资本理论已经系统地解释了为什么受教育程度高、技能水平高的人应当拿到较高的工资，这表明这部分较高的工资包含有人力资本投资回报的成分。人力资本回报是对学习知识和技术所耗费的、由直接成本与机会成本构成的人力资本投资的补偿。学历与技能等级较高者，人力资本投资也相对较多，工作潜力大，工资理应高一些。这样既能补偿其智力投资，又有利于鼓励员工学习科学文化知识，提高人员素质，促进企业与社会发展。人力资本的另一项构成——健康状况，也是决定工资水平的重要因素。身体健康状况良好，精力充沛，能坚持出勤、胜任更加繁重复杂的工作，工资自然要高些；反之，工资会低些。

3. 岗位与职位级别

在组织中，因岗位类别不同，工资差异很大。那些从事难度大、责任重、环境艰苦甚至有危险性工作的人工资水平会高些，反之，则工资低一些。按照补偿性工资差别理论，这是对从事危险、繁重工作的劳动者的一种补偿，否则这些岗位便无人可用。对于职位级别高的人给予高工资，实际上是因为级别高的人的决策和判断的正误对于组织生产的产品或提供服务的品质、市场、信誉与效益有决定性的影响，给予其高工资能够奖励管理者在生产经营过程中所做出的正确决策和判断以及补偿其承担的风险。

（二）企业经营管理因素

1. 企业的效益状况和工资支付能力

工资成本是企业总成本中的一个重要组成部分，如果企业所负担的工资超过其负担能力，会因生产逐步萎缩而导致停业或破产。在市场经济条件下，一个企业的工资支付能力主要取决于生产率和利润率。企业的利润率高，企业效益好，才有可能将工资率确定在较高的水平上。但是，即使是高利润企业，也应注意到合理分配利润的问题。在所有利润中，除必须扣除固定资产折旧、投资资本利息之外，还必须留出一定的数额作为企业进一步发展的必要储备，而不能全部用于增发工资，否则会影响企业的扩大再生产，使企业失去进一步提高工资的能力。

2. 薪酬管理制度

每个企业的主要业务、所处行业、组织结构、薪酬文化都不同，决定了其薪酬制度必然千差万别。有的企业看重职位价值，实施的是职位薪酬制度，在这种薪酬制度下，虽然有些员工的个人能力大大超过了其所担任的职位本身所要求的技术水平，但是在职位没有变动的情况下，他们也只能得到与当前职位所对等的薪酬，薪酬的变动依赖于职位的变动。有的企业看重员工所掌握的技能、能力，实施的是技能或能力薪酬制度，在这种薪酬制度下，员工工资水平的变动主要取决于其技能、能力的提升，即使是在同一部门同类岗位，不同技能或能力等级的员工工资差距可能也会很大。有的企业在不同部门实施不同的薪酬制度，部门间的工资确定方式、工资水平也有很大差别。不同企业的薪酬文化不同，有的企业看重个人能力，绩效工资的比重会比较大；有的企业强调团队合作，绩效工资的比重相应小一些。因此，企业的薪酬制度在很大程度上决定着员工的工资水平与工资结构。

（三）外部因素

1. 劳动力的供求关系

在市场经济条件下，工资是劳动力的市场价格，它的确定是劳动力需求和供给之间相互作用达到均衡的结果，也就是说，劳动力的市场价格是劳动力需求与供给相等时的均衡价格。当劳动力供给大于劳动力需求时，均衡工资率会降低；当劳动力供给小于劳动力需求时，均衡工资率会上升。劳动力的供给状况在很大程度上取决于人口及劳动力的数量，而劳动力的需求状况则主要取决于产品需求状况、生产规模、技术选择、劳动力素质以及生产过程中所使用的其他生产要素的数量和价格等因素，这些影响劳动力供给和需求的因素都会影响工资的确定。

2. 劳动者个人及其家庭的生活费用

保证劳动者及其家庭获得维持基本生活费用的工资，是制定工资率最基本的考虑，特别是在最低工资的制定和修订中，劳动者及其家庭的生活费用是一个主要的依据。这一点已被世界各国普遍认可。由于各国各地区经济发展水平、生活标准、消费习惯、物价水平不同，各国、各地区的生活工资所包括的内容及水平的高低也有所不同。不过可以肯定，随着经济、社会的不断发展，劳动者生活水平的提高，物价水平的上升，生活工资所包括的内容日益丰富，工资水平也必然越来越高。

3. 劳动生产率的绝对及相对水平

劳动生产率是影响工资确定的一个重要因素。从静态或一个较短的时期来看，劳动生产率的绝对水平决定着工资率的绝对水平。劳动生产率的绝对水平越高，工资率也就越高。我国与西方发达国家工资水平的差距，归根到底是劳动生产率的差距。很难想象一个劳动生产率较低的国家会比一个劳动生产率较高的国家工资率高。从动态或一个较长的时期来看，工资率的增长速度又首先取决于劳动生产率的增长速度。这是因为劳动生产率的水平最能准确地反映一个劳动者在一定时期内的劳动成果和创造收益的高低。劳动生产率的提高意味着劳动者为企业创造的收益增加，而这正是工资率提高的基础。

4. 地区或行业的工资水平

企业所在地或所属行业的工资收入水平对于工资的确定具有相当大的影响。工资标准定得过低，无法吸引高素质的劳动力，甚至难以找到合格的劳动力；工资标准定得过高，不但会增加成本，而且容易引起本地区或本行业中其他企业的不满与责难。所以，企业在制定或修改工资标准时，应进行本地区和本行业中的工资水平调查，以了解企业的外部工资环境。在确定工资水平时，如果条件允许，可以将工资标准定在与本地同类企业相比稍高一些的水平，以吸引并留住合格劳动力，并避免过高的工资对企业造成的不利影响。

5. 劳动力的潜在替代物

工资不但受现有劳动力供给水平的影响，而且受到劳动力潜在替代物的影响。这种替代物可能是机器设备，也有可能是其他类型的劳动力。当劳动力的价格过高时，企业倾向于用机器设备来替代劳动力；在面临失业的危险时，劳动力可能会愿意接受较低的工资水平而继续从事原工作。另外，在劳动力市场上，还存在着愿意接受低工资的临时工作者，他们的存在对在职劳动力的工资水平构成了一定的影响。

6. 工会与集体谈判

随着工会规模的扩大、工会势力的壮大和影响力的提高，劳动力工资率由集体谈判确定或被其影响的情况日益增加。在美国，约有 1/4 雇员的工资率是通过工会与雇主或雇主集团的谈判确定的，还有更大比例雇员的工资率受到集体谈判结果的影响。所以，工会与雇主的集体谈判对工资确定的影响日趋扩大。集体谈判的过程是一系列建议与反建议对峙的过程，在这个过程中，劳资双方的力量对比和谈判技巧对工资率的最终确定有很重要的影响。在经济繁荣时期，劳动力市场供不应求，有利于增强工会的力量，工资率就有可能被确定在一个较高的水平上；反之，经济停滞甚至衰退时期，失业日益扩大，就有利于增强雇主的力量，工资率就有可能被确定在一个较低的水平上。但是，人们普遍认为，工会和集体谈判会迫使雇主不得不支付高于市场均衡工资率的工资率。需要注意的是，在集体谈判确定工资率的背后，经济因素的影响依然存在，并且仍然起着重要的作用，它是谈判过程中确定工资率的重要依据。

除了上述因素之外，国家的整体经济发展水平、最低工资制度等因素都是确定工资水平不可忽视的因素。总之，影响劳动力市场价格的因素多种多样，它们的影响力不但有大有小，而且不是固定不变的。随着客观情况的变化，各个因素对工资的影响程度也会发生变化。所以在研究工资确定的问题时，要依据客观情况全面具体地分析。

第二节　西方工资决定理论

工资理论是工资确定的依据，西方经济学家很早就开始进行工资理论的研究。应用性工资理论产生并经历了长时期的演变和发展，目前已达到相当高的水平。西方工资理论是现代工资理论的起源，在理论上具有重要的研究价值。尤其是在我国大力发展社会主义市场经济、深化劳动体制改革特别是工资体制改革的今天，深入研究探讨西方工资理论，具有重要的启发和借鉴意义。

从方法论上看，西方工资理论基本是一种实证性的经济理论，其目的是通过描述、说明和解释现实工资运行情况，为社会经济管理决策提供理论支持。随着时代的不断发展和实际情况的不断变化，旧的理论日趋没落，新的理论不断涌现，工资理论得到很大发展。下面介绍一些主要的西方工资理论。

一、古典经济学派的工资理论

（一）生存工资理论

18 世纪末 19 世纪初，早期西方经济学家提出了工资理论发展史上的第一种理论——生存工资理论，该理论揭示了资本主义原始积累时期的一个现实情况。古典经济学派大师亚当·斯密和大卫·李嘉图的论述为生存工资理论的确立奠定了基础。

亚当·斯密认为，工人、资本所有者和土地所有者构成了当时社会的三大阶级，与这三个阶级相对应的有三种收入：劳动的收入——工资；资本的收入——利润；土地的收入——地租。他认为，在资本主义社会，工人劳动创造的价值在扣除劳动者的工资后，才提供利润和地租。在没有资本积累和土地私有制的原始社会状态下，全部劳动产品归劳动者所有，没有别人分享。资本积累和土地私有制之后，工资就是劳动产品的一部分，其余部分要分为雇主的利润和土地所有者的地租。至于工资是如何确定的，斯密指出，劳动同其他商品一样也有价格，即劳动价格，工资就是劳动的价格。他把劳动价格分为自然价格与市场价格。劳动的自然价格应当等于工人为维持自己及其家属所必需的生活资料的价值，而劳动的市场价格是通过工人和资本所有者双方竞争而订立的契约来规定的，它围绕着劳动的自然价格上下波动。

李嘉图也指出，工资就是劳动的自然价格，而劳动的自然价格是维持工人及其家庭生存所必需的价格。由于采用了英国经济学家托马斯·罗伯特·马尔萨斯（Thomas Robert Malthus）的人口压迫生活资料的理论，李嘉图对生存工资理论做出了这样的解释：如果由于某种原因，工资被提高到维持生存的水平之上，即雇主付给工人的实际工资超过了劳动的自然价格，劳动者将得到更多的生活资料，这会刺激人口增长。随着人口增长，劳动力的供给就会增加，劳动力供给增加的结果是工资在市场力量的作用下回降到它的自然价格上。反之，如果工资被压低到最低生活水平之下，饥饿、疾病和死亡将减少劳动力的供给，最后工资又恢复到劳动力的自然价格上。

尽管斯密和李嘉图的表述有所区别，但其观点基本是相同的，即工资仅限于维持工人及其家庭所必需的生活资料的水平，因此，这些学者的工资理论又叫做生存工资理论。概括起来，生存工资理论的要点实质是：从长远看，在工业化社会中，工人的工资等于其最低生活费用，也就是说，工人的工资只能保持在维持生存的水平上。可见，生存工资理论没有深刻地揭示工资的本质，而且没有为工人的生活条件改善留下任何余地。同时，由于它不能够对当时的社会现实做出全面解释，特别是不能解释现实生活中出现的实际工资超出生存需要的增长和提高的现象以及各类工人之间已经存在的工资差别，生存工资理论越来越不适应现实的发展，所以这种理论在 19 世纪中期被大多数经济学家抛弃。

（二）工资基金理论

19 世纪中叶，随着生存工资理论的日趋没落，英国经济学家约翰·斯图尔特·穆勒和其他一些学者提出了一种新的工资理论——工资基金理论。这一理论认为：工资不是由生存资料决定的，而是由资本决定的。雇主将其全部资本中的一部分作为工资基金（也叫劳动基金）用以支付工资，而工人的平均工资就是工资的总基金除以工人的人数。也就是说，工资决定于用于购买劳动力的资本占总资本的比例和劳动力的人数。该理论实际上表明，在任何国家，短期内工资基金都有一个限度。这种基金是资本的一部分，其余部分要用于固定资产折旧、扩大再生产投资和支付管理费用。工资基金在所有工人中进行分配，因此工人的工资总和不能超过工资基金的数量。这也意味着，只有在资本增加或就业人数减少的条件下，工人的一般工资水平才有可能上升。

工资基金理论强调，一个国家在一定时期内的资本总额是一个固定的量，其中用来支付工人工资的工资基金部分也是一个固定的量。在资本固定的情况下，工人的工资与工人人数之间是一种此消彼长的关系。所以，工人阶级的状况无法改善，工人阶级为提高工资所做的任何努力都是没有意义的，一部分工人工资的增加会造成另一部分工人工资的下降，这就是工资基金理论的结论。很显然，该理论忽视了工人技术水平提高所带来的劳动生产率改善的作用。

随着经济活动实践的发展，人们逐步认识到，工资不但可以从资本垫支中支付，而且可以从现实生产中支付。另外，工资还可以随着生产的增长而增长，这样工资基金理论不攻自破。

在穆勒之后，一些经济学家对传统工资理论做了一些调整和修改，他们也注意到工资与劳动生产率的关系，并做了一些研究。但是在相当一段时间内，西方没有出现一个成熟的新学说来填补工资基金理论失败后留下的空白。直到 19 世纪末，这种情形才开始变化。

二、现代工资决定理论

现代工资决定理论是在边际生产力工资理论和均衡价格工资理论等新古典经济学工资决定理论基础上产生和发展起来的。尽管存在因理论假设前提苛刻，与现实不符等质疑，仍然不可否认以克拉克和马歇尔等人创立的边际生产力工资理论和均衡价格工资理论为代表的新古典经济学工资决定理论所构建起来的数理分析框架强化了经济学的科学性，建立了工资与生产力之间的本质联系，开创了工资问题研究的新局面。正是由于它弥补了古典学派工资理论的缺陷和不足，现代工资决定理论才逐步显示出其生命力。

（一）边际生产力工资理论

19 世纪 70 年代，西方经济学中出现的边际理论引发了一场著名的边际革命，工资理论的研究也发生了重大的变革，边际分析方法被引入工资理论的研究中。美国经济学家约翰·贝茨·克拉克（John Bates Clark）于 19 世纪末提出了边际生产力工资理论，该理论对西方工资理论产生了重大影响，至今依然发挥着重要的作用。所谓**边际生产力**，是指最后追加的单位生产要素的生产率。克拉克把边际生产力分为劳动生产力递减和资本生产力递减两方面。用劳动边际生产力递减解释工资的决定，用资本边际生产力递减解释利息的决定。

什么是劳动边际生产力递减？克拉克在分析这个问题时，首先提出了四个假设前提。第一，在整个经济中，不论是产品市场还是要素市场均是完全自由竞争的。第二，每种生产资源的数量都是已知的，而且顾客的偏好没有变，因此，年复一年地用同样的方法生产出同样的产品。第三，资本设备的数量被看作是固定的，但这些设备在形式上可以改变，并与可能得到的任何数量的劳动力有效配合。第四，假定工人可以互相调配并且具有同等效率，这意味着完全没有专业分工，对不同行业只有一个单一的而没有许多标准的工资率。

劳动边际生产力，即厂商雇佣的最后一个工人所增加的产量——劳动的边际产量。在假定其他生产要素的投入不变的条件下，当劳动的投入增加时，其所增加的产量开始以递增的速度增加，到一定量后，由于每一单位劳动所分摊的机器设备、原料等逐渐减少，会出现技术供应不足。因此，如果继续增加劳动投入，每增加一个单位的劳动所生产出来的产品必然少于前一单位劳动所生产的产品，这就是边际生产力递减规律。克拉克用边际生产力概念来解释工资水平，他认为工人的工资水平是由最后追加的工人所生产的产量决定的。

为了更清楚地说明这一规律，我们举以下例子：一个服装厂雇佣 1 个工人时，每天生产服装 5 件。在其资本规模不变的情况下，该厂增加一个工人后，每天的产量为 15 件，这时雇佣第 2 个工人的边际产量为 10 件；雇佣 3 个工人时，每天的产量为 23 件，雇佣 4 个工人时，每天的产量为 29 件，那么第 3 个工人的边际产量为 8 件，第 4 个工人的边际产量为 6 件，如表 9－1 所示。

表 9－1　劳动边际生产力递减表

工人人数	产品总量	边际产量
0	0	
1	5	5
2	15	10
3	23	8
4	29	6
5	32	3

由表 9－1 可知，随着工人数量的增加，产量也在增加，但是单位劳动增量带来的产品增量即劳动的边际产量却在减少，也就是劳动边际生产力逐步减少。这主要是因为随着雇佣量的增加，人均资本数量在不断减少。同样，如果企业劳动力固定，资本不断增加，也会发生类似情况，资本边际生产力逐步减少。

劳动边际生产力可用价值形态表示，这就是劳动的边际收益（MRP）。价值形态的劳动边际生产力等于劳动的边际产量（MP）乘以单位产品的边际收益（MR）。（在完全竞争的市场条件下，单位产品的边际收益等于产品的价格，即 $MR=P$。）用公式表示为：

$$MRP=MP\times MR$$

由于劳动边际生产力递减，所以其边际收益也是递减的。显然，根据边际生产力理论可以直接推导出边际生产力工资理论。克拉克认为，各个要素的边际生产力决定各个要素的收入，即资本边际生产力决定利润率，劳动边际生产力决定工资率。

从一般经济学原理中我们知道，厂商要实现利润最大化的目标，必须使其边际收益等于边际成本。在雇佣劳动力时，也应使雇佣最后一个工人所获得的边际收益正好等于雇佣该劳动力的边际成本。企业利润等于收益与成本之差。如果边际收益超过边际成本，扩大雇佣量会增加利润；如果边际收益小于边际成本，企业雇佣劳动力的增加会带来损失，减少雇佣可以增加利润。所以，与利润最大化目标一致的劳动力雇佣原则是：雇佣最后一个单位劳动的边际收益（MRP）正好等于其边际成本（MC），而雇佣劳动力的边际成本就是厂商必须支付的工资率（W），所以有：

$$MRP=MC$$

即

$$MR\times MP=W$$

由此可以看出，边际生产力工资理论认为工资取决于劳动的边际生产力。

如图 9－2 所示，横轴表示企业雇佣的劳动力数量，纵轴表示企业的收益和工资率。在其他因素不变的情况下，按照边际生产力递减规律，随着劳动力投入的增加，最后一个单位劳动力创造的收益是不断减少的，如曲线 DD' 所示。开始时，工人的工资率为 W，如 WW' 线所示。曲线 DD' 和 WW' 相交于 E' 点，对应于 E' 点，在反映劳动力数量的

OX 轴上有一点 E。这表示厂商雇佣的第 E 个工人创造的边际收益正好等于厂商支付给工人的工资。

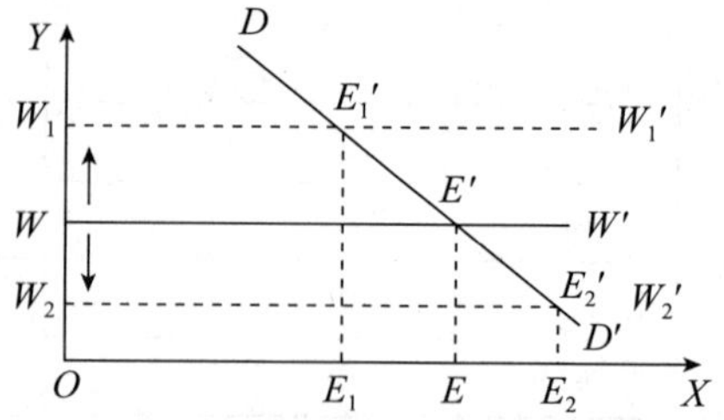

图 9-2 工资与劳动的边际生产力

假如由于某种原因，工资率从 W 上升到 W_1，厂商就会将雇佣量减少到 E_1，以重新保持工资率与劳动的边际收益一致；相反，一旦工资率从 W 下降到 W_2，此时厂商就会将雇佣量增加至 E_2，使工资率与劳动的边际收益一致，以求获得更多的利润。

以上分析表明，在总趋势上工资率总是会保持在劳动的边际生产力水平上，这就是边际生产力工资理论的结论。

边际生产力工资理论开创了工资理论研究的新时代。从此，工资研究从致力于总体工资问题的一般分析转入对企业和厂商层次的微观分析，从而建立起工资与生产力的本质联系。直到今天，边际生产力决定工资的理论内涵对于工资理论的研究和实践也还具有十分重要的参考价值。

（二）均衡价格工资理论

边际生产力工资理论提出以后，受到一些经济学家的质疑，他们指出，这一理论仅仅是从劳动力需求方面研究工资的决定，并没有反映劳动力供给方面对工资的作用和影响，因此边际生产力工资理论并不全面。英国著名经济学家阿尔弗雷德·马歇尔在吸收和融合了边际效用价值论和边际生产力分配论等成果的基础上，提出了均衡价格工资论（equilibrium price wages theory），从劳动力的供给和需求两方面阐明了工资水平的确定，奠定了现代西方主流工资理论的基础。

马歇尔工资理论的核心是均衡价格。所谓均衡价格，就是商品的需求和供给达到一致，需求价格和供给价格相等时的价格。一般地说，需求价格是指买者（消费者）对某种商品所愿意支付的价格，它取决于这种商品对买者的边际效用。供给价格是指卖者（生产者）对提供某种商品所愿意接受的价格，它取决于卖者生产这种商品时所付出的边际生产费用。马歇尔指出，工资就是劳动的需求和供给均衡时的价格。他引入劳动边际生产力理论和劳动生产成本理论，用前者来说明劳动力的需求价格，用后者来说明劳动力的供给价格。从需求方面看，工资取决于劳动的边际生产力或劳动的边际收益。厂商愿意支付的工资水平是由劳动的边际生产力决定的。从供给方面看，工资取决于两个因素：一是劳动力的成本，即劳动者养活自己和家庭的费用以及劳动者所需的教育、培训费用。二是劳动对劳动者的负效用。所谓负效用就是劳动引起的人的不舒适和不愉快程度。西方经济学家认为，劳动对人有负效用，劳动的负效用要由金钱和闲暇来补偿。

根据均衡价格工资理论，工资水平的决定被认为是生产要素供给和需求两种力量作用的结果，如图 9-3 所示。

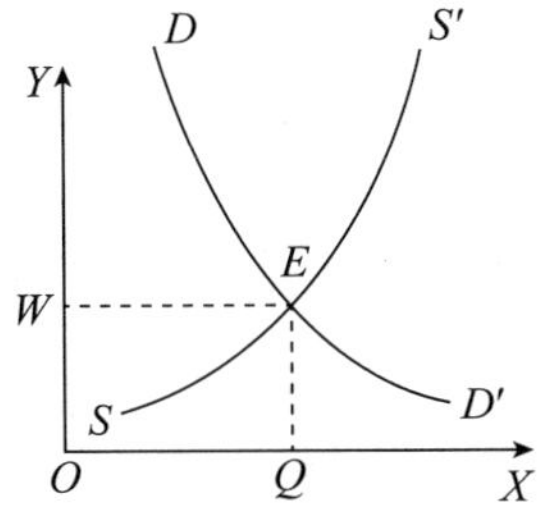

图 9-3　由供给和需求决定的工资

图 9-3 中纵轴 OY 表示工资率，横轴 OX 表示雇佣量，DD'表示劳动力需求曲线，SS'表示劳动力供给曲线，E 是均衡点。在 E 点上，劳动力需求量与供给量、劳动力的需求价格与供给价格都一致，Q 是均衡条件下的雇佣量，W 是均衡工资率。这个工资率既反映了均衡条件下劳动力的边际生产力，又反映了劳动力的边际生产费用。如果某个时候劳动力的市场价格偏离了这个工资率，那么，通过市场上供求关系的相互作用，最终仍会回到均衡点上。

（三）效率工资理论

进入 20 世纪 70 年代以来，西方工资理论的研究从经济学领域进入管理领域。人们不再将工资视为生产率的结果，而是倾向于将工资视为促进生产率提高的手段，效率工资理论便是这一理论研究的产物。

效率工资理论的基本观点是：工人的生产率取决于工资率，工资提高会激励工人生产率的提高。当生产率提高带来的收益大于工资提高引起的成本增加时，企业利润增加。因此，企业提高工资不一定会减少利润，降低工资也不一定会增加利润。这一工资理论的政策含义在于：工资可以作为增加利润的有效手段。

很多人会问，高于市场均衡水平的效率工资会给企业带来成本的压力，如何保证效率工资可以产生高生产率，以弥补工资成本的不断增加呢？目前，对此主要有四种解释：

(1) 适用于穷国的效率工资理论。该理论认为，工资影响营养。提高工人工资，工人才吃得起营养更丰富的食物，而健康的工人生产效率更高。

(2) 适用于发达国家的效率工资理论。该理论认为，高工资减少了工人的流动性。企业向工人支付的工资越高，工人留在企业的激励越大，而选择离职的机会成本越高。企业通过支付高工资减少了离职的频率，并节省了雇佣和培训新工人的时间和费用。

(3) 劳动力的平均素质在很大程度上取决于向雇员所支付的工资。如果企业降低工资，最好的雇员就会流向竞争对手，而留在企业的是那些没有其他机会的低素质员工。

(4) 高工资提高了工人的努力程度。这种理论认为，企业不可能完全监督其雇员的努力程度，为了解决偷懒、怠工等问题，企业必须增加管理人员，但增加管理人员又会提高组织的监督成本，事实上由于监督成本过于高昂，许多监督措施终因得不偿失而搁浅。鉴于此，有些经济学家认为，解决此类问题的最好办法就是提高工人工资，激励工人的工作热情，提高其工作努力程度，同时，提高工人们因偷懒或怠工而被解雇的成本。

应用实例

顺丰的启示：让员工拼命，从薪酬体系设计开始

顺丰是第一个发明快递业计件工资的公司。在人员流动率平均高达70%的快递行业，顺丰的员工流失率不到30%。为什么顺丰的员工流失率相对较低，而且快递员还很拼命地工作？关键在于其激励模式、薪酬体系等管理制度。

一、有特色的薪酬激励制度

1. 让员工看到自己报酬的上升路线

顺丰除了计件工资之外，还设立收一派二制度。收一即客户打电话或在线下单，收件员必须在一小时内去取件，派二即收到的件必须在两小时内送达客户手中，如果快递员能够抓紧时间多送一个快件，就能多提成两块六毛钱。一线快递员多劳多得，薪酬待遇与其贡献度挂钩，极大地提高了快递员的工作积极性。

2. 采用聘用制，为员工生活提供保障

顺丰的员工为聘用制，员工进公司除了有社会保险等基本的员工福利外，还有人身意外险、高温补贴等福利，保障快递员的基本生活，消除快递员收入不稳定的顾虑。

3. 设置内部晋升通道，提供更大的发展机会

顺丰鼓励并协助员工在企业内部得到自我的全面发展，坚持以人为本，公司的大部分管理岗位都是从一线员工提拔起来的，不受年龄、学历、工龄的限制，只要有能力就可以往上走，这大大地提高了快递员工作的积极性和对公司的忠诚度。

4. 重视员工的精神生活

顺丰不仅仅把员工当作是利益伙伴，也把员工当作精神伙伴，注重员工的精神生活。例如，出版公司内刊、为员工提供免费的法律援助和心理咨询服务等。

二、全面薪酬体系设计

除了计件工资，顺丰快递员的薪酬体系还从直接薪酬和福利两个部分来设计，既满足快递员的物质需求，又满足其精神需要，从而达到对快递员的激励作用，在留住快递员的同时提高其工作绩效。

1. 直接薪酬保证内部公平性和外部竞争性

（1）工资的设计。在直接薪酬设计过程中贯彻多劳多得的原则，工资又细化为岗位工资和绩效工资两部分，设置合理的绩效考核指标，如业务量、客户满意度、快件投递准确率等。

（2）奖金设计。根据快递员工作性质的特殊性，提高浮动工资的比例，保证快递员的工作效率。同时设置季度奖金、年终奖等，对优秀员工给予精神上的表扬和物质奖励，

留住优秀员工。

2. 完善福利制度，保障快递员的工作环境

(1) 经济性福利的设计。针对快递员恶劣的作业环境提供人文关怀的经济性福利，比如提供高温高寒补助，为夜班人员提供夜班补助，饭补等。

(2) 非经济性福利的设计。充分尊重员工，通过实行弹性工作制、提供更多的内部晋升机会等方式满足其更高层次的需求。

三、充分利用企业文化，激发员工的内部动机

除了有竞争力的薪酬之外，顺丰在信念上保持互通，在精神上真心实意地重视每一位员工，包括他们的价值观、职业发展、成就导向，同时，又能够在经济的收入分配上体现出来。利用企业文化的人文关怀和企业愿景的构建，让员工感觉到自己不仅仅是一名快递员，而且是受到企业精神层面的重视、为企业愿景一起努力的必不可少的一员。

资料来源：顺丰的薪酬体系大曝光，看完感叹：太走心了，不服不行！腾讯网，2021-08-20.

（四）补偿性工资差别理论

所谓补偿性工资差别，指同质的劳动者在从事工作条件和环境不同的劳动时，要对某些职业支付较高的工资，以弥补不同职业的非金钱的差异。在实际经济生活中，补偿性工资差别，是指能力和受教育程度相同的劳动者，从事不同的工作也会存在工资差别。例如，有的工作令人感到轻松、愉快和安全，而有的工作则令人感到单调、枯燥，或者不安全。由工作的这些特性引起的工资差别即称为补偿性工资差别。更确切地说，较高水平的补偿性工资实际上是对员工接受恶劣工作环境和条件所给予的一种弥补。

归纳起来，补偿性工资差别形成的原因有三个：第一，恶劣的劳动或工作条件及伤害危险，如苦、脏、累、险、单调、枯燥、温度、湿度和噪音等；第二，职业的社会声望和社会评价低；第三，职业和收入的稳定性差。因此，凡是涉及工作环境差、精神紧张、风险责任大、工作乐趣很少、缺乏自主性、需要经常加班或者工作地点不方便、社会地位低下、稳定性差的工作，都需要支付程度不同的补偿性工资，以消除或减少由此而导致的对工作的厌恶情绪。

补偿性工资差别理论实际上否认了在劳动力市场上寻找劳动者的企业是同质的这一假设，承认不同的企业所提供的就业条件和就业环境是有差异的，而这种工作环境和工作条件方面的差异又会对企业愿意支付或不得不支付的工资水平产生一定的影响。那些所提供的工作会导致劳动者在心理以及生理方面产生较高的“负效用”的企业，在同等条件下必须向员工支付比其他企业稍高的工资，否则，这些企业就无法雇佣到足够的可以胜任工作的员工。

需要注意的是，补偿性工资差别理论只是从劳动力需求方的角度说明了其合理性，而没有考虑到劳动力供给方的情况。举例来说，在劳动力群体中有些人对苦、脏、累等不利工作条件的厌恶程度可能不像其他人那样强烈，因此他们可能决定忍受较差的工作条件而获得较高的工资；但另一些则可能对恶劣的工作条件非常敏感，在这种情况下，

他们为了能够在一个令人愉快的工作环境中工作，宁愿接受低一点的工资水平。也就是说，如果考虑到劳动力需求和供给两方面的因素，便可以发现，虽然补偿性工资差别作为一种规律是存在的，但是具体到不同的企业和不同的劳动者，在面对相同的不利工作条件时，企业需要支付的补偿性工资差别的水平也可以是不同的。①

应用实例

对工作者的补偿可能会对健康造成危害

在工作岗位上遭受伤害的工作者有资格获得工作者补偿保险。在美国，政府往往要求雇主为其雇员购买这一类型的保险。工作岗位频繁发生伤害记录的企业，通常必须支付更高的保险金［因此，保险金就是“经历评级”（experience-rated）］。其结果是，位于指定高水平工作者补偿福利的各州雇主，想对工作岗位的安全性进行投资以降低工作者遭受伤害的频率。然而与此同时，高福利水平降低了伤害给工作者本人带来的成本，因此减少了工作者本人避免此类伤害的激励。这一对工作者所产生的负激励效应是保险的道德风险效应，即已经上过保险的工作者可能不会特别小心地避免已经购买过保险的风险。

证据表明：对工作者补偿保险的道德风险效应大于雇主为降低工作岗位相关风险所付出的努力，以至更高的福利水平却提高了企业的伤害率。当某一州每周提高 50 美元福利时，在小企业中，每 100 位工作者中遭受伤害的数目增加了 1.2 例（大约 17%）；而在大企业中，每 100 位工作者中遭受伤害的数目增加了 0.3 例（大约为 4%）。

资料来源：John W. Ruser, “Worker's Compensation and Occupational Injures and Illnesses,” *Journal of Lab or Economics* 9 (October 1991): 325 - 350.

第三节 收入分配的测度与决定

收入分配问题长期以来备受国内学者的关注。改革开放以前，由于收入来源几乎全部为劳动收入，收入来源单一，加之国家严格的计划统计，货币收入是比较清晰的，若将实物收入的影响抛开，应当说当时对收入分配的衡量是比较容易的。改革开放之后，特别是市场经济体制改革以来，分配方式的多样化不仅促进了城镇劳动力整体收入水平的提高，也促使收入结构发生了极大的变化，制度外收入急剧增长，这就使得对收入的统计成为十分困难的事情②，同时，也使得收入分配不平等的问题日益凸显。本章将重点探讨收入分配的公平性如何测量、收入分配的决定因素有哪些以及它们的作用机制。

① 罗纳德·伊兰伯格，罗伯特·史密斯. 现代劳动经济学——理论与公共政策（第六版）. 北京：中国人民大学出版社，1999.

② 曾湘泉. 劳动经济学. 3 版. 上海：复旦大学出版社，2008.

一、收入分配的测度

（一）洛伦茨曲线

洛伦茨曲线（Lorenz curve）是由美国统计学家洛伦茨于 1905 年提出来的，旨在比较和分析一个国家在不同时代，或者不同国家在同一时代的收入和财富的平等状况，是用来衡量社会收入分配（或财产分配）平均程度的曲线。具体做法是：把整个社会人口按收入的多少从低到高平均分为 5 档，每档人口均占全部人口的 20%，然后比较每 20% 人口的收入占总收入的百分比，即可得出社会收入的差别。表 9-2 为收入分配绝对平等和收入分配不平等的举例比较。①

表 9-2　五等分收入组收入分配状况（%）

收入分组		占人口的百分比		绝对平等的情况		不平等的情况	
		百分比	累计	占收入的百分比	累计	占收入的百分比	累计
低	1	20	20	20	20	4	4
↓	2	20	40	20	40	10	14
	3	20	60	20	60	20	34
	4	20	80	20	80	26	60
高	5	20	100	20	100	40	100

将表中的数据用折线图的方式表示成图 9-4。在图 9-4 中，*OI* 表示收入百分比，*OP* 表示人口百分比，连接 *O* 点与 *Y* 点的直线是绝对平等线。因为该线上的任何一点到纵坐标和横坐标的距离都是相等的，对角线上的任何一点都表示：总人口中一定百分比的人口所拥有的收入，在总收入中也占相同的百分比。如果社会收入是按这种情况分配，那就说明社会收入分配是绝对平等的。*OPY* 线是绝对不平等线。这条线表示社会的全部收入都被一人占有，其余人的收入都是零。图中介于上述两个极端之间的曲线则是实际收入分配线，即洛伦茨曲线。在这条曲线上，除了起点（*O* 点）与终点（*Y* 点）以外，任何一点到坐标两轴间的距离都不相等。每一点都表示占总人口一定百分比的人口拥有的收入在总收入中所占的百分比。从洛伦茨曲线的形状可以看出，实际收入分配线越靠近对角线，则表示社会收入分配越接近平等；反之，实际收入分配线越远离对角线，则表示社会收入分配越不平等。换言之，洛伦茨曲线的弯曲程度越小，表明收入分配程度越平等；弯曲程度越大，表明收入分配程度越不平等。

（二）基尼系数

基尼系数（Gini coefficient）是意大利经济学家科拉多·基尼（Corrado Gini）于 20

① 刘汉屏. 公共经济学. 北京：中国财政经济出版社，2002.

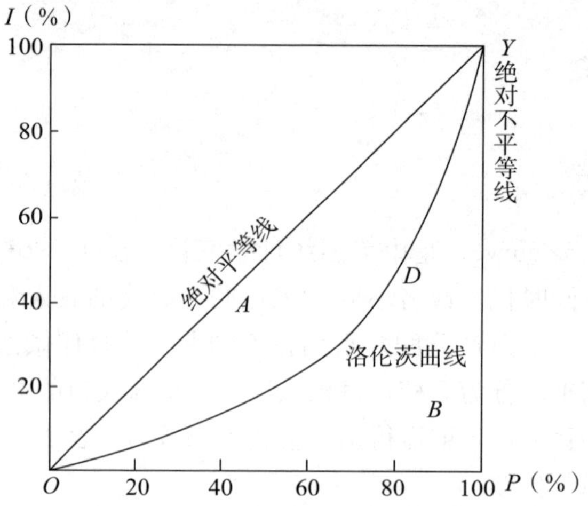

图 9－4　洛伦茨曲线图

世纪初根据洛伦茨曲线提出的判断收入分配平等程度的指标。在图 9－4 中，假设洛伦茨曲线 D 和收入分配绝对平等线之间的面积为 A，洛伦茨曲线与绝对不平等线 OPY 围成的面积为 B。基尼系数即 A 的面积与 $A+B$ 的面积（下三角形的面积）之比。显然，如果 A 为零，基尼系数为零，表示收入分配绝对平等；如果 B 为零，则基尼系数为 1，表示收入分配绝对不平等。该系数可在 0 和 1 之间取任何值。收入分配越是趋向平等，洛伦茨曲线的弧度越小，基尼系数也越小，反之，收入分配越是趋向不平等，洛伦茨曲线的弧度越大，那么基尼系数也越大。

如果我们在收入排序的时候，可以对所有人进行，而不只是分组进行，那么，我们所获得的基尼系数就更加精确了。其计算公式为：

$$G=\sum_{i=1}^{n}X_iY_i+2\sum_{i=1}^{n}(1-V_i)-1$$

其中，X 代表各组的人口比重，Y 代表各组的收入比重，V 代表各组累计的收入比重，$i=1, 2, 3, \cdots, n$，n 代表分组的组数。

实际上，基尼系数不会等于 0 或者 1 两种比较极端的情况，而是介于 0 和 1 之间。按照联合国有关组织的规定，基尼系数在 0.2 以下，表示居民之间的收入绝对平等；在 0.2 和 0.3 之间表示相对平等；在 0.3 和 0.4 之间表示比较合理。同时，国际上通常把 0.4 作为收入分配贫富差距的警戒线，认为基尼系数在 0.4 和 0.6 之间为差距偏大，在 0.6 以上为高度不平等，一旦基尼系数超过 0.6，表明该国处于可能发生动乱的危险状态。

来自欧盟统计局数据库和全球不平等数据库的数据显示，2000—2019 年，德国、英国和法国的基尼系数均略有上升：德国从 0.25 上升为 0.38、英国从 0.32 上升为 0.33、法国从 0.28 上升为 0.29，而美国的基尼系数在 2019 年高达 0.48，说明美国的收入分配不平等程度远高于欧洲高福利国家。

（三）变异指标①

变异指标又叫变动度，是统计学中描述具有相同性质的标志值数列离散程度的重要指标。变量数列中各单位标志值之间的差异越大，即标志值的离散程度越大，各标志值与其平均值距离的总和就越大；反之，变量数列中各单位标志值之间的差异越小，即标志值的离散程度越小，各标志值与其平均值距离的总和就越小。根据不同的度量方法，变异指标可以分为全距、平均差、方差和标准差、变异系数等。这些指标经常被运用到收入分配的研究中，测算各区域（或组）间人均收入相对差异的大小。它们的数值越小，表示各区域（或组）间人均收入的相对差异越小。

1. 全距（R）

全距是标志值数列中最大值和最小值之差。它表明了数列中各单位标志值变动的范围。R 越大（小），则标志值数列中变动越大（小）。其计算方法为：

$$R=\text{最大标志值}-\text{最小标志值}$$

全距（R）计算简便，但是受标志值数列两端数值的影响，不考虑其他标志值的差异程度，因此不能够反映标志值真实的差异程度。此外，在分组的情况下，全距更难反映出标志值的变异程度。

2. 平均差（MD）

平均差是分布数列中各单位标志值与其平均数之间绝对离差的平均数，它反映了数列中相互差异的标志值的差距水平。MD 越大（越小），则说明数列中标志值变动程度越大（越小）。其计算公式为：

$$MD=|Y-Y_i|/n$$

平均差比较全面、客观地反映了数列的标志值平均变动程度。尽管以离差形式出现，但是其计算也比较简单，直观地表示出了各单位标志值与其平均数存在的平均差异，含义明确。但是，它以平均绝对离差形式出现，妨碍了下一步的代数运算，因此在应用中受到一定的限制。

3. 方差和标准差

方差（S^2）是分布数列中各单位标志值与其平均数之间离差的平方和的平均数。标准差（S）又叫均方差，是方差的平方根，其计量单位与平均数的计量单位相同。二者都可以反映标志值相对平均数的差异程度。

$$S^2=\frac{1}{n}\sum_{i=1}^{n}(Y_i-Y)^0$$

$$S=\sqrt{S^2}$$

---

① 林宏，陈广汉. 居民收入差距测量的方法和指标. 统计与决策，2003（6）.

4. 变异系数

平均差和标准差都是测定数列中标志值差异程度的平均指标，它们的大小不但取决于数列各标志值的差异程度，而且受到其平均值大小的影响。如果两个现象的数列平均水平存在较大差异，平均差和标准差就难以准确反映其变动程度。另外，平均差和标准差都有计量单位，是有名数，不可以比较计量单位不同的数列的变动程度。所以，业内又引入了变异系数作为测量相对收入差距的工具。平均变异系数的计算公式为：

$$V=R/\overline{y}$$

或者 $V=MD/\overline{y}$

或者 $V=S/\overline{y}$

其中 $\overline{y}=\sum y_i/n$

知识要点提醒

基尼系数是指国际上通用的、用以综合考察一个国家或地区居民内部收入分配差异状况和贫富差距的一个重要指标。基尼系数最早由意大利经济学家科拉多·基尼在1912年提出。

基尼系数最大为1，最小为0。基尼系数越接近0，表明收入分配越是趋向于平等。按照国际惯例，基尼系数小于0.2时，表示居民之间的收入绝对平等，在0.2和0.3之间时表示相对平等，在0.3和0.4之间表示比较合理，0.4为收入分配贫富差距的警戒线，基尼系数在0.4和0.6之间时为差距偏大，0.6以上为高度不平等。

二、收入分配的决定因素

（一）人力资本状况

关于人力资本问题的代表性研究主要有两种不同的思路：一是以美国经济学家舒尔茨为代表的经济学家结合对经济增长问题的分析，明确提出了人力资本的概念，阐述了人力资本投资的内容及其对于经济增长的重要作用，侧重于宏观方面的研究（参见第五章第二节）；二是以雅各布·明瑟为代表的经济学家，将人力资本问题的研究应用于微观分析，即考察人力资本积累对收入分配的影响。

明瑟对影响个人收入水平的因素论述如下：一个人的收入水平是与他的人力资本存量规模成比例的，因而人们之间的收入差别主要是由于人力资本存量规模的不同。单个人的人力资本存量通过投资而在整个生命周期中增长，这种投资最初体现在学校教育中，以后又体现在职业培训、工作流动以及健康保健等方面。在任何时候收入水平都依赖于截止到那一点上所积累起来的人力资本的规模及其利用情况。在明瑟看来，人力资本有两种主要体现形式：一是从学校教育中获得的知识，二是从工作、保健、在职培训中获得的经验技能。由于知识水平的高低很难准确计量，而受教育程度通常与知识水平具有较强的正相关性，因而，在明瑟模型中采用受教育年限作为知识水平的替代变量。至于对经验技能的衡量，明瑟认为年龄既测量了获得经验的过程，也反映着人体生理上的衰老。经验增加以及由此而产生的生产力反映在随着年龄增长个人的收入日益增加上，但是当年龄达到某一点以后，人体生理上的衰退将开始对生产力产生消极影响，呈现逐步下降的趋势。于是，明瑟的个人收入决定函数仅仅包含了受教育年限和工作年限两个解释变量，在经过一系列推导之后，将模型设定如下：

$$\ln Y=\alpha+\beta S+\gamma_1 X+\gamma_2 X^2+\varepsilon$$

其中，Y 为工人的工资水平，S 为受教育年限，X 为用年龄表示的工作经验，β、γ_1、γ_2 分别为待估计参数。

明瑟将个人收入的差异归结为人力资本积累的不同，并建立了人力资本收益率模型，为后来的学者研究收入分配问题和人力资本问题提供了理论分析依据。

（二）政策制度安排

1. 税收政策

一般而言，市场机制的初次分配旨在提高效率，使人们的收入差别化。财政税收的再分配则使人们的收入趋于平均化，调节收入分配不公，增加公平。那么财政是如何通过税收政策来调节收入分配的呢？

税收调节个人收入分配的途径主要有两个：一是累进税制，这是通过税收解决收入分配差距悬殊问题的重要手段。即随着收入的增加，适当增加税率档次，提高边际税率。二是税收支出，其途径首先是直接对低收入者的许多纳税项目给予税收优惠照顾，如免征农业税；其次是对有助于间接增加低收入阶层收入的行为给予税收优惠，如对向慈善机构、公益事业捐款者给予优惠，从而在一定程度上减轻收入分配不公的程度。

改革开放以来，我国政府积极转变职能，逐步发挥了调节收入分配差距的作用。但是，财政对收入差距的调节力度还远远不够。原因有多个方面：一是我国居民收入分配渠道透明度低，隐性收入大量存在；二是家庭收入、财产申报登记制度还不完善，家庭信用体系尚未建立；三是经济生活中现金交易比重大，税务部门对居民收入、财产情况的信息掌握有限，个人所得税偷逃现象屡见不鲜；四是随着经济发展，资本性收入在居民收入中所占的比重逐渐增加，财富越来越倾向于向少数人手中集中，而我国至今尚未开征房地产税、遗产税、赠与税等财产税，不利于发挥税收对于财富分配的调节作用。因此，总的来说，我国税收制度对高收入的调节作用比较有限。

2. 财政转移支付政策

财政转移支付政策是指政府通过财政安排的一种不以取得商品或劳务作为补偿的财政支出，它是与财政购买性支出相对应的一部分支出。财政转移性支出是政府为了实现社会收入分配公平目标，单方面对居民个人或企业等微观经济主体的无偿财政拨款。财政转移性支出的资金来源于纳税人在国民收入初次分配中所分得的各种收入，如工资、利息、股息、利润等；财政转移性支出的对象倾向于低收入阶层或困难群体。这样，通过财政渠道，收入由中高收入阶层转移到了低收入阶层。可见，以居民个人为对象的财政转移性支出会改变国民收入的分配格局，它是在国民收入初次分配基础上进行的再分配。财政转移性支出主要包括各种补贴支出、社会福利支出、社会救济支出、社会保险等社会保障支出。各种补贴政策是直接增加弱势群体收入的举措，其对收入的调节作用不言而喻。社会保障制度在多方面筹集资金的过程中，一般要求高收入者多缴纳税金或费用，低收入者少缴纳或不缴纳税金或费用；同时，富裕的家庭或社会成员因其生活水平高而享受社会保障的机会少，而收入低的贫困家庭或社会成员享受社会保障的机会多。通过社会保障的再分配，不同阶层的收入可以产生较为明显的变化。

3. 社会保障制度

著名的社会保障专家郑功成教授在谈及收入分配与社会保障时表示："健全的社会保障制度是公正分配社会财富的根本性制度保证，它能够解除城乡居民的后顾之忧并提供稳定的安全预期。"国家发改委宏观研究院体制改革与管理研究所郭春丽也指出，缓解收入分配矛盾，当务之急是建立健全社会保障体系，充分发挥社会保障体系支撑市场经济运行的稳定器和安全网作用。专家的观点表明，在调节收入分配、维护社会公平方面，社会保障制度的作用非常关键。

但就目前来看，我国的社会保障还存在统筹层次过低和种种不公平的问题，主要表现在：第一，各地区之间的社会保障待遇不公平。中西部不发达地区是劳动力的输出地，输出的劳动力在发达地区打工并缴纳社会保险。但是在社会保障统筹层次难以提高、区际转移难以推行的现实情况下，他们缴纳的资金只能留在发达地区，而不能带回去。这也是造成东部发达地区社会保障资金充裕、中西部不发达地区社会保障资金匮乏的重要原因之一，从而形成"以贫养富"的奇怪现象，使原本就不平衡的区域发展更加不平衡。第二，企业与事业单位、政府机关人员之间长期存在社会保障待遇不公平。一直以来，企业与事业单位、政府机关人员之间的社会保障双轨运行、调节机制不同，既造成了企业和事业单位政府机关在职人员之间不同的社会保障负担，又扩大了企业和事业单位政府机关退休人员的待遇差距，造成不公平现象，已经引发了社会不满。为了解决养老保险"双轨制"引发的不公平，国务院发布了《关于机关事业单位工作人员养老保险制度改革的决定》，决定自 2014 年 10 月 1 日起对机关事业单位工作人员养老保险制度进行改革，约 4 000 万机关事业单位人员告别了"免缴费"，养老金"双轨制"将成历史，企业与机关事业单位人员的社保待遇差距将会逐步缩小。第三，不同所有制企业以及不同就业形式人员之间的社会保障待遇不公平。目前，离基本养老保险金覆盖的目标还有不小差距，为数不少的非公有制企业从业人员、灵活就业人员、进城农民工、被征地农民还游离在养老保险体系之外，已经参保的人员实际缴费率不高，缴费年限时断时续。在失业保险方面，工作最不稳定的私营企业和乡镇企业等职工实际上没有失业保障。在工伤保险方面，进入城市工作的农民工大多在高风险行业工作，受到职业危害的风险大大高于其他行业从业人员，虽然近年来农民工的工伤保险参保率有了较大的提高，但是亟须进一步深化改革，完善工伤预防、补偿和康复"三位一体"的工伤保险制度体系。第四，城乡之间的不公平。农村人口占我国人口的大多数，然而农村社会保障制度至今尚未形成，大多数地方的农村养老保险基本处于停滞状态，还没有形成有效的制度模式，各地的发展也极不均衡。①

事实上，按照当前的制度，越是需要社会保障的灵活就业人员、失业人员等反而越因为负担不起社保缴费而无法享受社会保障。本应该体现公平的社会保障制度却存在诸多不公平的问题，因此，低收入等困难群体对完善的社会保障制度的期盼好比农民对于久旱中甘霖的渴望。

（三）经济体制转轨

改革开放后，在市场经济体制的作用下，国有经济的比重不断下降，个体经济、私营经济、外资经济等逐渐成为中国经济的重要组成部分。为了鼓励和支持非公有经济的发展，国家曾经制定了许多优惠政策（目前大部分已废止或修订）。比如，开办个体企业、私营企业可以得到国家减税照顾和贷款优惠；“三资”企业中许多企业可以享受低所得税率，并享受定期减免所得税优惠；涉外企业可以免征耕地占用税等。这些非公有经济在国家政策的扶持下，采用内部较为灵活的经营机制，带来了较高的就业效应和收入增长效应，这是改革克服平均主义、提高效率的成果。然而，在经济转轨的过程中，目前中国既面临市场机制失灵的问题，也存在市场发育不足的问题。计划经济时期遗留下来的垄断因素、转型期产生的新的垄断因素，包括部门垄断、地区封锁、行政性分割以及同工不能同酬的问题还非常普遍。例如，国有企业中的工资形成机制很难说是市场化的，广大劳动者很少有机会通过集体谈判机制参与工资政策的制定，企业高管也不是竞争上岗，他们的工资也不是市场竞争的结果。双轨制形成了巨大的租金规模，而这么大的租金并非平均地分配给广大居民，而是流向少数人或组织的手中，巨额租金的存在与不均衡的分配是居民收入差距扩大的一个重要因素。②

第四节　中国收入分配存在的问题、成因及对策

经济体制改革以来，我国的收入分配制度发生了深刻的变革。计划经济时期的平均主义、“大锅饭”的分配方式已经转变为按劳分配为主体，多种分配方式并存的分配制度，劳动、资本、技术、管理等生产要素均可以按照贡献参与分配。分配方式的变革极大地调动了劳动者的生产积极性，刺激了国民经济的快速发展。从人均 GDP 增长变化看，1978 年仅为 381 元人民币，2010 年提高到 4 400 美元，2020 年攀升至 10 503.2 美元。从经济总量 GDP 看，2002 年我国在全球排名第 6 位，2010 年我国超过日本跃升为世界第二大经济体，2020 年我国 GDP 高达 147 294.97 亿美元，在全球稳居第二位。然而，在改革发展的进程中，收入分配领域出现了一系列问题，引起了社会的广泛关注，亟待解决。本节主要考察我国收入分配方面存在的主要问题并寻找其成因，以期提出可供借鉴的对策建议。

---

① 冯冰. 当前中国社保制度存在的主要问题. 中国经济时报，2007-12-21.

② 杨上广，王春兰. 转型期中国收入分配差距的成因分析. 工业技术经济，2007 (1).

一、当前收入分配领域存在的问题

（一）居民收入差距扩大

改革开放以来，我国经济高速发展，人民生活水平日益提高。但与此同时，收入分配方面开始出现一些问题。特别是进入 21 世纪以来，社会收入分配不公，官商勾结获取非法收入、垄断收入等问题日益凸显。统计数据清楚地显示出我国的收入差距在逐步拉大（见图 9－5）。20 世纪 80 年代，我国社会总体的基尼系数基本上在 0.27 至 0.35 之间徘徊。进入 90 年代，基尼系数呈现上升态势，1992 年全国社会总体的基尼系数是 0.399，以后逐步攀升至 0.4 以上，2019 年已达到 0.465。根据已有的统计数据对 1981—2004 年的城乡收入分配分别进行考察，可以发现，在这一时期，城乡之间的收入差距十分明显，同时，从城乡居民内部的情况看，城镇的收入差距小于农村的收入差距。

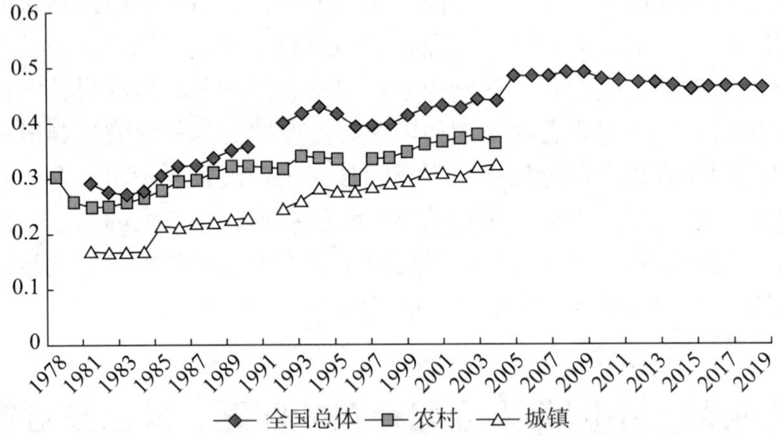

图 9－5　1978—2019 年中国社会总体、城镇及农村的基尼系数变化

资料来源：2004 年之前的基尼系数参见程永宏．改革以来全国总体基尼系数的演变及其城乡分解．中国社会科学，2007（4）；2005 年之后的数据来自国家统计局公开发布数据，暂无农村和城镇的分项数据。

收入分配差距扩大化的趋势还表现为城乡收入的两极分化。改革开放之初，我国的经济结构比较单一，分配方式主要实行的是按劳分配，当时的城乡收入差距比较小，1978 年为 209.8 元。1982 年家庭联产承包责任制的实施激发了农村经济的活力，城乡差距一度相对缩小，城镇与乡村居民收入比由 1978 年的 2.6 倍下降到 1985 年的 1.9 倍。1992 年实行市场经济体制后，经济成分逐步多元化，城乡收入差距迅速拉大，由 1992 年的 1 242 元扩大到 2020 年的 26 703 元，城乡收入比也由 2.58 倍一度扩大到 3.14 倍，近几年在一系列缩小城乡收入差距政策的干预下，城乡相对收入比有所下降（见图 9－6）。但如果将城镇居民享有的福利、远高于农村居民的社会保障等隐性收入考虑在内，城乡收入比的差距依然很大。适当的城乡收入差距是农村劳动力向城市转移的动力，是各国工业化进程中共同存在的现象，但过高的收入差距会导致贫困阶层产生“仇富”心理，不利于社会稳定。

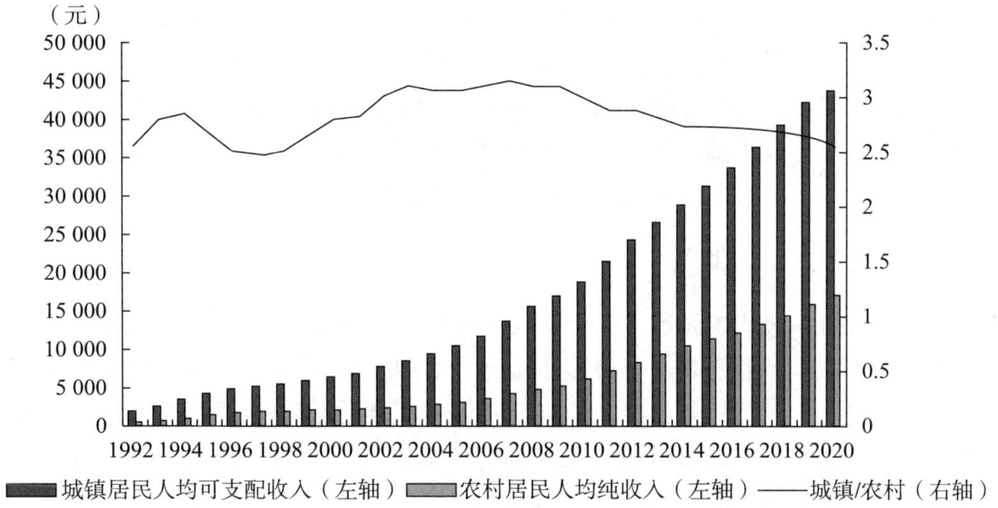

图 9-6 1992—2020 年城乡居民收入差距变化

资料来源：国家统计局. 中国统计年鉴（1992—2020). 北京：中国统计出版社.

（二）行业工资差距大

近年来，我国行业之间收入差距非常大。国家统计局提供的数据显示，从 2020 年行业门类看，年平均工资最高的三个行业分别是信息传输、软件和信息技术服务业（161 352 元），科学研究和技术服务业（133 459 元）以及金融业（131 405 元），这三个行业年平均工资分别为全国平均水平的 1.78 倍、1.47 倍和 1.45 倍。年平均工资最低的三个行业分别是农、林、牧、渔业（39 340 元），住宿和餐饮业（50 346 元），居民服务和其他服务业（60 232 元），这三个行业年平均工资分别为全国平均水平的 43%、56%和 67%。收入最高与最低行业平均工资之比为 4.1∶1。

学界普遍认为，贫富差距不断加大的主要原因是，计划经济向市场经济的转型过程中，部分领域改革不到位导致的机会不平等、资源分配不合理以及权力寻租等现象。收入分配专家李实教授指出："当市场体系不健全，存在流动性障碍或市场扭曲时，收入差距加大的趋势就难以避免。比如说劳动力市场不统一，户籍制度导致农民工和城镇职工在收入、社会保障等方面在很长一段时间内'双轨制'运行；资本、土地交易并没有形成真正意义上的市场；某些领域，政府对市场干预过多，有大量的市场准入限制，使权力寻租带来非法收入、灰色收入、腐败收入。这些都是造成贫富差距过大的体制因素。"

（三）居民收入与劳动者报酬在 GDP 中的比重偏低

国家统计局的数据显示，2001—2020 年，全国 GDP 年均名义增长 12.5%，城镇居民人均可支配收入和农村居民人均纯收入年均分别增长 9.2%和 9.9%，分别比 GDP 年均增长率低 3.3 和 2.6 个百分点。同期全国公共预算收入由 16 386 亿元增加到 182 895 亿元，年均增长速度为 13.2%，远高于城乡居民的人均收入增长速度。"国"与"民"的分配失衡造成国富民穷，其中的主要原因是我国当前国民收入的最终分配格局是向政府和企业倾斜，存在着严重的不公平，致使居民不能公平地分享到经济发展的成果。

长期以来，我国劳动者报酬所占比重偏低，特别是近几年劳动者报酬占比经历了一个较为迅速的下降过程，究其原因，主要是我国的分配格局中一直存在重资本、轻劳动的现象，资本凭借对劳动的支配权从而在分配过程中占据有利地位，使资本报酬率远高于劳动报酬率。劳动者获得报酬主要用于消费，而资本所得更多的是积累下来，资本压低劳动报酬的结果就是居民消费能力下降、内需不振和经济结构失衡。

（四）灰色收入难以监管

国家统计局的一次调查显示，工资外收入至少相当于职工全部工资收入的30%。中国劳动学会副会长苏海南曾表示，许多事业单位、某些政府机关和有些国有企业工资制度外发放的各种收入多，其名目繁杂，渠道混乱，甚至发者和领者都说不清楚；不少垄断行业企业和部分事业单位超出国家规定标准，乱定乱发住房公积金等福利待遇，有的单位制度外收入占全部工资收入的100%以上。

（五）财富不平等不断提高

根据世界不平等数据库，1991—2015年中国净财富最高10%人群的财富占社会总财富的平均份额越来越高，而最低50%人群的财富占社会总财富的平均份额越来越低，财富不平等程度不断提高。根据《瑞信全球财富报告》，2021年，中国富人榜中前500人的总财富高达17.7万亿元，高于前五大城市的GDP之和，但在2003年中国富人榜前500人总财富合计仅有5 000亿元，2003—2021年增长了34倍，远高于GDP和人均可支配收入的增幅。此外，净资产在5 000万元以上的超高净值人群接近3万人，可投资资产在1 000万元以上的有260多万人。富人正在变得越来越富，财富的不平等程度不断加剧。

从国际经验看，收入差距扩大化的趋势如果不采取有力措施加以遏制，其危害性后果将远远超越分配领域，对社会经济的稳定持续发展形成阻碍，并对社会和政治的健康发展造成严重的影响。一些经济学家甚至担忧中国会像巴西、阿根廷这些拉美国家一样跌入“中等收入陷阱”。所谓“中等收入陷阱”是指当一个国家的人均收入达到中等水平后，由于不能顺利实现经济发展方式的转变，导致经济增长动力不足，最终出现经济停滞的一种状态。按照世界银行的标准，2010年我国人均国内生产总值达到4 400美元，已经进入中等收入偏上国家的行列。如果各类社会问题得不到有效解决，极容易导致经济增长乏力或停滞不前。

二、问题形成的原因

（一）城乡二元政策加剧了城乡收入分配不平衡

我国是一个农业大国，人口多、底子薄，在走工业化道路的过程中，与其他大多数发展中国家一样，采取的是农业支持工业的战略。新中国成立以来，为建立现代工业体系，国家一直采取农业支持工业、农村支持城市的投资导向，通过工农业产品价格的

"剪刀差"形式为工业的发展积累了资金。正是这种牺牲农业和农村来发展工业和城市的二元投资导向，使得农村的基础设施建设和科学技术发展速度长期滞后于工业和城市的发展速度，形成了以现代化大生产为主要特点的城市经济和以传统小农生产为主要特点的农村经济共存的城乡二元经济。城乡二元化的发展战略从制度上筑起了一道道资金、技术、劳动力壁垒，阻碍了生产要素在城乡间的合理流动，加剧了城乡间收入分配不平衡的状况。除此之外，政府在教育方面的投资带有明显的城市倾向性。无论是生均教育经费还是生均预算内教育经费，财政对农村的投入均远远低于城市，如果这种教育投资的状况不能迅速改观，势必会造成农村低收入—低教育投资水平—低收入的恶性循环。

（二）政府对垄断行为干预不力

在市场经济体制下，政府的主要职能之一是弥补市场失灵，维护社会公平。然而现行行业收入分配差距显著扩大的主要原因之一，恰恰是政府政策缺位，对垄断干预不足，主要表现为在初次分配领域，政府缺乏有效的限制垄断、鼓励平等竞争的政策。垄断行业依据国家的特殊优惠政策获取高额垄断利润或垄断租金，从而扩大了这些行业与其他行业之间的收入差距。例如航空、电信、铁路、电力、邮政、金融、保险等行业部门的收入因缺乏有力约束而膨胀，行业平均收入明显高于其他部门；而一些基础性行业（如农、林、牧、渔业）和一些充分竞争性行业（如社会服务业、餐饮业和建筑业）由于本身利润空间狭小而又缺乏相应的政策支持，从业人员收入水平偏低。

（三）要素市场发展滞后，资源收益分配严重不公平[①]

目前，在初次分配领域一个很重要的问题是，在改革的过程中，掌控的存量资源不同，导致竞争的起点和能力也不同，从而导致获取财富的机会不公。一是垄断集团依靠不公平竞争攫取的高收入。一些垄断行业的职工收入中除了工资、奖金等名义收入外，还有各种福利、补贴、入股分红收入、职务消费等隐性收入。在某些垄断行业，职工的工资外收入甚至比工资收入还高，从而成为垄断行业高收入的一个重要原因，激起普通公众的强烈不满。二是公务人员特别是官员的灰色收入、过度福利以及贪腐所得。三是因缺乏约束的权力所滋生的官商勾结、权钱交易，致使权贵子女在经商、就业、升迁等方面享受的种种优待。因此，要调整居民的收入分配关系，从根本上讲，还要从改革当前对资源的不当占有入手，从改革要素市场的市场化运作方式入手。

中国社会科学院金融研究所研究员易宪容（2010）认为，国内要素市场发展严重滞后，导致通过权力寻租而不是市场价格机制可获得部分要素的财富分配，使居民收入分配的不合理问题日趋严重。当通过权力寻租而非市场机制占有和使用部分国有或全民的资源时，在很大程度上会造成社会财富的分配与权力相关，而与劳动的创造或努力无关。这样不仅会导致广大中低收入居民的收入分配和财富增长不断下降，还会导致社会中"官本位"的现象日趋严重，更容易形成腐败。[②]

---

① 岳颖. 收入分配热点研究问题综述. 求索，2010（9）.

② 易宪容. 推进重大制度改革才能克服收入分配不公. 上海证券报，2010-03-11.

（四）再分配补偿不足，加剧了收入不平等

第一，个人所得税本应发挥调节收入分配的功能，但实际上我国高收入者纳税很少，工薪阶层构成个税的最大税源。原因在于：一方面，特权阶层收入中的很大一部分来自难以监管的灰色收入，这类收入并不在纳税范围之内；另一方面，这一群体可以凭借其手中的权力逃税漏税。结果导致贫富倒挂，个税的再分配功能被大大削弱，这样的税收不但没能做到“劫富济贫”，反而加剧了贫富两极分化。第二，社会保障制度不健全。覆盖城乡居民的社会保障体系尚未全面建立，保障水平比较低，城乡差距大。当前我国的城镇社会保障制度已经比较完善，基本上涵盖了社会保障的所有项目。然而农村的社会保障还存在制度缺失或残缺不全的问题，项目和城镇相比相差甚远，在一些农村地区养老、合作医疗还未完全建立，失业保险、工伤保险、生育保险、住房保障等则基本没有。农村社会保障的项目不仅少而且覆盖面窄，制度空白点多，社会化程度低。第三，公共服务不均等。城乡之间、国有单位与非国有单位之间、不同地区之间，在教育、医疗卫生、社保、就业等方面执行不同的政策，公共服务投资差距很大，存在明显的体制内外分割、城乡分割和地区分割，不仅拉大了当前的收入分配差距，还造成了起点不公平、机会不公平的问题。

三、调节我国收入分配的对策措施

收入分配可以说是近年来最热门的词汇之一，当前收入分配问题已引起国家高层的高度重视。党的十九大报告把提高人民收入水平作为逐步实现全体人民共同富裕时代目标的重要内容。坚持以人民为中心，把人民对美好生活的向往作为奋斗目标，保证全体人民在共建共享发展中有更多获得感，不断促进人的全面发展、全体人民共同富裕，是习近平新时代中国特色社会主义思想的精神实质。近年来国务院连续出台了一系列关于收入分配改革的制度，显示出政府治理收入差距问题的决心。2013 年 2 月 3 日，国务院发布《关于深化收入分配制度改革的若干意见》。2015 年 8 月 24 日，中共中央、国务院发布《关于深化国有企业改革的指导意见》，提出要“实行与社会主义市场经济相适应的企业薪酬分配制度”，“建立健全与劳动力市场基本适应、与企业经济效益和劳动生产率挂钩的工资决定和正常增长机制”。2021 年 8 月 23 日，国务院印发的《“十四五”就业促进规划》中，提出要“合理增加劳动报酬。坚持按劳分配为主体、多种分配方式并存，提高劳动报酬在初次分配中的比重。健全工资决定、合理增长和支付保障机制，增加劳动者特别是一线劳动者劳动报酬，实现劳动报酬与劳动生产率基本同步提高。完善工资指导线、企业薪酬调查和信息发布制度，健全最低工资标准调整机制，实施企业薪酬指引计划。积极推行工资集体协商制度。健全劳动、知识、技术、管理等生产要素由市场评价贡献、决定报酬的机制。改革完善体现岗位绩效和分级分类管理的事业单位薪酬制度。深化国有企业工资分配制度改革，建立完善国有企业市场化薪酬分配机制。”深化收入分配制度改革，是一项十分艰巨复杂的系统工程，会触及既得利益者的核心利益，不可能一蹴而就，需要进行全面、系统的整治和安排。

（一）推动工资集体协商，健全劳资平等协商的薪酬决定机制

一是要大力推行区域、行业的工资集体协商，可以采取工资集体协商指导员代理谈判等办法，有效解决中小企业劳方一般不敢谈、不会谈的压力，资方不愿谈、拒绝谈的阻力，使之发挥更大作用。二是要研究利用税收等优惠措施鼓励竞争领域企业开展工资集体协商，凡参与区域性、行业性工资集体协商并严格执行工资集体协议的低利微利企业，用于普通职工的年增资额均可据实从企业成本列支，如列支后造成企业亏损的，经企业所在地劳动保障、税务部门审核认定后，可以用已征收的附加费返还补贴，仍不够的可用已征收的流转税适当返还补贴。三是借助京东的经验，积极推动平台型企业、行业就劳动者最为关切的工资福利与社会保障等问题开展集体协商，有效解决新业态劳动者就业稳定性差、工资福利没有保障等问题。

（二）加强国有企业高管薪酬管理

对部分过高收入行业的国有及国有控股企业，严格实行企业工资总额和工资水平双重调控政策，逐步缩小行业工资收入差距。建立与企业领导人分类管理相适应、选任方式相匹配的企业高管人员差异化薪酬分配制度，综合考虑当期业绩和持续发展，建立健全根据经营管理绩效、风险和责任确定薪酬的制度，对行政任命的国有企业高管人员薪酬水平实行限高，推广薪酬延期支付和追索扣回制度。缩小国有企业内部分配差距，高管人员薪酬增幅应低于企业职工平均工资增幅。对非国有金融企业和上市公司高管薪酬，通过完善公司治理结构，增强董事会、薪酬委员会和股东大会在抑制畸高薪酬方面的作用。

（三）扩大社会保障覆盖面，加大对弱势群体的保障力度

社会保障作为社会发展的安全网和国民经济运行的调节器，在克服社会分配不公和缩小社会贫富差距方面具有重要作用。这是因为社会保障主要是收入保障，其资金来源和给付的过程是对国民收入的分配和再分配，实质是调节社会经济利益关系。现阶段我国的社会保障体系仍不完善，社会保障对劳动者的覆盖率比较低，相当数量的低收入者得不到基本的社会保障。社会保障是社会安定的重要保证，在当前经济发展水平下，社会保障支出应该重点关注农民工、失地农民以及因其他各种原因致贫农民的社会保障，加快农村社会保障体系的建立，完善农村养老保险和新型医疗合作制度，最终实现我国社会保障的城乡统筹。

（四）加强政府对垄断的治理，保证市场的公平竞争

垄断是造成当前行业收入差距扩大的重要原因。长期以来，国家对垄断行业缺乏有效监管，直接导致垄断行业凭借其市场垄断力量获取高额利润，维持高工资和高福利。纠正垄断造成的市场失灵，维护公平竞争的市场秩序是市场经济条件下政府的主要职能。因此，首先，各级政府部门首先应认真贯彻执行《政府制定价格成本监审办法》，规范成本监审目录、监审依据、监审程序和监审内容等，建立健全垄断行业的成本约束机制。

同时，要加快健全成本信息披露机制，由第三方的中介机构和消费者对垄断行业成本和服务质量进行审定和评估，把成本监审置于社会监督之下，防止经营者将不合理的费用转嫁给消费者。其次，完善定价机制。规范垄断性产品和服务定价听证程序，建立垄断行业收费信息公开制度。积极查处垄断行业利用垄断地位乱涨价、乱收费行为。最后，要加强绩效考核。尽快完善绩效考核体系，特别是要严格考核垄断行业国有资产保值增值率、人工成本增长率、服务满意率等指标，并把考核结果与企业主要负责人的工资福利挂钩。

（五）完善公共服务体系，解决公共领域的机会公平问题

第一，受教育机会的公平。这是涉及人权层面的公平、起点性的公平，也是底层人群改变贫困、改善自身福利水平，缩小与富人收入差距的重要途径。政府要加大对农村基础教育的投入，特别是加大对中西部地区农村转移支付的力度，确保不同家庭的孩子有公平接受教育的机会，教育、培训资源要向困难群体倾斜。第二，享受基本医疗服务的公平。健康是创造财富的前提，每个人都有享受最基本的公共服务的权利，政府要重点加强基层公共卫生服务的制度建设，解决农村偏远地区老百姓的看病难问题。第三，就业机会的公平。打破城乡、地区、体制内外分割，建立统一、开放的劳动力市场，让劳动者在平等竞争中得到合理的回报。大力支持服务业、劳动密集型企业、小型微型企业和创新型科技企业发展，创造更多就业岗位。完善税费减免和公益性岗位、岗位培训、社会保险、技能鉴定补贴等政策，促进以高校毕业生为重点的青年、农村转移劳动力、城镇困难人员、退役军人就业。完善和落实小额担保贷款、财政贴息等鼓励自主创业政策。借鉴推广公务员招考的办法，完善和落实事业单位公开招聘制度，在国有企业全面推行分级分类的公开招聘制度，切实做到信息公开、过程公开、结果公开。

（六）发挥三次分配的作用，促进收入分配的均等化

三次分配又称为第三次分配，有别于初次分配和再分配，主要由高收入人群在自愿基础上，以募集、捐赠和资助等慈善公益方式对社会资源和社会财富进行分配，是对初次分配和再分配的有益补充。2019 年，党的十九届四中全会提出，重视发挥第三次分配作用，发展慈善等社会公益事业。2020 年，党的十九届五中全会再次提出，要发挥第三次分配的作用，发展慈善事业，改善收入和财富分配格局。2021 年 8 月 17 日召开的中央财经委员会第十次会议又一次提到三次分配，会议指出，要坚持以人民为中心的发展思想，在高质量发展中促进共同富裕，正确处理效率和公平的关系，构建初次分配、再分配、三次分配协调配套的基础性制度安排。当前，促进三次分配可以从以下五个方面着手：

一是加强制度建设。健全以遗产税与赠与税为主体的“财富转让税”，提高企业和个人扣税比例，鼓励财富转让，提高个人捐赠激励。另外，国有企业捐赠比例较低，这也是制度问题，盈利能力较强的国有企业应当发挥更大的作用。

二是完善慈善机构管理。加强对慈善机构的管理规范，减小注册难度，增大透明性监管。另外，在当前慈善基金会较少，短期难以大幅增长的情况下，慈善信托将是富人

捐赠的一种重要形式，但是对慈善信托的管理还应进一步放宽，比如募捐方式还可以更灵活，税收要降低。这些都属于对慈善主体的管理过程，该规范的要规范，该放权的要放权。

三是拓宽善款流向。目前我国捐赠流向以教育、卫生、扶贫为主体，但是我们还可以继续拓宽捐赠善款流向领域，比如社会服务、文化体育、生态保护、动物保护、可持续发展等。

四是加大宣传教育。宣传的主体应该是社会组织，三次分配靠社会、靠道德，这是整个社会的事情，加强文化宣传教育有助于促进第三次分配事业的长期发展。

五是利用先进技术。我们要更好地利用当前互联网等先进技术，这是非常具有发展空间且能够促进中国慈善发展的重要推动力。

总之，要通过全国人民共同奋斗把“蛋糕”做大做好，然后通过合理的制度安排把“蛋糕”切好分好。

本章小结

本章主要探讨了工资的内涵及其形式、西方工资理论、收入分配的测度及我国的收入分配状况四个方面的问题。

工资是工资率与工作时间的乘积，工资的多少取决于工资率和工作时间两方面的因素。工资率越高，工作时间越长，则工资越多。

工资形式就是工资支付的形式或工资支付的项目，其形式多种多样，一般可概括为两大类：基本工资和福利。基本工资是指按照以时间和产量计算的实际工作量来支付的劳动报酬，是直接与工作联系在一起的所有工资项目。福利包括所有其他类型的补偿，如带薪休假工资、退休金、医疗保险、失业保险等。

与雇员工作努力程度和劳动成果相关的工资叫做激励工资，激励工资主要包括计时工资、计件工资、奖金与利润分享计划等。

工资的确定历来是劳动经济学关注的一个焦点问题，其影响因素众多，而且比较复杂，概括起来大致有劳动者自身因素、企业经营管理因素与外部因素三大类。

西方工资理论是现代应用型工资理论的起源和重要组成部分，它在理论上具有重要的研究价值。本章着重介绍了早期的生存工资理论、工资基金理论和现代边际生产力工资理论、均衡价格工资理论、效率工资理论以及补偿性工资差别理论。边际生产力工资理论与均衡价格工资理论构成了现代工资理论的基石。

收入分配问题直接关系到社会公平目标的落实情况，其衡量标准主要包括洛伦茨曲线、基尼系数、变异指标等。人力资本积累差异、税收、转移支付、社会保障等制度安排以及经济体制转轨都是当前影响我国收入分配状况的重要因素。由于种种原因，我国收入分配还存在城乡之间、地区之间、不同行业之间、不同类型的企业之间分配不均衡的问题。这些问题的出现，其背后的主要原因包括城乡二元政策、政府对垄断行为干预不力、要素市场不健全、二次分配政策调节乏力等。要解决这些问题需要中央下决心进行全面、系统的整治和安排，维护社会公平。

关键术语

工资　收入　边际生产力　洛伦茨曲线　基尼系数

习　题

1. 简述工资是如何确定的。
2. 简述边际生产力工资理论的内容。
3. 试述收入分配的衡量指标与影响因素。
4. 为什么一些企业会向其工厂中的工作者支付计时工资，但会向其销售人员支付计件工资？
5. 请分析利润分享计划中的“搭便车”问题。企业中的工作者是如何解决“搭便车”问题的？
6. 请计算下表中家庭收入分布的基尼系数。

按五等份计算的家庭收入所占份额

五等份	收入份额	累积收入份额
第一组	0.035	0.035
第二组	0.087	0.122
第三组	0.146	0.268
第四组	0.230	0.498
第五组	0.502	1.000

案例分析

京东集团首次就薪资待遇、福利保障等展开协商

2021年8月30日，京东集团成立工会。在中华全国总工会、北京市总工会和经济技术开发区总工会三级工会的指导帮助下开始推进建立集体协商机制，通过三个月的筹备和运作，实现了集体协商与职代会制度建设的同步推进。

11月26日，京东集团首次集体协商会议现场，京东集团、京东物流职工方代表和企业代表就薪资待遇、福利保障、安全保护等5个方面开展现场协商工作。经双方充分协商，最终达成一致，形成了《京东集团集体合同（草案）》《京东物流集体合同（草案）》。协商会议形成的两份集体合同（草案）兼顾企业发展和广大员工的合法权益。《京东集团集体合同（草案）》包含劳动合同管理、劳动报酬、劳动安全、保险福利、职业技能培训、就业保障等各项劳动标准和劳动条件，明确与所有建立全日制劳动关系的员工签订劳动合同、缴纳“六险一金”，在法定产假的基础上，为符合条件的女职工提供额外三十天全薪产假，解决职工的后顾之忧。《京东物流集体合同（草案）》协商内容体现在配送快递员、仓储分拣员、货运司机等主要岗位的最低工资标准、保险福利、绩效

提成比例，提供劳动安全装备，提供技能培训、“我在京东上大学”“我在京东读硕士”等继续教育机会，发放“京东家礼”以及其他福利待遇等。

资料来源：京东集团首次集体协商会议召开 就薪资待遇、福利保障等展开协商. 北京青年报，2021－11－26.

▶思考题：

根据中国实际情况，简要说明为了缩小工资收入差距应当采取的措施。

第十章 劳动关系

本章要点

劳动关系的含义与特征；劳动争议及其调整制度；劳动关系的发展和演变；中国劳动关系的发展和演变；中国劳动关系调整机制的构建。

导入案例

京东快递小哥跟资方谈工资了——平台企业集体协商，走起！

2021 年 11 月 26 日，京东集团首次集体协商会议召开。这是自 8 月 30 日，作为推进新就业形态劳动者权益保障工作中的试点企业京东集团成立工会以来，在中华全国总工会、北京市总工会和经济技术开发区总工会三级工会的指导帮助下开始建立的集体协商机制，对于新就业形态劳动者权益保障工作具有重要借鉴意义。

在集体协商会上，京东集团、京东物流职工方代表和企业代表就薪资待遇、福利保障、安全保护等 5 个方面开展现场协商，并最终达成一致，形成了《京东集团集体合同（草案）》和《京东物流集体合同（草案）》。自此，配送快递员作为新就业形态的典型群体，通过集体协商建立起权益保护的常态化机制，在劳动报酬、劳动安全、保险福利、技能培训、就业保障等方面终于有了企业承诺。

职工方协商代表的推选在工会的主导下完成，由配送快递员、仓储分拣员、货运司机等一线职工构成，确保新就业形态劳动者重点群体的代表性。一方面，工会没有区分快递员是否有劳动关系的约束，在职工利益代表方面实现了广覆盖，最大程度地代表广大快递员群体，推动解决权益保障问题。另一方面，职工代表的推选很好地吸收和提炼了快递员群体的利益诉求，在上级工会组织的领导下，通过集体协商的方式形成体制内的正常表达渠道，使得企业方可以正视和重视快递员群体关切的重大利益问题。

集体协商制度是构建中国特色和谐劳动关系的基础性制度，也是中国特色协商民主和社会治理的重要内容。20 多年来，我国集体协商工作取得显著成效，涌现出浙江温岭、江苏邳州、湖北武汉等区域性、行业性集体协商先进典型，在构建和谐劳动关系、助力科学发展、促进社会和谐等方面发挥了重要作用。

以“温岭经验”为例，浙江温岭是全国羊毛衫的生产集散地，每年吸引上万名农民工以打零工的方式流入当地。为了解决企业欠薪、劳动者工价偏低以及由此产生的劳动关系矛盾问题，当地开创性地形成了行业集体协商制度。2003 年，在镇工会的领导下，当地推选职工代表与行业协会就本行业的工价标准进行集体协商，双方经过多轮协商，最终达成一致并签订了行业集体协议，由政府监督执行。此后双方每年都进行行业集体协商，经过多年的制度建设，劳动者的收入逐步增长并与当地经济社会发展同步，工资每年平均增幅在 4%～12%之间，企业收获了稳定的职工队伍，保证了企业生产秩序和产品质量，当地也基本消除了劳动争议事件，实现了经济发展和社会稳定的和谐统一。到 2021 年，温岭羊毛衫行业集体协商已经连续开展 19 年，并逐渐从羊毛衫行业推广至制鞋、船舶修造等多个行业，覆盖 9 000 多家企业。

来自传统经济的集体协商实践经验对于当下新就业形态劳动者权益保障工作具有重要的启示。一方面，集体协商制度是与劳动立法同等重要的劳动者权益保障方式。行业的劳动权益事项由行业内代表性组织通过集体协商的方式制定，并形成具有约束力的行业规范和行业劳动标准化体系，在平台经济发展的灵活性以及劳动者的安全性方面取得平衡，应当成为新就业形态群体劳动者权益保障工作的一个重要方向。以往行业集体协商的难点之一是行业协会的建设和代表性问题，而如今各类平台在各自行业领域基本占据龙头地位，具有足够的代表性，而上级（行业、地方）工会与平台企业进行集体协商也具有足够的可行性。

另一方面，集体协商制度是能够兼顾劳资双方利益、行政市场力量、有效协商解决矛盾的民主管理制度。上千万的新就业形态劳动者权益问题之所以得到广泛关注，也是因为其中涉及利益主体众多，集体协商制度可以整合和平衡各方利益。其一，劳动者收入是劳动者权益保护最为核心的内容，只有实现劳动收入稳定以及与企业发展同步，才能真正保障劳动者队伍稳定。其二，劳动者收入的增长并没有完全依赖行政调节，而是通过行业组织协商民主的方式，这是市场力量与政府力量的协同发力，政府和工会搭建组织平台，市场主体充分表达，协商过程平等深入，尊重了经济规律和市场规律。其三，集体协商成功的关键在于发挥工会和职工代表的作用。和风细雨的协商对话，远比简单粗暴的强制执行更有效。让企业能够聆听基层劳动者的声音，让劳动者能够理解企业发展的不易，双方相互体谅，理性包容，这种协商才能出办法、出共识、出感情、出团结。

京东的集体协商是一个好的开始。随着集体协商治理理念的不断深入，集体协商治理将在平台经济领域陆续展开，不仅可以有效解决新就业形态劳动者最关心最直接最现实的利益问题，形成源头预防和治理矛盾的机制，同时，也将大大改变劳动关系中的单边主义，从单向管理转向双向互动，从单纯的政府监管转向更加注重社会协同治理，增进平台与劳动者之间的互信，以协商民主的方式推进共建共治共享社会治理格局的形成。

资料来源：闻效仪. 京东快递小哥跟资方谈工资了. 工人日报，2021 - 11 - 29.

第一节　劳动关系概述

一、劳动关系的含义

劳动关系是生产关系中直接与劳动有关的那部分社会关系。劳动关系的含义有广义和狭义之分。狭义的**劳动关系**是指劳动者和用人单位（雇主）在劳动过程中形成的社会关系。广义的劳动关系是指人们在社会劳动过程中发生的一切关系，包括劳动力的使用关系、劳动管理关系、劳动服务关系等。劳动关系这一概念包括以下几方面的内容：第一，劳动关系是与劳动过程相联系并在劳动过程中形成的。第二，劳动关系是以劳动者和用人单位（雇主）为基本主体构成的，但为实现劳动过程，相关的社会组织——主要是作为社会生产过程的组织协调者的政府、作为劳动者利益代表的工会组织以及作为雇主利益代表的雇主组织也是不可缺少的。第三，劳动关系的性质。劳动关系的基本性质是社会经济关系。

对劳动关系的研究在各国广泛存在。但是，由于各国社会制度和文化传统等因素各不相同，因而劳动关系的称谓又有所不同。劳动关系在不同国家又被称为劳资关系、雇佣关系、劳工关系、劳使关系和产业关系等。

劳资关系是指劳工和资方之间的权利和义务关系，这种关系通过劳资双方新签订的劳动契约和团体协约而成立。雇佣关系强调劳动关系是雇主和雇员双方的关系。劳工关系更加强调作为劳动关系其中一方的劳动者。劳使关系这一称谓来源于日本，主要是为了更准确地说明劳动关系是劳动者与劳动力使用者之间的关系。产业关系，亦称劳动—管理关系，源自美国，在欧美国家使用比较广泛。

二、劳动关系的特征

劳动关系主要具有以下几个基本特征[①]：

（一）劳动关系的社会特征

从社会特征来看，劳动关系是社会利益关系的主要组成部分，也是反映社会利益关系的基本方面。这不仅是因为劳动关系的适用范围几乎覆盖城镇所有的就业领域，也是由于劳动关系的参与者涉及人口总量数以亿计的从业人员。

（二）劳动关系的经济特征

劳动关系的经济特征表现在以下几个方面：第一，它的存在与发展始终同物质生产

① 李德齐. 中国劳动关系学. 北京：中国工人出版社，2007.

过程和社会经济活动相伴随。第二，劳动关系契合的质量及由此产生的凝聚力，不仅能够使劳动关系双方利益的实现达到双赢，而且能够为物质生产过程、各类经济组织的有效运营与管理以及社会经济的振兴带来持久的动力。第三，劳动关系双方的经济利益需求同其参与的社会经济活动紧密联系在一起。

（三）劳动关系的主体特征

在企业、产业和社会领域的不同层面，劳动关系的主体及其特征是不同的。在建立工会的企业中，劳动关系的主体表现为工会和用人单位（雇主）两个基本方面。在产业、行业以及一些跨地区、跨国界的经济组织中，劳动关系双方交涉主体就表现为一种有组织的行为，即通常由工会和雇主组织两个基本面构成。在社会宏观层面，劳动关系的主体特征就表现为政府、工会和雇主组织的三方格局，其中，政府发挥着主导作用。

（四）劳动关系的发展特征

在特定的市场经济体制下和工业化进程中，由于劳动关系所处的国情背景不同，其发展特征也不尽相同。主要包括：第一，劳动关系主体的利益关系。第二，劳动关系的结构。包括城乡、正规就业和非正规就业、传统产业部门与现代产业部门等不同的结构。第三，劳动关系的覆盖领域。主要包括劳动者或工会、用人单位或雇主组织规模、力量的变化。

三、劳动关系的主体

从狭义上讲，劳动关系的主体包括两方，一方为劳动者及工会，另一方为雇主及雇主组织，二者构成了劳动关系的基本主体。从广义上讲，劳动关系的主体还包括政府。在劳动关系的发展过程中，政府通过立法介入、影响劳动关系，调整、监督和干预作用不断增强，因而政府也是广义的劳动关系的主体。

（一）劳动者

劳动关系是现代产业社会中最重要的社会经济关系。因此，劳动关系中的劳动者是指在现代产业社会中受雇于他人，以劳动工资收入为基本生活来源的体力和脑力劳动者。被雇佣是劳动关系中劳动者的最主要特点，而被雇佣的标志就是以劳动工资作为其基本收入来源。所以，农民、个体劳动者、自由职业者、企业主等都不属于劳动关系中的劳动者。

（二）工会

工会是由雇员组成的组织，主要通过集体谈判方式代表雇员在工作场所以及整个社会的利益。其要义包括：工会因劳动关系冲突而产生；工会以维护会员利益为首要职能；工会以集体谈判为基本手段；工会以雇员自愿结合而成，并代表会员意志。

即学即用

中国工会的组织体制，是在中华全国总工会的统一领导下，分别建立地方工会和产业工会两大组织系统。组织结构从中华全国总工会、省级地方工会、地市（州）工会、县（市、区）工会以及各级产业工会到基层工会，共设置有五级工会组织。中华全国总工会是中国工会全国代表大会选举产生的全国工会的最高领导机关。它领导全国工人运动，指导工会工作并在国际活动中代表中国工会组织。

（三）雇主及雇主组织

雇主是劳动关系中相对于劳动者的劳动力使用者的称谓，即代表资方负责管理和处理劳工事务的法人和自然人。雇主的概念可以包括企事业业主、企事业的经营者和管理者以及代表企事业业主处理劳资事务的其他人。雇主组织是由雇主依法成立的组织，其目的是通过一定的组织形式，使单个雇主形成一定的群体力量，在产业和社会层面通过这种群体优势同工会组织抗衡，最终促进并维护每个雇主成员的具体利益。雇主组织最主要的作用是在劳动关系中代表雇主的利益，这种代表作用的表现形式随着经济和社会的进步，其内容和方式也在不断变化。从传统上看，雇主组织的主要作用是协调雇主之间的内部利益，以便同工会进行集体谈判，从而维护雇主的利益。随着经济发展和劳动关系趋向规范化和法制化，雇主组织的代表作用也在不断变化，转向立法参与和为会员提供所需要的服务。

即学即用

国际雇主组织是目前国际上在社会和劳动领域代表雇主利益的国际组织，成员由世界各国国家级的雇主联合会或其他形式的雇主组织组成，现有成员 126 个。国际雇主组织成立于 1920 年，并随着各国雇主组织的发展而发展。国际雇主组织的目标是在国际场合，尤其是在国际劳工组织促进和捍卫雇主利益，保证国际劳工和社会政策有利于企业的生存，并为企业发展和创造就业营造有利氛围。

1999 年 4 月，国际雇主组织主要领导专程对中国企业联合会（简称“中国企联”）的宗旨、性质以及在中国企业界的地位、作用等情况进行了全面考察，肯定了中国企联作为中国国家级雇主组织代表的地位，按章程规定，已具备了加入国际雇主组织的条件。2003 年 6 月 2 日，国际雇主组织总理事会一致通过决议，接受中国企联为该组织正式会员，确认中国企联作为国际雇主组织的中国唯一代表，并作为中国雇主组织的唯一合法代表与中华人民共和国劳动和社会保障部、中华全国总工会一道，组成我国“三方代表团”出席国际劳工大会，参与有关国际劳工标准、国际劳工公约的制定及修订工作，在国际上维护中国企业和企业家的利益。

（四）政府

政府一般有广义和狭义两种理解。广义的政府泛指各类国家权力机构，即立法、行政和司法机构的总称。狭义的政府仅指国家机构中掌握行政权力、履行行政职能的行政机构。作为劳动关系中的主体之一，政府的作用主要包括：制定劳动政策、建立和完善劳动力市场、维持和改进劳动条件、协调劳动关系等。

四、劳动争议及其调整制度

（一）劳动争议的含义和类型

劳动争议是用人单位和劳动者之间因劳动权利义务发生分歧而引起的争议。劳动争议可以分为个别劳动争议和集体劳动争议。个别劳动争议的主体通常是劳动者个人与用人单位。争议的内容仅涉及个人的权利与义务，并由劳动者个人提请处理。而集体劳动争议则发生于多个劳动者或工会与用人单位之间，争议的内容涉及多个劳动者或工会。

知识要点提醒

集体劳动争议一般包括两类：一类是多个劳动者因同样原因而引起的争议，如同一企业中的多名职工因工资问题与企业发生的纠纷。这里涉及一个问题，即多个劳动者到底是指几个。为了公正及时解决劳动争议，保护当事人合法权益，促进劳动关系和谐稳定，中华人民共和国第十届全国人民代表大会常务委员会第三十一次会议于 2007 年 12 月 29 日通过《中华人民共和国劳动争议调解仲裁法》，自 2008 年 5 月 1 日起施行。《中华人民共和国劳动争议调解仲裁法》第一章第七条规定：发生劳动争议的劳动者一方人数在十人以上，并有共同请求的，可以推举代表参加调解、仲裁或者诉讼活动。另一类是因签订或因履行集体合同发生的争议，如企业工会要求与企业签订集体合同，而企业予以拒绝，或在签订时协商不成，或企业拒绝履行集体合同。

（二）劳动争议的调整方法

根据《劳动法》的规定，我国劳动争议的调整方法包括：

1. 协商

协商是争议双方采取自治的方法解决纠纷。根据双方的合意或团体协议，相互协商，和平解决纠纷。通过协商方式自行和解，是双方当事人首先应当选择的解决争议途径，同时也是在解决争议过程中可以随时采用的方法。协商解决应以双方当事人自愿为基础，不愿协商或者经协商不能达成一致，当事人可以选择其他方式。

2. 斡旋

斡旋是在争议双方自我协商失败的情况下，由第三方或者中间人介入，互递信息，传达意思，促成双方和解。

3. 调解

调解是第三者或者中间人介入争议处理过程，并提出建议，促使双方达成协议。与斡旋相比，调解人的角色更加独立，可以提出解决争议的具体方案或者建议，供双方参考。调解分为自愿调解和强制调解。自愿调解是当事人一方或者双方自愿申请的调解，强制调解是依照法律规定由调解者出面进行的，不以当事人自愿与否为条件。

4. 仲裁

若经调解，双方达不成协议，当事人一方或双方均可向当地劳动争议仲裁委员会申诉。当事人也可以不经调解处理而直接申请仲裁。需要注意的是，因处理签订集体合同发生的争议缺乏法律依据，所以这类争议是由劳动保障行政部门会同有关方面进行协调处理，不可以申请仲裁。除这种争议外，对其他争议而言，劳动争议仲裁是强制性的必经程序。也就是说，只要有一方当事人申请仲裁，且符合受案条件，仲裁委员会即予受理；当事人如果要起诉到法院，必须先经过仲裁，否则人民法院将不予受理。

5. 诉讼

当事人如果对劳动争议仲裁委员会的仲裁裁决、不予受理仲裁决定或通知书不服，可以在规定的时限内向当地基层人民法院起诉。目前法院是由民事审判庭依据民事诉讼程序对劳动争议案件进行审理，实行两审终审制。

6. 审判

审判是依照司法程序对劳动争议进行审理并做出判决的诉讼活动，是处理劳动争议的最终程序。

小思考

请分析个别劳动争议的处理程序和集体劳动争议的处理程序有什么区别。

（三）劳动争议调整制度

1. 劳动合同制度

劳动法是指调整特定劳动关系及其与劳动关系密切联系的社会关系的法律规范的总称。劳动法所研究的劳动是职业性的、有偿的和基于特定劳动关系发生的社会劳动。劳动法是通过平衡雇员和雇主双方之间的权利、义务关系达到调整劳动关系的目的，通过规定雇员和雇主双方的权利、义务关系，将其行为纳入法制的轨道。

劳动关系方面的法律主要有三个功能：第一，保护劳动关系双方的自愿安排并为之提供保护，如劳动合同、集体合同制度。第二，解决纠纷。劳动法不仅赋予劳动者劳动权和保障权，而且规定了保证这些权利实现的司法机制。第三，确定基本劳动标准，如最低工资、最低就业年龄、工作时间和休息制度、安全卫生标准等。

应用实例

劳动合同到期不续签，用人单位担何责任

唐某于2004年3月12日入职新京报社，并签订《劳动合同》及《劳动合同续签协议》。2008年新京报改制，唐某转入北京新京报传媒有限公司工作，双方签订数份劳动

合同。2015 年，唐某再次转入黄马甲公司工作并签订过三次固定期限劳动合同。2020 年 7 月 28 日黄马甲公司通知唐某合同到期后不再续订，双方劳动关系将于 2020 年 8 月 31 日终止。2020 年 8 月 12 日，唐某回复“要求与公司签订无固定期限劳动合同。理由如下：已连续工作满十年；已连续订立两次以上固定期限劳动合同”。唐某向当地劳动人事争议仲裁委员会申请仲裁，要求黄马甲公司支付违法终止劳动合同赔偿金 347 253.39 元。仲裁委员会认为，黄马甲公司与唐某已签订过三次固定期限劳动合同，在合同到期前，唐某已明确表示要求续签无固定期限劳动合同，而黄马甲公司仍单方作出终止决定，已违反《中华人民共和国劳动合同法》第十四条第二款第三项之规定，“用人单位与劳动者协商一致，可以订立无固定期限劳动合同。有下列情形之一，劳动者提出或者同意续订、订立劳动合同的，除劳动者提出订立固定期限劳动合同外，应当订立无固定期限劳动合同……（三）连续订立二次固定期限劳动合同，且劳动者没有本法第三十九条和第四十条第一项、第二项规定的情形，续订劳动合同的。”最终判决黄马甲公司支付唐某违法终止劳动合同赔偿金 279 036.8 元。

资料来源：谢霖. 唐帆与北京黄马甲物流有限公司劳动争议一审民事判决书. 中国裁判文书网，2021.

---

2. 集体协商与集体合同制度

集体协商与集体合同制度是调整劳动关系的重要劳动法律制度，其法律规范涉及集体协商的主体、内容、程序，集体合同的签订，集体合同报送审核、履行实施、监督检查，违反合同的法律责任、争议处理等。

集体协商[①]是指劳动者通过自己的组织或代表与相应的雇主或者雇主组织为签订劳动合同进行谈判的行为。**集体合同**是集体协商双方代表之间签订的关于劳动条件、劳动标准及劳动关系问题的书面协议。

集体协商和集体合同制度的主要内容包括：（1）集体协商和集体合同的主体。集体协商的主体在劳动者方面一般是指劳动者代表或者劳动者组织工会。集体协商另一方的主体是雇主，雇主可以是企业法定代表人或企业法定代表人指派的人员，也可以是雇主组织。（2）集体协商和集体合同的内容。一般来讲，集体协商是围绕着劳动条件的改善和劳动关系处理原则展开的，其具体内容包括劳动条件、劳动标准、员工福利等。因为集体协商的直接目的就是签订集体合同，因此，集体合同的内容与集体协商的内容应该是一致的。（3）集体协商和集体合同的运行。具体包括确定协商代表、要约承诺、双方协商、合同签字、报送审查等环节，这些环节均需依照有关规定执行。（4）集体协商和集体合同的法律责任和争议处理。集体协商和集体合同具有法律效力，其效力范围涉及

---

① 集体谈判是用人单位与其所属的职工依法组成代表团按照法律规定的程序和原则就劳动报酬、工作时间、保险福利、休息休假、劳动安全卫生、职业培训等劳动标准为签订集体合同而进行商谈的活动。我国《集体合同规定》第四条规定，用人单位与本单位职工签订集体合同或专项集体合同，以及确定相关事宜，应当采取集体协商的方式。集体协商主要采取协商会议的形式。在我国，一般将“集体谈判”表述为“集体协商”。

两个方面：一是集体合同对签约双方的成员都有约束力。二是集体合同所确定的劳动标准为劳动合同的签订提供了一个基本标准。

应用实例

陕西省宝鸡市推进快递业集体合同签订

2020年12月，陕西省宝鸡市人社局与市总工会、市邮政管理局联合印发了《关于推进宝鸡市快递行业开展集体协商签订集体劳动合同实施方案》，服务前移，全程指导，推进集体协商，促进全市快递行业构建和谐劳动关系。

根据实施方案，快递行业集体合同包括“一份合同三项协议”（集体合同、工资专项协议、女职工特殊权益保护专项协议、劳动安全卫生专项协议）。按照推选协商代表、做好协商准备、启动要约、正式协商、职工（代表）大会审议、双方首席代表签字、公示及审查备案、公布实施等8个步骤依次开展。同时，及时召开了宝鸡市快递行业集体协商工作推进会，对集体合同签订流程、最低工资标准、女职工权益保护等签订集体合同方面应注意的问题做了详细说明，与职工代表、企业代表深入交流，了解职工最直接、最现实、最关心的问题。

资料来源：陕西人社厅. 陕西省宝鸡市推进快递业集体合同签订. 人力资源和社会保障部数据库，2020.

▶**思考题：**

分析新就业形态下集体协商和集体合同制度在我国的推行现状和推行中的障碍。

3. 三方协商机制

三方协商机制是工业化市场经济国家协调劳动关系的一种重要机制，是一种从宏观上调控劳动关系的制度。它以市场经济为基础，以民主制度为依托，以合作、共赢为基本出发点，构建了政府与劳方、资方共同管理和处理劳动关系问题的活动平台。在我国，**三方协商机制**是指在国家、地方以及产业领域，由政府、企业家组织和工会组织根据相关法律并遵循一定的议事规则，就有关涉及劳动关系的重大问题进行协商的一种制度。

三方协商机制的职能和作用主要表现在以下几个方面：第一，咨询和对话职能。这个职能主要是对于一个国家的劳动立法和劳工政策的制定提出建议并确定基本框架。第二，谈判的职能。这个职能主要体现在以工资为中心的劳动标准的确定上。劳动标准特别是劳动工资，直接涉及雇主和劳动者的切身利益，同时也直接涉及社会经济的发展政策，对劳动标准问题，劳动关系的三方主体都有各自的具体立场和要求，因此，谈判是解决这个问题的有效方式。第三，仲裁和协调的职能。这个职能主要是指在集体劳动争议或可能发生一定范围的工潮的情况下，通过三方委员会的努力调节矛盾，化解冲突，以缓解劳资矛盾和社会不满，防止社会动乱的发生。

第二节 劳动关系的发展和演变

劳动关系（labor relations）是指劳动者与用人单位依法签订劳动合同而在劳动者与用人单位之间产生的法律关系。劳动关系的形成不仅需要具备一定的社会条件，而且劳动关系也会随着社会政治经济的发展而不断发展、演变。

一、西方工业国家劳动关系的发展和演变

英国资产阶级革命最终确立了资产阶级的统治，从而为英国资本主义的迅速发展奠定了基础。1840 年前后，英国的大机器生产基本上取代了传统的工场手工业，工业革命基本完成。英国成为世界上第一个工业国家。18 世纪末，工业革命逐渐从英国向西欧大陆和北美传播，并扩展到世界其他地区。西方的工业革命在使社会物质文明得到迅猛发展的同时，也使资本对社会经济关系发生了深刻的变化。正如恩格斯所言，产业革命创造了一个大工业资本家阶级，但是也创造了一个人数远远超过前者的产业工人阶级。

在此时期，西方国家的劳动关系逐渐开始形成并进一步发展。

19 世纪后半期到 20 世纪初，尤其是第一次世界大战以后，伴随着资本主义经济的早期发展，产业工人和资本家之间的矛盾日益加深。在这一时期，机械化工业大生产迅猛发展，逐渐形成大规模的、资本密集型的、官僚机构式的企业组织。与此同时，工人的劳动环境和劳动条件却在不断恶化。他们日益成为工厂流水线的机械化附属品。雇主总是千方百计地削减工资，加快生产节奏，削减劳动保护和安全措施方面的资金投入，不仅出现了若干劳资关系问题（工资、工时、工作条件），又出现了劳动者的经济无保障问题。在劳动力市场上，频繁地出现周期性的经济危机和失业浪潮，由此引起的社会对立更因两极分化和收入、财富分配不均而加剧。社会秩序混乱，劳工问题成为整个社会的问题。劳资矛盾逐渐激化，形成尖锐的阶级对抗和激烈的阶级冲突。

在工业革命初期，工人的斗争大多是自发且分散的行动，大多数以失败而告终。在长期的斗争中，工人们逐渐意识到联合起来的必要性，在一些行业中开始出现早期的工人联合组织，以维护自身的权益。而资本家为了追逐利润，盘剥工人，极力抵制工人的维权斗争，并借助资产阶级政府通过立法禁止工人结社、罢工和示威。例如，英国 1799—1800 年颁布的《结社法》和法国 1791 年颁布的《夏勃里埃法》等就是典型的代表。面对激烈的劳资矛盾，政府则声称自己的主要职责是保证“自由竞争”，对劳资关系采取自由放任政策，实际上通过劳资关系的立法和政策明显地向雇主一方倾斜。

19 世纪下半叶至 20 世纪中叶，为顺应社会发展环境的变化，西方国家逐步调整并改变劳资关系政策，从自由放任转向国家干预。

随着社会经济的发展和政治制度民主化的推进，欧美各国出现了一大批社会主义政党，工人运动蓬勃兴起，工人的斗争方式也开始发生变化。在强大的社会压力下，欧美

各国政府长期固守的自由放任的劳资关系政策开始松动，相继通过立法及制定相关政策干预劳资关系。自1802年英国通过第一个现代意义上的劳动法《学徒健康和道德法》后，各国陆续通过了工厂法、劳动保护法、劳动保险法、工会法和劳动争议处理法等一系列法规。1904年，新西兰出现了第一个比较规范的集体合同法，集体谈判制度开始得到国家法律的承认和保护。

在两次世界大战期间，人类经历了历史上最严重的经济危机。大量企业倒闭，工人失业，劳资矛盾日益激烈，人民不满情绪高涨。为了缓和矛盾，重振经济，西方各国政府开始干预经济。在劳动关系调整方面，则进一步加强劳动行政管理工作，完善劳动立法，健全有关机构，扩展劳动监察的领域和范围。

以美国为例，在1929年特大经济危机爆发后的短短几年间，86 000家企业破产，5 500家银行倒闭，失业人数由不足150万猛升至1 700万以上，占整个劳动大军的四分之一还多，整体经济水平倒退至1913年。1933年罗斯福总统上任后，采取“新政”，开创了国家干预经济新模式。为了调整劳资关系，缓和社会矛盾，1935年7月5日美国国会通过了《国家劳工关系法》。[①] 该法第一次正式准许工人组织工会并选派代表与资本家签订集体合同，确认罢工、设置纠察队为合法，规定资本家不得任意解雇工人，不得干预工会活动。同时，依据该法创立了“全国劳工关系委员会”，负责调查劳工或雇主提出的申诉，解决劳资间的矛盾。《国家劳工关系法》是美国“新政”时期的主要立法之一。1938年，美国国会通过《公平劳动标准法》（工资工时法），其主要内容是规定每周工作时间不得超过40小时，生效之日起七年内每小时工资不得低于40美分。美国政府还建立了社会保障体系，在1935年通过了《社会保障法案》，使退休工人可以得到养老金，失业者可以得到保险金，子女年幼的母亲、残疾人可以得到补助。

第二次世界大战之后，在第三次科技革命和社会改革浪潮的推动下，劳资关系发生了重大的转折性变化。由于民主化浪潮高涨，争取民主参与权已成为战后劳资关系中一项新的重要内容，为顺应这一历史潮流，西方国家政府进一步加强对劳资关系和劳动力再生产的全面干预，逐渐形成了一整套协调劳动关系的规范化、制度化的法律体系和调整机制。尽管如此，由于劳动关系主体双方具有不同的利益追求，经济利益上存在的固有矛盾使得劳动争议的发生难以避免。

进入21世纪，西方各国重大的劳资冲突与罢工事件仍然层出不穷。2007年9月，美国汽车工人联合会（UAW）与美国最大的汽车制造商通用汽车公司，就公司员工的工作保障以及员工医保基金问题之间的谈判没有达成协议，通用旗下的数万名员工举行全国性罢工。2008年3月，英国最大的炼化厂因劳资双方在养老金问题上存在分歧，员工举行罢工，导致英国石油公司一条重要输油管道被迫彻底关闭。2009年1月，法国各大工会在全国各地联合组织罢工和示威游行等活动，抗议政府在经济危机背景下推行的经济政策，这是全球金融危机引发的第一次大罢工。2010年9月7日，法国工会爆发了为期一天的全国性大罢工，以抗议萨科齐政府计划将退休年龄从60岁提升到62岁。参加这次罢工的工会涉及交通运输、邮政等公共服务行业以及部分电台和学校，据工会公布的

---

① 该法案由美国参议员华格纳（Pobert Wagner，1877—1953）提出，故也称为《华格纳法》。

统计数字，仅在巴黎，就有近 27 万人参与抗议示威活动，全法范围内有 250 万人共同参与。2010 年 2 月，德国汉莎航空大罢工也吸引了全世界的眼球，由于劳资谈判破裂，逾 4 000 名飞行员通过罢工表示抗议，导致 800 架航班被取消，数万名乘客滞留，经济损失高达上亿欧元。2010 年 3 月，因不满现行的薪酬和补偿制度改革，英国 25 万名来自司法、税务、边检等多个部门的公务员举行为期两天的大罢工。2010 年 3 月 20 日，围绕裁员、减薪等问题，英国航空公司与代表该公司空乘人员利益的联合工会劳资谈判破裂，联合工会举行为期三天的罢工，英国航空公司被迫取消 1 000 多次航班。2019 年 5 月 5 日，希腊发生的大罢工几乎涵盖了所有公共领域，使这个刚刚因为政府债务危机而接受欧盟援助的国家再次陷入瘫痪。这场由希腊两大工会“希腊全国劳工总会”与“希腊全国公职协会”联合组织的大罢工，导致进出希腊的所有航班停飞，港口、学校、海关关闭，政府机构无人办公，医院只剩急诊部门还在运行，雅典卫城等景点也都关门谢客。[①]

集体劳动关系处理不当，将会对一国社会经济发展和社会秩序稳定产生直接的影响。因此，维持良好的劳动关系，减少并缓和劳资冲突，是一个国家经济和社会发展的重要条件。西方市场经济国家和各发展中国家，无不把建立稳定和谐的劳动关系作为治国安邦之大计。总体而言，西方国家解决劳资矛盾、劳资争端的途径日趋制度化、法律化，多采取规范化的、有组织的行为，如劳资协议制、集体谈判制度、三方协商机制等。劳资关系总体发展态势趋于缓和，劳资关系的运行方式发展成一种有序的组织行为。

二、中国劳动关系的发展和演变

中国的劳动关系起源于劳工问题。从 19 世纪四五十年代开始，伴随着近代工业的产生和发展，外国资本、中国早期的官僚资本和民族资本逐渐发展，同时也逐渐产生了近代产业工人，中国的劳动关系逐渐形成、发展并演变。以下主要考察 1949 年新中国成立后，特别是在改革开放之后，在劳动力市场形成、发展和完善的进程中，我国现代劳动关系的发展和演变状况。

（一）第一阶段：改革开放之前（新中国成立至 1978 年）

这一时期，我国劳动力市场资源配置实行“统包统配”模式。1953 年，中央劳动就业委员会、劳动部等发布了《关于劳动就业的报告》，规定各单位招聘个人、职员数量较大时，应向劳动部门申请，并由劳动部门负责选择和录用。当时，企业等用人单位在招收少量人员、使用临时工和辞退职工方面还有一定的自主权。1955 年以后，企事业单位的用人自主权逐渐削弱，并逐步建立起由各级劳动部门统一管理的劳动力调配使用制度。1957 年，国务院发布通知，规定使用临时工的指标也需经过中央主管部门或省级政府批准，并将政府负责安排的人员范围从大中专毕业生和部分复转军人，扩展到城镇全部需要就业的人员。在计划用工制度下，国家对于城镇所有用人单位的用人数量、招收范围实行严格的审批程序。因此，从新中国成立至 20 世纪 70 年代末，计划手段和行政手段

① 易定红. 西方大罢工，告诉我们什么. 世界知识，2010（13）.

是我国资源配置的唯一手段。在这一阶段，中国不存在劳动力市场，劳动力资源的配置主要依赖于行政手段，全社会不存在劳动力的自由流动。

这一阶段的劳动关系具有以下几个主要特征：

第一，劳动关系主体身份不明确。这种劳动关系是由国家通过企业行政管理方与职工构成的，以共同利益为出发点的劳动关系。国家代表全社会的利益，进而在劳动关系的建立、调整过程中承担统一管理的角色。因此，企业行政管理方和职工都不具有独立的劳动关系主体身份。

第二，利益结构是包容、一致的，因此普遍不存在利益冲突。在计划经济体制下，劳动关系具有一个由国家、企业、劳动者三个不同层次的利益所组成的利益结构。企业劳动关系的双方都不具备利益主体的身份，作为劳动者的职工和作为经营管理者的厂长或经理都没有形成独立的利益群体，双方的利益都包容在工人阶级利益和国家利益中，劳动关系的双方都是国家和企业的主人翁。并且，在实际运行当中，劳动关系主体由于劳动分工所引起的社会分层和利益差别也并不明显。作为用人单位代表的厂长和经理，虽然享有更多的管理权力，但在工资收入和经济地位方面，与作为劳动者的一般工人相差无几。

第三，计划经济下劳动关系的运行，由国家通过行政手段直接控制和处理。严格地讲，这种劳动关系实质上是一种行政隶属关系而非雇佣关系，或者称为劳动行政关系。劳动行政关系即国家通过行政手段来建立和管理用人单位与劳动者的关系。劳动关系双方利益的确定、劳动力的配置和调整、劳动就业的解决、劳动工资的确定、劳动保护和社会保险的实行等，完全由国家负责并运用行政手段解决。

第四，劳动关系的类型单一，在全国范围内，只有公有制经济的劳动关系一种类型。即随着“三大改造”的完成，个体经济与私营经济几乎被消灭，用人单位的经济性质普遍为全民所有制、城镇集体所有制两种类型。劳动者通过劳动部门被分配到“一大二公”的公有制经济部门，成为各类人员唯一的就业渠道，从而也带来了劳动关系类型的单一性特征。

（二）第二阶段：过渡时期（1978—1991 年）

这一时期，我国劳动力市场开始萌芽并局部建立。1978 年我国召开了党的十一届三中全会，确立了以经济建设为中心的基本路线。之后，农村劳动者开始围绕多种经营和乡镇企业进行流动，并出现了用人单位与劳动者的双向选择，这表明我国农村劳动力市场开始萌芽。同时，城镇劳动用工制度也进行了改革。1980 年，中央召开了劳动工作会议，提出了“在国家统筹规划和指导下，实行劳动部门介绍就业、自愿组织起来就业和自谋职业相结合”的“三结合”就业方针。于是，城镇开始形成劳动力配置的双轨制：一块仍然由国家进行行政控制，另一块则可以自由流动、自谋职业，受市场调节，自此城镇劳动力市场开始萌芽。1984 年 3 月，党中央、国务院发布 4 号文件，确立了乡镇企业在国民经济中的重要地位，乡镇企业的发展进入了一个高潮。围绕乡镇企业的发展，我国开始形成了遍布全国但又局限在一定地域内的乡镇劳动力市场。但由于我国乡镇企业规模小、布局分散，所以由此形成的劳动力市场也具有规模小、布局分散的特点，只是一种局部的劳动力市场。同时，自 1984 年开始，国家准许农民自筹资金、自理口粮，进入城镇务工经商，这表明实行了 30 年的限制城乡人口流动的就业管理制度开始松动。自此开始，城镇形成了许多以从事第三产业、提供劳务服务为主要形式的劳动力市场，当时也称劳务市场。但劳务本身只是一种劳动产品，它并不是生产要素，所以，这时的劳务市场还不能等同于劳动力市场。这也表明，这一时期的劳动力市场发展还只是局部的、不充分的。

在这一时期，劳动关系变化主要呈现这样几个特征：

第一，公有制企业，特别是国有企业仍然在我国经济结构中占主体地位，国有企业劳动关系仍是全部劳动关系的唯一重点。自 1978 年改革开放以来，国有企业改革就一直是中国城市经济的改革重点。政府希望通过改革将国有企业转变为自主经营、自负盈亏的经济实体。通过所有制、劳动用工制度、工资制度、社会保险制度等各方面改革的展开，国有企业的经济功能得到强化。

第二，企业经营管理者权力、地位的确立，已经开始改变企业劳动关系的利益结构。1984 年 5 月，国务院发布《关于进一步扩大国营工业企业自主权的暂行规定》，提出在生产经营计划权、产品销售权等 10 个方面扩大企业的自主权。1986 年 9 月，国务院发布《全民所有制工业企业厂长工作条例》，规定企业的法定代表人是厂长，负责代表法人（企业）行使职权。在这个条例中，企业厂长的中心地位得以确立。1986 年 12 月，国务院发布《关于深化企业改革增强企业活力的若干规定》，要求地方政府和有关部门将中央政府放给企业的权利坚决放给企业；要求全面推行厂长（经理）负责制；厂长对企业负有全面责任，处于中心地位，起中心作用。

第三，劳动合同制度的试行，初步形成用人单位与劳动者之间的双向选择关系。1986 年，国务院发布《国营企业招用工人暂行规定》，提出企业招用工人，应贯彻执行先培训、后就业的原则，面向社会，公开招收，全面考核，择优录用。同时发布的《国营企业实行劳动合同制暂行规定》，要求对新招职工普遍实行劳动合同制，这实际上是全面打破固定工制度的先声。在这一阶段，随着企业经济责任制，特别是各种承包责任制的发展，国营企业和政府之间的关系发生了实质性的变化。企业开始成为相对独立、自主经营、自负盈亏的经济实体，企业经营者的地位和责任也发生了重大变化，从而使得原有劳动关系模式发生变化成为必然。

（三）第三阶段：市场化改革初期（1992—1997 年）

这一时期，我国劳动力市场建设进入全面快速推进时期。1992 年，以邓小平同志南方讲话为标志，我国开始了建立社会主义市场经济体制的进程，我国的劳动力市场建设也开始进入了全面快速推进时期。20 世纪 90 年代初，改革的基本思路是把企业推入市场。90 年代中期，劳动制度改革以培育和发展劳动力市场为中心，废除了统包统配的就业政策，形成劳动者自主择业、企业自主用人的用工制度，并逐步打破了城乡之间、地区之间劳动力流动的限制。90 年代中期以后，伴随着劳动用工制度改革、劳动力市场的发育成为政府改革工作重点，国有企业开始实施减员增效、下岗分流、规范破产、鼓励兼并的结构调整政策，大规模的职工下岗、失业开始成为劳动关系当中的突出问题之一。

1993 年 11 月发布的《关于建立社会主义市场经济体制若干问题的决定》中，中共中央第一次明确提出“改革劳动制度，逐步形成劳动力市场”的劳动制度改革思路。1993 年 12 月劳动部发布的《关于建立社会主义市场经济体制时期劳动体制改革总体设想》，将劳动力市场定义为生产要素市场的重要组成部分，根据这个概念，在深化企业用工制度改革方面，这一阶段的工作实际上是围绕着裁减企业富余人员进行的。在国务院 1997 年 1 月上旬召开的全国国有企业职工再就业工作会议上，中央政府进一步提出，解决国有企业的困难，要在坚持企业改组、改造、改制和加强企业管理的同时，坚持走减员增效、下岗分流、规范破产、鼓励兼并的路子。

这一时期劳动关系发生的变化主要有：

第一，劳动关系主体之间的利益结构发生重大变化，国有企业经营管理者已经获得充分的自主权。经过以建立现代企业制度为重点的改革，企业与政府之间的产权关系逐渐明确，国有企业的经营者开始具有与非公有制企业的管理者一样的生产经营权力。现代企业制度的题中应有之义，是建立一个严格的企业内部治理机制。这意味着新中国成立以后 40 余年形成的企业内部治理结构、管理方式要重新构建，并针对经营者、劳动者和工会在企业劳动关系中的身份、地位进行重新界定。这种变化使得国有企业的经营者、劳动者在市场经济条件下面临新的挑战。

第二，全员劳动合同制度的推行使国有企业工人的身份发生变化，劳动关系开始具备明显的契约化特征。1992 年 2 月，劳动部发布《关于扩大试行全员劳动合同制的通知》，要求各省、自治区、直辖市选择市县试行全员劳动合同制。全员劳动合同制度的推行，否定了在国营企业实行了 40 多年的“固定工”用工制度。1994 年《劳动法》的颁布，更是从法律上明确了社会主义市场经济条件下，用人单位与劳动者在劳动关系中的主体身份。全员劳动合同制的深刻影响，体现在原有体制中的劳动关系主体现在必须通过市场交换机制来建立劳动关系，并以合同的方式加以确认；原有劳动关系中的利益统一体发生分化，劳动者与用人单位的人格化代表——经营者之间的利益相互分离，形成不同的利益主体；劳动关系不同主体的权利、义务依法通过合同的方式加以明确。

第三，在国有企业改革继续深化的同时，私营企业特别是外商投资企业得到发展，劳动关系开始呈现出类型多样化的特征。我国经济特区自 20 世纪 70 年代末期开始吸引外商直接投资，经过十余年的发展，1993 年中国已成为世界第二大外商投资国。外资企业的雇主往往在尊重我国主权、利益原则和遵守国家有关法规政策的基础上，将其在本国、本地区的劳动用工、工资分配和企业内部规章制度等管理惯例和手段输入中国，在企业劳动关系的处理上带有明显的国别、地区特征。私营企业，包括外商投资企业的劳动关系从其发生之日起，就具有主体明确、利益分化、雇主主导等典型的市场经济特征，相当一部分企业的劳动关系的规范化程度比较低。总之，在这一时期，计划经济条件下由国家与职工构成的以共同利益为出发点的劳动关系，开始转变为市场经济条件下以利益关系为基础的社会经济关系。

（四）第四阶段：市场经济体制初步建立和不断完善时期（1998 年至今）

这一时期，我国劳动力市场逐步完善。1998 年以后，国有企业进入全面改制过程。国有企业改制主要在两个层面进行：一是通过出售、转让等多种方式将大批国有中小企业改造为私营企业，大量的中小型国有企业转变为私营企业或者股份制企业，不少企业破产倒闭。二是对国有大中型企业实行股份制改造，在这些企业建立现代企业制度。进入 21 世纪，我国的劳动力市场已逐步成熟，其标志可归纳为：一是企业自主用人、劳动者自主就业的双向选择机制已经初步形成；二是由劳动力市场供求关系调节的工资分配制度已基本建立；三是劳动力供求双方开始以劳动合同的形式确立劳动关系。但是，由于我国传统的户籍制度并没有出现根本的改变，而且在 20 世纪 90 年代末我国劳动力市场全面快速发展的时期过于强调农民工问题的负面作用，从而在许多制度安排上并没有把农民工与城镇职工同等对待，所以就形成了现在比较典型的二元劳动力市场。在二元劳动力市场中，农民工与城镇职工的各种待遇相差极为悬殊。

这一时期劳动关系发展变化的主要内容包括：

第一，国有企业劳动关系主体，即经营者与劳动者的权利和利益差别正在逐渐加大。大量工人通过身份置换的形式解除劳动关系；由企业改制引发的劳动争议大幅度增长。随着国有企业的公司化改造，企业经营者掌握了法人财产权，他们在企业的劳动用工、工资分配等方面拥有更大的自主权，并且享受年薪制和股份期权，他们与劳动者的权力和利益的差别正在逐渐拉大。同时，国有企业逐步开展“建立新型劳动关系”“置换工龄”“置换身份”，即工人称之为“买断工龄”的改革，通过身份置换的形式解除劳动关系。“买断工龄”政策，即由改制企业支付给职工一笔经济补偿金，在领取这笔经济补偿金后，职工便不再拥有国有企业职工的身份。企业可以根据生产的需要，继续雇佣这些职工，也可以与他们解除劳动关系。随着国企改制和结构性调整，劳动争议数量和涉及的劳动者人数不断上升；集体劳动争议数量及涉及的劳动者人数明显增加；争议的焦点涉及解除劳动关系的工龄补偿、保险接续和债务清偿等问题。

第二，非公有制经济得到全面发展，使劳动关系类型多样化成为典型特征。非公有制经济的劳动关系成为整体劳动关系中的重要组成部分。习近平总书记指出，“非公有制经济在我国经济社会发展中的地位和作用没有变，我们鼓励、支持、引导非公有制经济发展的方针政策没有变，我们致力于为非公有制经济发展营造良好环境和提供更多机会的方针政策没有变。”[①] 中国私营企业是中国特色社会主义市场经济的重要主体。智研咨询发布的《2021—2027 年中国工业企业产业发展态势及投资决策建议报告》数据显示：截至 2020 年 12 月，中国私营工业企业数为 38.3 万个，私营工业企业平均用工人数为 7 318 万人。截至 2020 年 12 月，中国私营工业企业资产为 126.8 万亿元；中国私营工业企业负债为 71.1 万亿元；中国私营工业企业流动资产为 63.2 万亿元。[②] 目前，我国民营企业超过 2 500 万户，对税收贡献超过 50%；民营企业创造的国内生产总值、固定资产

---

① 习近平：毫不动摇坚持我国基本经济制度推动各种所有制经济健康发展. 人民网，2016-03-05.

② 2020 年中国私营工业企业现状及趋势分析. 产业信息网.

投资以及对外直接投资超过60%；民营企业中高新技术企业占比超过70%；民营企业城镇就业超过80%，对新增就业贡献率达到了90%，其中，仅中国民营企业500强的员工总数就达到1 043.8万人。民营企业已经成为支撑经济持续健康发展的重要力量。[①]

第三，农民工总量减少，流动半径进一步缩小。2020年全国农民工总量28 560万人，比上年减少517万人，下降1.8%，规模为上年的98.2%。其中，外出农民工16 959万人，比上年减少466万人，下降2.8%；本地农民工11 601万人，比上年减少51万人，下降0.4%。在外出农民工中，年末在城镇居住的进城农民工13 101万人，比上年减少399万人，下降3.1%。[②]

第四，规范劳动关系运行的法规体系正在逐步完善。劳动关系运行的法制化，是劳动关系市场化发展的必然要求。1994年《劳动法》颁布，随后国务院及劳动部发布了一系列劳动法规和规章，初步建立起适应市场发展需要的劳动法律法规体系。从2001年起至今是我国劳动关系运行的法规体系逐步完善的阶段。目前，中国劳动关系运行的法规体系逐渐形成了以《宪法》为基础，以《劳动法》为基本法，以《劳动合同法》《社会保险法》《工会法》《妇女权益保障法》《职业病防治法》《安全生产法》等为辅助法，以中国批准的《男女工人同工同酬公约》《就业政策公约》《最低就业年龄公约》《建筑业安全卫生公约》《禁止和立即行动消除最恶劣形式的童工劳动公约》等国际劳工公约为补充的相对完善的劳动法律法规体系，并在逐步完善之中。

第三节　中国劳动关系调整机制的构建

2006年10月党的十六届六中全会通过的《中共中央关于构建社会主义和谐社会若干重大问题的决定》，首次提出“发展和谐劳动关系”的主张，此后，我国把构建社会主义和谐劳动关系作为构建和谐社会的一项新命题加以重视。2011年8月15—16日，由中华全国总工会、人力资源和社会保障部、全国工商联、中国企业联合会、中央宣传部联合召开的全国构建和谐劳动关系先进表彰暨经验交流会在北京举行，时任中共中央政治局常委、中央书记处书记、国家副主席习近平出席会议并讲话。他指出，构建和谐劳动关系，是建设社会主义和谐社会的重要基础，是增强党的执政基础、巩固党的执政地位的必然要求，是坚持中国特色社会主义道路、贯彻中国特色社会主义理论体系、完善中国特色社会主义制度的重要组成部分，其经济、政治、社会意义十分重大而深远。各级党委和政府要进一步提高认识、强化责任，把构建和谐劳动关系作为一项重要而紧迫的政治任务抓实抓好。[③] 2015年4月28日习近平在庆祝“五一”国际劳动节暨表彰全国劳动模范和先进工作者大会上的讲话中指出：“劳动关系是最基本的社会关系之一。要最大限度增加和谐因素、最大限度减少不和谐因素，构建和发展和谐劳动关系，促进社会和谐。要依法保障职工基本权益，健

---

① 国家统计局. 经济结构不断升级 发展协调性显著增强. 国家统计局网站，2021.

② 国家统计局. 2020年农民工监测调查报告. 国家统计局网站，2021.

③ 全国构建和谐劳动关系先进表彰暨经验交流会在京举行. 中国劳动保障报，2011-08-17.

全劳动关系协调机制，及时正确处理劳动关系矛盾纠纷。”① 人社部制定的《人力资源和社会保障事业发展“十四五”规划》将“中国特色劳动关系更加和谐稳定”作为“十四五”期间的主要目标之一，具体要实现“劳动关系协调机制和工作体制机制进一步完善，劳动人事争议调解仲裁体制机制进一步健全，劳动保障监察执法效能有效提升，根治欠薪成果更加巩固，劳动关系治理能力明显提高，劳动关系总体和谐稳定。‘十四五’期末，劳动人事争议调解成功率达到60%，劳动人事争议仲裁结案率达到90%，劳动保障监察举报投诉案件结案率达到96%。”这充分表明我国政府日益高度重视调整劳动关系。

一、中国劳动关系的发展现状

（一）劳动关系日益市场化

我国劳动力市场的加速发展带来了劳动关系的日益市场化。我国劳动关系的市场化主要表现为：其一，劳动关系的归属企业化。随着劳动力市场的形成，我国劳动关系的运行机制逐步由以政府为主体的行政手段的控制转变为以企业为主体的市场机制的调节。也就是说，劳动关系不再由国家全面控制，如何处理用人单位与劳动者的权利义务关系，由国家规范转到用人单位和劳动者按照国家有关的劳动法律法规并通过个别和集体的协商谈判自行处理。其二，劳动关系的规范契约化。劳动关系的形成和调节方式，已经主要通过契约的形式来实现。其具体表现为劳动合同和集体合同。其三，劳动关系的调整规范化。原来由政府主管部门采取行政命令方式调解劳动关系的方式开始向自主协商、平等谈判、三方原则转换。“主体自行协商，政府适时调整”已成为我国目前劳动关系调整既定的模式。其四，劳动关系的构成、运行和处理法制化。目前，我国已初步建立起以《劳动法》为龙头的调整劳动关系的法律制度体系，形成了劳动合同制度、集体协商和集体合同制度、劳动标准制度、劳动监察制度和劳动争议处理制度等协调劳动关系的法律规范。

（二）劳动关系日益复杂多变

目前，我国既存在国有经济、集体经济等公有制经济，也存在私营经济、个体经济、联营经济、股份制经济、外商投资经济和港、澳、台投资经济等非公有制经济。多种经济成分并存的现实状况造成劳动力市场上的就业形式日益多样化。灵活就业已经成为我国劳动者就业的新常态。目前，我国灵活就业人员规模已达2亿人，约占全国总人口的七分之一。其中很大一部分选择了依托互联网的新就业形态，包括快递小哥、外卖骑手、网约车司机、网络主播等等。②

劳动力市场上就业形式的多样化使得我国计划经济体制下单一的公有制劳动关系发生了根本的改变。由于所有制类型的不同以及经营管理方式、分配方式和用工方式的不同，各种经济类型的劳动关系具有不同的性质特点。由于投资主体不同、所有制类型不

---

① 习近平在庆祝“五一”国际劳动节暨表彰全国劳动模范和先进工作者大会上的讲话. 人民网，2015-04-29.

② 胡玥姣. 我国灵活就业人员规模达2亿人“Z世代”选择为自己打工. 海报新闻，2021-05-24.

同，或由于体制转轨调整、自身管理缺陷等多种原因，中国目前存在着多种类型、纵横交错的劳动关系。不同类型劳动关系的利益矛盾焦点和表现形式也不同，需要采用不同的调节手段。例如，在国有经济中，由于新旧体制转换的速度加快，经济关系、劳动关系中的一些深层次的矛盾和问题日益凸显出来，在劳动关系方面突出地表现为如何妥善地处理下岗工人的经济利益问题。而在非公有制经济中，既有相当一部分经济单位受利润最大化目标的驱使，无视国家法律，采用压低职工工资、延长工作时间等资本原始积累的方式，严重侵犯劳动者的合法权益，因而存在着尖锐的劳资矛盾；也有一些经济单位采用现代“以人为本”“以法治厂”的经营管理理念，实行文明化程度较高的管理，从而形成了劳资关系的和谐气氛，加强了员工对企业的认同感和归属感。

（三）劳动者权益保护问题凸显

劳动力市场的供求失衡导致我国劳动关系中的强资本、弱劳工状况，并使劳动争议主要围绕劳动者权益被侵害而发生。2017 年全国各地劳动人事争议调解仲裁机构共处理争议 166.5 万件，2018 年上升为 182.6 万件，之后持续攀升，2019 年为 211.9 万件，2020 年达 221.8 万件。另外，农民工和劳务派遣工的权益保护问题已成为当前的一个重点。一方面，在中国劳动力市场中，传统户籍制度的存在使农民工在城市的平等就业权缺失，最严重和最引人关注的就业歧视是对农民工的就业歧视，农民工的权益保护问题突出。另一方面，因为《劳动合同法》并没有制定违反同工同酬的对应惩罚措施的法律规定，因此在实际操作中许多企业为了减少成本，获取利益，无视法律规定，仍给予派遣工低于正式员工的工资。劳务派遣工的权益保护问题突出。

（四）集体劳动争议大量增加

近年来，我国劳动关系领域的一个显著特点是集体劳动争议大量增加。集体劳动争议的内容涉及工资增长缓慢、拖欠工资、欠缴社会保险等关系劳动者基本生存权的敏感问题。2010 年前后，我国的劳动关系开始进入集体劳动争议的高发期。例如，仅 2012 年 1—8 月，全国共发生围绕工资纠纷的规模在百人以上的集体停工事件 120 多起，发生在 19 省的规模在 30 人以上的有 270 多起，其中，广东省发生率较高。另据统计，2010—2019 年，我国集体劳动争议受理数年均 8 364 件，其中 2015 年高达 10 466 件，2016 年和 2017 年虽略有下降，但自 2018 年又转为上升态势。2019 年劳动争议受理数达到 1 069 638 件，其中集体劳动争议 9 235 件，比 2018 年增幅明显，增幅达到 19.64%（见图 10-1）。2019 年集体劳动争议的当事人数高达 220 174 人，主要发生在广东、北京、江苏、福建及浙江等经济发达省份或沿海省份，这些省份的案件数均超过 500 件，共6 185 件，涉及人数共 150 384 人。其中广东省尤为突出，集体劳动争议案件数高达 3 505 件，占全国案件总数的 37.95%，涉及人数共 85 679 人，占全国总人数的 38.91%。[①] 集体劳动争议的高发，显示在近年经济增速下行的背景下，劳动关系的稳定是需要高度重视解决的重要问题。

---

① 国家统计局. 中国劳动统计年鉴 2020. 北京：中国统计出版社，2020.

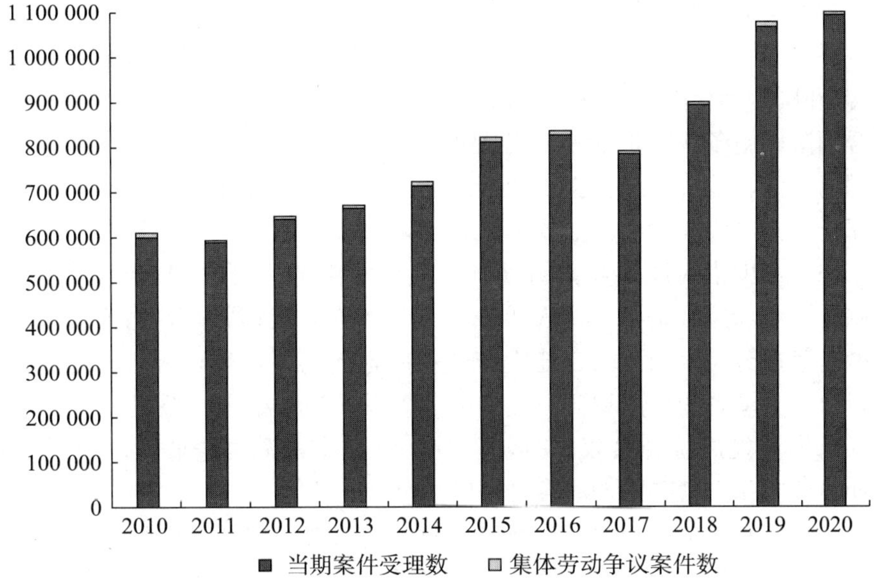

图 10-1 2010—2020 年我国劳动争议情况

资料来源：国家统计局. 中国劳动统计年鉴 2020. 北京：中国统计出版社，2020.

关于中国劳动关系的发展现状，中国工运研究所（全国总工会劳动关系研究中心）课题组曾对此进行了专题调研，并形成了专题报告。该报告将现阶段中国劳动关系的发展现状进行综合研判后认为：当前我国劳动关系处于总体保持稳定、局部矛盾加剧但可控的态势，与市场经济体制相适应的新型劳动关系正逐步形成。我们既要看到总体稳定这一主流，对保持劳动关系和谐充满信心，又要高度重视存在的突出问题，深入分析可能影响劳动关系和谐的因素，未雨绸缪地预测劳动关系发展演变的可能趋势，以切实有效的政策措施加以调整或预防。

二、中国劳动关系调整机制的构建

党的十九大报告明确指出，完善政府、工会、企业共同参与的协商协调机制，构建和谐劳动关系。这是继 2015 年中共中央、国务院发布《关于构建和谐劳动关系的意见》以来，在顶层设计层面进一步作出的决策部署。当前，我国劳动关系调整机制的构建情况如何？随着劳动力市场的发展和逐步完善，我国已经初步建立起以《劳动法》为龙头的调整劳动关系的法律体系，并在此基础上，基本形成了由劳动合同、集体合同、劳动标准、三方协商、劳动监察、劳动争议处理、企业职工民主参与等制度构建而成的新型劳动关系调整机制，主要体现在以下几个方面：

（一）劳动合同制度不断完善

作为确立劳动关系的法律形式，劳动合同的作用是使劳动者个人与用人单位通过签订合同而形成具有明确权利、义务的法律关系。2007 年 6 月 29 日，《中华人民共和国劳动合同法》（简称《劳动合同法》）经第十届全国人大常委会第二十八次会议审议通过，于 2008 年 1 月 1 日正式施行。之后，2008 年 9 月 3 日国务院第 25 次常务会议又通过了《中华人民共和国劳动合同法实施条例》。《中华人民共和国劳动合同法》和《中华人民共和国劳动合同法实施条例》的颁布实施是我国社会主义市场经济法制建设的一件大事，必将对我国的政治、经济和社会生活产生深远影响。2012 年 12 月 28 日由中华人民共和国第十一届全国人民代表大会常务委员会第三十次会议通过了《全国人民代表大会常务委员会关于修改〈中华人民共和国劳动合同法〉的决定》，自 2013 年 7 月 1 日起施行。劳动合同制度是市场经济条件下用人单位和劳动者确立劳动关系，明确双方权利和义务的法律制度。通过劳动合同立法，建立健全劳动合同制度，有利于依法规范企业的劳动用工行为，保护劳动者的合法权益，促进劳动关系的和谐稳定。根据《2019 年度人力资源和社会保障事业发展统计公报》，截至 2019 年年末，全国企业劳动合同签订率达到 90%，事业单位工作人员聘用合同签订率已超过 96%。

近年来，平台经济迅速发展，创造了大量就业机会，依托互联网平台就业的网约配送员、网约车司机、货车司机、互联网营销师等新就业形态劳动者数量大幅增加，维护劳动者劳动保障权益面临许多新情况、新问题。为支持和规范发展新就业形态，2021 年 7 月人力资源社会保障部、国家发展改革委、交通运输部、应急部、市场监管总局、国家医保局、最高人民法院和全国总工会等八部门联合发布《关于维护新就业形态劳动者劳动保障权益的指导意见》，就落实公平就业制度，消除就业歧视；健全最低工资和支付保障制度，推动将不完全符合确立劳动关系情形的新就业形态劳动者纳入制度保障范围；完善休息制度，推动行业明确劳动定员定额标准，科学确定劳动者工作量和劳动强度；健全并落实劳动安全卫生责任制，严格执行国家劳动安全卫生保护标准；完善基本养老保险、医疗保险相关政策和强化职业伤害保障等各方面的具体规定，有利于切实维护新就业形态劳动者劳动保障权益，促进平台经济规范健康持续发展。

（二）集体合同制度初步建立

目前，我国已经进行了有关集体协商和集体合同制度的法律法规方面的初步建设。主要包括：《中华人民共和国劳动法》对集体合同制度做了原则性规定。劳动部颁布的《集体合同规定》将《劳动法》关于集体合同制度的原则规定进一步具体化，对集体合同的签订、集体合同的审查以及集体合同争议处理问题作了较为详细、具体的规定。劳动部发布的《关于贯彻执行〈中华人民共和国劳动法〉若干问题的意见》对涉及集体合同的一些热点问题，如当前签订集体合同的重点、“共保合同”与集体合同的衔接等，提出了具体的解决办法。我国于 2001 年、2009 年和 2021 年多次修订《工会法》，都明确了工会代表职工进行平等协商，依法签订集体合同的权利，并对签订集体合同和实施集体合同过程中发生争议的处理做出了法律规定。2004 年又颁布了新的《集体合同规定》，对集体合同制度的内容和程序作了进一步规定，对推动集体合同制度的规范运行具有积极的指导意义。2006 年 10 月 11 日，党的十六届六中全会通过的《中共中央关于构建社会主义和谐社会若干重大问题的决定》首次提出全面实行集体协商制度。2008 年 3 月 5 日，国务院《政府工作报告》将“推动企业建立工资集体协商制度”作为提高企业职工工资水平，建立企业职工工资正常增长和支付保障机制的重要举措，向各级政府提出明确要求。2009年3月5日，国务院《政府工作报告》提出“鼓励和支持困难企业与员工协商薪酬”，对在金融危机条件下开展工资集体协商工作提出了具体要求。2011年3月14日，全国人大通过的《中华人民共和国国民经济和社会发展第十二个五年规划纲要》，将集体协商贯穿于“构建和谐劳动关系”“深化工资制度改革”“改善民生行动计划”等重点内容之中，提出要“不断扩大集体合同覆盖面”。2012年11月8日，党的十八大报告将“推行企业工资集体协商制度，保护劳动所得”作为千方百计增加居民收入的重要举措。2013年2月3日，国务院批转《关于深化收入分配制度改革的若干意见》提出，“以非公有制企业为重点，积极稳妥推行工资集体协商和行业性、区域性工资集体协商，到2015年，集体合同签订率达到80%，逐步解决一些行业企业职工工资过低的问题。”“加快收入分配相关领域立法。研究出台社会救助、慈善事业、扶贫开发、企业工资支付保障、集体协商……方面法律法规”。对集体协商工作的推进方式、推进重点和具体目标都提出了具体要求。2013年11月12日，党的十八届三中全会进一步要求，“健全工资决定和正常增长机制，完善最低工资和工资支付保障制度，完善企业工资集体协商制度。”2014年，李克强总理在《政府工作报告》中也强调，“健全企业职工工资决定和正常增长机制，推进工资集体协商，构建和谐劳动关系。”这些都说明，党中央、国务院对集体协商制度的建立与实施，态度是鲜明而坚定的。从“全面实行集体协商制度”到“不断扩大集体合同覆盖面”，再到“完善企业工资集体协商制度”，体现了党中央、国务院对集体协商制度建设的要求不断提高，也反映了集体协商工作不断深入发展的实际需要。为了贯彻落实党的十八大和十八届三中全会关于健全工资决定和正常增长机制的明确要求，按照中国工会十六大对集体协商工作作出的新部署，有必要通过制定新的规划和指导意见，进一步明确集体协商新的工作方向、目标任务和工作重点。在历年工作的基础上，2014年出台了三个重要文件：3月19日中华全国总工会下发了《关于提升集体协商质量、增强集体合同实效的意见》；4月18日中华全国总工会下发了《深化集体协商工作规划（2014—2018年）》；与中华全国总工会出台的这两个文件相呼应，4月14日，国家协调劳动关系三方出台了《关于推进实施集体合同制度攻坚计划的通知》。根据《2020年度人力资源和社会保障事业发展统计公报》，年末全国报送人力资源社会保障部门审查并在有效期内的集体合同累计145万份，覆盖职工1.4亿人。

（三）三方协商机制基本建立

我国已经建立了符合中国国情的政府、工会和企业三方协商机制。这种协商机制由各级政府劳动和社会保障部门、工会组织、企业组织派出代表，组成协调机构，对涉及劳动关系的重大问题进行沟通和协商，对拟订有关劳动和社会保障法规以及涉及三方利益调整的重大改革方案和政策措施提出建议。目前，省级三方协商机制已全部建立，地市一级以上普遍建立了三方协商机制，多数省份正向县、区和乡镇、街道、工业园区延伸。2020年2月7日，国家协调劳动关系三方出台了《关于做好新型冠状病毒感染肺炎疫情防控期间稳定劳动关系支持企业复工复产的意见》，加强对特殊时期企业劳动关系处理的指导服务。2020年4月，国家协调劳动关系三方还开展了2020年“和谐同行”千户企业培育共同行动，全面实施集体协商稳就业促发展构和谐行动计划，推进援企稳岗政策落实，建立健全劳动关系风险会商研判机制和重大事件的沟通协调机制，加强对受疫情和经济下行压力影响企业的劳动用工指导和服务。

（四）职工代表大会制度日渐成熟

在《中华人民共和国宪法》中，劳动者被赋予参与“民主管理”的权利。这种权利在广义上是指劳动者对所在企业、事业、机关等工作场所和街道、社区等生活区域的政治、社会、经济事务的参与权利；在狭义上是指劳动者在雇佣单位以职工的身份对于企业的经营、管理和利益关系的调整等活动的介入和参与的权利。在《企业法》《工会法》《劳动法》《公司法》等多项法律中，也都作出了有关坚持职工民主管理的规定。2012 年 2 月中央纪委、中央组织部、国务院国资委、监察部、全国总工会、全国工商联联合下发了《企业民主管理规定》（以下简称《规定》）。这是继 1986 年中共中央、国务院发布《全民所有制工业企业职工代表大会条例》以来，全面规范以职工代表大会为基本形式的企业民主管理制度的重要规章，是坚定不移发展社会主义民主政治、促进企业民主管理发展历程中具有标志性的大事。《规定》共五章五十条，对企业民主管理的指导思想、任务、责任主体等作出了规定，进一步丰富了我国企业民主管理的形式和内容，在重点规范职工代表大会制度的同时，专章对“厂务公开制度”及“职工董事和职工监事制度”作出规定。民主程序的合法规范是保障民主管理制度真实有效的必要前提。对此，《规定》进一步完善了企业实行民主管理的程序和规则。如要求职工代表大会每年至少召开一次会议；全体会议必须有三分之二以上的职工代表出席；职工代表大会选举和表决相关事项，必须按照少数服从多数的原则，经全体职工代表的过半数通过；企业应当提请职工代表大会审议、通过、决定的事项，未按照法定程序审议、通过或者决定的无效，凸显了职工代表大会的严肃性和权威性。针对一些企业职工代表大会表决不规范的问题，《规定》还要求职工代表大会“对重要事项的表决，应当采用无记名投票的方式分项表决”，保证职工代表真实表达意愿和利益诉求。

（五）劳动标准体系日趋完善

我国《劳动法》对工作时间、休息休假、工资、劳动安全卫生、女职工和未成年工特殊保护等作了规定。配套的行政法规主要有《女职工劳动保护规定》《国务院关于修改〈国务院关于职工工作时间的规定〉的决定》等。配套的部门规章主要有《关于企业实行不定时工作制和综合计算工时工作制的审批办法》《人事部关于贯彻〈国务院关于职工工作时间的规定〉的实施办法》《最低工资规定》《企业最低工资规定》《工资支付暂行规定》《对〈工资支付暂行规定〉有关问题的补充规定》《未成年工特殊保护规定》《女职工禁忌劳动范围的规定》《职业病范围和职业病患者处理办法的规定》《职业技能鉴定规定》等。我国有关劳动标准方面的立法采取的是综合立法和单行立法共存的方式，有关劳动标准的立法存在于综合的劳动法和单行法规之中。上述立法在工资、工作时间、休息休假、劳动安全卫生等方面确立了一系列劳动基准，劳动者受到法定的最低劳动标准的保障，这些基本规范的建立表明了我国劳动标准的法制化，从而保证维护劳动者最基本的劳动权利。

（六）劳动争议处理制度日益规范化

我国《劳动法》确立了“一调一裁两审”的劳动争议处理制度，包括企业劳动争议调解、劳动争议仲裁、劳动争议诉讼等内容。随着非公有制用人单位的劳动争议逐渐增多，更多的问题需要通过法律途径或者依靠机制的完善来解决。2007 年 12 月 29 日正式颁布的《中华人民共和国劳动争议调解仲裁法》于 2008 年 5 月 1 日正式实施，进一步推动了建立规范有序、和谐稳定的新型劳动关系。2011 年年底，针对企业内部劳资双方沟通机制普遍缺失、劳动者的利益诉求表达渠道不畅、企业劳动争议调解委员会作用弱化等比较突出的问题，为贯彻《中华人民共和国劳动争议调解仲裁法》，按照“预防为主、基层为主、调解为主”的工作方针，推动企业建立健全调解组织、建立预防工作机制、完善调解制度、落实保障措施，建立企业内部劳动争议协商解决机制，提升企业自主解决争议的能力，人力资源和社会保障部发布了《企业劳动争议协商调解规定》，于 2012 年 1 月 1 日起施行。《企业劳动争议协商调解规定》分为总则、协商、调解、附则四部分，主要有以下特点：一是建立企业内部劳资双方沟通协商机制。《企业劳动争议协商调解规定》对企业构建和谐劳动关系、畅通劳动者利益诉求表达渠道、加强对劳动者的人文关怀提出明确要求。二是着力解决争议处理中最为薄弱的协商问题。《企业劳动争议协商调解规定》对劳动关系双方协商的原则、方式、参加人、时限及和解协议效力等作出明确规定。三是切实加强企业劳动争议调解委员会建设。四是建立预防在先的工作机制。五是建立劳动争议调解协议的仲裁审查确认制度。六是充分发挥劳动关系三方原则的作用。2020 年全年，全国各级劳动人事争议调解组织和仲裁机构共处理劳动人事争议案件 221.8 万件，涉及劳动者 246.5 万人，涉案金额 530.7 亿元。全年办结争议案件 212.3 万件，调解成功率为 70.6%，仲裁结案率为 96.2%，仲裁终结率为 70.5%。①

（七）劳动保障监察制度逐步健全

根据《劳动法》赋予的职能，各级劳动和社会保障部门建立了劳动保障监察机构，初步形成了省、地、县三级监察执法组织网络，一些地区和城市将监察机构延伸到了街道、乡镇。确立了日常巡视监察、举报专查、专项检查、劳动保障年检等监察执法方式，制定了基本执法规范及统计报告、目标管理等内部管理制度，形成了“职能统一、制度统一、程序统一”的工作体制。中国各级劳动和社会保障部门按照依法行政、严格执法的原则，不断加强劳动和社会保障行政执法力度，建立健全劳动保障监察组织。2020 年全年，全国各级劳动保障监察机构共主动检查用人单位 112.2 万户次，涉及劳动者 4 383.6 万人次。书面审查用人单位 133.5 万户次，涉及劳动者 4 662.7 万人次。全年共查处各类劳动保障违法案件 10.6 万件。加大劳动保障监察执法力度，为 64.8 万名劳动者追发工资等待遇 65.2 亿元。督促用人单位与 58.5 万名劳动者补签劳动合同。督促 4 206 户用人单位办理社保登记，督促 1.3 万户用人单位为 9.4 万名劳动者缴纳社会保险

---

① 人力资源和社会保障部．2020 年度人力资源和社会保障事业发展统计公报．人力资源和社会保障部网站，2021.

费 4.1 亿元。依法查处人力资源市场违法行为，取缔非法职业中介机构 1 290 户。①

本章小结

本章介绍了劳动关系的含义、特点、主体等基本内容，阐述了劳动争议的类型、劳动争议调整的方法以及劳动争议调整制度的内容；从理论上分析了劳动力市场发展中的劳动关系变化，并着重对中国劳动力市场发展中的劳动关系变化进行了详细分析。

在中国劳动力市场发展的不同时期，劳动关系呈现出不同的特征。第一阶段：不存在劳动力市场（改革开放之前）。这一阶段劳动关系的特征表现为：劳动关系主体身份不明确；普遍不存在利益冲突；劳动关系的运行由国家通过行政手段直接控制和处理；劳动关系的类型单一，只有公有制经济的劳动关系一种类型。第二阶段：劳动力市场开始萌芽并局部建立（1978—1991 年）。这一时期劳动关系的特征表现为：国有企业劳动关系仍是全部劳动关系的唯一重点；企业经营管理者权力、地位的确立已经开始改变企业劳动关系的利益结构；初步形成用人单位与劳动者之间的双向选择关系。第三阶段：劳动力市场建设进入全面快速推进时期（1992—1997 年）。这一时期劳动关系发生的变化主要有：劳动关系主体之间的利益结构发生重大变化，国有企业经营管理者已经获得充分的自主权；劳动关系开始具备明显的契约化特征；劳动关系开始呈现类型多样化特征。第四阶段：市场经济体制初步建立和不断完善时期（1998 年至今）。这一时期劳动关系发展变化的主要内容包括：国有企业劳动关系主体，即经营者与劳动者的权利和利益差别正在逐渐加大；大量工人通过身份置换的形式解除劳动关系；由企业改制引发的劳动争议大幅度增长；劳动关系类型多样化成为典型特征；非公有制经济的劳动关系成为整体劳动关系体系中的重要组成部分；大量农民转化为工人，加入我国劳动者阶层的队伍；规范劳动关系运行的法规体系正在逐步完善。

中国劳动力市场与劳动关系的变革与发展态势：劳动力市场加速发展，劳动关系日益市场化；就业形式多样化，劳动关系日益复杂多变；劳动力供求失衡，劳动者权益保护问题凸显；劳动关系存在潜在危机，集体劳动争议大量增加。

关键术语

劳动关系　劳动争议　集体协商　集体合同　三方协商机制

习　题

1. 劳动关系的含义与特点是什么？
2. 劳动关系的主体包括什么？
3. 劳动争议有哪些类型？
4. 劳动争议调整的方法有哪些？

① 人力资源和社会保障部．2020 年度人力资源和社会保障事业发展统计公报．人力资源和社会保障部网站，2021.

5. 简述劳动争议调整制度的内容。
6. 西方国家劳动力市场发展中的劳动关系变化的一般规律是什么？
7. 分析中国劳动力市场发展中的劳动关系的变化。
8. 简述中国劳动力市场与劳动关系的变革与发展态势。

案例分析

新就业形态劳动者权益保护
——美团骑手与公司形成劳动关系

北京三快科技有限公司是美团网APP（以下简称美团外卖）网络经营许可证的持有者，美团外卖的经营由其关联公司上海三快科技有限公司（以下简称上海三快公司）开展。2017年3月2日，捷顺配送公司（乙方）与上海三快公司（甲方）签订《美团外卖配送服务协议》，约定捷顺配送公司在约定的配送区域内进行美团外卖订单配送的运营工作，包括乙方按照甲方要求的标准及配套设施组建专门配送团队、乙方应对配送人员进行规范管理、保证符合要求并保证其人员按照协议约定标准完成配送服务等内容。

2017年4月4日，李杰注册了美团外卖APP，注册信息显示服务站点为宁波捷顺苏州渭塘站，全职员工。此后，李杰在捷顺配送公司处从事餐饮配送服务。2017年4月6日23时50分左右，李杰驾驶无号牌电动自行车经过相城区渭塘镇渭中北路商苑街路口时，与苏N×××××小轿车相撞，李杰受伤，经抢救无效于4月10日死亡。该事故经交警部门认定双方各负事故同等责任。被上诉人的交通事故赔偿纠纷于2017年9月20日经苏州市相城区人民法院（2017）苏0507民初3109号案件调解结案。

双方关于李杰与捷顺配送公司之间是否构成劳动关系发生争议。

在仲裁庭审中，被上诉人（死者李杰之妻、之子、之父三人）陈述，李杰于2017年3月底进入捷顺配送公司工作，工作时间为早上9点至晚上22点多。捷顺配送公司陈述，李杰于2017年4月4日进入该公司，并与其签订了劳务协议，但无法提供该协议，协议内容是餐饮配送，故李杰工作时间主要集中在中午和傍晚时段，非全职。

一审庭审中，捷顺配送公司还述称：捷顺配送公司关于招聘“骑手”的方式有很多种，有主动上门，有通过招聘广告的形式等，李杰是通过张贴的广告主动上门的。骑手不需要专业技术，所以入职没有门槛要求，只要达到法定入职年龄，除了要求留存身份证复印件，该公司不需要审查应聘者，也不需要开办工资卡，因为双方合作以比较松散的方式进行。捷顺配送公司从上海三快公司取得系统运营权限，通过系统向包括李杰在内的所有骑手派送订单，骑手有选择接与不接的权利（抢单），系统主要根据骑手的位置及待派送的位置自动生成派发订单。该公司与骑手之间按月结算，每单固定为5元，不区分距离远近等因素。该公司对骑手不进行管理和培训，对于骑手的工作时间也没有要求，对于骑手实际上路或在线时间没有要求。该公司与骑手之间没有签订劳动合同，也没有缴纳社保，客户对骑手的投诉主要是向美团平台投诉，平台再反映给我们，对于骑手派送服务的质量没有考核，从来不对骑手罚款。

被上诉人认为，上海三快公司与捷顺配送公司签订的配送协议，对于配送的标准以及捷顺配送公司的义务做了详细的约定。捷顺配送公司所陈述的对于骑手不做任何要求，没有任何管理的完全松散关系是不可能达到美团外卖配送商的服务规范和行为规范的要求的。美团外卖对骑手考核是通过捷顺配送公司这样的加盟商完成，工资也是通过加盟商来发放，使用过美团外卖的人都会知道对于骑手是有评价机制的。在实际的运营中所有的骑手着装一致，虽然对外都是美团，但实际的管理是由捷顺配送公司完成的。

一审法院认为，劳动者与用人单位之间是否存在劳动关系，主要通过考察劳动者是否接受用人单位日常管理、是否接受劳动报酬、是否系用人单位主营业务范围等因素来确定，对于类似于外卖骑手这种产生于互联网大数据时代的新生产物，本着规范企业合法用工、依法保护劳动者合法权益的原则，也应依据上述基本原则来加以甄别和认定。本案中，2017 年 4 月 4 日，李杰通过捷顺配送公司管理的系统登记注册为其名下的骑手从事外卖派送服务。第一，该外卖派送服务属于捷顺配送公司的主要经营内容，应当是捷顺配送公司的主要用工领域；第二，捷顺配送公司系通过其管理的系统向包括李杰在内的骑手分配工作任务，这种工作分配并非传统意义上的一对一，而是多对多，但实质上与传统行业中操作人员从生产流水线上选取工作对象并无二致；第三，劳动报酬由捷顺配送公司进行计件发放，每月结算，也符合一般劳动关系的特征；第四，捷顺配送公司称其对骑手不进行管理和考核，该说法不符合其与上海三快公司的服务协议内容，也不符合美团外卖派送服务的实际情况，让常人无法接受。综上，一审认为，李杰与捷顺配送公司的关系，符合劳动关系的一般特征，且确认存在劳动关系也有助于规范行业用工和骑手权益的保障，因此，一审认定李杰与捷顺配送公司之间在 2017 年 4 月 4 日起建立了劳动关系。一审遂依据《中华人民共和国劳动合同法》第七条、《最高人民法院关于民事诉讼证据的若干规定》第二条等规定判决：捷顺配送公司与李杰自 2017 年 4 月 4 日起存在劳动关系。二审中，当事人均没有提供新证据。本院对一审查明的事实予以确认。

资料来源：最新判决：美团骑手与公司形成劳动关系. 澎湃新闻，2019-08-27.

▶思考题：

1. 新就业形态劳动者的劳动关系如何认定？
2. 如何有效地保护新就业形态劳动者的合法权益？

第十一章

工会与劳动力市场

本章要点

工会的概念和组织形式；工会的积极作用；工会直接影响工资和就业的理论模型；工会间接影响工资和就业的理论模型；中国工会对劳动力市场的影响。

导入案例

二十四节气与工会的故事

春夏秋冬，寒来暑往，二十四节气里蕴含着不一样的工会故事。厦门市总工会用实际行动，谱写了一首《工会二十四节气歌》：

> 立春冰雪释，新年又伊始，温暖送心上。雨水翠如滴，惊蛰春雷响，返厦有人帮。春分百芳香，莫负好时光，招工就业忙。清明浮萍长，谷雨耕作忙，比武谁更强。立夏万物生，小满谷丰实，劳模好榜样。芒种好种秧，夏至漫麦香，两岸诉衷肠。小暑入伏天，大暑盛骄阳，娘家送清凉。立秋天凉爽，处暑热气藏，带娃不必慌。白露风渐凉，秋分丹桂香，助学题金榜。寒露鸿雁归，霜降暖新房，姻缘喜事旺。立冬万物藏，小雪天地凉，工会红飘扬。大雪寒雪飞，冬至年将至，春晚喜开场。小寒旧岁暮，大寒团圆享，总结再启航。

每一段歌词都代表着厦门市总工会在一年的不同时间段开展的不同工作和为职工提供的不同服务。

比如“立春冰雪释，新年又伊始，温暖送心上”，代表着每年元旦春节期间，全市工会组织开展送温暖活动，走一线、访民情、解难题、办实事，把温暖送到职工心坎上。

而“雨水翠如滴，惊蛰春雷响，返厦有人帮”，则代表着工会在年后开展助力返厦复工工作。自2020年2月11日起，工会先后向福建省内14个县市发出包车90辆；自2月21日起，组织开通省外职工返厦包机包列，先后开通贵阳、兰州、成都、重庆、昆明至厦门5条航线，组织包机8架、航班包座8批次，江西南昌、抚州至厦门包列1趟（8节）。截至29日，共组织接回外地务工人员4 000多人，已受理自行返厦职工申报工会“平安返厦”交通补助近3万人，累计服务厦门全市530多家企业。

再比如“立秋天凉爽，处暑热气藏，带娃不必慌”，代表着工会暑假托管工作的开展。此时正值学校放假期间，职工们最担心的是“娃没人带”。每年暑假期间，工会娘家人都会推进基层单位开办职工子女暑托班，切实解决职工后顾之忧。

一年四季，无论风雨兼程，阴晴冷暖，工会娘家人始终陪伴在职工身边！

资料来源：厦门市总工会．二十四节气与工会的故事．腾讯网．2020-03-26.

第一节　工会概述

工会（trade union）是工业化过程的必然产物。伴随着市场经济的发展，劳动者之间为增加自己的力量、维护自身的利益而联合起来，出现了代表自己利益的组织——工会。在劳动力市场运行中，工会的存在与活动对维护工人的劳动权益具有重要的作用。

一、西方工会的起源与发展

工会最初起源于西方的第一次工业革命时代，当时越来越多的农民离开赖以为生的农业涌入城市，为城市的工厂雇主打工，但当时工资低廉且工作环境极为恶劣，在这种环境下，单个的被雇佣者没有能力对付强有力的雇主，从而诱发工潮频繁产生。在英国，早期是由技术工人组成同业联盟，以后无技术的体力劳动工人也开始组成同盟，大家基于共同的利益要求团结起来，逐渐形成由社会底层的劳工自发组织起来的群众性组织，工会组织由此而诞生。为了维护工人的利益，工会通过组织工人，利用罢工、怠工，甚至暴力等形式同资本家抗争，迫使资本家妥协，从而实现增加工资报酬、缩短劳动时间、改善劳动条件等劳动经济权利。

但在相当长的一段时期内，西方工业国家的工会组织都属于非法组织，政府当局对于成立非法工会组织的首要人物会处以酷刑，甚至会处以死刑。尽管如此，各种工会组织仍然不断涌现，并且逐步获得了一些经济和政治权利，从而导致工会组织的合法化，同时，也催生各个工业国制定劳工法或工会法。

第二次世界大战后，工会组织一度呈现出扩大化态势。20世纪后期，随着“新自由主义”的兴起，特别是企业雇主通过资本强势与必要妥协的有效并用，使得发达国家的工会组织势力和影响力都逐渐衰减。例如，20世纪70年代后期，英国的工会成员人数曾达到顶点，约占劳动力总数的50%。澳大利亚的工会成员人数最多时也曾达到总劳动力的50%。而在美国，20世纪70年代早期曾是工会发展的繁荣时期，工会成员最多时约占劳动力总数的30%。但80年代开始出现下跌趋势。当今的美国工会在很大程度上已成为一个小众的、行业的、局地的、边缘的现象。根据美国劳动统计局发布的数据，截至2018年底，工会会员在全体受薪劳动者中的占比已经跌至10.5%。同时，工会会员的分布高度不均衡。从部门来看，公共部门的会员率为33.9%，而私人部门的会员率已经下滑到6.4%，公共部门的会员率相当于私人部门的5倍还要多；从行业来看，为社会提供保护性服务的职业（如消防员、刑事探员、救生员、交通警察等）以及教育、培训和图书馆行业的会员率最高，是农林渔业、销售行业及计算机业会员率的 10 倍以上。①

因此，现代西方国家的工会会员入会率逐渐下降，工会组织所产生的社会影响力和作用大大减弱，这是一个不争的事实。

二、中国工会的起源与发展

旧中国的经济十分落后，19 世纪中叶沦为半殖民地半封建社会后，逐渐出现近代工业，与之伴随诞生了第一代工人阶级。1851 年在广州成立的“打包工人联合会”具有工会的雏形，这个联合会曾经发动过反对英、法等国侵略中国的罢工斗争。

中国最早的工会是 1906 年成立的广东机器工人工会和广东邮政工人工会，1920 年 11 月 21 日成立的上海机器工会是中国共产主义小组领导下的第一个革命工会组织。1921 年中国共产党成立后，当年 8 月 11 日在上海成立了领导工人运动的总机关——中国劳动组合书记部，作为全国组织工会的通信联络机关。1922 年 5 月，中国劳动组合书记部在广州召开了第一次全国劳动大会，开始筹备全国性工会组织。1925 年 5 月 1 日，在广州召开第二次全国劳动大会，正式成立了“中华全国总工会”。抗日战争时期暂停使用“中华全国总工会”的名称。1948 年 8 月 1 日，召开第六次全国劳动大会，决定恢复“中华全国总工会”。

新中国成立后，中国共产党成为执政党，工人阶级成为国家的领导阶级，中国工会也成为国家政权的重要社会支柱。1950 年 6 月 29 日，毛泽东主席以中央人民政府命令的形式公布施行了第一部《中华人民共和国工会法》，共五章二十六条。根据社会经济的发展变化，《工会法》几经修改。2021 年 12 月 24 日，第十三届全国人大常委会第三十二次会议完成对《中华人民共和国工会法》的修改，并于 2022 年 1 月 1 日起正式施行。《工会法》规定，“中华全国总工会及其各工会组织代表职工的利益，依法维护职工的合法权益。”“维护职工合法权益、竭诚服务职工群众是工会的基本职责。工会在维护全国人民总体利益的同时，代表和维护职工的合法权益。”② 新《工会法》适应了建立社会主义市场经济体制发展的要求，有利于充分发挥工会作为党和政府联系职工群众的桥梁纽带作用，对建立稳定和谐的劳动关系、稳定大局，具有十分重要的意义。

三、工会的概念

在历史上和现代世界，存在各种关于工会定义的表述，从经济性、社会性的角度揭示了工会的性质。工会的定义主要是对工会基本性质的表述。深入分析各种定义，可以归纳出关于工会组织的一般要义：

---

① 阎天. 美国工会衰落史. 新京报，2019-09-18.

② 中华人民共和国工会法. 北京：中国工人出版社，2021.

一是工会因劳动关系冲突而产生。工会是市场经济中劳动关系矛盾冲突的产物。冲突的内容在于特定工作场所中劳动与资本的分配关系与管理关系，而冲突的根源则在于个别劳动关系双方的不平衡。工会是作为与资本相对抗的组织和力量产生和存在的，其作用正在于平衡劳资关系双方的力量，目的在于使冲突的解决走向制度化。工会因劳动关系冲突而产生，是劳动关系在市场经济下制度化运行的产物。

二是工会以维护会员利益为首要职能。工会的首要职能在于其为会员谋求工资、就业、安全保障等经济利益的经济职能。在此基础上，工会具有通过集体谈判、民主参与等途径促进劳动者产业民主权利实现的民主政治职能；通过三方机制等社会对话渠道建立社会伙伴关系的社会整合职能以及在特定历史环境下作为阶级解放手段的阶级动员职能。

三是工会以集体谈判为基本手段。雇员因为需要与雇主进行有组织的交涉而建立工会。工会成立后大多以集体谈判作为谋取雇员利益的基本手段。集体谈判也因此成为以工会为主体一方的集体劳动关系的核心运行机制。

四是工会由雇员自愿结合而成并代表会员意志。几乎所有国家的法律都刻意强调工会组织是由雇员自愿结合而成的。自愿性一般理解为特定工作场所的雇员自主地建立或选择某个工会作为自己的代表。但当存在需要或不需要以及选择此工会还是彼工会等分歧时，往往要依照一国相关法律规定通过工会承认的程序以保障大多数雇员在工作场所的民主选择权利。

上述要点表明，**工会**是市场经济条件下，在特定工作场所工作的劳动者基于共同的利益自愿结合起来，为改善劳动条件和生活条件而组织起来的社会团体。中国工会是中国共产党领导的职工自愿结合的工人阶级群众组织，是中国共产党联系职工群众的桥梁和纽带，是国家政权的重要社会支柱，是会员和职工利益的代表。中华全国总工会是各地方总工会和各产业工会全国组织的领导机关。

应用实例

“十四五”时期中国工运事业和工会工作的主要目标

为开创中国工运事业和工会工作新局面，中华全国总工会制定了《中国工运事业和工会工作“十四五”发展规划》。规划提出，今后5年，工运事业和工会工作发展要坚持目标导向和问题导向相结合，坚持守正和创新相统一，努力实现以下主要目标：

（1）工会理论武装得到新加强。习近平新时代中国特色社会主义思想更加深入人心，学习贯彻习近平总书记关于工人阶级和工会工作的重要论述取得重要理论成果和实践成效，运用马克思主义立场、观点、方法解决实际问题的能力切实加强。

（2）职工思想引领取得新进展。面向职工群众的理论宣讲形成制度性安排，党的创新理论不断走近职工身边、走进职工心里；理想信念教育常态化开展、制度化推进，“中国梦·劳动美”主题宣传教育活动更加丰富，广大职工在理想信念、价值理念、道德观念上紧紧团结在一起，对中国特色社会主义的道路自信、理论自信、制度自信、文化自信不断增强。

（3）职工建功立业展现新作为。广大职工主人翁意识进一步增强，劳模精神、劳动精神、工匠精神大力弘扬，劳动和技能竞赛广泛深入持久开展，群众性创新活动成果显著；产业工人队伍建设改革取得突破性进展，在推动高质量发展中的工人阶级主力军作用充分彰显。

（4）维护职工权益取得新实效。劳动法律法规体系不断完善，职工合法权益维护机制不断健全，新就业形态劳动者建会入会和权益维护形成制度保障，劳动关系协调机制有效运行，工会参与劳动争议预防调处化解的水平不断提升，维护劳动领域安全稳定体系和能力建设有效推进，在助推建设更高水平的平安中国中作用积极发挥。

（5）服务职工水平实现新提升。联系服务职工长效机制建立健全，工会服务阵地建设明显加强，服务职工“最后一公里”问题有效解决，困难职工家庭常态化帮扶机制有效运行，工会服务职工品牌项目叫响做实。

（6）工会组织建设呈现新活力。工会改革创新持续深化，联系广泛、服务职工的工会工作体系日益健全，智慧工会建设取得实质性进展，基层工会组织设置、运行机制进一步健全，基层基础薄弱问题得到有效解决，工会组织覆盖面不断扩大、凝聚力进一步增强。

资料来源：中华全国总工会. 中国工运事业和工会工作“十四五”发展规划. 北京：中国工人出版社，2021.

四、工会的组织形式

工会的组织形式，是指工会组建的原则和组织构成。一个国家的工会所采用的组建原则和组织构成受到该国的产业结构、政治体制、经济体制以及该国工会具体的目的、任务和发展历史等各种因素的影响。在各种因素的影响下，工会的组织形式大致可以分为以下几种类型：

（一）以职业为原则的组织形式

职业原则即按照职业来联合和组织工会，其特点是以相同或相似职业作为组建工会的依据或条件。这类工会多由同一职业的技术工人或熟练工人组成，例如，建筑工人工会、印刷工人工会、码头工人工会均属职业工会。因此，这类工会可以同时包括不同企业的从事同一职业的工人，一个企业内也可以存在几个不同的职业工会。

（二）以产业为原则的组织形式

产业原则即按照产业系统来联合和组织工会，其特点是将在同一企业的工人，不分职业都组织在同一产业的基层工会中，再根据其所属的产业系统，组织起该产业的地方和全国性工会委员会。因此，产业工会代表了一个行业或者企业的大部分或全部工人。

（三）以企业为原则的组织形式

企业原则是以企业为单位组建工会，其特点是企业内所有的工人不分职业，均组织在一个工会之内。这类工会与产业工会的区别在于，它们不受上级产业工会的管辖，享有组织和活动的自主权。

（四）以地域为原则的组织形式

地域原则是以地域为单位组建工会，其特点是不分职业、产业、企业，在一个地区内所有愿意参加工会的工人均组织在一个工会之内。

在世界各国，工会通常以多种组织形式并存，或者根据其现实需要，采用两种组织形式组建工会，例如，同时采用产业与区域原则组建工会。

应用实例

新兴行业工会——我国经济发展带来的工会建会新挑战

近年来，新领域、新业态、新模式领域行业迅猛发展，催生了大量新型就业形态。新就业形态劳动者在我国经济社会发展中发挥着不可或缺的重要作用。具有从业人员基数大，以平台就业、灵活就业为主的特点。如何最大限度地把新就业形态劳动者吸引过来、组织起来、稳固下来，成为近年来工会工作的重中之重。

广东各级工会组织，针对这些群体分散流动的就业方式，因地制宜探索新模式，多措并举打好了建会入会“组合拳”。

2019 年，深圳市总工会推动滴滴出行深圳分公司及与之强关联的迪滴汽车科技公司、申瑞汽车租赁服务公司等 3 家公司，按照工会章程分别单独成立工会，再由上述 3 家公司工会联合成立深圳滴瑞工会联合会，吸纳在滴滴平台注册的网约车司机入会。1 年多来，滴瑞工会联合会发展会员近千人。曹操出行、神州租车等深圳市 12 家网约车平台企业，相继组建了工会组织。

近年来，湛江市总工会采取“先服务，后建会”的工作方式，整合同类型的小微企业孵化出行业工会，建立“工会基层组织孵化器”，以“孵化器”吸引快递员、保安员等新业态就业群体入会，探索出先全面覆盖再精准覆盖的工作模式，成功孵化物业行业工会联合会。

中山市总工会拨出专款，支持快递行业工会联合会开展包括理论知识、物品收寄、卸车分拣、模拟投递等多个工种的技能竞赛。同时，举办中山市“最美快递员”评选活动，努力在全社会营造理解和支持快递行业工作的良好氛围。

揭阳市总工会发挥工会联合会龙头作用，指导普宁市机动车驾驶员培训行业工联会建起来、转起来、活起来。顺丰集团工会联合会依托官微“服务大厅”，提供线上入会、缴费、交友、读书、心理咨询、购物等多项服务，目前，该平台有近 40 万粉丝，线上直播课程、文艺节目等广受好评。

3 年来，广东工会通过抓住头部企业“牵头建”、借力行业“依托建”、立足区域“联合建”等模式，以“精准＋普惠”服务相结合，建立新技术、新业态、新模式领域行业工联会 110 个，建立平台企业工会 40 家，发展货车司机等新业态就业群体 28 万余人入会。

针对新领域、新业态、新模式领域行业及新就业形态劳动者的各项特点，我国积极创新工会组建方式。通过强化分类指导，明确时间节点，集中推动重点行业企业特别是头部企业及其下属企业、关联企业依法普遍建立工会组织，积极探索适应货车司机、网约车司机、快递员、外卖配送员等不同职业特点的建会入会方式，通过单独建会、联合建会、行业建会、区域建会等多种方式扩大工会组织覆盖面，最大限度吸引新就业形态劳动者加入工会。保持高度政治责任感和敏锐性，切实维护工人阶级和工会组织的团结统一。截至 2020 年，中国基层工会委员会总数达到 247.6 万个，工会会员总数达到 27 189.8 万人。①

资料来源：叶小钟．广东工会创新建会模式吸引新业态职工．工人日报，2021－06－15.

五、工会的积极作用

工会伴随产业革命发展而成为现代经济社会中基本构成的事实，表明了工会在社会经济发展中的积极作用。总的来看，工会在市场经济体制中的积极作用可以归纳为如下几点②：

（一）促进社会公平正义的实现

工会使劳动者真正感受到自己的力量，感受到应该得到的尊重。团结在工会的旗帜下，劳动者所能够改变的不只是工作条件，还包括自己的整个生活。工会是一个压力集团，它所压迫的不只是所在工作场所的雇主，也包括那些没有建立工会并试图排斥工会的企业。由于工会的组织威慑作用，很多未参加工会的工人的工资和劳动条件也得到提高和改善。因此，从某种程度上可以说，工会的社会作用要胜过它所起到的经济作用。

（二）促进劳动报酬的提高

工会可以为其会员争取较非会员要高的相对工资优势。而且，工会在提高会员收入水平的同时，也在整体上促进了收入分配的公平性。除了提高工资，工会调整了整个报酬的构成，提高了福利在报酬中的比重，尤其是保障性的福利，这些调整促进了社会福利化程度的提高；通过限制管理方随意确定工资的政策，工会的标准工资率政策减少了同一企业内部和不同企业之间的工资不平等。工资谈判机制不仅将谈判单位的工资增长与员工要求相统一，并且形成了合理预期和稳定的增长机制，对相关企业组织也形成一定的工资压力，从而有利于工资水平的普遍合理增长。

（三）促进企业生产效率的提高

工会提供表达机制替代出走机制，使雇员能够通过工会将自己的建议和偏好传达给

① 国家统计局．中国统计年鉴 2021．北京：中国统计出版社．2021.

② 常凯．劳动关系学．北京：中国劳动社会保障出版社，2005.

资方，避免了单个雇员因为意见表达而可能带来的不利局面。工人的工作动机可能会因此得到强化，从而降低了员工的离职率，也使招聘与培训成本降低，并且减少了工作程序的中断，进而提高了生产力。劳资双方关系的和谐与稳定也是提高劳动生产率的重要因素。企业基于稳定的劳资关系所形成的培训等人力资本投资收益具有稳定预期，并成为企业长远发展的根本保证。

（四）促进企业管理水平的提高

工会可以促进工人被公正、平等地对待。在建立了工会组织的工作场所中，往往建立固定的申诉渠道来解决工作场所工人的抱怨。如果某个工人对雇主有不满情绪，他可以向工会倾诉并通过工会要求雇主作出相应调整。工会也成为工人参与工作场所决策的重要渠道。通过与雇主进行集体谈判，签订集体合同，工人可以有机会在包括工资、工时、工作条件等广泛范围内参与工作场所政策的制定。工会组织本身作为雇员的心声表达机制提供了有效的冲突释放渠道。工会与管理方共同制定工作规则，确定劳动标准，限制了管理方在裁员、晋升等方面的随意性。当然，由工会所推动建立的产业民主渠道使得管理者的管理意图更容易被雇员理解和接受，也使得管理方得到来自基层工作单位的更多信息，从而有利于管理水平和管理效率的提高。

应用实例

新疆昌吉州总工会推进新就业形态劳动者入会

“快递网点总共才 4 个人，可以建工会吗？”“货车是我自己的，挂靠在运输公司，但我又不算公司的职工，能不能加入工会？”……近日，新疆维吾尔自治区昌吉回族自治州的不少新就业形态劳动者主动询问入会事宜，加入工会组织的积极性显著提升。

这一转变得益于昌吉州总工会开展的推动新就业形态劳动者入会和维权服务工作。2021 年以来，昌吉州总工会成立领导小组，州总工会党组书记、副主席丁建海任组长，负责指导全州范围内新就业形态劳动者入会工作。同时，召开新就业形态劳动者集中入会工作推进会，以建会集中攻坚行动为抓手，通过多部门联动、组建工作专班、建立结对指导机制等方式，形成工作合力。此外，从加强组织领导、创新工作方式、提升服务能级等方面入手，全力推进新就业形态劳动者入会。

“在组织货车司机入会之前，我们就已经把高温慰问、技能培训等工会优质服务送到他们身边，让他们对工会服务有了直观、真切的感受。”准东开发区工会干部白慧清介绍，正是这些看得见的服务，吸引了新就业形态劳动者主动加入工会。

截至目前，昌吉州共有新业态领域企业 519 家，从业人数 9 951 人，单独成立工会 282 家，联合建会 5 家，共发展会员 6 310 人，入会率达 63%。

资料来源：新疆昌吉州总工会推进新就业形态劳动者入会. 工人日报，2021 - 11 - 30.

第二节　工会的相关理论模型

工会的相关理论模型主要分为两种，一种是工会的经济学模型，另一种是工会影响工资和就业的理论模型。

一、工会的经济学模型

这种理论模型探讨了在市场约束既定的情况下，工会和雇主在就工资和福利进行集体谈判的过程中所采取的行为，即工资和就业之间的相互作用以及相互替代。

（一）垄断性工会模型

描述工会和雇主之间关系的最简单的模型被称为**垄断性工会模型**。垄断性工会模型的含义是：工会确定劳动力的价格，雇主只能在既定的新工资率下通过调整雇佣量来谋求自己利润的最大化。在这种模型中，工人所面临的劳动力需求曲线是工资率的一个简单函数，如图 11－1 所示。

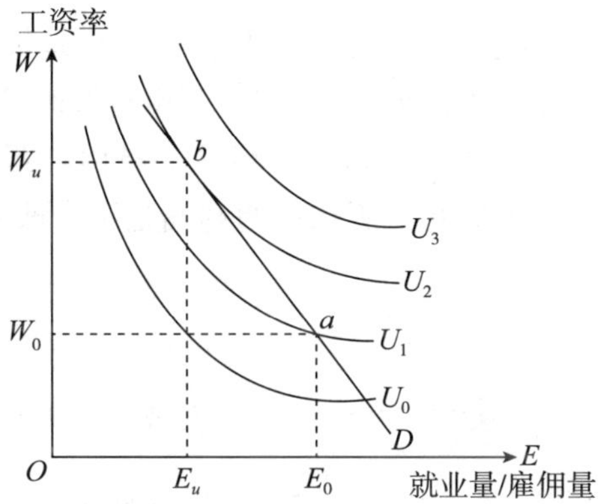

图 11－1　劳动力需求曲线约束之下的工会效用最大化

我们假设工会对其会员的工资水平和就业量的价值评价是一样的，并且它能够对其会员的偏好进行加总，从而以工资率和就业量为自变量的工会效用函数就成立了。工会效用函数通过无差异曲线组 U_0、U_1、U_2、U_3 表示。这些曲线中的每一条都代表着对工会来说没有效用差别的一系列就业量和工资率的组合。无差异曲线具有负斜率，这是因为要维持某一既定的效用水平，工会必须用一种变量（就业量或工资率）的增加来补偿另外一种变量的降低。它们还表现出边际替代率递减的特性（它们凸向原点）。较高的无差异曲线代表着较高的工会效用水平。

假设在没有工会的情况下，市场力量将会导致工资率达到 W_0 的水平，雇佣量达到 E_0 的水平，那么集体谈判如何对这一结果产生影响呢？一种可能是，工会和雇主同意制定一个较高的工资率，于是，雇主将在既定的工资率下决定所要雇佣的工会会员人数。而在谈判工资率一定的情况下，雇主为了实现利润最大化，必然会根据劳动力需求曲线来确定自己的雇佣量。由于我们假设工会知道这一情况，因此，它的目标就是：在工资率—雇佣量组合必然处于需求曲线上这一约束条件下，使得自己的效用实现最大化。

基于这种情况，工会将会努力使组合向 b 处移动，在这一点上，无差异曲线 U_2 正好与劳动力需求曲线相切。在这一点上的工资率等于 W_u，而就业量则等于 E_u。在劳动力需求曲线这一约束条件既定的情况下，b 点就代表了工会能够取得的最高效用水平。

（二）效率合约模型

简单的垄断性工会模型带有一个特征，即工会不是有效率的。而**效率合约模型**认为：如果不是首先由工会确定工资再由雇主决定雇佣量，而是由双方共同决定工资和雇佣量，那么双方的福利都能够得到改善。如果是这样，就存在一整套至少可以使其中的一方获益却不使另一方受损的工资和雇佣量组合，这些组合被称为效率组合。

关于效率，这里指的是狭义上的。广义上的帕累托效率是指社会福利的改善，一种交易如果使得整个社会境况变得更好，同时又没有使得个人的利益受损，那么这种交易就被认为是帕累托改善。而工会理论中的“效率”仅仅是指劳资双方福利的改善，它并不意味着整个社会从中获益。反之，有时“效率合约”可能还会导致整个社会在劳动力使用上的浪费。

如图 11 - 2 所示，D 是劳动力需求曲线，I_0、I_1、I_2 是等利润曲线，初始工资率为 W_0，初始雇佣量为 E_0。如果雇主想扩大雇佣量，那么利润就将下降，为了不使利润下降，就要求制定一个较低的工资率。等利润曲线是一条由一系列工资率和雇佣量组合所形成的轨迹，沿着这条轨迹运动的雇主所获得的利润是不会改变的。

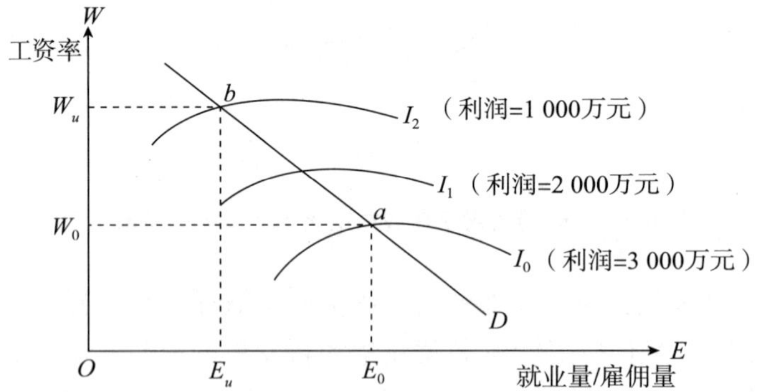

图 11 - 2　雇主的等利润曲线

较高的等利润曲线所代表的雇主利润水平较低。这是因为在较高的等利润曲线上，与每一雇佣水平相联系的工资水平更高，可以说相对于等利润曲线 I_2 上的任何一点，I_0 上的所有点都更好。显然，最初的工资率—雇佣量组合 a 点在 I_0 上，而 I_2 上包含了垄断性工会所得出的工资率和雇佣量的最优组合 b 点。

如果把以上两个图形合并在一个坐标上（见图 11 - 3），它描述了为什么垄断性工会所得出的工资率与雇佣量组合，即 b 点不是一种“效率合约”。假设我们不将决策点定在 b 点，双方经过谈判所确定的合约点为 d 点，这时工资率 W_d 将会更低，并且工会会员的就业量为 E_d，会更高。在 d 点上，工会的福利将会更高，因为现在它将处在一条更高的无差异曲线 U_3 上，而企业却并未遭受任何损失，因为它同时还在等利润曲线 I_2 上。

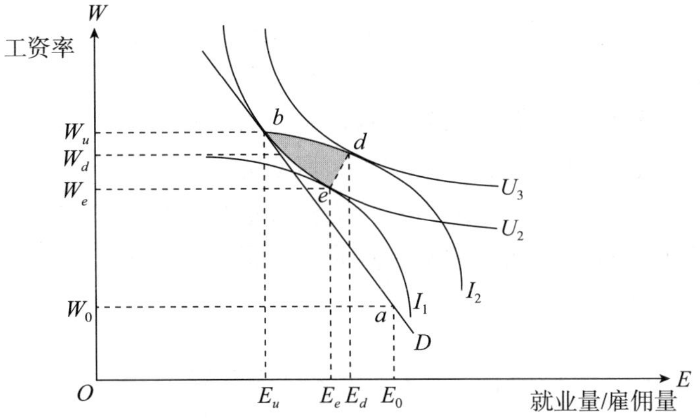

图 11－3　合约曲线——“效率合约”的轨迹

假设工会同雇主谈判所订立的合约在 e 点上，则工资率为 W_e，雇佣量为 E_e，与垄断性工会的决策 b 点相比，工会的福利状况没有改变，因为它还保留在同一条无差异曲线 U_2 上，而企业的福利状况却得到了改善，这是因为它现在能够达到等利润曲线 I_1 了。而 I_1 位于 I_2 的下方，即它代表的是更高的利润水平。

事实上，工会和雇主双方能够找到一系列至少不比 b 点差的合约，这些合约是图 11－3 中的阴影部分。在这些组合中，效率合约是指能够使雇主的等利润曲线与工会无差异曲线相切的那些点，比如 d 点和 e 点。事实上还存在着一条代表这些点的完整轨迹，它就是曲线 ed，曲线 ed 通常被称为合约曲线（或效率合约轨迹）。这条曲线上的每一点都代表着工会的无差异曲线和雇主的等利润曲线的一个交点。在这些点上，劳资双方的福利至少像在 b 点处一样好，并且至少有一方的福利比 b 点处更好。然而，在 ed 的所有决策点上，双方并不是无差异的，工会显然偏好接近 d 点，雇主更偏好接近 e 点。在此模型中，实际的解决方案究竟确定在合约曲线的哪一点上，则取决于双方谈判力量的大小。

二、工会影响工资和就业的理论模型

工会影响工资和就业的理论模型分为两种，一种是工会直接影响工资和就业的理论模型，一种是工会间接影响工资和就业的理论模型。

（一）工会直接影响工资和就业的理论模型

1. 集体谈判理论

在劳动力市场上，工会对工资与就业的直接影响主要是通过工资的集体谈判进行的。

下面就对两种著名的集体谈判理论模型进行简要介绍：英国经济学家阿瑟·塞西尔·庇古（Arthur Cecil Pigou）的范围论和英国经济学家约翰·希克斯的谈判模型。

（1）庇古的范围论。

庇古在20世纪初提出了一种短期工资决定模型，该模型讨论了劳资双方在通过集体谈判决定工资率时，能够达成协议的工资上下限。图11-4是达成协议的庇古范围论图解。其中A点是工会提出的理想工资，为这个模型的工资上限。D点是雇主最初愿提供的工资，为这个模型的工资下限。在这两个端点之间，通过工会与雇主或雇主集团的谈判，经过提议、让步和反提议等一系列过程，工会方面逐步降低其原有工资期望值，雇主也会逐步提高其愿意支付的工资作为让步。但双方的让步都有一个最大限度即最终抵制点。图11-4中，工会的抵制点是B，即工会宁愿忍受罢工或被解雇的工资损失，也不愿接受低于此点的工资率。雇主的抵制点是C，即雇主宁愿忍受停工的损失，也不愿做出高于此点的工资让步。

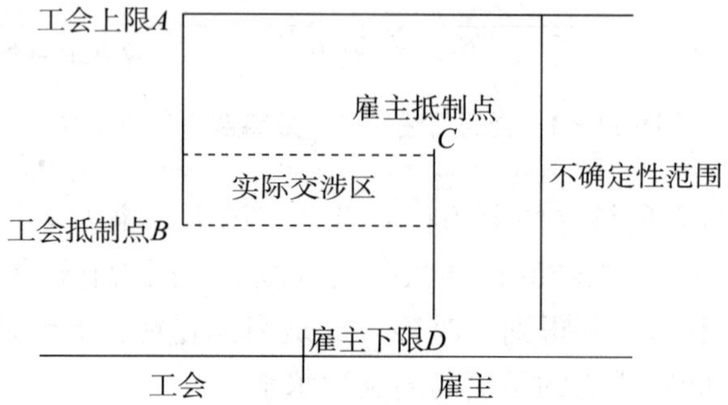

图11-4　达成协议的庇古范围论

在双方的抵制点之间有一重叠区，这个重叠区就构成可能不经罢工或停产而达成协议的实际交涉区。至于最终确定的工资率是接近雇主的抵制点还是工会的抵制点，取决于双方的谈判技巧和谈判实力。如果双方的抵制点之间不存在重叠区，则表明不存在可能的交涉范围，此时如果双方不修正原有的抵制点，罢工或停产在所难免。

（2）希克斯的谈判模型。

希克斯提出的谈判模型主要集中于罢工成本和时间上，他将成本—收益分析运用于集体谈判，认为成本—收益决定了劳资双方的要求和让步。如图11-5所示，OT轴表示预期罢工（停产）时间，OW轴表示工资水平。谈判开始时，工会方面提出的工资高于雇主愿意支付的工资。虽然双方都希望在不停产的条件下实现自己的最初要求，但双方也都把罢工或停产作为自己的武器。随着僵持时间的延长，双方的损失和代价越来越大。

雇主方面要考虑产值和利润的损失，工会方面要考虑工人失业和工资中断的承受能力。雇主的让步曲线是逐步平稳地向上倾斜的，表明他们愿意增加工资，而不愿意忍受长期停工所付出的代价。工会方面的抵制曲线是向下倾斜的，表明工会也倾向于降低工资要求，而不愿意承担长期罢工所付出的代价。随着预期停产时间的延长，工会的要求降低，雇主的还价提高，直至在B点相交，双方达成协议，确定的工资率为W_0。

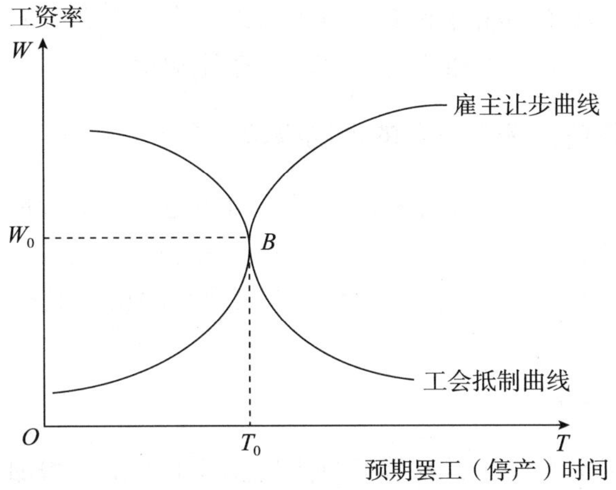

图 11－5　希克斯的谈判模型

2. 工会直接限制劳动力供给的理论

工会可以通过各种措施严格地控制劳动力的供给。通过集体合同的条款，要求雇主必须雇佣会员劳动力；同时，提高加入工会的标准，控制会员人数。通过双重限制，工会制约着市场的劳动力供给水平。

在图 11－6 中，S_u表示工会政策决定的供给水平，W_u是最终工资，S_u是一条垂直线，此时工资的增减并不影响供给，供给由工会政策确定在L_u上。可以将有工会作用的工资（W_u）和就业水平（L_u）与无工会作用的较低工资（W_e）和较高就业水平（L_e）进行比较，工会控制供给与一般情况（雇主选择招聘工人）之间的主要区别是，雇主无法在劳动力市场上找到剩余劳动力，而许多失业的工人又需要求助于工会。

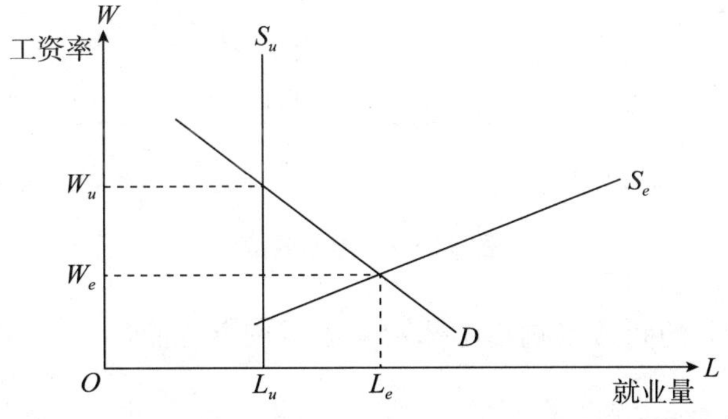

图 11－6　控制劳动力供给的工会对劳动力市场均衡的影响

用上述模型可分析工会将工资推进到均衡工资之上所产生的后果。第一，当工资超过市场均衡工资水平时，就业水平下降；第二，当工会成员工资提高时，希望参加工会的人数增加，而有限的就业机会使许多人难以找到工作，工会控制的劳动力市场将出现剩余劳动力。

上述分析假定市场中供给一方已组织起来，而实际上劳动力市场中的劳动者不可能全部加入工会，市场经济中的企业和部门也不可能完全工会化。对工会的影响分析，需要进一步讨论工会对会员劳动力和非会员劳动力的间接影响。

（二）工会间接影响工资与就业的理论模型

假设有两组工人，他们各方面都相同，所不同的是一组工人加入了工会，另一组工人没有加入工会。用 W_u 表示会员工人工资，用 W_n 表示非会员工人工资。如果二者的差别完全是由于工会的存在，那么，工会为会员工人取得的相对工资优势 R 可以用百分比形式表示为：

$$R=(W_u-W_n)/W_n \tag{11-1}$$

但是，这种相对工资优势并不表示工会使其会员工人工资增加的绝对量（以百分比表示），因为工会不仅直接地而且间接地影响非会员工人工资率。

图 11－7 提出了两个简单的劳动力市场部门模型。其中，图（a）是工会部门，图（b）是非工会部门。假设两个部门最初都是无组织的。如果流动费用很低，工人将在两个部门之间流动，直到二者的工资相等为止。由于需求曲线是 D_u 和 D_n，工人将在两个部门之间流动，直到供给曲线分别是 S_u^0 和 S_n^0 为止。两个部门的均衡工资都是 W_0，两个部门中的就业量分别是 L_u^0 和 L_n^0 。

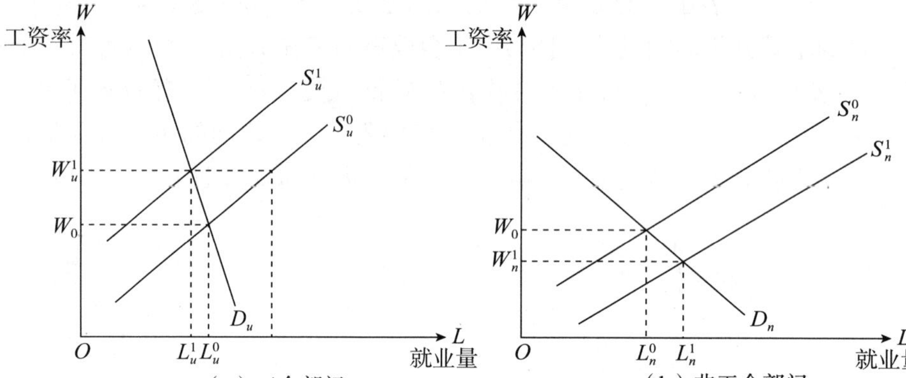

（a）工会部门　　（b）非工会部门

图 11－7　溢出效应

工会对工资与就业的间接影响集中体现为以下三个方面：

1. 溢出效应

假设工会将第一个部门中的工人组织起来，并使他们的工资提高到 W_u^1 。工资的增长使工会部门工人的就业量下降到 L_u^1 ，从而该部门产生 $L_u^0-L_u^1$ 的失业工人。这些工人的主要选择之一是在非工会部门寻求就业。如果所有失业工人都溢出到非工会部门，两个部门的供给曲线将分别移动到 S_u^1 和 S_n^1 。工会部门的失业将消除，但在原来的市场均衡工资 W_0 下，非工会部门的劳动力供给将出现剩余，迫使非工会部门的工资率下降，直到该部门的劳动力市场在更低的工资水平 W_n^1 和更高的就业水平 L_n^1 下达到均衡。如果用 R_1 表示工会为会员工人取得的相对工资优势，则

$$R_1=(W_u^1-W_n^1)/W_n^1 \tag{11-2}$$

它对会员工人实际工资的直接影响并不大。这个直接影响用百分比形式可以定义为：

$$A=(W_u^1-W_0)/W_0\times 100\% \tag{11-3}$$

知识要点提醒

在这个模型中，工会提高了在工会部门仍然保持工作的工人的工资，与此同时，部分工人从工会部门溢出到了非工会部门，并降低了非工会部门的工资率。

因此，工会的作用主要是使会员工人得到了某种相对工资优势。

2. 威胁效应

工会的活动绝不会局限于已有的工会部门，它必然向非工会部门寻求发展。非工会部门的雇主担心工会的活动不仅会增加工资成本，而且会限制他们经营管理的灵活性。因此，他们会以提高工资收买雇员，减少雇员加入工会的可能性。工会活动的威胁导致了非会员工人工资的增加。

如图 11－8 所示，工会部门工资增加和由此产生的就业减少，又被假定会引起非工会部门的供给曲线移动到S_n^1。但是由于工会进入的威胁，工人工资增加到位于W_0和W_u^1之间的W_n^*点。工资增加使就业下降到L_n^*，在较高的工资下，非工会部门的雇主对工人的需求减少。而且，由于非会员工人工资现在并不能随意降低，因而存在着$L_n^2-L_n^*$的过剩劳动力供给，从而导致失业。最后，因为非会员工人工资比原来的工资高，会员工人的相对工资优势比工会对会员工人实际工资的直接影响小，所以，间接影响并不是必然比直接影响更大。如果用R_2表示工会为会员工人取得的相对工资优势，则

$$R_2=(W_u^1-W_n^*)/W_n^* \tag{11-4}$$

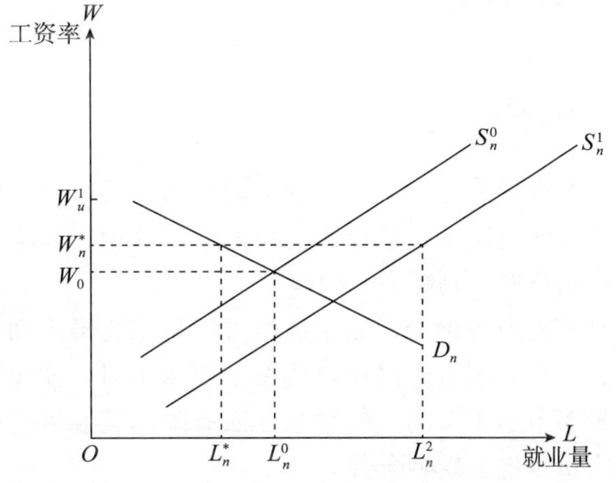

图 11－8　威胁效应

3. 等待失业效应

工会部门使得工资率提高，而失业的工人并非必然要到非工会部门寻找工作。即使工会部门的就业水平是固定的，由于退休、死亡和自然流动（包括辞职到同一地区的其他部门工作、地理迁移、暂时离开劳动力行列）等原因，也会产生职位空缺。如果失业工人期望最终能在工会部门找到工作，他们将不会流入非工会部门。同时，如果有可能在工会部门找到工资更高的工作，一些在非工会部门就业的工人也会放弃他们的工作转移到工会部门。这两种情况都会导致工会部门中的等待性失业，即工人拒绝到工资较低的非工会部门工作，而是等待工会部门中工资较高的职位空缺，这就形成了一种等待失业的现象，也称为等待失业效应。

小思考

请简述希克斯谈判模型并说明工会对工资的影响。

第三节　劳动力市场发展与工会作用

根据我国劳动力市场发展和劳动就业形势的变化，2021 年 12 月 24 日修订的《中华人民共和国工会法》第三条明确规定："工会适应企业组织形式、职工队伍结构、劳动关系、就业形态等方面的发展变化，依法维护劳动者参加和组织工会的权利。"① 长期以来，中国工会在维护全国人民总体利益的同时，代表和维护职工的合法权益。通过平等协商和集体合同制度等，推动健全劳动关系协调机制，在维护职工劳动权益、构建和谐劳动关系方面发挥了重要的作用。

一、工会对劳动力市场的影响

（一）工会与工资和就业

如上所述，在劳动力市场上，工会对工资与就业的直接影响主要是通过工资的集体谈判进行的。不论是庇古的范围论，还是希克斯的谈判模型，都暗示工会和集体谈判可以提高工资，只要工会的相对谈判能力不为零。

如果工会直接限制劳动力的供给，工会虽然可以将工资推进到均衡工资之上，但对就业会产生负面效果：一是当工资超过市场均衡工资水平时，就业水平下降；二是当工会成员工资提高时，希望参加工会的人数增加，而有限的就业机会使许多人难以找到工作，工会控制的劳动力市场将出现剩余劳动力。

工会间接影响工资与就业的效果比较复杂，其结果可以参照上一节所讲的溢出效应、

① 中华人民共和国工会法. 北京：中国工人出版社，2021.

威胁效应与等待失业效应。

（二）工会与企业劳动生产率

在劳动力市场运行中，劳动生产率的提高必然导致劳动力市场价格，即工资发生变化，进而影响劳动就业的数量和劳动力的素质。工会组织的存在对劳动生产率既有正面的影响，也有负面的影响。

工会对生产率的正面影响表现在：工会为工人争取就业条件、劳动保护、安全卫生等，形成一种集体呼吁机制，从而提高生产率，具体表现在：(1) 工会代表工人要求企业必须制定供热、照明、安全、晋升、休假和工作分派等规章制度。这些规章制度一旦制定实施，有利于工人提高劳动生产率，有利于企业生产的发展。(2) 这种集体呼吁机制有利于工人以其工会为代表直接与经理交流意见，通过双方直接面谈，使得工会会员的离职率大大低于非工会会员的离职率。因为离职或辞职意味着企业要付出很高的代价，雇主必须重新雇佣工人并培训新工人，而新工人的劳动生产率往往在一定时期内低于原有的工人。(3) 工会的震动效应，即工会谈判要求增加工资，能震动无效率的或低效率的企业，迫使它们设法从技术、资金、设备、经营管理或提高劳动力素质上要效率，使生产率提高，以摆脱提高工资成本后的困境。

同时，工会对劳动生产率还有一定的负面影响。从工会的角度看，比较理想的目标是，既要提高工资，又不减少就业。这里就存在一个问题，就业的不减少是指现有的工人不要被解雇，至于未受雇的工人的就业问题并不能顾及。在这种情况下，集体谈判总是确定工资率和保持雇佣人数，这就有可能导致超员雇佣。历史上有些实例，如 19 世纪，铁路运输从烧煤转变为用柴油机，使司炉工无事可做，工会合同仍要求继续雇佣他们。又如 19 世纪末期新式印刷术的发展，减少了对排字工人的需求，工会合同要求制造复印版，一次用过立即抛弃。现在的情况是，乐队的乐师本可减少、码头装卸机械工人本应减少，但是，工会合同确定这些人每年最少的工时数，从而出现超员雇佣的现象。超员雇佣必然加大劳动成本。因此，从短期来看，无论是一个企业工会化，还是一个行业工会化，都可能在一定程度上降低生产率。

（三）工会与企业劳动条件的改善

劳动条件在劳动关系中是一个重要问题，涉及雇主与工人双方的利益关系，因此，经常出现分歧。这里的劳动条件，指的是物质的劳动条件，如采光、照明、通风、清洁、安全、卫生以及劳动强度、速度等，这些内容属于劳动安全生产即劳动保护的范围。此外，还有晋升、职业保障等。改善劳动条件，如劳动保护，一般要增加企业的成本，其结果是，有些劳动条件的改善可以提高工人的劳动生产率，也有些劳动条件的改善所增加的费用超过工人生产率提高所带来的收益。对雇主来说，成本问题是至关重要的，他们反对使成本增加的任何劳动条件的改善。如果劳动条件改善提高了工人的生产率，其增加的产品可以抵偿成本增加而且有余，雇主就可以改善劳动条件。从工人的角度来说，劳动条件的改善对工人的健康、幸福有利，所以是很必要的。同时，社会也支持工人对劳动条件改善的要求，并支付救济金承担了雇主所推卸的改善劳动条件的责任，如对残疾工人实行的救济。

劳动条件改善的内容很多，现就其主要内容进行分析：一是劳动力素质。在生产中事故率与年轻工人的大量增加有直接关系。工人的经验与事故率成反比例关系，即经验少、年轻的工人出现的事故多，反之，有经验的、中老年工人出现的事故一般较少。因此，提高劳动力素质是一个关键性的问题。为此，雇主制定了许多学徒训练和职工培训计划。二是劳动速度。提高劳动速度，对雇主来说，不仅不会增加各种费用，相反会减少工资。工人则要求适当降低劳动速度，最高限度只能接受在不缩短寿命、不危及健康的情况下达到的劳动强度。在双方要求劳动速度相反的情况下，工会组织通过制定劳动规章制度对劳动速度予以限定。三是改善劳动的社会条件。这里主要是指提升和职业稳定的问题。由于这个条件对工人的社会地位、声誉、心理、家庭等有直接影响，所以被称为社会的劳动条件。提升和稳定职业的起因是雇主有雇佣、开除和指挥工人的权利，工人通过组成工会，对雇主的这种权利给予一定的约束，使其无法滥用这种权利。

（四）工会与员工福利和社会福利

通常，工会化企业愿意以附加福利的形式支付给雇员更多的补偿。其原因主要有二：一是工会集体谈判的力量不仅能够诱使雇主支付更高的工资，而且由于工资和附加福利之间往往具有正相关关系，所以工会还能诱使雇主支付更高的附加福利。二是工会集体谈判一般更偏重于老年人对附加福利的选择和偏好，以促使雇主向这些雇员提供必要的特殊保障。在企业的补偿总量中，工会同样影响着附加福利的结构。在工会化的企业中，大部分附加福利趋向于以退休金、人寿保险、意外事故和健康保险、假日和公休日报酬等方式实现。工会不鼓励某些类型的附加福利，比如奖励性质的福利。从工会的角度看，奖励性质的福利只会产生工会管理者所不愿意看到的工会成员间的收入差别，这个收入差别有悖于工会活动的目标。

关于工会与社会福利之间的关系，有两种截然不同的观点：一种观点认为工会化会降低社会福利，这类观点的依据是：（1）雇员罢工会造成生产损失（或劳动力资源浪费）。（2）在劳资双方就一些限制性工作规则达成协议的情况下，雇主在生产过程中会使用多余的雇员，这就会造成劳动力使用上的浪费。（3）一方面，工会使工会部门的工资提高到非工会部门之上的做法，是在同质雇员之间制造工资（或者生产率）差别；另一方面，在没有工会的情况下，雇员在不同雇主之间的流动将会确保同质雇员获得同等工资。由于工会部门的工资灵活性不够，不能使得高报酬部门的工作数量扩张，因此工会部门与非工会部门之间的工资差异将产出水平降低到了它的潜在产出水平之下（因为在低生产率部门工作的雇员“太多”，而在高生产率部门工作的雇员又“太少”）。另一种观点认为工会会提高社会福利。这类观点的依据也有三个：其一，工会不一定会降低社会福利。在没有工会的情况下，劳动力市场和产品市场并非像标准经济学所假设的那样处于完全竞争状态，因此，工会降低社会福利这一观点的说服力并不强。其二，工会可以改善工作条件。其三，工会可以提供一种雇员发言的机制。

二、中国工会对劳动力市场的影响

我国改革开放以来，劳动就业总量持续增长，2020 年，城镇就业人数达 46 271 万人。工会组织建设蓬勃发展。作为世界上会员人数最多、组织规模最大的工会组织，截至 2020 年，中国基层工会委员会总数达到 247.6 万个。据统计，全国已建工会组织的基层单位的职工总数为 28 291.1 万人，工会会员人数为 27 189.8 万人①，入会率达 96.1%。中国工会依法维护劳动者的劳动权益，在劳动力市场的培育发展中发挥了重要的作用。

（一）工会对促进就业的影响

面对经济转轨过程中就业领域比较严峻、复杂的局面，为了切实维护广大劳动者的合法权益，中国工会通过积极参与政府有关促进就业的法律法规政策的制定与实施、开展围绕就业问题的社会对话、实施再就业援助行动、参与公共就业服务体系的建设等多种方式，致力于促进就业和减少失业。中国工会在促进就业方面所做的工作主要包括以下几个方面：

首先，参与就业法律法规政策的制定与实施。从全国总工会到产业工会、地方和基层工会每年都开展专题调研，全面了解掌握下岗失业人员再就业的情况、问题，向政府提出建议和对策，及时反映职工群众的呼声和要求，并在此基础上积极参与《破产法》《劳动合同法》《集体合同规定》《劳动争议调解仲裁法》《社会保险法》《就业促进法》《职业安全卫生法》等法律、法规的制定，参与和推动政府促进就业政策的出台，做到源头参与、过程参与、重点参与，切实维护职工的就业权益。

其次，积极开展就业领域的社会对话。2001 年 8 月，劳动保障部、中华全国总工会、中国企业联合会/中国企业家协会根据 1990 年全国人大常委会批准的第 144 号《三方协商促进履行国际劳工标准公约》，结合我国国情建立了国家协调劳动关系三方会议制度，标志着在劳动关系领域建立了国家层面的社会对话和协调机制。2011 年，国家协调劳动关系三方会议第十六次会议又将全国工商联正式纳入，拓展了三方协商的合作范围。通过建立社会对话机制，加强三方的社会对话和交流，使得就业领域中的一些政策问题，如促进就业、工资分配、社会保障、企业裁员、劳动争议的处理、职业安全卫生和劳动执法监察等，在按照《劳动法》所规定的劳动标准加以调整的同时，还可在三方相互协商的框架内协调解决，有利于在宏观层面协调劳动关系，更好地维护职工的合法权益。

再次，开展职业介绍服务，形成工会就业服务体系。20 世纪 90 年代中期以来，各级工会利用工会组织网络健全、信息丰富的优势，大力兴办职业培训和职业介绍机构，其立足点是促进形成工会就业服务体系，以协助政府落实关于就业、再就业的政策。2019 年，全国各级工会积极开展就业创业服务月等活动，提供就业创业服务超过 700 万人次。推广《促进工作场所性别平等指导手册》，有力维护两性平等就业的权利。同时抓好服务职工和城市困难职工解困脱困工作，各级工会建档困难职工由 2019 年初的 93.27

① 国家统计局. 中国统计年鉴 2021. 北京：中国统计出版社. 2021.

万户下降到 2019 年底的 44.35 万户。开展司机之家、关爱农民工子女主题活动、农民工“求学圆梦行动”，推进工会户外劳动者服务站点、女职工休息哺乳室建设。

最后，努力提升职工技能素质，增强市场就业竞争能力。为了更好地适应经济新常态，全国工会继续深化劳动和技能竞赛。同时，进一步叫响做实“大国工匠”品牌。大力弘扬劳模精神、劳动精神、工匠精神，健全“大国工匠”培养、选树和激励机制，引导广大职工立足本职、爱岗敬业，培养执着专注、精益求精、一丝不苟、追求卓越的职业素养，造就更多“大国工匠”。根据全国总工会制定的《中国工运事业和工会工作“十四五”发展规划》，为深化产业工人队伍建设改革，在推动高质量发展中充分发挥工人阶级主力军作用，中华全国总工会围绕推动全面发展，开展技能竞赛，弘扬劳模精神等重点提出了一系列计划与目标：“十四五”期间重点选树宣传 100 名左右的劳模工匠先进典型，打造新时代劳动者的标杆旗帜。确保到 2025 年底全国示范性劳模和工匠人才创新工作室达到 500 家左右，各级各类创新工作室达到 15 万家。“十四五”期间，每年帮助 30 万名职工特别是农民工提升学历水平；年均培训家政服务人员 20 万人次。确保到 2025 年底，全国工会职工书屋示范点达到 1.6 万家，带动各级工会自建职工书屋达到 15 万家，电子职工书屋覆盖职工逾 5 000 万人。

（二）工会对职工劳动报酬的影响

工会对职工劳动报酬的影响主要包括：一是继续推动解决拖欠职工工资问题。全国总工会与有关部委共同就企业拖欠职工工资问题开展调研，起草关于推进企业解决工资拖欠问题的意见。各级工会积极配合有关部门加大对企业工资支付的监督检查执法力度，开展工资清欠工作。二是探索建立工资支付保障制度，推动企业贯彻执行最低工资制度，建立工资正常增长机制。三是积极推动最低工资保障制度的完善，中华全国总工会下发了关于推动提高和落实最低工资标准的指导意见。四是深入推进工资集体协商工作。按照中华全国总工会 2014 年提出的深化集体协商工作的目标，2014—2018 年，要分级分类培育一批集体协商典型。全国每年培育 20 个不同层次、不同类型、在国内外有一定影响的行业集体协商典型；培育 60 个企业、10 个区域协商效果突出、影响广泛的集体协商典型。5 年共形成 100 个行业、300 个企业、50 个区域集体协商典型，充分发挥集体协商典型的示范引领作用。根据《2020 年度人力资源和社会保障事业发展统计公报》，2020 年年末全国报送人力资源社会保障部门审查并在有效期内的集体合同累计 145 万份，覆盖职工达 1.4 亿人。

工会通过开展工资集体协商，特别是重视开展行业性、区域性工资集体协商，对于推动提高最低工资标准，促进建立企业工资协商共决机制、正常增长机制和支付保障机制起到了积极的作用。同时，工会积极协助政府加大工资分配调控力度，把提高普通职工、农民工、劳务派遣工以及困难企业职工的工资收入作为重点，科学确定提高工资的目标，努力扭转收入差距扩大趋势，争取实现劳动报酬增长与劳动生产率提高同步并行。

（三）工会对职工社会保障的影响

工会积极参与推进社会保障制度改革，加强对社会保险的群众监督，大力发展职工互助合作保险事业，促进职工社会保障权利的实现。中华全国总工会积极参与《社会保险法》的研究制定，参加深化医药卫生体制改革部际协调工作小组的工作，就《国务院关于完善企业职工基本养老保险制度的决定》贯彻落实情况进行调研。各级工会积极参与完善城镇社会保障体系试点工作，向有关部门反映职工的诉求，提出工会的意见。今后，工会还可以在以下方面加强对职工社会保障的影响：

1. 确保工会在社会保障管理的多方面参与

从经济学角度看，企业用人单位的社会保险缴费虽然不与职工在劳动当期直接发生货币结算关系，但按照国家管理规定在税前列支。社会保险基金是劳动者共同拥有的应对工业劳动风险的后备基金，是社会和用人单位依法应向劳动者支付的劳动收入，它是对劳动者劳动收入的一种延期支付。从法学角度看，社会保险基金是参保人的共有财产权益。维护职工包括社会保险权益在内的合法权益是法律赋予工会组织的基本职责。因此，社会保险的所有管理机构中都应有以维护劳动者权益为天职的工会代表，工会应该参与社会保险管理的全过程，在社会保障的所有管理机构中，包括行政管理机构（各级人力资源和社会保障部门）、经办机构（社会保险基金管理中心）、监督机构（社会保险监督委员会），都应选派工会干部兼任相关领导职位，直接、全面参与社会保障管理。

2. 将工会对社会保险的监督落到实处

健全的监督机制是促进社会保险制度良性发展、确保社会保险基金安全的重要保证。工会对社会保险的监督应包含事前、事中与事后监督的全程监督。工会可以通过参与社会保险监督机构、与政府职能部门相配合，参与各级人民代表对社会保险的执法检查等方式参与社会保险监督。公开透明的信息是工会做好监督工作的前提。2019 年 5 月 15 日施行的《中华人民共和国政府信息公开条例》规定，行政机关对涉及公民、法人或者其他组织切身利益的以及需要社会公众广泛知晓或者参与的政府信息应当主动公开。社会保险基金管理信息显然属于政府信息公开的范围，劳动者应有知情权。为保障工会监督工作的顺利开展，社会保险管理与经办机构应该以贯彻执行《政府信息公开条例》为契机，完善社会保险政策、信息等公开披露制度。

3. 坚持做好已有的工会参与社会保障的工作

送温暖活动、困难职工帮扶中心、金秋助学活动和职工医疗互助活动等是工会在实践中创新的参与社会保障工作的好做法，需要进一步坚持与完善。今后，工会法律援助服务应该扩展到社会保险领域，建立职工诉求代理制，为职工社会保险权益的实现提供法律帮助。此外，还应研究与探索工会参与社会保障的新方式，如工会参与职工合作住宅建设等。

4. 加强工会自身建设，把更多资源和手段赋予工会组织

工会要完成参与社会保障工作的任务，需要建立工会参与的动力机制与约束机制，加快工会理念的更新和改革的步伐，完成从计划经济体制下的“行政型”“福利型”工会向市场经济体制下的“维权型”“协商谈判型”工会的转型，提高工会在社会保障工作中的参与能力，加大工会系统内社会保障人才、经济与法律方面人才培养的力度。此外，党和政府允诺“把更多的资源和手段赋予工会”，工会组织还需以自身的积极作为去拓展和落实。例如，对于严重侵害职工社会保险权益的事件，工会有权通过新闻媒体曝光；工会有权要求政府职能部门对社会保险基金进行定期或不定期的检查监督，相关职能部门不得拒绝等。

总之，伴随着国家的改革发展进程，中国工会始终坚持走中国特色社会主义工会发展道路，按照“组织起来、切实维权”的工作方针和中国特色社会主义工会维权观，不断建立健全维权机制，加大维权力度，提高维权成效；坚持以发展和谐劳动关系为主线，以解决职工群众最关心、最直接、最现实的利益问题为重点，推动和谐企业与和谐社会建设，为维护劳动者权益，更好地分享经济社会发展成果发挥了应有作用。

本章小结

工会是市场经济条件下，雇员为改善劳动和生活条件而在特定工作场所自主设立的组织。工会在市场经济体制中的主要作用可以归纳为如下几点：工会在总体上提高了工资福利水平及劳动报酬；工会推动了产业民主的进步，同时也促进了企业管理水平的提高；工会为企业生产效率的提高提供了可能；工会在维护社会公正方面发挥了积极作用。

有两种工会的理论模型说明在市场约束既定的情况下，工会和雇主在就工资率和福利进行集体谈判的过程中所采取的行为，即工资率和就业量之间的相互作用以及相互替代。一是垄断性工会模型。其基本特征是：由工会确定劳动力的价格，雇主只能在既定的新工资率下通过调整雇佣量来谋求自己利润的最大化。二是效率合约模型。其基本特征是：如果不是首先由工会确定工资率再由雇主决定雇佣量，而是由双方共同决定工资率和雇佣量，那么双方的福利都能够得到改善。如果是这样，就存在一整套至少可以使其中的一方获益而不使另一方受损的工资率和雇佣量组合，这些组合被称为效率组合。

工会直接影响工资率和就业量的理论模型包括集体谈判理论和工会直接限制劳动力供给的理论。在劳动力市场上，工会对工资率与就业的影响主要是通过工资率的集体谈判进行的。两种著名的集体谈判理论模型分别是：庇古的范围论和希克斯的谈判模型。工会对工资与就业的间接影响集中体现为三个方面：溢出效应、威胁效应和等待失业效应。此外，工会还会对劳动生产率、劳动条件改善及福利水平产生影响。

关键术语

工会　垄断性工会模型　效率合约模型

习　题

1. 简述工会的含义和作用。
2. 如何认识工会的效率合约模型？
3. 简要介绍工会的集体谈判理论模型。
4. 比较分析溢出效应、威胁效应和等待失业效应。

案例分析

职工在哪儿，健康服务就跟进到哪儿

近日，快递小哥吴杨在上海市青浦区华新镇工业园区的一个职工健康服务点，接受了一系列体质检测。他高兴地说："这里还有定期坐诊的医生和中医理疗、针灸服务，来看病真方便!"

2021年3月，上海市总工会召开了为民办实事项目"建立100个园区（楼宇）健康服务点"推进会，启动职工健康服务点建设工作。目前，已有100个健康服务点分布于全市16个区、2个产业，辐射园区61个、楼宇28个、商圈市场11个，共覆盖2.5万家企业、68.3万名职工。

100个服务点遍布全市

"健康服务点项目设立的初衷，就是以职工为服务对象，以适应职工提升生活健康品质新需求为基本导向，让职工就近就便享有疾病预防、健康自检自评、健康教育等服务，全方位全周期保障广大职工的健康权益。"上海市总工会相关负责人介绍说。

按照要求，上海各区总工会或街镇工会与对口医疗健康机构签订协议，各区总工会指导街镇工会落实地点、设备，各区卫生健康委指导区内医疗健康机构对接本区健康服务点，服务人员原则上由所在党群、职工服务站等负责人兼任管理。为鼓励各健康服务点有序运转，上海市总工会统一对评估合格的健康服务点一次性给予1.5万元的项目经费。

在选址上，100个健康服务点遍布全市，但重点布局在产业工人集中、周边医疗设施缺乏的园区、楼宇、商圈等职工聚集区域，在上海新建的诸多健康服务点中，嘉定、青浦、松江、奉贤、南汇等5个新城区域成为工作重点。

在青浦区，位于盈浦街道的健康服务点选址在地处热闹商圈的盈米路双桥卫生服务站，服务于周边商圈1 200多名职工；在嘉定首批6家健康服务点上线后，全科医生、企业访视等服务深受周边企业和职工的欢迎。

"两固三定"服务标准

"两固三定"是健康服务点创建的标准，也是面向职工的服务内容。在各级工会开展服务的过程中，这些标准提高了健康服务点的创建门槛，也提升了健康服务的执行效果。

"两固"——固定场所和固定社区服务中心。固定场所重在选址，聚焦职工集聚区域，带来了稳定的"客流"，与社区服务中心的合作，则提升了健康服务点的专业性。

普陀区李子园大厦健康服务点位于大厦管理区域，面积不大，设施和服务"五脏俱全"，大厦管理人员主动腾出的办公空间也变成各类诊室；杨树浦路1058号渔人码头党群服务站内的健康服务点辐射整个滨江渔人码头园区，"步行五分钟"的便捷吸引了不少周边职工。

定期咨询、定期巡诊、定期讲座的"三定"服务成为健康服务点主动"走出去"的"吸粉法宝"。在位于金山工业区的鑫港湾健康服务点持续开展的健康讲座在园区内成为"爆款"，目前送进企业的讲座预约已经排到明年1月份。

围绕服务巧做“加法”

宝藏加油站、一站式体检、我们的楼医……健康服务点上线以来，有关服务点及服务内容的新名词和创新做法层出不穷。

长宁区总工会的健康服务点通过接入线上健康服务信息平台，实现职工线上预约问诊；梅陇镇中庚百联健康服务点结合“午间一小时”品牌，既有健康服务，也有公益乐学，让健康服务点成为午间放松的好去处；徐汇滨江建设者之家的健康服务点，将轮值变为医护人员常驻，早8点至晚8点的运营时间，适应了附近数千建筑工人的工作节奏。

历时半年多，百家健康服务点仍在不断升级服务、不断辐射服务。梅陇镇总工会社工刘丽莎说，自从有了健康服务点，工会的其他工作也有了推进的抓手，“今年成立的工会小组本来是一个健身工作室，在参加了健康服务点的减肥讲座后，与我们建立了联系，最终促成了工会小组的组建。”

资料来源：上海市总工会推广建立100个职工健康服务点，让职工就近就便享有健康服务. 工人日报，2021-11-30.

▶思考题：

1.《中国工运事业和工会工作“十四五”发展规划》制定的背景是什么？

2. 中国工会在“十四五”期间主要有哪些重要工作？

参考文献

Ashenfelter, Orley and Richard Layard, *The Handbook of Labor Economics*, New York: North-Holland, 1999.

Black, John, *Oxford Dictionary of Economics*, Oxford: Oxford University Press, 2003.

Cain, Glen, "The Economic Analysis of Labor Market Discrimination: A Survey," in Orley Ashenfelter and Richard Layard (eds.), *The Handbook of Labor Economics*, Oxford, UK: North-Holland, 1986, Chapter 13.

Edward P. Lazear, "Performance Pay and Productivity," *American Economic Review* 90 (December 2000): 1346 - 1361.

Ehrenberg, Ronald G. and Robert S. Smith, *Modern Labor Economics: Theory and Public Policy*, New York: HarperCollins College Publishers, 1994.

Farber, H., "The Changing Face of Job Loss in the United States, 1981—1995," Brookings Papers on Economic Activity: Microeconomics, 1997.

Filer, R. K., D. S. Harmermesh and A. E. Rees, *The Economics of Work and Pay*, New York: HarperCollins College Publishers, 1996.

John W. Ruser, "Worker's Compensation and Occupational Injures and Illnesses," *Journal of Labor Economics* 9 (October 1991): 325 - 350.

Lazear, E., "Pay Equality and Industrial Politics," *Journal of Political Economy*, Vol. 97 (1989).

Lewis, W. A., "Reflection on Unlimited Labor," in Di Macro, L. (ed.), *International Economics and Development*, New York, Academic Press, 1972.

Lewis, W. A., "Economic Development with Unlimited Supplies of Labor," The Manchester School of Economic and Social Studies 22, S. P. Singh (ed.), *The Economics of Underdevelopment*, Bombay: Oxford University Press, 1958.

Mincer, Jacob, *Schooling, Experience and Earnings*, New York: Columbia University Press, 1974.

Gary S. Becker, *The Economics of Discrimination*, Chicago: University of Chicago Press, 1971.

C. A. 摩尔根. 劳动经济学. 北京：工人出版社，1984.

保罗·J. 麦克纳尔蒂. 劳动经济学的起源与发展. 北京：中国劳动出版社，1993.

凯斯，费尔·奥斯特. 经济学原理. 北京：中国人民大学出版社，2010.

坎贝尔·R. 麦克南，斯坦利·L. 布鲁，大卫·A. 麦克菲逊. 当代劳动经济学. 北京：人民邮电出版社，2004.

乔治·J. 鲍哈斯. 劳动经济学（第7版）. 北京：中国人民大学出版社，2018.

萨尔·D. 霍夫曼. 劳动力市场经济学. 上海：上海三联书店，1988.

唐·白劳德，马克·杰克逊. 劳动经济学：劳动市场的理论与实践. 北京：科学普及出版社，1989.

罗纳德·伊兰伯格，罗伯特·史密斯. 现代劳动经济学——理论与公共政策（第八版）. 北京：中国人民大学出版社，2007.

约翰·贝茨·克拉克. 财富的分配. 北京：商务印书馆，1983.

岛田晴雄. 劳动经济学. 北京：北京经济学院出版社，1988.

莱昂·瓦尔拉斯. 纯粹经济学要义. 北京：商务印书馆，1997.

阿尔弗雷德·马歇尔. 经济学原理. 北京：商务印书馆，1965.

大卫·李嘉图. 政治经济学及赋税原理. 北京：商务印书馆，1962.

大卫·桑普斯福特. 劳动经济学前沿问题. 北京：中国税务出版社，2000.

大卫·桑普斯福特，等. 劳动力市场经济学. 北京：中国税务出版社，2005.

德里克·博斯沃思，等. 劳动市场经济学. 北京：中国经济出版社，2003.

凯恩斯. 就业、利息和货币通论. 北京：南海出版公司，2007.

威廉·配第. 赋税论. 北京：华夏出版社，2006.

威廉·斯坦利·杰文斯. 政治经济学理论. 北京：商务印书馆，1997.

韦伯夫妇. 英国工会运动史. 北京：商务印书馆，1959.

亚当·斯密. 国民财富的性质和原因的研究. 北京：商务印书馆，1972.

蔡昉，都阳，王美艳. 中国劳动力市场转型与发育. 北京：商务印书馆，2005.

蔡昉，都阳. 中国人口与劳动问题报告——刘易斯转折点及其政策挑战. 北京：社会科学文献出版社，2007.

蔡昉. 劳动力拐点之问：人口红利还是人口负债 .21 世纪经济报道，2007-08-11.

蔡昉. 中国经济发展的世界意义. 北京：中国社会科学出版社，2019.

蔡昉等. 劳动经济学——理论与中国现实. 北京：北京师范大学出版社，2009.

蔡昉等. 劳动力流动的政治经济学. 上海：上海人民出版社，2003.

常凯. 劳动关系·劳动者·劳权. 北京：中国劳动社会保障出版社，1997.

常凯. 劳动关系学. 北京：中国劳动社会保障出版社，2009.

程永宏. 改革以来全国总体基尼系数的演变及其城乡分解. 中国社会科学，2007（4）.

董克用，刘昕. 劳动经济学. 北京：中国人民大学出版社，2011.

董克用，潘功胜. 西方劳动经济学教程. 北京：中国劳动出版社，1995.

段成荣，等. 改革开放以来我国流动人口变动的九大趋势. 人口研究，2008（6）.

段成荣，谢东虹，吕利丹. 中国人口的迁移转变. 人口研究，2019（2）.

段成荣，吕利丹，王涵，谢东虹. 从乡土中国到迁徙中国：再论中国人口迁移转变.

人口研究，2020（1）.
樊明，人力资本理论问题及新解释，中国劳动关系学院学报，2021（5）.
龚基云．转型期中国劳动关系研究．合肥：安徽人民出版社，2006.
龚莉．就业和社会保障．北京：人民出版社，1996.
国福丽．国内就业质量研究述评：涵义、量化评价及影响因素．中国集体经济，2008（8）.
郭继强．工资就业与劳动供给．北京：商务印书馆，2008.
国家统计局．中国统计年鉴（2010—2021）．北京：中国统计出版社.
国家统计局．中国劳动统计年鉴（2010—2021）．北京：中国统计出版社.
国家统计局．2008—2021年农民工监测调查报告，国家统计局网站.
国家统计局．国际统计年鉴2020．北京：中国统计出版社，2020.
国家统计局．中国社会统计年鉴2020．北京：中国统计出版社，2020.
国家卫生和计划生育委员会流动人口司．中国流动人口发展报告2016．北京：中国人口出版社，2016.
国家卫生健康委员会．中国流动人口发展报告2018．北京：中国人口出版社，2018.
国务院第七次全国人口普查领导小组．2020年第七次全国人口普查主要数据．北京：中国统计出版社，2021.
国务院发展研究中心课题组．中国城镇化前景、战略与政策．北京：中国发展出版社，2010.
黑启明．近代西方劳动关系理论的历史演进．天津市工会管理干部学院学报，2006（3）.
胡学勤，秦兴方．劳动经济学．5版．北京：高等教育出版社，2018.
黄其蔚．劳务派遣扩大化的动因分析及其规制．社科纵横，2010（25）.
孔泾源，胡德巧．中国劳动力市场发展与政策研究．北京：中国计划出版社，2006.
赖德胜，等．2020中国劳动力市场发展报告．北京：北京师范大学出版集团，2021.
李德齐．中国劳动关系学．北京：中国工人出版社，2007.
李培玲，陈光军，王春光．2021年中国社会形势分析与预测．北京：社会科学文献出版社，2020.
李健，俞会新．我国企业人力资本投资现状分析．人力资源管理，2015（5）.
李玉赋．第八次中国职工状况调查．北京：中国工人出版社，2017.
李实，罗楚亮，等．国民收入分配与居民收入差距研究．北京：人民出版社，2020.
李强．当代中国社会分层．北京：生活．读书．新知三联书店，2019.
李强，林勇．劳动力市场学．北京：中国劳动社会保障出版社，2006.
李薇辉，薛和生．劳动经济问题研究——理论与实践．上海：上海人民出版社，2005.
李文星，袁志刚．中国就业结构：现状、原因与调整政策．当代财经，2010（3）.
李向荣，孙德常，姚子范，吴世泰．政治经济学史纲要．成都：四川人民出版社，1980.
李中斌，万文海，郑文智，等．劳动经济学．北京：中国社会科学出版社，2007.
厉以宁，吴世泰．西方就业理论的演变．北京：华夏出版社，1988.
厉以宁．西方福利经济学述评．北京：商务印书馆，1984.
梁海燕．中国流动人口生存与发展状况研究．北京：经济管理出版社，2018.

林宏，陈广汉. 居民收入差距测量的方法和指标. 统计与决策，2003 (6).

林燕玲. 反就业歧视的制度与实践——来自亚洲若干国家和地区的启示. 北京：社会科学文献出版社，2011.

林毅夫. 新结构经济学. 北京：北京大学出版社，2012.

刘昌平，汪连杰. 供给侧结构性改革背景下我国就业形势的新变化与政策选择. 上海经济研究，2016 (9).

陆铭. 劳动经济学——当代经济体制的视角. 上海：复旦大学出版社，2002.

马培生. 劳动经济学. 3版. 北京：中国劳动社会保障出版社，2015.

马桢干，等. 城镇就业人数影响因素分析. 数学的实践与认识，2010 (15).

毛立言. 世界主要国家劳动就业政策概观. 北京：中国大百科全书出版社，1995.

宁光杰，杨馥萍. 互联网使用与劳动力产业流动——对低技能劳动者的考察. 中国人口科学，2021 (2).

潘泰萍. 劳动力市场运行与劳动关系. 北京：中国商务出版社，2009.

潘泰萍. 我国集体谈判的分散化结构及其推行效果分析. 中国人力资源开发，2015 (17).

潘泰萍. 新世纪中国劳动关系调整模式的转型研究. 北京：光明日报出版社，2013.

潘泰萍. 中国劳动关系调整模式的变迁. 中国劳动，2015 (18).

潘泰萍. 怎样当好劳动争议调解员. 北京：中国工人出版社，2016.

裴小革. 世界各国经济发展中劳动市场的变化. 北京：中国大百科全书出版社，1995.

钱丽玲. 用法律保障劳动者公平就业. 理论界，2008 (5).

乔健. 中国劳动关系报告 (2020—2021). 北京：社会科学文献出版社，2021.

乔雪. 宏观劳动力资源配置与经济增长——理论与中国经验. 北京：中国发展出版社，2020.

邱小平. 劳动关系. 2版. 北京：中国劳动社会保障出版社，2004.

全国人大财政经济委员会，国家发展和改革委员会. 中华人民共和国国民经济和社会发展第十四个五年规划和2035年远景目标纲要. 北京：中国计划出版社，2021.

邵晓，等. 我国无限劳动力供给时代有没有结束. 经济学动态，2009 (5).

沈琴琴. 德国劳动力市场. 西安：西北大学出版社，1998.

沈琴琴. 劳动力市场与职业选择. 北京：知识出版社，1998.

沈琴琴. 劳动经济. 北京：中国工人出版社，2001.

沈琴琴. 中国劳动力市场灵活性与安全性研究. 北京：中国劳动社会保障出版社，2014.

沈琴琴，杨伟国. 全球视野下的劳动力市场政策. 北京：中国劳动社会保障出版社，2008.

沈琴琴，杨伟国. 全球视野下的产业与劳动关系发展. 北京：中国劳动社会保障出版社，2010.

宋培林. 现代劳动经济学. 厦门：厦门大学出版社，2004.

王辉耀，苗绿. 中国国际移民报告 (2020). 北京：社会科学文献出版社，2021.

王家宠，钱大东. 市场经济国家的劳动关系. 北京：中国工人出版社，2004.

王雅丽，张锦华，吴方卫. 劳动参与率对农村转移劳动力歧视的影响. 农业技术经济，2016（8）.

闻效仪. “年轻人都去送外卖，制造业怎么办?”——警惕零工经济对制造业的结构性风险. 探索与争鸣，2021（1）.

闻效仪. 京东快递小哥跟资方谈工资了——平台企业集体协商，走起！工人日报，2021-11-29.

肖胜利. 二孩政策下的女性就业歧视问题研究. 法制与社会，2016（7）.

许纯桢，吴宇晖，张东辉. 西方经济学. 2版. 北京：高等教育出版社，2005.

肖子华，徐水源，刘金伟. 中国城市流动人口社会融合评估报告（No.2）. 北京：社会科学文献出版社，2021.

杨芳霞. 论集体劳动争议处理的法律机制. 法制与社会，2009（9）.

杨河清，张琪，等. 劳动经济学. 5版. 北京：中国人民大学出版社，2018.

杨伟国，孙世玉，张晓媚. 抗疫助业：重大公共卫生事件下的就业保障. 北京：中国人民大学出版社，2020.

杨上广，王春兰. 转型期中国收入分配差距的成因分析. 工业技术经济，2007（1）.

姚先国. 城乡劳动平等就业研究. 北京：经济科学出版社，2018.

人力资源和社会保障部. 2018—2020年度人力资源和社会保障事业发展统计公报. 人力资源和社会保障部网站.

人力资源和社会保障部. 部分城市公共就业服务机构市场供求状况分析. 人力资源和社会保障部网站.

人力资源和社会保障部. 人力资源和社会保障事业发展“十四五”规划. 人力资源和社会保障部网站.

人力资源和社会保障部. “十四五”就业促进规划. 人力资源和社会保障部网站.

燕晓飞. 中国职工状况研究报告2021. 北京：社会科学文献出版社，2021.

于善波. 西方经济学案例. 北京：中国商务出版社，2008.

袁伦渠，王守志，林玳玳. 劳动经济学. 6版. 大连：东北财经大学出版社，2021.

袁志刚，方颖. 中国就业制度的变迁. 太原：山西经济出版社，1998.

袁志刚. 失业经济学. 上海：上海三联书店，上海人民出版社，1997.

岳颖. 事业单位薪酬管理——内部收入分配的决定基础与模式选择. 北京：中国劳动社会保障出版社，2009.

曾湘泉. 劳动经济学. 3版. 上海：复旦大学出版社，2008.

张车伟. 中国人口与劳动问题报告No.21. 北京：社会科学文献出版社，2020.

张抗私，周鹏，姜广东. 当代劳动经济学. 北京：经济科学出版社，2000.

张艳华. 农村人力资本投资、积累、收益机制研究. 北京：中国工人出版社，2010.

张艳华，沈琴琴. 农民工就业稳定性及其影响因素——基于四个城市调查基础上的实证研究. 管理世界，2013（3）.

张艳华. 劳动力市场灵活性与安全性：决定因素、市场绩效与政策选择——一个相关研究的文献综述. 中国人力资源开发，2016（22）.

张艳华. 东北三省职工工资收入现状及未来趋势判断. 中国经贸导刊，2017 (9).

张艳华. 制造业“机器换人”对劳动力就业的影响——基于北京市 6 家企业的案例研究. 中国人力资源开发，2018 (10).

张一德. 美国劳动经济学. 北京：劳动人事出版社，1986.

赵领娣，付秀梅. 劳动经济学——理论、工具、制度、操作. 北京：企业管理出版社，2005.

赵履宽. 劳动经济学. 北京：中国劳动出版社，2004.

赵人伟，李实. 中国居民收入分配再研究. 北京：中国财政经济出版社，1999.

郑功成. 中国农民工问题与社会保护. 北京：人民出版社，2007.

郑功成，沃夫冈·舒尔茨. 全球社会保障与经济发展关系：回顾与展望. 北京：中国劳动社会保障出版社，2019.

郑桥. 西方市场经济国家劳资关系的历史演变及其特点. 工会理论与实践，1997 (3).

中国经济增长与宏观稳定课题组. 劳动力供给效应与中国经济增长路径转换. 经济研究，2007 (10).

周天勇. 劳动与经济增长. 上海：上海三联书店，上海人民出版社，1995.

周天勇. 中国：增长放缓之谜. 上海：上海人民出版社，2018.

周也. 中国劳动力供给总量分析. 财经问题研究，2009 (11).

朱飞，熊新发. 西方劳动关系理论研究的发展脉络和研究范式. 学术论坛，2012 (1).

图书在版编目（CIP）数据

劳动经济学 / 沈琴琴主编；潘泰萍副主编. -- 3 版
. -- 北京 : 中国人民大学出版社，2022. 7
新编 21 世纪经济学系列教材
ISBN 978-7-300-30752-7

Ⅰ. ①劳… Ⅱ. ①沈… ②潘… Ⅲ. ①劳动经济学－高等学校－教材 Ⅳ. ①F240

中国版本图书馆 CIP 数据核字（2022）第 107602 号

新编 21 世纪经济学系列教材
劳动经济学（第三版）
主　编　沈琴琴
副主编　潘泰萍
Laodong Jingjixue

出版发行	中国人民大学出版社		
社　　址	北京中关村大街 31 号	**邮政编码**	100080
电　　话	010－62511242（总编室）		010－62511770（质管部）
	010－82501766（邮购部）		010－62514148（门市部）
	010－62511173（发行公司）		010－62515275（盗版举报）
网　　址	http://www.crup.com.cn		
经　　销	新华书店		
印　　刷	北京七色印务有限公司	**版　　次**	2013 年 9 月第 1 版
开　　本	787 mm×1092 mm　1/16		2022 年 7 月第 3 版
印　　张	21.75 插页 1	**印　　次**	2025 年 5 月第 5 次印刷
字　　数	492 000	**定　　价**	48.00 元

教学支持说明

1. 教辅资源获取方式

为秉承中国人民大学出版社对教材类产品一贯的教学支持，我们将向采纳本书作为教材的教师免费提供丰富的教辅资源。您可直接到中国人民大学出版社官网的教师服务中心注册下载——http://www.crup.com.cn/Teacher。

如遇到注册、搜索等技术问题，可咨询网页右下角在线 QQ 客服，周一到周五工作时间有专人负责处理。

注册成为我社教师会员后，您可长期根据您所属的课程类别申请纸质样书、电子样书和教辅资源，自行完成免费下载。您也可登录我社官网的"教师服务中心"，我们经常举办赠送纸质样书、赠送电子样书、线上直播、资源下载、全国各专业培训及会议信息共享等网上教材进校园活动，期待您的积极参与！

2. 高校教师可加入下述学科教师 QQ 交流群，获取更多教学服务

经济类教师交流群：809471792

财政金融教师交流群：766895628

国际贸易教师交流群：162921240

税收教师交流群：119667851

3. 购书联系方式

网上书店咨询电话：010－82501766

邮购咨询电话：010－62515351

团购咨询电话：010－62513136

中国人民大学出版社经济分社

地址：北京市海淀区中关村大街甲 59 号文化大厦 1506 室　100872

电话：010－62515803　010－62516948

传真：010－62514775

E-mail：jjfs@crup.com.cn